카를 마르크스
Karl Marx
His life and Environment

이사야 벌린 지음 | 헨리 하디 편집 | 안규남 옮김

KARL MARX (Fifth Edition, 2013)

Copyright Isaiah Berlin 1939, 1948
© Isaiah Berlin 1960, 1963, 1978
© The Trustees of the Isaiah Berlin Literary Trust and Henry Hardy 2013
Foreword © Alan Ryan 1995, 2013
Afterword © Terrell Carver 2007, 2013
Editorial matter © Henry Hardy 2013
All rights reserved.

Korean translation copyright © 2024 by CIRCUS PUBLISHING Co.
Korean translation rights arranged with Curtis Brown Group Limited through EYA Co.,Ltd

이 책의 한국어판 저작권은 EYA Co.,Ltd를 통해
Curtis Brown Group Limited와 독점 계약한 서커스출판상회가 소유합니다.
저작권법에 의하여 한국 내에서 보호를 받는 저작물이므로 무단전재 및 복제를 금합니다.

차례

5판 편집자 서문 005
앨런 라이언의 서문 016
4판 저자 서문 030
3판에 부쳐 036
초판에 부쳐 038

<u>1</u> 서론 041
<u>2</u> 청소년기 068
<u>3</u> 정신철학 083
<u>4</u> 청년 헤겔학파 116
<u>5</u> 파리 144
<u>6</u> 사적 유물론 196
<u>7</u> 1848년 248
<u>8</u> 런던에서의 망명생활 276
<u>9</u> 인터내셔널 331
<u>10</u> 붉은 테러 박사 353
<u>11</u> 황혼 395

후기 424
옮긴이의 말 460

일러두기

1. 이 책은 *Karl Marx, 5th edition*을 완역한 것이다.
2. 본문의 [ ]는 해당 용어나 내용에 대한 이해를 돕기 위해 역자가 붙인 간략한 설명이다. 저자와 편집자의 각주들과의 혼동을 막기 위해 본문 안에서 편의적으로 처리했다.
3. 사이시옷은 발음과 표기법이 관용적으로 굳어져 있는 경우를 제외하고는 가급적 사용하지 않았다.

5판 편집자 서문

> 마르크스주의의 심오하면서도 모호한 개념들을 알기 쉬운 말로 옮긴 저자의 뛰어난 능력 그리고 마르크스의 기질, 성격, 태도와 원리적 문제들 간의 관계를 보여주는 저자의 놀라운 솜씨는 현존하는 문헌에서 그 유례를 찾을 수 없다.
>
> 레스체크 코와코프스키[*]

1

이사야 벌린은 『카를 마르크스』의 마지막 문장에서 마르크스의 사상을 가리켜 '오늘날에도 인간의 행위와 사고 방식에 계속해서 영향을 미치고 있는 유력한 지적 체계 중 가장 강력한 것'이라고 말한다. 1939년에 처음 출간된 이사야 벌린의 『카를 마르크스』는 이렇듯 강력한 사상을 펼친 마르크스의 삶과 사상을 가장 간결하게 서술한 책 가운데 하나로 지금도 인정받고 있다. 벌린은 마르크스와 견해가 다르면서도 마르크스

---

[*] 1978년 제4판에 대한 추천사.

의 머릿속으로 들어가 마르크스의 생각을 보여주는 천재적인 공감 능력을 발휘한다.* 그는 알아듣기 힘든 전문 용어를 사용하지도 않고 마르크스의 저술들에서 많이 볼 수 있는 모호한 표현들도 구사하지 않으면서 마르크스 사상과 그 기원과 힘을 소개하고 설명한다.

『카를 마르크스』 초판을 논평한 사람들은 곧바로 이 책의 미덕을 알아보았다. 러시아 역사 연구자인 리처드 차크는 이 책을 가리켜 '객관적 명료함의 모범'이라고 말했다.** 영국 역사가 로우즈는 다음과 같이 쓰고 있다. '서술 대상에 대한 벌린의 태도는 모범적이며, 이 책은 마르크스에 대한 현존하는 최고의 입문서라고 할 수 있다. (……) 이 책의 위대함은 마르크스의

---

* 이러한 복화술사 같은 벌린의 재능은 독자들이 벌린의 글에서 어떤 것이 마르크스의 견해들을 서술하고 있는 것이고 어떤 것이 벌린 자신의 견해를 서술하고 있는 것인지를 알기 힘들게 만들었다. 이 책이 출간된 직후인 1939년 10월 29일에, 벌린의 친구 메리 피셔는 친구인 플로라 러셀에게 보낸 편지에서 다음과 같이 말하고 있다. '지난 일요일에 코린과 내가 벌린 부모님을 만났는데, 벌린의 어머니가 주말마다 남편이 아들이 쓴 책을 큰 소리로 읽어주는데 가끔씩 남편의 말을 가로막고 "그게 마르크스가 한 말이예요 아니면 이사야가 한 말이예요"라고 물으면 남편이 "아니, 아니. 이건 이사야가 한 말이 아니라 온전히 마르크스가 한 말이야" 하고 확인해 주곤 한다고 말했다는 이야기를 너한테 한 적이 있냐?'

** R. D. Charques, 'In the name of Marx', *The Times Literary Supplement*, 7 October 1939, 570. 또한 그는 다음과 같이 쓰고 있다. '벌린 씨가 좀 더 짧은 문장으로 썼으면 좋았을 것이라고 생각할 수도 있지만, 앤 여왕 시대의 신고전주의를 연상시키는 그의 정교하고 정확한 문체는 분명 그것대로 매력이 있다.'

삶과 사상을 선입견 없이 완전히 공정하고 객관적으로 접근한다는 데 있다. 그 결과 이 책은 마르크스에 대한 과도한 찬양 없이 마르크스를 한 명의 인간인 동시에 사상가로 이해할 수 있도록 해준다.'*

맨 처음에 인용한 레스체크 코와코프스키 — 마르크스와 마르크주의에 관한 20세기 최고의 권위자 중 하나 — 의 말에서 볼 수 있듯이, 지난 40년 동안 이 책에 대한 평가는 하나같이 긍정적이었다. 앨런 라이언과 터렐 카버는 4판 이후 35년 만에 새로 나온 이 5판의 서문과 후기에서 이 책이 첫 출간 이후 쏟아져 나온 수많은 마르크스 연구들에도 아무런 흔들림 없이 — 특히 논평자들이 높이 평가한 초연한 태도 때문에 — 오늘날에도 여전히 신선하고 설득력이 있다고 말한다.

2

이 책은 지금도 여전히 강력한 생명력을 발휘하고 있다. 대단히 중요하지만 다루기 어렵기로 악명 높은 마르크스의 삶과 사상을 가장 성공적으로 소개한 책 중의 하나로 꼽힌다. 그러나 1939년 초판부터 1978년 4판까지 나왔는데도, 이 책에는

---

* *Political Quarterly* 11 no. 1 (January 1940), 127-30 at 128.

해결해야 할 중요한 문제들이 일부 남아 있었다. 이를 설명하려면, 먼저 짧게나마 내 이야기를 하지 않을 수 없다.

이 책의 4판이 나온 것은 1978년이다. 당시 나는 옥스퍼드 대학 출판부의 편집자로 4판의 출간을 총괄하는 일을 맡고 있으면서 다른 출판사에서 선집 시리즈의 하나로 출간 계획 중이던 네 개의 벌린 선집의 편집도 맡고 있었다(이 일이 계기가 되어 나는 지금까지도 벌린의 텍스트들에 대한 작업을 계속하고 있다). '일개 문학적인 글에 학문적인 기준의 잣대를'―벌린다운 말이기는 하나 겸손이 지나쳐 자기를 비하하는 표현― 적용해 『카를 마르크스』를 일일이 검토하는 것은 당시에 내가 맡은 일이 아니었다.* 하지만 나는 벌린의 다른 글들을 읽은 경험을 통해 이 책이 존속될 필요가 있다는 사실을 알아차렸고, 그렇게 된다면 언젠가는 이 책이 학술적인 기준에 부합하는지가 주목을 받게 될 것이라고 생각했다. 벌린은 대부분 인용문의 출처를 밝히지 않았고, 밝힌 경우에도 때때로 출처를 잘못 썼으며, 원문과 비슷한 문장으로 인용을 하거나 아니면 더 안 좋은 문장으로 인용을 하기도 했다. 이를테면 이 책의 서론에는 권두 명구로 조지프 버틀러의 말이 인용되어 있는데, 이 인용구를 구성하고 있는 총 23개의 단어 중 최소한 세 개의 단어를 잘못 썼다. 문장 부호가 잘못 사용된 경우도 많았고, 형식과

---

* 1997년 12월 12일에 벌린의 비서 팻 유테친이 헨리 하디에게 보낸 편지에서 인용.

내용 면에서 소소한 결함들도 숱하게 존재했다. 이런 결함들은 출판사들에서 찾아내 바로잡아야 했고 그렇게 할 수 있을 만큼 마르크스 연구도 발전해 있었지만, 아쉽게도 지금까지 방치되어 있었다.

이런 점들을 바로잡기는 했지만, 이번 5판의 내용은 이전 판들과 거의 동일하다. 하지만 내가 앞서 말한 결함들을 그저 사소한 것으로 치부할 수는 없다. 벌린의 연구가 심각한 결함을 안고 있다는 것을 확실히 보여주는 예(극단적인 예라는 사실을 부정하지 않겠다)를 들어보겠다. 물론 이 결함이 독자들로 하여금 이 책의 내용을 심각하게 오해하게 할 만한 정도의 것은 아니다. 또한 그가 비교적 열악한 서지학적, 기술적 조건에서 작업했다는 점을 고려할 때(1930년대에 널리 퍼져 있던 다소 느슨한 연구 기준은 두말할 것도 없고),* 그가 범한 오류들을 대수롭지 않은 것으로 볼 수도 있다. 하지만 (마르크스와 엥겔스와 마찬가지로) 벌린 역시 인용문들과 출처(출처를 밝혔을 경우)를 정확히 제시하지 않았다는 것은 결코 부정할 수 없는 사실이다.

이 책 5판의 257쪽에 있는 '이러한 영국 예외주의'로 시작하는 단락은 이전 판들에서는 다음과 같이 되어 있었다.

---

* 이에 관해서는 내가 편집한 Berlin's 『*The Roots of Romanticism*』, 2nd ed. (Princeton, 2013)에 실려 있는 18세기 참고문헌들에 관한 내 글을 참고할 것.

영국에서는 오랫동안의 경제적 번영으로 노동자들의 의기가 계속 떨어져 왔다…… 이 나라에서 토지를 소유하고 있는 대부분의 부르주아의 최종 목적은 부르주아 귀족정을 세우고 부르주아와 같은 편인 부르주아적 프롤레타리아를 만드는 것으로 보인다…… 영국 노동자들의 혁명적 에너지는 모두 사라져 버렸다…… 그들이 부르주아적 오염을 떨쳐 버릴 수 있기까지는 오랜 시간이 걸릴 것이다…… 그들에게서는 과거의 차티스트들이 갖고 있던 기개를 전혀 찾아볼 수 없다.

여기서 벌린은 이 문장들을 동일한 서신에서 인용한 것처럼(수취인이나 날짜를 밝히지도 않고) 쓰고 있다. 하지만 5판의 414~415쪽을 보면, 위와 동일한 인용문에 작은 따옴표가 5개가 붙어 있다. 원래 이 5개의 구절은 각기 다른 편지에서 인용한 것이다. 세 구절은 엥겔스가 마르크스에게 보낸 편지에서, 두 구절은 마르크스가 엥겔스에게 보낸 편지에서 인용한 것이다. 이 둘의 시간차는 10년이 넘는다. 벌린은 서로 다른 출처에서 가져온 이 구절들 사이에 공통점 있고 그것들이 뭔가를 말해준다고 보았던 것으로 보인다. 물론 그렇게 볼 수도 있다. 하지만 학술적으로 중요한 것을 제시할 때 이러한 부주의함과 느슨함은 독이 된다.

3

 프린스턴 대학 출판부가 이 새로운 5판을 재조판해서 재출간하기로 한 덕분에, 마침내 교정 작업과 출처 확인 작업이 시작될 수 있었다. 벌린이 인용하고 있는 많은 저작들의 개정판들이 출간된 덕분에(인터넷이 학문에 미친 혁신적 영향은 말할 것도 없고), 원전들의 내용을 더 정확히 확인할 수 있게 되었다. 원전들 가운데 일부는 마르크스가 애초에 영어로 쓴 것이었는데, 마르크스 전기를 쓸 당시에는 영어가 아닌 언어들로 된 판본들만 구할 수 있었기 때문에 벌린은 이 판본들에서 일부 문장들을 영어로 번역해 인용할 수밖에 없었다. 5판에서는 이런 문제점들도 바로잡을 수 있었다. 또한 영어판 마르크스-엥겔스 전집 *Collected Works*(이하, CW로 약칭)가 완간되어 종이책과 온라인 둘 다 이용할 수 있게 되면서 마르크스와 엥겔스의 저작들에서 인용한 문장들을 일률적으로 권수와 페이지 수로 표시할 수 있었다 (예를 들면, CW 20:45).*

 벌린의 원문 번역은 자신만의 해석이 들어 있는 경우가 종종 있다. 그가 번역한 문장이 오류라고 보기 힘들 경우에는 굳

---

* CW는 제목과 달리 완전한 전집이 아니다. 하지만 벌린은 마르크스 전기를 쓸 때 CW에 실리지 않은 마르크스나 엥겔스의 글은 사용하지 않았다. (출간된 저작들을 신문 등에 기고한 글들과 구분하는 것은 너무 어려운 작업이라서, 이 책에서는 CW에 실려 있는 신문 기사 같은 것들은 제목을 거의 모두 이탤릭체로 표기했다.)

이 CW에 있는 문장으로 바꾸지 않고 그대로 내버려 두었다. 확실히 오류이거나 다른 번역이 더 널리 쓰이고 있는 경우에는 대개 CW에 있는 문장들을 사용했다.

터렐 카버는 벌린이 인용한 원전들 대부분에 대해 전문적 지식을 갖고 있었기 때문에 인용문과 원문의 일치 여부를 확인하는 작업과 교열, 교정 작업이 빨리 진행될 수 있게 하는 데 커다란 도움이 되었다. 그는 나의 요청에 언제든 많은 도움을 흔쾌히 제공했으며 이 책 뒤에 붙어 있는 '더 읽을 만한 자료들'에 최신 자료들을 추가해 주기도 했다. 또한 조지 크라우더와 헨리 하디가 엮은 책 『The One and the Many: Reading Isaiah Berlin』(New York, 2007)에 들어 있는 그의 글 '벌린의 카를 마르크스Berlin's Karl Marx'를 약간 수정해 이 책의 후기로 수록할 수 있게 해주었다. 이 모든 것에 대해 이 자리를 빌려 감사를 드린다. 또한 슬로모 아비네리, 알 버트런드, 존 캘로우, 조슈아 L. 체르니스, 조지나 에드워즈, 스테판 그로스, 닉 홀, 위르겐 헤레즈, 헬렌 오닐, 울리히 파겔, 타티아나 포즈드냐코바, 위르겐 로얀, 노먼 솔로몬, 사이먼 투보, 조세핀 폰 지트체비츠 등 내가 개인적으로 도움을 받은 동료들과 학자들에게도 감사를 드린다.

이 책 5판의 각주들은 벌린이 직접 단 경우 외에는 모두 편집자가 단 것이다. 벌린이 단 각주가 어떤 것인지는 너무도 분명하지만, 혹시 모를 혼란을 피하기 위해 편집자가 쓴 내용 중 서지적 내용 외의 것은 대괄호로 표시했다. 페이지들을 상호

참조하는 경우에는 페이지 수만 적었다. 예를 들어 '123/ 4'는 123쪽의 각주 4를 의미한다.

벌린이 이 책을 쓰기 위해 작성한 연구 노트들과 초판의 토대가 된 초고는 지금까지 남아 있는데, 이것들을 보면 이 책이 출간되기까지의 과정을 알 수 있다. 흥미로운 사실 가운데 하나는 '대학 현대지식 총서'* 시리즈의 편집진이 정한 분량 때문에 벌린이 초고에서 상당한 양을 줄여야 했다는 점이다.** 그는 원고 수정이 끝나갈 무렵에 친구인 크레시다 본햄 카터에게 보낸 편지에서 다음과 같이 쓰고 있다. '나는 카를 마르크스를 끝내**야만 하네**. 이제는 7천 단어만 줄이면 되네. 정말로 죽도록 하기 싫은 일이네. 매일 저녁마다 오늘 하루 동안 삭제한 단어들의 개수를 세고 그동안 전부 얼마나 삭제했는지를 계산해 본다네. 멋지고 화려한 수사로 이루어진 구절들은 이미 모두 삭제했네. 이제는 사실들을 기술한 구절들을 삭제할 차례라

---

* 원어로 Home University Library of Modern Knowledge. home university는 학생이 원래 등록해 졸업하기까지 다니는 학교로 원적 대학을 말한다. 이와 달리 교환 학생을 받아들이는 대학을 호스트 대학host university이라 한다. 이 'Home University Library'는 1911년에 시작되었는데, 1940년에 옥스퍼드 대학이 판권을 사들였다.-역자

** 원래 계약된 단어 개수는 5만 개였다. 1938년에 벌린의 요청으로 6만 5천 개로 늘어났다. 애초에 벌린이 쓴 원고의 단어 개수는 10만 개가 넘었는데, 그는 출판을 위해 7만 5천 개까지 줄였다. 벌린은 1936년에 피셔에게 초고의 분량만큼을 책으로 낼 수 있게 해달라고 간청했지만, 피셔는 '홈 유니버시티 판에 맞게 분량을 줄여야 "책으로 나올 수 있을 것이다"'라고 말했다.' (IB, letter to Noel Annan, 31 August 1973)

서, 나는 복수심에 가득 차서 통쾌한 기분으로 그 구절들을 삭제하고 있다네.'*

벌린이 살아 있는 동안 2판, 3판, 4판이 나왔다. 그러나 1960년의 복간판에는 추가된 부분들(원래 1959년의 독일어 번역본에 추가한 것)이 있기 때문에, 약간의 수정만 이루어진 1948년의 2판보다는 이 복간판을 새 판본으로 보는 것이 더 적절할 것이다. 하지만 이보다 훨씬 더 주목할 만한 사실은 1948년에 이 책의 판권이 손턴 버터워스 출판사에서 옥스퍼드 대학으로 넘어간 일이다. 이 책의 초판 이전과 이후의 역사에 관심이 있는 독자들은 Isaiah Berlin Virtual Library를 방문해 보기 바란다. 이 사이트에서는 이에 관한 정보들뿐만 아니라 이 책의 원본 원고도 볼 수 있다. 인터넷 주소는 ⟨http://berlin.wolf.ox.ac.uk/published_works/⟩이다.

벌린은 '카를 마르크스: 그의 생애와 시대*Karl Marx: His Life and Environment*'라는 제목을 가진 이 책을 어머니 마리 벌린과 아버지 멘델 벌린에게 헌정했다. 그들은 벌린에게 삶을 주었고 그를 만든 환경을 제공했다. 이 책의 5판을 그분들께 바친다.

---

* Letter of 28 August in Isaiah Berlin, *Flourishing: Letters 1928-1946*, ed. Henry Hardy (London, 2004), 280.

2012년 8월, 헤스월에서

헨리 하디

앨런 라이언의 서문

 이 책은 이사야 벌린의 첫 번째 저서이다. 이 책이 나왔을 때, 그의 나이는 불과 서른 살이었다. 그는 당시에 이미 옥스퍼드와 런던에서 놀랄 만큼 언변이 뛰어나고 특출난 재능을 갖춘 젊은 철학자로 알려져 있었지만, 사상사가로서 그의 특별한 재능을 처음 보여준 것은 이 책이었다. 그 후 지금까지 그는 사상사 분야에서 독자들을 매료시켜왔다. 대개 그렇듯이, 그의 특출난 재능도 감탄하고 즐기기는 쉬워도 콕 집어 어떠한 것이라고 말하기는 어렵다. 하지만 사상가와 그의 사상 둘 다를 공정하고 균형 있게 다루는 것이 그의 놀라운 능력인 것만은 분명하다. 그는 자신이 다루는 인물들의 개성을 그려 내면서도 독자들이 원하는 것이 흥미진진한 결혼 이야기나 옷에 대한 취향이 아니라 그 인물들의 사상이라는 것을 한순간도 잊지 않는다. 그의 서술이 생동감이 있는 것은 사상들의 고유한 삶을 그리되 그 사상들을 펼친 인물들의 성격이 드러나도록 그려내고 있기 때문이다.

그의 뛰어난 재능은 위대한 사상이나 인물들에 관한 그의 에세이들을 중요한 예술 형식으로 만들었다. 그의 에세이 선집을 읽은 독자들은 알겠지만, 『*Personal Impressions*』(동시대인들과의 만남, 추도사, 20세기의 위대한 인물들에 관해 쓴 책)의 어조와 문체는 『*Russian Thinkers*』와 『*Against the Current*』(둘 다 사상사에 관한 에세이 모음집)와 거의 비슷하다. 물론 벌린은 안나 아흐마토바와 대담했듯이 투르게네프와 이야기를 나눈 적이 없고, 18세기 영국의 역사에 대해 루이스 네이미어와 토론한 것처럼 피렌체의 역사에 대해 마키아벨리와 논의한 적이 없다. 하지만 이런 문제는 그다지 중요하지 않다. 모든 진지한 사상가는 산 자들과 불멸의 죽은 자들 사이에 침묵의 대화가 이어지고 플라톤이 그의 저서와 씨름하는 새내기 대학원생만큼이나 생생히 현존하는 '보이지 않는 칼리지'에 산다는 말이 있다. 그런데 벌린의 글들은 이런 칼리지보다도 더 생동감 있고 흥미진진한 어떤 이미지, 이를테면 모든 사회 계층에서 온 온갖 정치적 신념을 가진 지식인들이 모여 있는 일종의 거대한 저녁 파티를 떠올리게 해준다. 이런 방식의 글쓰기는 그가 다루는 모든 주제들에 완전한 생명력을 부여한다.

하지만 사상을 다루는 역사가는 소설가가 아니며 전기 작가도 아니다. 벌린이 이 책에 '그의 생애와 시대'라는 부제를 달았지만, 그가 주된 관심을 갖고 기술한 것은 사회주의 혁명 이론가로서의 마르크스의 삶이었다. 또한 벌린이 관심을 보인 환경은 마르크스가 청소년 시절을 보낸 트리어나 망명 생활을 한 북런던이 아니라 마르크스가 『공산당 선언』과 『자본』을 쓸 때의 정치적, 지적 환경이었다. 그러나 이 책의 중요성은 마르크스의 생애와 시대보다 마르크스의 사상과 마르크스라는 인간을 다뤘다는 데 있다. 벌린은 이 책의 마지막 단락에서 다음과 같이 말하고 있다.

> [마르크스의 사상은] 역사 발전의 원동력이 관념에 있다는 명제를 반박하고자 했다. 하지만 마르크스 사상이 인간사에 미친 엄청난 영향은 이 사상이 내세우는 테제의 힘을 약화시키는 결과를 가져왔다. 그 이유는 마르크스의 사상이 개인이 자신의 환경이나 다른 사람들과 맺는 관계에 대해 그때까지 널리 퍼져 있던 인식을 변화시키는 과정에서 그러한 관계 자체까지도 확연히 바꾸어 놓았기 때문이다. 그 결과 오늘날에도 마르크스의 사상은 인간의 행위 방식과 사고방식에 계속해서 영향을 미치고 있는 유력한 지적 체계 중에서 가장 강력한 것으로 남아 있다.

원래 마르크스 사상을 뜻하는 마르크스주의는 그의 사상에 영향을 받은 공산당들의 활동을 통해 오히려 창시자를 조롱하는 우주적인 철학적 농담이 되었다. 마르크스는 개인들을 거대한 비개인적인 사회 세력들의 꼭두각시라고 보았다. 하지만 레닌과 스탈린, 마오쩌둥의 사상에 영향을 끼쳤다는 점에서, 마르크스라는 개인은 거대한 사회 세력들의 창시자였다. 마르크스는 사상은 부수 현상이라고 주장했다. 즉 사상은 그것이 위장하고 합리화하는 사회적 이익의 반영이라고 주장했다. 하지만 마르크스의 사상은 세계를 변화시켰다. 역설적이게도 대개는 그가 통렬하게 비판했을 방향으로의 변화이기는 했지만 말이다. 이 책은 독자들에게 많은 즐거움을 제공한다. 그 즐거움의 상당 부분은 벌린이 마르크스의 필생의 활동을 흥미진진한 역사 드라마처럼 그리고 있기 때문이다.

훗날 벌린은 역사적 필연성의 원리에 대해 그리고 도덕적, 정치적 관심을 배제함으로써 역사 연구를 '과학적인' 것으로 만들려는 시도에 대해 분명한 반대 입장을 밝혔다. 하지만 1930년대 동안에 그리고 그 이후에도 그러한 원리나 시도에 가장 분명한 지적 자극을 제공한 것은 마르크스였다. 물론 자본주의 체제에 대한 마르크스의 분노를 불타오르게 한 것은 그의 강력한 정의감이라고 할 수 있지만, 마르크스는 자신의 사적 유물론이 기존 체제에 대한 '도덕적 관점에 입각한 비판'*을 대체했다고 수차례 주장했다. 엥겔스도 마르크스가 밝혀낸 것은 '인간 역사의 발전'의 법칙, '오늘날의 자본주의적

---

* *Moralising Criticism and Critical Morality* (1847), CW 6: 318.

생산 양식'*의 법칙, 자본주의의 필연적 붕괴와 사회주의의 등장을 예고하는 법칙들이라고 말했다.

벌린은 도덕적 신념들에는 관심이 없다는 마르크스의 공언이 산업혁명의 초창기에 볼 수 있었던 부정의와 가혹 행위에 대한 그의 명백한 분노와 잘 부합하지 않고, 자본주의적 질서의 붕괴가 필연적이라는 마르크스의 주장이 그가 자신의 건강과 가족의 행복까지 희생시키면서 자본주의적 질서의 몰락을 촉진하고자 했다는 사실과 잘 들어맞지 않는다는 것을 알고 있었다. 하지만 벌린이 마르크스에 대한 비판자들 중에서 이런 사실을 처음 알게 된 사람도 아니고 마지막으로 알게 된 사람도 아니다. 마르크스에 대한 벌린의 반응에서 분명한 것은 그가 이러한 논리적 긴장들과 부정합성들에 실망해 등을 돌리지 않고 오히려 자신의 지적 이력의 나머지 시간을 그것들의 원인, 세계에 대한 대안적 비전들 그리고 마르크스의 동시대인들과 마르크스의 계승자들에 대해 생각하고 글을 쓰는 데 바쳤다는 사실이다.

벌린이 서술하는 마르크스는 계몽주의의 산물인 동시에 계몽주의에 대한 낭만주의의 반란의 산물이라는 점에서 흥미로운 인물이다. 18세기 프랑스 유물론자들처럼, 그도 진보와 역사의 선형성을 믿었다. 하지만 계몽주의를 비판한 버크, 드 메

---

* *Karl Marx's Funeral*(1883), CW 24: 467, 468.

스트르, 헤겔처럼, 그도 계몽된 사람들이 지금까지와는 다른 식으로 행동하는 것이 더 합리적이라는 것을 알 수 있었기 때문에 사회 변화가 일어났고 앞으로도 그럴 것이라고 생각하지 않았다. 중대한 변화를 낳은 것은 폭력적이고 비합리적인 힘들이었으며, 전체 역사 과정의 합리성은 사건이 벌어지고 난 이후에야 비로소 이해할 수 있는 것이었다. 벌린은 마르크스와의 만남을 계기로 반계몽주의에 관심을 갖게 된 것으로 보인다. 그는 훗날 헤르더, 드 메스트르, 하만Hamann처럼 혁명적·자유주의적 계획들을 비판하는 반反합리주의자들에 관해 많은 글을 썼다.

특히 벌린의 흥미를 끈 것은 마르크스가 생전에 경시한 인물들이었다. 모제스 헤스는 마르크스의 강한 에너지와 지성을 알아본 최초의 인물이었지만, 마르크스가 헤스에게 붙여 준 가장 관대한 별명은 '얼간이'였다.* 벌린은 헤스가 마르크스가 의도적으로 외면한 사실 ─ 근대 유럽에서 유대인들의 상황이 자유주의적 동화를 통해 해결될 수 없다는 사실 ─ 에 주목했고 그 결과 온건하고 자유주의적인 시오니즘 ─ 벌린은 이에 관한 매우 감동적인 글을 썼다 ─ 의 창시자 중 하나가 되었다

---

* 1847년 5월 15일과 1865년 1월 25일에 마르크스가 엥겔스에게 보낸 편지, CW 38: 117, 42: 66. [1848년 1월 14일에 엥겔스가 마르크스에게 보낸 편지, CW 38: 153도 참고할 것. 이 편지에서 엥겔스는 헤스를 '얼간이'라고 말하고 있다.]

는 데 흥미를 느꼈다.

마르크스는 동시대인이자 자신의 맞수였던 러시아의 무정부주의자 미하일 바쿠닌도 경멸했다. 마르크스는 거의 죽을 때까지 러시아를 온갖 종류의 후진성과 억압의 본산으로 여겼다. 그의 머릿속에는 러시아인들의 고유한 특성이라든가 그들의 민족성에 부합하는 자유와 민주주의의 길이 있을 수도 있다는 생각 같은 것은 들어설 여지가 거의 없었다. 그가 슬라브 민족의 특성을 몹시 싫어한 탓도 있지만, 그보다 민족 감정이 기본적으로 사회주의 발전에 직접적인 도움이 되지 않는다고 보았기 때문이다. 1950년대 들어 벌린은 알렉산더 게르첸, 바사리온 벨린스키, 이반 투르게네프로 대표되는 19세기 러시아의 인민주의와 자유주의의 풍부한 자산을 영미권 독자들에게 알리기 시작했고, 민족주의가 우리 모두의 행복을 방해하는 격세유전적이고 비합리적인 충성의 표현일 뿐만 아니라 자유주의의 동맹이기도 하다는 사실을 특히 오늘날 기억할 필요가 있다고 주장하기 시작했다.

이 책의 초판이 출간된 지 70년이 넘었다. 이 70년은 그야말로 격동의 세월이었다. 이 책은 제2차 세계대전이 일어나기 직전에 출판되었다. 전후에는 40년간 냉전이 계속되었고, 냉전 후에는 두 개의 거대한 이데올로기 진영 간의 대립이 사라지고 강대국들 간의 다소 냉랭한 우호관계, 발칸 반도·남南코카서스·아프리카에서 끊임없이 이어진 인종적, 민족적 분쟁이 그 자리를 차지했다.

이 책이 런던에서 출간될 당시에 영국이 나치 독일과 전쟁을 시작하면서, 벌린은 워싱턴 주재 영국 대사관에서 화려한 경력을 쌓기 시작했다. 제2차 세계대전이 끝나고 찾아온 전혀 다른 세계에서, 이 책은 4판까지 나왔다. 2판은 2차 대전이 끝나고 몇 년 뒤에 나왔다. 당시는 이미 냉전 체제가 확립되어 있었고, 소련은 마르크스 사상을 전과 마찬가지로 여전히 엄격히 해석했다. 소련의 정치 체제를 변호하는 사람들의 저술들에는 벌린이 마르크스의 역사관의 결정론적 성격을 지나치게 강조했다거나 마르크스의 유물론이 후계자들의 유물론만큼 극단적이지 않았다고 독자들이 생각할 만한 내용이 전혀 없었다.

3판은 1963년에 나왔다. 이때는 니키타 흐루쇼프가 1956년에 열린 제20차 소련 공산당 대회에서 스탈린주의를 비판하는 연설을 한 뒤였다. 또한 이 무렵에는 1956년 헝가리 혁명이 소련군에게 진압되는 모습을 보고, 영국 공산당이 공산주의에 환멸을 느끼고 있었고 영국 공산당보다 훨씬 더 강대한 세력인 프랑스와 이탈리아의 공산당은 정치적, 지적으로 마르크스주의를 따를 것인지를 두고 고민 중이었다. 바로 이때 새로운 '인간주의적' 마르크스주의가 발견되었다(발명되었다고 말할 수도 있다). 또한 1950년대 후반과 1960년대에는 놀랍게도 좌파 가톨릭 신자들과 철학적 지향이 강한 마르크스주의자들 사이에 화해가 시도되었고, 마르크스주의가 본질적으로 신앙이라는 생각이 비난이 아니라 일종의 찬사로 간주될 수 있게 되었다. 이러한 움직임의 결실 가운데 하나가 마르크스가 알았다면 분명 격렬한 비난을 퍼부었을 '해방 신학'이었고, 다른 하나는 청년 마르크스가 그때까지 생각했던 것 이상으로 자본주의 사회를 비판한 섬세하고 흥미로운 도덕적 인물이었다는 견해였다.

이 책의 4판은 1978년에 나왔다. 초판이 나오고 40년 뒤인 이때도, 이 책은 여전히 생명력을 갖고 있었다. 하지만 이전 20년 동안 누구든 마르크스 사상에 대한 자신의 견해를 재고하게 할 만한 수많은 저작들이 유럽과 미국에서 쏟아져 나왔다. 그 가운데 많은 것이 깊이와 객관성을 갖춘 학문적 저술이었다. 여전히 자본주의에 대한 비판자로서의 마르크스에게 찬사를 보낸 저자들도 많았지만, 오직 마르크스가 모색하고 추구한 것만을 알고자 한 저자들도 많았다. 마르크스가 그동안 알고 있던 것과 달리 그리 단순한 정신의 소유자가 아니고 타인의 고통에 공감할 줄 아는 사람으로 보일수록, 그의 사상을 명료하게 서술하기가 점점 더 힘들어졌다. 하나의 마르크스만이 있는 것인가, 아니면 두 명의 마르크스가 있는 것인가? 루이 알튀세르의 주장처럼, 마르크스는 1846년을 기점으로 청년 헤겔적 휴머니스트이자 이상주의자에서 과학적인 반反인간주의자로 바뀐 것인가? 아니면 그는 자본주의하에서의 인간의 소외된 정신 상태에 주된 관심이 있던 문화 비판가나 사회 분석가였는가? 허버트 마르쿠제의 『일차원적 인간』과 『에로스와 문명』이 대중적 인기를 끌었다는 사실은 마르크스와 프로이트의 결합이 사회 비판의 풍부한 광맥을 제공할 수 있다는 것을 보여주었다.

1960년대와 1970년대에 봇물처럼 쏟아진 마르크스 연구서들은 이 책에서는 그리 강조되고 있지 않지만 독자 여러분이 이 책의 더없이 풍부한 서술을 통해 추측할 수 있는 것, 즉 마르크스 저작들에 들어 있는 매력적인 요소들을 보여주었다. 마르크스의 저술들에는 조금이라도 마음이 열려 있는 독자라면 누구나 끌릴 만한 요소들이 수없이 많다. 자신의 생각을 이전 사상가들과 적들의 사상과 비교해 검증하는 방식으로 연구한 탐욕스러운 독서가이자 무자비한 비판가로서 마르크스는 19세기 경제학, 독일 철학, 고대사, 프랑스의 혁명적 지하 운동 등등에 대한 독자의 호기심을 자극한다. 그러나 여기에는 위험스러운 면이 있다. 마르크스가 자신이 다루는 주제와 관련된 모든 자료를 읽고 싶어 했기 때문에 시간이 갈수록 자신이 시작한 글을 완성할 수 없게 된 것처럼, 마르크스 연구자들도 마르크스가 쓴 글만이 아니라 마르크스가 읽은 것까지도 모두 읽으려 들 위험이 있다.

그렇다 해도, 매력을 부정할 수는 없다. 마르크스가 살았던 지식 세계는 다소 낯설게 느껴질 만큼 우리와 멀리 떨어져 있지만, 이해할 수 있으리라는 희망을 가질 수 있을 만큼 충분히 가깝다. 그 세계를 이해하는 것은 쉽지 않은 일이지만, 그렇다고 불가능한 것은 아니다. 새로운 학문적 흐름이 마르크스가 달성했거나 달성하고자 했던 것이 무엇인지에 관해 구체적인 합의를 만들어냈다고 할 수는 없지만, 오랜 세월 끝에 처음으로 마르크스 사상을 학문적으로 존중할 만한 것으로 만들었다는 것만은 분명하다. 그런데도 벌린은 마르크스에 대한 새로운 연구의 물결에 대해 이상하게도 거의 언급을 하지 않았다.

1963년에 벌린은 자신과 학계의 마르크스 이해에서 변한 것이 하나 있다는 것을 인정하고는 이 책을 수정할 때 그 변화를 반영했다. 마르크스의 『경제학-철학 초고』가 널리 알려지고 전후에 미국과 서유럽의 경제적 번영이 끝나지 않을 것처럼 보이자, 많은 사회 비평가들은 자본주의의 붕괴가 필연적이고 그 시기가 임박했다는 마르크스의 예언을 계속 읊어대는 것은 바보 같은 일이라고 생각하게 되었다. 하지만 인간을 기계의 희생 제물로 만들고, 문화의 가치를 화폐 가치로만 평가하고, 비인간적이고 추상적인 시장의 힘의 지배를 방치하는 사회에 대한 마르크스의 철학적 비판까지도 낡아빠진 것으로 치부할 수는 없다. 벌린이 인정했듯이, 이 책의 초판에서 기술한 마르크스는 그의 지지자들이 찬사를 보낸 사회과학자로서의 마르크스, 다시 말해 공식적 마르크스주의에서 이야기하는 마르크스, 제2, 제3 인터내셔널에서 이야기하는 마르크스였지 인간주의적 철학자가 아니었다. 마르크스 연구 열풍이 가라앉은 지금에 와서 보면, 벌린이 자신의 글을 약간만 수정한 것은 분명히 옳은 결정이었다. 소외론에 대해 생각해 볼수록, 만년의 마르크스가 자신이 과거에 헤겔 철학의 모호한 언어로 말했던 소외 이론을 지금이라면 경험적 사회 분석의 언어로 더 쉽게 말할 수 있을 것이라고 한 말이 옳았다는 것이 더 분명해지기 때문이다.

이 책이 처음 출간되었을 때, 영어권에는 이런 주제에 대한 진지한 학술서가 몇 권 되지 않았다. 프란츠 메링이 독일어로 쓴 전기 『카를 마르크스』(1913)가 1935년에 영어판으로 출간되어 있었다. 보리스 니콜라예프스키와 오토 맨헨-헬펜이 철저히 멘셰비키적 입장에서 쓴 매력적인 전기 『카를 마르크스: 인간이자 투사』(1936)는 마르크스를 성인이나 악마로 취급하지 않은 몇 안 되는 책 가운데 하나였다. 1930년대 초에는 미국 철학자 시드니 훅— 당시에는 존 듀이의 제자이면서 동시에 트로츠키의 제자였으나 나중에 극렬한 반공주의자가 되었다 —이 철학자이자 사회 비평가로서의 마르크스를 다룬 두 권의 매우 창의적이고 흥미로운 책, 『카를 마르크스의 이해』와 『헤겔에서 마르크스까지』를 출간했다. 이 두 권의 책은 지금도 여전히 가치가 있다. 마르크스의 사상과 미국의 실용주의를 결합하려 시도했기 때문이기도 하지만, 그보다는 청년 헤겔주의자들을 다루는 내용이 들어 있기 때문이다. 그러나 당시에 이 책들은 미국에서 그리 많이 읽히지 않았고 영국에서는 거의 읽히지 않았다. 또한 영미권에서는 마르크스주의적 좌파를 제외하고는 마르크스 경제학을 진지하게 받아들이는 분위기가 아니었다. 히틀러의 등장으로 조국을 떠나야만 했던 독일 학자들이 영어로 마르크스에 관한 유명한 책들을 쓰기 시작한 것은 제2차 세계대전이 끝난 뒤였다. 이런 여러 사정들로 인해, 이 책은 당시의 현실적 필요에 부응하는 책이었다. 따라서 이 책이 성공을 거둔 것은 당연한 일이었다.

〈대학 현대지식 총서〉의 『카를 마르크스』는 벌린의 처음 원고가 그대로 출간된 것이 아니었다. 벌린은 이 책의 1978년판 서문에서 초고 분량이 이 시리즈에서 책정되어 있는 양의 두 배가 넘어서 마르크스의 사회학, 경제학, 역사 이론에 관해 쓴 내용들의 대부분을 빼고 지적 전기를 쓰는 것으로 방향을 바꾸었다고 말하고 있는데, 덜 줄였어도 괜찮았을 것이다. 마르크스의 삶에 대한 벌린의 서술은 그 이후 지금까지 학계의 논의를 지배하고 있는 수많은 마르크스 해석 논쟁들보다 더 흥미롭다. 벌린의 저작임을 즉시 알아차리게 해주는 그의 독특한 필치와 설명이 이 책에 이미 완전히 구현되어 있는 것은 놀라운 일이 아닐 수 없다.

벌린은 초판의 '서론'에서 마르크스에 관해 간략히 개괄하고 있는데, 이 문장들은 그 이후 50년의 세월 가운데 언제 썼다고 해도 상관이 없을 만큼 훌륭하다. 한 단락 전체가 한 문장으로 되어 있기도 하고, 중요한 형용사가 한 번에 세 개씩 붙어 있기도 하고, 확연히 대조적인 안티테제들을 바탕으로 논증이 펼쳐지기도 한다. 독자들은 일단 숨을 깊이 들이쉰 다음 책 속으로 뛰어들어야 한다. 그러면 몇 줄만 읽고도 그것이 주는 재미와 경탄에 숨이 멎는 듯한 기분을 느낄 것이다.

> 마르크스는 선천적으로 강하고 적극적이고 구체적이고 냉철한 정신의 소유자였고 부정의에 대한 날카로운 의식을 갖고 있었으며 쉽게 상처를 받거나 감상에 빠지는 성격이 아니

었다. 그는 부르주아의 어리석음 못지않게 지식인들의 자기만족적인 미사여구와 지나치게 감정적인 태도도 혐오했다. 그가 보기에 부르주아는 부와 사회적 지위를 쫓느라 자신들이 사는 시대의 주요한 사회적 특징들을 알아보지 못하는 위선적이고 자기 기만적인 인간들이었고, 지식인들은 대체로 현실과 동떨어진 쓸데없는 잡담이나 늘어놓는 짜증 나는 인간들이었다.*

이사야 벌린만큼 심리학적 인물 묘사와 지적 분석 사이의 균형을 적절히 보여준 해설자는 오늘날까지 찾아볼 수 없다. 벌린의 책을 읽고 있으면, 만일 마르크스가 지금 방으로 걸어 들어오고 있다면 그에게 뭐라고 말을 해야 할지, 만일 그와 싸울 생각이 없다면 무슨 말을 하지 말아야 할지를 알 것 같은 느낌이 든다. 앞서 말했듯이, 바로 이것이 지성사가로서의 벌린의 놀라운 재능이다. 그리고 이러한 재능을 처음 보여준 것이 바로 이 책이다. 나는 이 책을 대략 50년 전에 처음 읽었는데 앉은자리에서 다 읽었다. 독자 여러분도 일단 이 책을 쥐면 결코 손에서 놓을 수 없다는 사실을 알게 될 것이다.

프린스턴
1995년 2월, 2011년 10월

---

* KM1 (268/1) 11; 3 below.

4판 저자 서문

내가 이 책을 쓴 것은 거의 40년 전의 일이다. 애초에 써 놓은 원고는 이 책의 두 배가 넘는 분량이었다. 그러나 〈대학 현대지식 총서〉 편집진의 엄격한 요구로, 철학적, 경제학적, 사회학적 쟁점들에 대한 논의는 대부분 빼버리고 대신에 지적 전기에 중점을 둘 수밖에 없었다.

이 책을 쓰고 난 이후, 특히 제2차 세계 대전이 끝나고 전 세계가 사회적 변화를 겪은 이후, 마르크스 사상에 대한 연구가 엄청난 규모로 늘어나기 시작했다. 그때까지 발표되지 않았던 마르크스의 많은 저술이 햇빛을 보게 되었다. 특히 『자본』의 초고에 해당한다고 볼 수 있는 『정치경제학 비판 강요 *Grundrisse*』의 출간은 마르크스 사상에 대한 해석에 새로운 활력을 불어넣어 주었다. 게다가 그동안에 벌어진 이런저런 현실적 사건들은 불가피하게 마르크스의 저작을 바라보는 관점의 변화를 가져왔다. 물론 마르크스를 가장 혹독하게 비판하는 사람들이라고 해도, 마르크스의 저작이 우리 시대의 이론과 실천에 대해 갖는 관련성을 부정할 수는 없다. 지난 20여 년 동안 다음과 같은 문제들이 주요한 쟁점으로 논의되어 왔다. 마르크스의 사상이 헤겔을 비롯한 마르크스 이전의 사상가들의 사상과 어떤 관계에 있는가가 논의되었다. 그중에서도 헤겔의 학설들에 대한 새로운 해석들이 봇물 터지듯 빠른 속도로 출현하면서, 마르크스와 헤겔과의 관계가 새롭게 조명되었다. 또한 스탈린주의라든가 플레하노프, 카우츠키, 레닌, 심지어는 엥겔스의 해석들과 '왜곡들'에 부분적으로 자극을 받아, 초기 마르크스의 '휴머니즘적' 저작들의 가치와 중요성을 강조함으로써 마르크스를 구원하고자 하는 시도도 이루어지고 있다. 한편 파리를 중심으로 『자본』의 학설들에 대한 '수정주의적' 해석과 '정통적' 해석 간의 차이도 점차 커지고 있다. 거기에다 신프로이트주의자들을 중심으로 소외의 원인과 치유책을 논하는 소외론이 펼쳐지고 있고, 다양한 종류의 네오마르크스주의자들이 이론과 실천의 통일과 같은 문제를 다루고 있으며, 소련의 저술가들과 그 동맹 세력들은 이데올로기적 일탈에 격렬한 반응을 보이고 있다. 그 결과로, 이전의 논의들이 초라하게 보일 정도로 방대한 양의 해석학적이고 비판적인 문헌들이 속출하고 있다. 이러한 논쟁 중 일부는 마르크스와 한때 동료였던 청년 헤겔주의자들 사이에 벌어진 논쟁과는 완전히 다르다. 마르크스는 청년 헤겔주의자들 사이의 논쟁에 대해 헤겔 학설의 시체를 이용하고 위조하려 한다고 비난했다. 그에 비해, 지난 20여 년 동안 이어진 이데올로기적 논쟁은 마르크스 사상 자체만이 아니라 그것이 우리 시대의 역사와 어떤 관계가 있는지까지도 알고 이해하는 데 많은 도움을 주고 있다.

마르크스 사상에 대한 진지한 연구자치고, 마르크스의 중심 학설들의 의미와 타당성을 놓고 지난 20년 동안 벌어진 격렬한 논쟁들의 영향을 받지 않은 사람은 아무도 없을 것이다. 따라서 만일 내가 마르크스의 생애와 사상에 관한 글을 지금 쓴다면, 그것은 이 책과는 다른 책이 될 수밖에 없을 것이다. 왜냐하면 사회과학이라든가, 관념들이 제도와 생산력과 맺는 관계라든가, 여러 발전 단계에서 프롤레타리아의 지도자들이 갖고 있던 정확한 전략이라든가 하는 등등의 마르크스의 핵심 개념들에 대한 내 생각이 상당히 바뀌었기 때문이다. 비록 내가 이제는 마르크스주의적 연구의 전 분야에 걸쳐 정통하다고는 할 수 없지만 말이다. 지금 생각해 보면, 이 책을 준비하고 있던 1930년대 초에는 내가 마르크스주의 운동이 기초로 삼았던 엥겔스, 플레하노프, 메링의 고전적 해석들과 E. H. 카가 쓴 훌륭하지만 증쇄되지 않은 비판적 전기의 영향을 너무 많이 받았던 것 같다. 원고를 수정하기 시작하면서, 나는 나 자신이 이 시리즈가 요구하고 있는 것보다 훨씬 더 포괄적이고 야심적인 책을 쓰고 있었다는 것을 깨달았다. 그래서 나는 이 시리즈의 원래 목적에 맞게, 사실 기술에서의 오류나 잘못 강조한 부분들을 바로잡고, 무모하게 일반화를 시도한 부분을 손질하고, 다소 엉성하게 다룬 한두 가지 논점들을 부연하고, 마르크스 사상의 해석에서 일어난 비교적 소소한 변화들을 수용하는 것이 최선이라고 생각했다.

마르크스는 가장 명쾌한 저술가는 아니다. 또한 그는 스피노자나 헤겔 혹은 콩트 같은 사상가들처럼 모든 것을 포괄하는 단일한 총체적 사상 체계를 세우는 것을 목표로 하지도 않았다. 루카치 같은 사람들은 마르크스가 추구한 것은 일련의 학설을 또 다른 일련의 학설로 대체하는 것이 아니라 사유 방식과 진리에 도달하는 방법을 근본적으로 바꾸는 것이었고 실제로 그러한 목표를 달성했다고 줄기차게 주장하고 있다. 만일 그들이 마르크스의 저작 속에서 이러한 주장을 뒷받침하는 증거를 찾으려 든다면, 많은 것을 찾을 수 있을 것이다. 마르크스는 신념의 의의와 진실성 여부는 신념 자체가 아니라 그 표현인 실천에 달려 있다고 평생 역설했했다. 따라서 많은 수의 상당히 독창적이고 영향력 있는 핵심 주제들에 관한 그의 생각들이 체계적으로 서술되어 있지 않다는 것, 그렇기 때문에 그의 저술의 여기저기에 흩어져 있는 구절들이라든가 그가 지지를 보내거나 창시한 구체적인 운동 양식들을 그러모아 그의 이론을 추론할 수밖에 없다는 것은 그리 놀랄 만한 일이 아니다.

대단히 급진적이면서 동시에 혁명적 실천과 직결되어 있는, 아니 혁명적 실천과 다를 바 없는 학설이 다양한 해석과 전략을 가져온 것은 당연하다. 이러한 움직임은 이미 마르크스의 생전에 시작되었으며, 결국에는 마르크스 스스로 자신은 결코 마르크스주의자가 아니라는 유명한 말을 하게 만들었다. 후기 저작과는 논조와 강조점이 다르고 어느 정도는 주제까지도 다른 경향을 보이는 초기 저작들이 출간되면서, 마르크스주의 이론가들은 훨씬 더 많은 영역에서 서로 의견 차이를 보이게 되었다. 이론가들 내에서만이 아니었다. 초기 저작들의 출간은 오늘날 사회당과 공산당 간에, 사회당과 공산당의 각 진영 내에, 그리고 그 당연한 결과로 국가 간 혹은 정부 간에 격렬한 대립을 가져왔고 인류사를 변화시켜왔으며 앞으로도 지속될 세력 관계의 재편을 가져왔다. 그러나 이 거대한 변화와 이 싸움들의 이론적 표현인 이데올로기적 입장들과 학설들은 이 책의 범위를 넘어서는 것이다. 이 책에서 내가 다루고 싶었던 것은 사상가이자 투사였고 많은 나라에서 마르크스주의로 무장한 당들이 만들어지는 데 공헌했던 한 인물의 생애와 사상이다. 이 책에서 내가 집중적으로 다룬 사상들은 마르크스주의의 이론과 실천 모두에서 역사적으로 중심이었던 것들이다. 그동안 마르크스가 공산주의 사상을 펼치기 이전에 갖고 있던 생각 가운데 일부와 그 밖의 부수적인 생각들이 널리 알려지면서 오늘날의 토론을 자극한 것은 사실이다. 하지만 마르크스가 시작한 운동과 사상의 변천이라든가, 그 과정에서 발생한 분파와 이설들, 그리고 그의 시대에는 대담하고 역설적이었던 개념들을 일반적으로 인정되는 진리로 바꾸어 놓은 시각의 변화

등의 대부분은 이 책에서는 다루고 있지 않다. 대신에 우리 시대의 가장 변화무쌍한 이 운동에 관한 최근까지의 역사를 알고 싶어 하는 독자들을 위해 책 뒤에 추천서 목록을 실었다.

영어로 쓰인 추천 도서들의 목록(어쩔 수 없이 취사선택을 할 수밖에 없었다)은 터렐 카버 씨가 기존에 작성했던 목록 중에서 최근의 연구로 인해 이제는 쓸모없어진 것들을 삭제하고 대신에 상당히 많은 새로운 저작들을 추가한 것이다. 추천 도서 목록을 작성해 준 카버 씨에게 감사드린다. 이 목록의 범위가 매우 다양한 것은 마르크스주의적 학문 영역에서의 지식의 범위와 사상과 새 접근법들의 범위가 그만큼 방대하게 확대되었다는 것을 보여줄 뿐, 내 지식의 범위를 보여주는 것은 결코 아니다.

두 친구에게도 감사의 뜻을 표하고 싶다. 코와코프스키 교수는 원고를 읽고 대단히 유익하고 귀중한 제안들을 해주었다. 코헨 씨가 보내준 통찰력 있는 비판적 언급들과 격려는 내게 큰 도움이 되었다. 색인을 교정해 준 나의 친구 프랜시스 그레이엄-해리슨과 작업 내내 예의와 인내를 보여준 옥스퍼드 대학 출판부의 직원들에게도 감사를 드린다.

1977년, 옥스퍼드
이사야 벌린

3판에 부쳐

나는 이 새 판을 통해 사실과 판단의 잘못을 바로잡을 수 있었으며, 마르크스의 사회적, 철학적 견해들에 대한 설명, 특히 그의 1세대 제자들과 비판자들에 의해 소홀히 취급되었다가 러시아 혁명 이후에야 비로소 부각된 사상들에 대한 설명과 관련해 기존 판에서 생략되었던 것들을 보완할 수 있었다. 그 중에서도 무엇보다도 중요한 것은 소외와 인간의 자유 사이의 관계에 대한 마르크스의 견해를 보완할 수 있었다는 점이다. 또한 사정상 영어로 쓰인 2차 문헌만을 수록할 수밖에 없기는 했지만, 추천 도서 목록을 새로 작성하는 데도 최선을 다했으며, 이에 귀중한 도움과 조언을 아끼지 않은 에이브럼스키 씨와 보토모어 씨에게 감사를 드린다. 또한 이 책의 전반부를 다시 읽고 좋은 제안들을 해준 햄프셔 씨에게도 감사를 드린다.

1963년, 옥스퍼드
이사야 벌린

초판에 부쳐

나는 이 책의 원고를 읽고 귀중한 제언들을 해준 나의 친구들과 동료들에게 감사를 드린다. 이들의 제언은 나에게 커다란 도움이 되었다. 특히 에이어, 보웬, 칠버, 햄프셔, 라흐밀레비치 씨에게 감사드린다. 색인을 맡아 준 해리슨 씨, 교정쇄를 읽어 준 피셔 씨와 스티븐스 씨, 8장의 인용구를 사용할 수 있게 허락해 준 메튜인 형제 귀하, 그리고 무엇보다도 내가 펠로우로 있는 동안 완전히 나의 전공에서 벗어난 주제를 다룰 수 있게 허락해준 워든 칼리지 그리고 올소울즈 칼리지의 펠로우십에 깊은 감사를 드린다.

1939년 5월, 옥스퍼드
이사야 벌린

카를 마르크스

그의 생애와 시대

1
서론

> 사물과 행위는 현재의 그것 이외에 아무것도 아니며, 또한 그것들의 결과는 미래의 그것 이외에 아무것도 아닐 것이다. 그렇다면 기만당하기를 바랄 이유가 어디에 있는가?
>
> – 조지프 버틀러*

19세기 사상가 중에 카를 마르크스만큼 인류에게 직접적이고 심각하고 강력한 영향을 미친 사람은 없다. 그는 살아서만이 아니라 죽은 뒤에도 추종자들에게 지적, 도덕적 영향력을 행사했다. 그가 살았던 시대는 유럽의 민주적 민족주의의 황금시대였다. 이때는 대중적 영웅, 순교자, 낭만주의자 등 거의 전설적인 인물들이 그들의 삶과 언어로 대중의 상상력을 사로잡고 새로운 혁명적 전통을 만들어내던 시대였다. 이런 시대에도 그의 영향력은 단연 독보적이었다. 하지만 당대에든 그 이후에든 간에, 결코 마르크스를 대중적 인물이라고 할 수는 없다. 그

---

* *Fifteen Sermons Preached at the Rolls Chapel* (London, 1726), sermon 7, 136(§# 16).

는 결코 대중적인 저술가나 연설가가 아니었다. 그의 저작들은 다양한 분야에 걸쳐 있지만 그의 생전에는 널리 읽히지 않았다. 1870년대 후반부터 엄청나게 많은 수의 사람들이 그의 저작들을 읽기 시작했지만, 그것은 그 저술들의 지적 권위 때문이라기보다는 마르크스와 동일시되던 운동의 명성과 악명이 높아진 데 따른 것이었다.

마르크스에게는 위대한 대중 지도자나 선동가로서의 자질이 전혀 없었다. 그는 러시아 민주주의자인 알렉산드르 게르첸처럼 천재적인 선동선전가도 아니었고 미하일 바쿠닌처럼 청중을 사로잡는 웅변술의 소유자도 아니었다. 그는 한창 활동하던 시기에도 대외적으로 모습을 잘 드러내지 않고 대부분의 시간을 런던에서, 그것도 대영 박물관의 열람실과 자기 집의 책상 앞에서 보냈다. 마르크스는 일반 대중에게는 거의 알려지지 않은 인물이었다. 말년에는 강력한 국제적 운동의 지도자로 인정과 찬사를 받았지만, 그의 삶이나 성격에는 사람들의 상상력을 자극할 만한 것이 전혀 없었다. 또한 코슈트 러요시 Kossuth Lajos[헝가리의 민족주의자로 1848년 헝가리 혁명의 지도자], 주세페 마치니, 심지어는 말년의 페르디난트 라살이 지지자들에게 받은 무한한 헌신과 거의 종교에 가까운 열광적 숭배를 불러일으킬 만한 요소도 전혀 없었다.

마르크스가 공식석상에 모습을 드러내는 일은 드물었고 나타났을 때도 결과가 그리 좋은 편은 아니었다. 그는 공식 연회나 공개적인 모임에서 몇 차례 연설을 한 적이 있는데, 청중들의 존경을 받기는 했지만 연설에서 전달하는 내용이 많은 데다 말투도 단조롭고 무미건조해서 열광적인 반응을 이끌어내지는 못했다. 마르크스는 기질적으로 이론가이자 지식인이었다. 그는 평생 동안 대중의 이해관계를 연구했지만 대중과의 직접적인 접촉은 본능적으로 피했다. 지지자들의 눈에 마르크스는 학생의 머릿속에 핵심이 확고히 박힐 때까지 무한정 자기주장을 되풀이할 만반의 태세를 갖추고 있는 독단적이고 무게 잡는 독일인 선생님처럼 보였다. 그는 자신이 연구한 경제 이론의 대부분을 노동자를 상대로 한 강연에서 처음으로 펼쳐 보였다. 그의 설명은 간결하고 명쾌한 방식의 전형이었다. 그에 비해 집필은 더디고 힘들게 진행되었다. 흔히 머리 회전이 빠르고 창조성이 풍부한 사상가들이 그렇듯이, 마르크스도 자신의 새 이론을 즉시 알리고 싶어 하면서도 예상되는 모든 반박을 사전에 방지하고자 했기에 글이 좀처럼 생각의 속도를 따라가지 못했다.* 출간된 마르크스 저작들을 보면, 추상적인 문제들을 다룰 경우에 주요 이론은 의심할 여지 없이 명확하지만 세부적인 면에서는 때로 균형을 잃거나 모호한 점들이 있었다. 마르크스 자신도 이러한 사실을 잘 알고 있었다. 그

---

* 마르크스의 집필 방식에 관심이 있는 독자는 1857-8년에 쓴 『정치경제학 비판 강요』를 읽어 보는 것이 좋을 것이다. 『자본』의 주요 이론들과 소외에 대한 초창기의 주요 이론들을 포함하고 있는 이 책은 1939년까지 수고手稿 형태로 존재했다.

의 사위 폴 라파르그는 마르크스가 자기 자신을 프랑스 소설가 발자크의 소설 『알려지지 않은 걸작』에 나오는 주인공과 비슷하다고 말한 적이 있다고 전한다. 소설 속의 주인공은 머릿속에 떠오른 이미지를 그리려고 캔버스에 끊임없이 덧칠을 하다가 결국에는 형체는 없고 색깔들만 가득한 그림을 완성하게 되는데, 그의 눈에는 그것이 자신이 상상했던 이미지를 표현하고 있는 것으로 보인다.

마르크스는 이전 세대들보다 더 열심히 그리고 더 의식적으로 상상력을 함양한 세대에 속한 데다가 사실보다는 관념을 더 실재적인 것으로 보고 외부 세계의 사건보다는 인간관계를 더 중시하고 사회생활을 자신들의 내밀하고 복잡한 사적 경험의 세계의 시각에서 이해하고 해석하는 사람들 사이에서 성장했다. 그러나 마르크스의 천성은 내적 성찰과는 거리가 멀었다. 그는 개인의 인격이라든가 마음이나 영혼의 상태에는 거의 관심이 없었다. 너무나 많은 동시대인들이 갑작스런 부의 증가와 사회적, 문화적 혼란을 수반한 급속한 기술 진보 때문에 당시 사회의 혁명적 변화의 중요성을 제대로 알아보지 못하고 있다는 사실에, 그는 분노와 경멸을 금치 못했다.

마르크스는 강하고 적극적이고 구체적이고 냉철한 정신의 소유자였고 부정의에 대한 날카로운 의식을 갖고 있었으며 쉽게 상처를 받거나 감상에 빠지는 성격이 아니었다. 그는 부르주아의 어리석음 못지않게 지식인들의 자기만족적인 미사여구와 지나치게 감정적인 태도도 혐오했다. 그가 보기에 부르주아는 부와 사회적 지위를 쫓느라 자신들이 사는 시대의 주요한 사회적 특징들을 알아보지 못하는 위선적이고 자기 기만적인 인간들이었고, 지식인들은 대체로 현실과 동떨어진 쓸데없는 잡담이나 늘어놓는 짜증 나는 인간들이었다.

자신이 이렇듯 적대적이고 천박한 세계에 살고 있다는 생각(유대인이라는 자신의 출신에 대한 잠재적 반감 때문에 한층 강해졌을)은 마르크스의 타고난 냉철함과 공격성을 강화했고 많은 사람들이 흔히 머릿속으로 그리는 매우 강력한 인물을 만들어냈다. 마르크스를 가장 열렬히 찬미하는 사람들도 그가 친절하고 다정한 사람이었다거나 다른 사람들의 기분을 배려하는 사람이었다고 말하기는 힘들다는 것을 잘 알 것이다. 그는 자신이 만난 사람들 대부분을 바보나 아첨꾼으로 보았고 의심과 경멸의 기색을 감추지 않았다. 그는 외부인들에게는 매우 고압적이고 무례한 태도를 보였지만, 가족이나 친구처럼 가까운 사람들과 있을 때는 완전히 편안했고 이해심도 많고 친절했다. 그의 결혼 생활은 대체로 행복했으며, 그는 자녀들을 몹시 사랑했다. 또한 평생의 친구이자 공동 연구자인 엥겔스에게 거의 늘 변함없는 지지와 애정을 보여주었다. 마르크스는 사람들이 좋아할 만한 매력의 소유자가 아니었고 행동도 세련된 편이 아니었다. 게다가 그는 사람들의 맹목적인 적의와 증오에 시달렸다. 하지만 그의 적들도 그의 강력하고 적극적인 성격, 대담하면서도 폭넓은 견해들 그리고 시대 상황에 대한 폭넓고 탁월한 분석에 매료되었다.

마르크스는 당대의 혁명가들 중에서 한평생 보기 드물게 고립된 삶을 산 인물이었다. 그는 당대의 혁명가들, 그들의 방법, 그들의 목적에 전혀 우호적이지 않았다. 하지만 그의 고립은 기질이라든가 시간과 장소의 우연성 때문이 아니었다. 유럽 민주주의자들은 대부분 성격과 목적, 역사적 환경 등이 서로 많이 달랐지만 한 가지 근본적 특성만큼은 서로 비슷했기에 최소한 원칙적인 협력이 가능했다. 폭력 혁명에 대해 어떻게 생각하건 간에, 그들은 근본적으로 모든 인류가 공통적으로 갖고 있는 도덕적 기준들에 호소했다. 그들은 인류의 현 상황을 어떤 이상이나 체계에 기초해 비판하고 질타했는데, 그들이 볼 때 그러한 이상이나 체계는 증명할 필요가 없는 바람직한 것이었고 보통의 도덕관을 가진 사람이라면 누구에게나 자명한 것이었다. 민주적 사상 분파들의 계획은 실현 가능성의 차이를 기준으로 할 경우 덜 유토피아적인 것과 더 유토피아적인 것으로 나눌 수 있었지만, 궁극 목적들에 관해서는 그들 사이에 광범위한 합의가 존재했다. 그들은 제안된 수단들의 효과, 도덕적 혹은 실천적인 측면에서 현존하는 세력들과의 적정한 타협선, 특정한 사회 제도들의 특성과 가치 및 그와 관련해 채택해야 할 정책 등을 두고 서로 의견이 달랐다. 하지만 그들 중 가장 폭력적인 정파인 자코뱅파와 테러리스트들까지도 (아마 다른 분파들보다도 더) 개인들의 굳건한 의지로 바꿀 수 없는 것은 없다고 믿었다. 또한 그들은 강력한 도덕적 목적들이 보편적으로 인정되는 가치 척도에 의해 정당화될 수 있는 충분한 행동 동기라고 전제했다. 그리고 이런 전제를 바탕으로 먼저 어떤 세계를 원하는지 확정한 다음, 이 세계상을 기준으로 현재의 사회 구조 중 어떤 것들이 어느 정도 유지되거나 폐지되어야 하는지를 따져보고, 마지막으로 변화를 가져오는 데 가장 효과적인 수단을 찾아야 한다는 결론을 내렸다.

모든 시대의 혁명가와 개혁가들 거의 대부분이 이런 생각을 갖고 있었지만, 마르크스는 그러한 생각에 전혀 동의하지 않았다. 그는 인류 역사는 이런저런 이상들을 가진 개인들의 개입으로 어찌할 수 없는 불변의 법칙들에 지배된다고 확신했다. 그는 사람들이 목적을 정당화하기 위해 근거로 내세우는 내적 경험은 결코 특별한 종류의 도덕적 진리나 종교적 진리를 드러내는 것이 아니라 특정한 역사적 상황에 놓여 있는 사람들 사이에 개인적, 집단적 신화와 환상들을 만들어내는 경향이 있다고 보았다. 신화는 물질적 환경의 제약 속에서 탄생하면서도 종종 객관적 진리의 탈을 쓰고는 불행한 처지에 있는 사람들이 믿고 싶어 하는 것을 형상화하는데, 사람들은 이런 신화에 속아 자신들이 살고 있는 세계의 본질을 잘못 해석하고, 세계 안에서의 자신의 위치를 오해하고, 그 결과 자신들과 타인들의 힘의 한계와 자신들과 적들의 행위의 결과를 오판한다. 동시대의 대부분의 민주주의 이론가들과 반대로, 마르크스는 가치는 사실과 떼어놓고 생각할 수 없고 사실을 보는 방식에 의존한다고 보았다. 그는 이성적 존재는 역사 과정의 본질과 법칙을 올바로 통찰하기만 하면 독립적인 도덕적 기준들에 의존하지 않고도 어떤 수단을 채택하는 것이 좋은지, 다시 말해 어떤 길이 자신이 속한 질서의 요구에 가장 잘 부합하는지 알게 될 것이라고 보았다.

따라서 마르크스는 인류에게 불어넣을 새로운 윤리적 이상이나 사회적 이상 같은 것을 갖고 있지 않았다. 그는 마음의 변화를 호소하지 않았다. 그가 보기에, 마음의 변화는 환상들을 또 다른 환상들로 대체하는 것에 지나지 않았다. 자기 세대의 다른 위대한 이데올로그들과 달리, 마르크스는 이성과 실천적 지성에 호소했고, 지적 부도덕과 맹목을 고발했고, 사람들이 혼돈에서 자신들을 구원할 방법을 알기 위해 필요한 것은 자신들의 현실적 조건을 이해하는 것이라고 역설했으며, 사람들이 사회 세력들 간의 균형을 정확히 판단하기만 하면 마땅히 추구해야 할 합리적인 생활 형식을 알게 될 것이라고 생각했다.

마르크스는 이상이 아니라 역사에 의거해 현존 질서를 공격한다. 즉 그는 부정의하다거나 불행을 초래한다거나 인간의 악함이나 어리석음에 근거하고 있다는 이유로 현존 질서를 공격하는 것이 아니라, 특정한 역사 단계에서 한 계급이 합리성의 정도를 바꿔가며 자기 이익을 추구하는 과정에서 다른 계급의 재산을 빼앗고 착취하고 그 결과 인간을 억압하고 불구화하도록 만드는 필연적인 사회 발전 법칙의 산물이라는 이유로 현존 질서를 공격한다. 억압자들을 위협하는 것은 피억압자들의 계획적인 보복이 아니라 사회적 책무를 다했기에 인류 역사의 무대에서 곧 사라질 억압자 계급을 위해 역사가 (억압자 계급과 적대관계에 있는 사회 집단의 이익에 근거한 활동의 형태로) 마련해 놓은 불가피한 파멸의 운명이다.

그런데 마르크스의 언어는 지성에 호소하려던 의도와 달리 선구자나 예언자의 언어이다. 그것은 인간의 이름이 아니라 보편 법칙의 이름으로 말하고, 구원이나 개선을 추구하지 않고 경고하고 고발하고 진실을 폭로하고 무엇보다도 거짓을 논파한다. 프루동이 자기 저서의 첫머리에 인용한 '나는 파괴하고 건설할 것이다'*라는 말은 마르크스가 자신의 과제라고 생각한 것에 훨씬 더 잘 들어맞는다. 1845년에 마르크스는 계획의 첫 단계를 완료했고 사회 발전의 본질, 역사, 법칙들을 잘 알게 되었다. 그는 사회의 역사는 창조적 노동을 통해 자신과 외부 세계를 지배하고자 하는 인간의 역사라고 결론지었다. 이러한 활동은 적대 계급들 간의 투쟁으로 나타나고 이 투쟁에서는 반드시 한 계급이 승리하게 되는데, 이런 승리의 연속이 역사의 진보를 구성한다. 긴 안목으로 보면, 이 승리들은 이성의 발전을 구현한다. 따라서 떠오르는 계급인 진보적 계급의 편에 서서 자신들의 과거를 버리고 진보 계급과 동맹을 맺든가, 만

---

* 프루동의 『빈곤의 철학Philosophy of Poverty』(파리, 1846)의 속표지에 적혀 있는 제사題詞로 신명기 32장에서 가져온 것으로 되어 있다. 불가타판 성경의 신명기 32장 39절에 나오는 '죽이는 것도 나요, 살리는 것도 나다'라는 구절을 이렇게 쓴 것으로 보인다.

일 이미 동맹을 맺고 있다면 자신들의 상황을 인정하고 그에 따라 행동하는 사람들만이 이성적이다.

마르크스는 프롤레타리아를 당대의 계급투쟁에서 부상하는 계급으로 보고 프롤레타리아의 승리를 계획하는 데 자신의 삶을 바쳤다. 프롤레타리아의 승리는 역사적 필연이지만, 인간의 용기와 결단, 창의력은 그 시기를 앞당길 수 있고 이행 과정의 고통을 덜어주고 인간들의 충돌과 희생도 줄일 수 있다. 이제 마르크스는 교전 중인 군대의 지휘관과 비슷하게 자신과 타인들에게 왜 전투를 하는지, 왜 저쪽 편이 아니라 이쪽 편에 있는지 밝힐 것을 요구하지 않는다. 전투는 벌어지고 있고, 사람들이 어느 쪽에 있는지는 이미 정해져 있다. 이는 질문 대상이 아니라 인정하고 검토해야 할 엄연한 현실이다. 사람들이 해야 할 일은 적과의 싸움에서 승리하는 것뿐이다. 다른 문제는 모두 가정에 의한 순수 이론적인 것이기 때문에 논점에서 벗어난 것이다. 마르크스의 후기 저작들에 궁극적 원리에 대한 논의라든가 부르주아에 대한 반대를 정당화하려는 시도가 거의 없는 것은 이 때문이다. 적의 장단점이라든가 적이나 전투가 실제와 달랐더라면 어땠을까 하는 것은 전투가 벌어지는 동안에는 전혀 관심 대상이 아니다. 전투가 벌어지고 있는 동안에 이러한 부적절한 문제들을 꺼내드는 것은 지지자들이 그 중요성을 알든 모르든 간에 자신들이 직면하고 있는 중요한 문제들로부터 주의를 돌리게 만들어 그들의 투쟁력을 약화시킨다.

전투 중에 중요한 것은 오직 자신의 자원과 적의 자원을 정확히 파악하는 것인데, 이를 위해서는 사회의 역사와 그 역사를 지배하는 법칙들을 아는 것이 필수불가결하다.『자본』은 그러한 앎을 제공하려는 시도이다.『자본』에는 뚜렷한 도덕적 논증도 양심이나 원리원칙에 대한 호소도 없고 프롤레타리아의 승리 이후에 어떤 일이 있을 것이라거나 있어야만 한다는 구체적인 언급도 없는데, 이는 마르크스의 주된 관심이 실천적인 문제에 집중되어 있었기 때문이다. 마르크스는 계급투쟁에서 어떤 위치에 있는 사람이건 누구에게나 불변의 보편적 자연권과 양심이 있다는 견해들을 자기 보호를 위한 자유주의적 환상이라며 거부한다. 사회주의는 호소하지 않고 요구한다. 사회주의는 권리에 대해 말하지 않고 억압적인 사회 구조에서 해방된 새로운 생활 형식에 대해 말하는데, 이 새로운 생활 형식의 가차 없는 접근 앞에 낡은 사회질서는 이미 눈으로 볼 수 있을 정도로 붕괴되기 시작했다. 도덕적, 정치적, 경제적 개념과 이상들은 그것들을 낳은 사회 조건이 변하면 함께 변한다. 그러한 개념과 이상들을 보편적이고 영원한 것으로 보는 것은 그것들이 속한 질서― 이 경우에는 부르주아 질서 ―가 영원하다고 믿는 것이나 다름없다.

  마르크스는 18세기 이래 출현한 이상주의적 박애주의자들의 윤리적, 심리학적 이론들은 이런 잘못된 전제에 기초하고 있다고 본다. 따라서 그는 모든 사람의 이해관계는 궁극적으로 동일하고 지금까지 줄곧 동일했으므로 모두가 분별력과 선의와 박애를 발휘하기만 하면 모두가 만족할 만한 합의에 이를 수 있을 것이라는 자유주의자와 공리주의자들의 가정을 극도로 경멸하고 혐오했다. 계급투쟁이 사실이라면, 모든 사람의 이해관계가 조화를 이루는 것은 불가능하다. 이 사실을 부인하는 것은 오로지 진실을 외면하는 어리석거나 이기적인 태도, 역사에서 반복적으로 볼 수 있는 대단히 잘못된 형태의 위선 내지 자기 기만이다. 기질이나 타고난 재능의 차이가 아니라 이러한 근본적인 견해 차이가 마르크스가 40년 넘게 끊임없이 맹렬하게 싸움을 걸고 독설을 퍼붓는 데 당혹감과 분노를 금치 못했던 부르주아 급진주의자들과 공상적 사회주의자들과 마르크스 간의 결정적 차이다.

마르크스는 낭만주의, 주정주의 및 모든 종류의 박애주의적 호소를 혐오했으며, 청중이나 독자들의 이상주의적 생각에 호소하는 일이 생기지 않도록 하기 위해 선전 문건에서 오랜 민주주의적 수사修辭를 모조리 제거하고자 애썼다. 그는 모든 형태의 타협을 거부했기 때문에 양보를 하지도 않았고 양보를 요구하지도 않았으며 조금이라도 성격이 불분명한 정치 세력과는 동맹 관계를 맺지 않았다. 그의 이름이 들어간 성명서, 선언문, 행동강령에는 한때는 정말로 이상들을 표현하는 것이었지만 그의 시대에는 민주주의 운동들의 상투어가 된 도덕적 진보, 영원한 정의, 인간의 평등, 개인이나 민족의 권리, 양심의 자유, 문명을 위한 투쟁 등의 문구들이 거의 없다. 그는 이러한 표현들이 겉만 그럴듯할 뿐 사실은 혼란스러운 사고와 비효율적인 행동을 보여주는 거의 무의미한 말이라고 생각했다.*

투쟁은 전방위적으로 이루어져야 한다. 현 사회는 정치적으로 조직되어 있으므로 역사 발전 법칙에 따라 승리 계급이 될 구성원들을 바탕으로 정당을 만들어야 한다. 사회주의자들은 이 구성원들에게 현재 사회에서 확고해 보이는 것이 사실은 곧 소멸할 수밖에 없다는 것을 끊임없이 주지시켜야 한다. 하지만 사람들은 소멸해 가고 있는 계급이 의식적 혹은 무의식적으로 만들어내는 도덕적, 종교적, 정치적, 경제적 가정들의 거대한 보호벽, 자신들의 운명을 다른 계급들만이 아니라 자신들도 못 보게 가로막고 있는 보호벽 때문에 이러한 사실을 믿기 힘들다. 이 보호벽을 뚫고 사건들의 실제 구조를 인식하기 위해서는 지적 용기와 강력한 비전이 필요하다. 이 문제에 이해관계가 있고 ― 실제로 죽었거나 죽어가고 있는 사람이 아닌 한, 누구도 자신의 삶과 밀접한 관련이 있는 사회의 운명에 대해 공평무사한 관찰자일 수 없기 때문에 ― 생각이 있는 관찰자라면 엄청난 혼란과 그 혼란이 종식될 결정적 순간이 임박한 것만 보고도 자신이 어떤 존재여야 하고 살아남기 위해 무엇을 해야 하는지 확실히 알 수 있을 것이다. 마르크스에 따르면, 사람마다 다른 내적 비전에 의해 결정되는 주관적 가치

---

* 마르크스가 엥겔스에게 보낸 한 편지에는 이와 관련해 대단히 중요한 언급이 들어 있다. 이 편지에서, 마르크스는 〈제1차 국제 노동자 협회the First International Workingmen's Association〉가 자신에게 부탁한 선언서 초안을 작성하면서 자신이 이러한 표현들을 어떻게 처리했는가에 관해 밝히고 있다.

척도가 아니라 사실에 대한 인식이 합리적 행위를 결정하는 기준이 되어야 한다.

마르크스는 토대 전체를 파괴하지 않고도 계속 생산력을 발전시킬 수 있는 제도를 가진 사회는 진보적이므로 지지할 가치가 있다고 본다. 반면에 존속을 위해 궁극적 안정에 대한 비합리적 믿음을 만들어내려 필사적으로 애쓰지만 결국 내부의 혼란과 붕괴를 피하지 못하고 어쩔 수 없이 막다른 길로 향해 가고 있는 사회는 반동적이다. 물론 무너져 가는 사회는 궁극적 안정에 대한 비합리적 믿음이라는 진통제를 투여함으로써 자신의 실상을 보여주는 증상들을 스스로에게 숨기지만, 어떤 사회체제이든 역사의 유죄 판결이 내려지면 반드시 사라질 수밖에 없다. 구원이 가능하지 않은데도 구원해야 한다고 주장하는 것은 곧 우주의 이성적 계획을 부정하는 것이다.

인류는 끊임없이 이어지는 고통스러운 대립과 충돌을 통해 비로소 자신의 힘을 완전히 실현할 수 있게 되는 것인데, 이런 과정 자체를 비난하는 것은 마르크스가 보기에 삶에 대한 병적이거나 천박한 견해에서, 또는 이런저런 일시적인 가치나 제도를 지지하는 비이성적인 편견에서 비롯된 유치한 주관주의였다. 그것은 낡은 세계와의 유착을 드러내는 동시에 낡은 세계의 가치에서 아직 완전히 해방되지 않았음을 보여주는 징후였다. 마르크스가 보기에, 엄숙한 박애주의의 가면 뒤에서는 반동과 타협하려는 근본적인 욕망, 안락과 특권의 상실에 대한 두려움에 기인한 혁명에 대한 공포 그리고 더 깊은 차원에서는 현실 자체라는 강렬한 햇빛에 대한 두려움 등에서 비롯된 나약함과 배반의 씨앗들이 은밀히 번성하고 있었다. 그러나 현실과의 타협은 있을 수 없었다. 박애주의는 공개적인 투쟁의 위험과 무엇보다도 승리가 가져올 손실과 책임을 회피하고자 하는 욕망에서 비롯된 체면치레용의 온건한 타협일 뿐이었다. 비겁함만큼 마르크스의 분노를 자아낸 것은 없었다. 비겁함에 관해서 말할 때 그의 어투는 격렬하고 대체로 무자비한데, 이는 혁명적 사회주의의 글쓰기에서 찾아보기 힘들었던 무자비한 '유물론적' 문체의 효시이다. '적나라한 객관성'을 특징으로 하는 이러한 표현 방식은 특히 다음 세대의 러시아 저자들 사이에서 종종 그리 대단치 않은 주장을 가장 신랄하고, 가장 직설적이고, 가장 충격적으로 표현하는 방식으로 계승되었다.

마르크스 자신의 설명에 따르면, 그가 새로운 도구를 만들어내기 시작한 것은 거의 우연적인 계기 때문이었다. 그는 급진적 신문의 편집자라는 입장 때문에 지역에서 중요한 경제 문제들을 두고 정부와 논쟁을 벌이게 되었는데, 이 과정에서 자신이 경제 발전의 역사와 원리들에 대해 아는 것이 거의 없다는 사실을 깨닫게 되었다. 이 논쟁이 벌어졌던 것은 1843년인데, 5년 뒤인 1848년에 그는 정치적, 경제적 사상가로서의 기본 입장을 완성했다. 그는 놀라울 정도의 철저함을 발휘해 사회와 사회 발전에 관한 완전한 이론을 만들어냈다. 이 이론은 사회와 사회 발전에 관련된 모든 문제에 대한 답을 어디서, 어떻게 찾아야 할지를 정확히 보여주었다.

마르크스 이론의 독창성은 자주 의심을 받아 왔다. 물론 마르크스의 이론은 이제껏 표현된 적 없는 개인적 경험을 형상화한 예술작품을 가리켜 말할 때의 의미에서 '독창적'이지는 않다. 그것은 새로운 가설을 만들어내기 위해 기존의 견해를 수정하고 결합함으로써 이제껏 해결되지 않고 있었거나 아예 형식화도 되지 않았던 문제에 대해 새로운 해결책을 제공한 과학적 이론을 가리켜 말할 때의 의미에서 독창적이다. 마르크스는 다른 사상가들에게 진 빚을 결코 부인하지 않았다. 그는 "나는 역사적 정의正義를 수행하면서 각자에게 합당한 몫을 주고 있다"고 당당히 밝혔다고 한다.* 하지만 그는 지금까지 오해됐거나 틀리게 혹은 불충분하거나 모호하게 정의된 문제들에 대해 자신이 매우 적절한 해답을 처음 제시했다고 주장했다. 마르크스가 추구한 것은 새로움이 아니라 진리였다. 그는 다른 사람들의 저서에서 진리를 발견하면 그것을 받아들여 새롭게 종합하고자 애썼다. 적어도 그의 사상의 기본 방향이 모습을 갖춘 파리 시절에는 그러했다. 결과적으로 마르크스 이론에서 독창적인 것은 특정한 구성요소가 아니다. 독창적인 것은 각 구성요소를 나머지 구성요소들과 연결시킴으로써 전체 체계 내에서 부분들이 서로 논리적으로 연결되고 서로를 뒷받침하게 만드는 중심 가설이다.

---

* [근거를 찾을 수는 없다. 누군가 지어낸 이야기로 보인다.]

그렇기 때문에 지금까지 숱한 비판자들이 해왔듯이, 마르크스의 이론들 가운데 어느 하나를 택해 그 원천을 추적하는 일은 그리 어렵지 않다. 마르크스의 견해들 중에 이전 시대나 동시대 저술가에게서 그 싹을 찾아볼 수 없는 것은 하나도 없다고 할 수 있다. 사적 소유의 철폐와 공동 소유를 주장하는 이론은 형태만 다를 뿐 지난 2천 년 중 대부분의 기간 동안 주창자들이 있었다. 따라서 마르크스가 이 이론을 모렐리, 마블리, 바뵈프와 그의 추종자들에게서 직접 가져왔는지 아니면 프랑스 공산주의에 대한 독일어 해설서들에서 가져왔는지를 둘러싸고 흔히 벌어지는 논쟁은 그저 학자들의 관심사일 뿐 그리 중요하지 않다. 이보다 더 구체적인 이론들의 경우는 어떨까? 우선 돌바크는 마르크스보다 1세기쯤 전에 **출간한** 글에서 사적 유물론과 비슷한 이론을 제시했다. 그런데 돌바크의 이론은 상당 부분 17세기 철학자 스피노자의 영향을 받은 것이었다. 더욱이 마르크스가 살던 시대에 포이어바흐는 돌바크의 이론을 수정해 다시 내놓은 바 있다. 인류 역사를 사회계급 간의 투쟁의 역사로 보는 견해는 이미 랭게와 생시몽이 주장한 바 있으며, 마르크스도 인정하고 있듯이 티에리와 미녜 같은 프랑스의 자유주의적 역사가들뿐만 아니라 보수적인 역사가 기조도 이런 견해를 대폭 수용했다. 경제 위기의 주기적 회귀의 불가피성에 대한 과학적 이론을 처음 정식화한 것은 시스몽디였다고 할 수 있다. 제4신분[프롤레타리아]의 등장에 관한 이론은 초창기의 프랑스 공산주의자들이 제시했고, 마르크스의 시대에는 슈타인과 헤스에 의해 독일에 널리 유포되었다. 프롤레타리아 독재는 1790년대에 바뵈프가 대략적인 틀을 제시한 바 있으며, 19세기 들어 바이틀링과 블랑키가 다른 식으로 펼쳐 보였다. 산업국가에서 노동자의 현재와 미래의 위치 및 중요성에 대해서는 루이 블랑과 프랑스의 국가 사회주의자들이 마르크스가 기꺼이 인정했을 정도보다 더 완전한 형태로 제시했다. 노동가치론은 로크와 애덤 스미스, 리카르도 및 그 밖의 고전적 경제학자들이 이미 제시한 바 있다. 착취론과 잉여가치론은 푸리에에서 볼 수 있고, 그 해법으로 국가에 의한 계획적 통제를 제시한 것은 브레이와 톰슨 및 호지스킨 같은 영국의 초기 사회주의자들이다. 프롤레타리아의 소외에 관한 이론은 마르크스보다 최소한 1년 앞서 막스 슈티르너가 발표했다. 그리고 헤겔과 독일 철학은 마르크스의 사상 전반에 가장 깊은 영향을 미쳤다. 이런 식의 사례는 계속해서 들 수 있다.

18세기에는 수많은 사회이론이 출현했다. 일부는 나타나자마자 사라졌지만 적절한 지적 환경을 만난 일부는 여론을 변화시키고 행동에 영향을 주었다. 마르크스는 이 방대한 양의 자료들을 면밀히 검토해 그중에서 옳고 독창적이고 중요해 보이는 것들을 추려낸 다음, 그것을 바탕으로 새로운 사회 분석 도구를 만들어냈다. 이 도구의 주된 장점은 아름다움이나 일관성 혹은 정서적, 지적 힘 — 위대한 유토피아적 체계들은 웅대한 사변적 상상의 산물들이다 — 에 있는 것이 아니라 간단한 기본 원리들을 포괄성, 현실성, 구체성과 훌륭하게 결합한 데 있다. 이 도구가 가정한 사회 상황은 대중들 자신의 개인적, 직접적 경험과 들어맞았다. 가장 단순한 형태로 제시된 사회 분석들은 새롭고 예리했다. 독일 관념론과 프랑스 합리론 및 영국 정치경제학의 독특한 종합*을 보여주는 새로운 가설들은 그때까지 대체로 별개로 여겨지던 많은 사회 현상을 제대로 통합해 설명하고 있는 것으로 보였다. 마르크스가 만들어낸 사회 분석 도구는 새로운 공산주의 운동의 방법과 대중적 선전 문구에 구체적인 의미를 제공했다. 그것은 무엇보다도 새로운 공산주의 운동이 마치 차티스트 운동처럼 사회 전반에 퍼져 있는 불만과 폭동의 정서에 느슨하게나마 구체적인 정치적, 경제적 목적들을 제공할 수 있게 해주었다. 그것은 이러한 정서

---

* [이 세 이론을 종합했다는 견해는 모제스 헤스의 『*Die europäische Triarchie*』(Leipzig, 1841), 155-78, 특히 178에 나온다. 참고로 헨리 하디가 편집한 벌린의 『*Against the Current: Essays in the History of Ideas*』 2판 (Princeton, 2013)에는 벌린이 1959년에 쓴 헤스에 관한 에세이가 실려 있는데, 이 책 281쪽에서 벌린은 다음과 같이 적고 있다. '특히 *유럽의 세 강대국의 연합*은 유럽에서 선진적인 세 가지 운동들의 통일을 뒷받침했다. 독일은 사상의 총본산이자 종교적 자유의 옹호자였다. 프랑스는 효과적인 사회개혁과 정치적 독립을 쟁취한 전쟁터였다. 영국은 경제적 자유의 본고장이자 그 자체로 프랑스 정신과 독일 정신의 종합이었다. 독일처럼 지나치게 사변적이지도 않았고 프랑스처럼 속류 유물론적이지도 않았다.' 레닌은 이런 생각을 받아들여 다음과 같이 썼다. '19세기에 가장 선진적인 세 국가가 대표하는 세 개의 주된 이데올로기적 경향은 고전적 독일철학, 고전적인 영국의 정치경제학 그리고 프랑스의 혁명적 원칙들과 결합된 프랑스 사회주의였다. 마르크스는 이 셋을 계승, 종합한 천재였다' (1914), *Collected Works* (Moscow, 1974), xxi 50.]

를 모든 시대의 모든 사람에게 타당한 궁극 목적이 아니라 특정한 사회 발전 단계를 대변하는 혁명 정당의 목표들, 즉 체계적으로 상호 연결된 실현 가능한 당면 목표들로 향하게 해주었다.

당시에 사람들을 가장 사로잡고 있던 이론적 문제들에 관해 알기 쉬운 경험적 용어들로 분명한 대답들을 제시하고 그로부터 분명한 실천적 지침들을 자연스럽게 이끌어낸 것이야말로 마르크스 이론의 가장 중요한 업적이었을 뿐만 아니라 마르크스의 이론이 이후 수십 년간 경쟁 이론들을 물리치고 독보적인 생명력을 계속 발휘할 수 있었던 원동력이기도 했다. 마르크스의 이론은 역사의 격동기인 1843~1850년에 주로 파리에서 만들어졌다. 이 시기는 대체로 사회생활의 표면 아래 잠복해 있는 경제적, 정치적 경향들이 세계적 위기를 맞아 범위와 강도를 더해가다가 최후의 힘의 충돌 ― 이 충돌로 모든 쟁점이 또 다시 모호해졌다 ― 직전에 기존 제도들이 수호하던 틀을 깨고 본모습을 드러낸 일종의 찬란한 막간극에 해당하는 시기였다. 마르크스에게는 사회 이론 분야에서 과학적 관찰을 할 수 있는 이 보기 드문 기회가 엄청난 도움이 되었다. 관찰한 결과, 이 시기는 자신의 가설들을 충분히 확인해주는 것으로 보였다.

마침내 모습을 드러낸 마르크스의 이론 체계는 적이 보유하고 있는 모든 무기에 대처할 수단을 갖추고 있어서 직접 공격으로는 함락할 수 없는 거대한 성벽과도 같았다. 그것은 오늘날까지 지지자와 적 모두에게, 특히 사회과학자, 역사가, 비평가들에게 지대한 영향을 미치고 있다. 그것은 앞으로 다시는 어떤 것도 의심의 여지 없이 확실하다고 말할 수 없게 만들었다는 의미에서 인간 사유의 역사를 바꿔놓았다. 길게 보면, 격론이 벌어지는 장이 돼서 손해를 보는 주제는 없다. 마찬가지로 마르크스 이론이 인간 행동의 결정에서 경제적 요소의 우위를 강조한 것은 경제사 연구를 강화하는 결과를 낳았다. 전에도 경제사 연구는 있었지만, 경제사 연구가 지금처럼 중요한 위치에 도달하게 된 것은 이전 세대에 헤겔의 이론들이 역사 연구 전반에 강력한 자극제 역할을 했듯이 마르크스 이론이 경제사 연구에서 엄밀한 역사적 연구를 촉진했기 때문이다. 역사적, 도덕적 문제들을 논의하고 정리한 콩트와 스펜서, 텐Taine의 사회학은 전투적인 마르크스주의의 공격으로 그 주장들이 뜨거운 쟁점이 되고 이에 증거를 찾으려는 열의가 높아지고 방법에 대한 관심이 강해지면서 비로소 정확하고 구체적인 학문이 되었다.

1849년에 마르크스는 프랑스 당국에 의해 추방되는 바람에 어쩔 수 없이 파리를 떠나 영국으로 이주했다. 그에게 런던, 특히 대영박물관 도서실은 '부르주아 사회를 관찰하기에 더없이 좋은 곳'*이자 영국인들이 그 중요성을 모르고 있는 무기고였

---

* *A Contribution to the Critique of Political Economy* (1859), Preface, CW 29:264.

다. 그는 주변 상황의 영향을 거의 받지 않은 채 가족, 소수의 가까운 친구와 정치적 동지 등 대체로 독일인들로 이루어진 자신만의 세계 속에 틀어박혀 살았다. 그는 영국인은 거의 만나지 않았고 영국인이나 영국인들의 생활방식을 이해하려 하지도 않았고 신경 쓰지도 않았다. 그는 보기 드물게 주위 환경의 영향을 받지 않는 사람이었다. 그는 신문이나 책 이외의 것은 거의 보지 않았고, 죽을 때까지 자기 주위에 있는 사람들의 건강이나 행복 혹은 사회적, 태생적 배경에 대해 잘 몰랐다. 그는 책, 신문, 잡지, 정부보고서 등을 정기적으로 구할 수만 있다면 마다가스카르에서 망명 생활을 보냈어도 개의치 않았을 것이다. 그는 런던에 살았지만 마다가스카르에 살고 있는 것이나 다름없을 만큼 런던 시민들에게 알려지지 않은 인물이었다. 마르크스의 인격이 확립된 시기이자 심리학적으로도 가장 흥미로운 시기는 1851년에 끝났다. 이후 그는 정서적, 지적으로 안정되었고, 이러한 상태는 죽을 때까지 거의 변하지 않았다. 그는 파리에 체류하고 있을 때 자본주의 체제의 출현과 임박한 몰락을 완벽하게 기술하고 설명하겠다는 포부를 갖게 되었다. 이 작업은 1850년 봄에 시작되었지만 일상적으로 해야 하는 일들에다 가족의 생계를 위해 언론에 기고도 해야 했기 때문에 완성되기까지 약 20년이 걸렸다.

    그가 30년 동안의 런던 생활 동안 쓴 소책자와 기사, 서한들은 그의 새로운 분석 방법에 따라 당시의 정치 문제들을 논리적으로 해설, 평가하고 있다. 그것들은 예리하고, 명쾌하고, 통렬하고, 현실적이고, 논조가 놀랄 만큼 현대적이며, 당시에 널리 퍼져 있던 낙관주의적 분위기를 표적으로 삼고 있다.

혁명가로서 마르크스는 음모적 방법에 찬성하지 않았다. 그는 음모적 방법은 낡고 비효율적이며 여론을 근본적으로 바꾸지는 못하고 자극만 하기 쉽다고 생각했다. 대신에 그는 새로운 사회관에 따라 움직이는 공개적인 정당[나중에 제1인터내셔널로 실현되었다]을 만드는 일에 착수했다. 이후 그는 자신이 발견한 진리들이 모든 지지자들의 의식을 가득 채우고 그들의 모든 사고와 말과 행위 속에 완전히 스며들 때까지 그 진리들을 알리고 그 진리들을 뒷받침할 증거를 모으는 데 온 힘을 쏟았다. 그는 이 목적을 달성하기 위해 25년 동안 자신의 모든 것을 바쳤고 마침내 죽을 무렵에 이르러 목적을 달성했다.

19세기에는 마르크스 못지않게 뛰어나고 독창적이고 공격적이고 독단적인 사회 비판가와 혁명가들이 많았지만, 마르크스처럼 일관되게 자기 삶의 모든 언어와 행위를 신성하기 그지없는 하나의 실천적인 당면 목적을 달성하는 데 바친 사람은 없었다. 마르크스는 시대를 앞선 인물인 동시에 유럽의 가장 오랜 전통들 중의 하나를 구현한 인물이었다. 그는 현실적 태도와 역사의식을 갖고 있었고, 추상적 원리들을 공격했고, 모든 해결책은 실제 상황에서 나와야 하고 실제 상황에의 적용 가능성에 따라 검증되어야 한다고 주장했고, 강력한 행동이 요구되는 상황에서 도피하려는 타협이나 점진주의를 경멸했고, 대중은 속기 쉬우므로 대중을 이용하는 악당들과 얼간이들의 손아귀에서 필요하다면 무력을 써서라도 대중을 구출해야 한다고 생각했다는 점에서 다음 세기에 출현한 더 엄격한 실천적 혁명가 세대의 선구자였다. 하지만 그는 과거와의 완전한 결별이 필요하다고 굳게 믿었고, 사람들을 구원할 수 있는 완전히 새로운 사회 체제가 필요하다고 생각했고, 사람들은 사회적 구속에서 풀려나게 되면 결국은 다른 사람들과 사이좋게 협력하겠지만 그 전까지는 굳건한 사회적 지도가 필요하다고 생각했다는 점에서 명료한 단일 원리에 따라 세계를 해석하고 그 원리에 반하는 모든 것을 질타하고 파괴한 새로운 권위주의적 믿음의 위대한 창시자들, 가차 없는 파괴자와 혁신자들 중의 한 명에 속한다.

현재의 비합리적이고 혼란스러운 세계가 스스로 파괴되고 질서정연하고 조화로운 자율적 사회가 필연적으로 출현하게 될 것이라는 마르크스의 믿음은 모든 문제와 어려움을 종식시키는 저 무한하고 절대적인 종류의 믿음이었다. 말하자면 그것은 사람들이 16, 17세기에 새로운 프로테스탄티즘에서, 그 후에는 과학의 진리들, 위대한 프랑스 혁명의 원리들, 독일 형이상학자들의 체계들에서 발견한 것과 비슷한 해방감을 안겨주는 믿음이었다. 만일 이 초기 합리주의자들을 광신자라고 부른다면, 그런 의미에서는 마르크스도 광신자였다. 하지만 그는 이성만을 맹목적으로 신봉하지 않았다. 그는 이성 못지않게 경험적 증거에도 의존했다. 그에게 역사 법칙들은 영원불변한 것이었고, 이러한 사실을 파악할 때는 일종의 형이상학적 직관을 사용했지만 역사 법칙들이 구체적으로 어떤 것들인지를 확립할 때는 경험적 사실들만을 증거로 사용했다. 그의 지적 체계는 새로 들어오는 무엇이건 이미 확립되어 있는 틀에 맞춰지도록 되어 있는 닫힌 체계였지만, 기본적으로 관찰과 경험에 뿌리를 두고 있었다. 그는 어떠한 고정관념에도 사로잡히지 않았다. 현실에서 유리된 채 완전히 자기만의 세계에서 살아가는 사람들은 병리적 광신을 동반하면서 갑작스러운 심적 고양과 고독감, 피해의식이 번갈아 나타나는 악명 높은 증상을 보이는데, 마르크스에게서는 그러한 증상을 전혀 찾아볼 수 없다.

마르크스의 주저인 『자본』의 주요 사상은 1847년에 이미 머릿속에 형성되어 있었던 것으로 보인다. 전체적인 개요는 1849년에 한 번, 그리고 1856년에 또 한 번 작성한 바 있었다. 하지만 그는 자신이 다루는 주제에 관한 모든 문헌을 섭렵해 스스로가 만족할 때까지는 본격적으로 집필을 시작할 수 없었다. 게다가 책을 출간해줄 출판업자를 찾기도 힘들고 가족의 생계도 꾸려나가야 하는 데다 과로와 잦은 병치레까지 겹쳐 『자본』의 출판은 계속 지연되었다. 그러다 마침내 집필을 구상한 지 20년 만인 1867년 『자본』 1권이 세상에 나왔다. 『자본』은 그가 살면서 이룬 최고의 업적이다. 『자본』은 사회 발전의 과정과 법칙들을 체계적으로 설명하려는 시도이다. 그것은 역사적으로 다루어진 완전한 경제이론과 경제이론만큼 명료하지는 않지만 경제적 요소에 의해 결정되는 역사와 사회에 관한 이론을 담고 있다. 『자본』에는 프롤레타리아와 고용주들의 조건을 분석하고 역사적으로 개괄하는 내용들, 특히 공장제 수공업에서 대규모의 산업적 자본주의로의 이행기에 관한 내용들이 이론적 논의의 사이사이에 들어 있다. 이는 원래 일반 테제를 뒷받침하기 위한 예시로 도입된 것이지만 역사적 글쓰기와 정치적 해석의 혁신적 방법을 보여준다. 전체적으로 볼 때, 『자본』은 전체 사회 체제, 그 체제의 지배자들과 지지자들, 이데올로그들, 자발적·비자발적 앞잡이들, 한마디로 기존 사회 체제의 존속과 자신의 삶이 밀접하게 연결되어 있는 모든 사람들에 대해 그때까지 행해진 가장 강력하고 지속적이고 정교한 고발이다. 부르주아 사회에 대한 마르크스의 공격[1863년 7월 마르크스를 비롯한 유럽 사회주의자들이 런던에 모인 것을 가리킨다. 이를 계기로 이듬해 국제노동자협회, 이른바 제1차 인터내셔널이 만들어졌다]은 부르주아 사회가 물질적 번영의 정점에 도달한 해에, 다시 말해 글래드스톤이 예산안 연설에서 최근 몇 년 동안 활기찬 낙관주의와 전반적인 자신감 속에서 영국이 이룩한 '부와 힘의 엄청난 증가'*에 대해 국민들에게 축하의 말을 보낸 바로 그해에 이루어졌다. 이런 세계에서 마르크스는 마치 초기 그리스도교도나 프랑스의 전투적 급진주의자들처럼 이 세계의 이상들을 무가치하다고 말하고 이 세계의 덕목들을 악덕이라고 부르고 이 세계의 제도들을 부르주아

---

* *The Times*, 17 April 1863, 7e, cited in Engels, *In the Case of Brentano versus Marx* (1890-1), CW 27: 99-100.

적이라고 — 즉 완전히 영구적으로 절멸되어야 하는 부패하고 전제적이고 비합리적인 사회에 속한다고 — 비난하는 등 이 세계가 인정하고 지지하는 모든 것을 과감히 거부할 태세를 갖춘 채 고립 속에서 강력한 적의를 품고 있는 인물이었다.

시대의 적들을 차분하고 느리지만 효과적인 방법들로 파괴한 시대, 칼라일과 쇼펜하우어를 멀리 떨어져 있는 문명이나 이상화된 과거로 도피하게 만들고 시대의 최대의 적인 니체를 히스테리와 광기로 몰고 간 시대에, 오직 마르크스만이 확고함과 강력함을 잃지 않았다. 다가올 조화로운 사회에 대한 분명하고 확고한 믿음을 바탕으로 내적 평정 속에서 하늘이 명한 임무를 수행하는 고대의 예언자처럼, 마르크스는 자신이 사방에서 본 쇠퇴와 파멸의 징후들을 증언했다. 그에게는 낡은 질서가 눈앞에서 붕괴하고 있는 것이 분명해 보였다. 그는 그 과정을 앞당기고 종말 전에 있을 최후의 고통을 줄이기 위해 누구보다도 많은 일을 했다.

2
청소년기

> 조용히 뿌리칠 수 없네, 내 영혼을 움켜쥔 억센 손길, 마음 편히 머무를 수 없네, 나는 쉼 없이 몰아치는 폭풍우.
> — 카를 마르크스, 「감정Empfindungen」*

1818년 5월 5일, 카를 하인리히 마르크스는 독일 라인란트의 트리에에서 하인리히 마르크스와 헨리에타 마르크스의 장남으로 태어났다. 아버지 하인리히는 그 지역의 변호사였다. 트리에는 원래 대주교를 겸하고 있는 제후의 땅이었으나, 마르크스가 태어나기 15년 전쯤에 나폴레옹이 이끄는 프랑스군에 점령되어 라인 연방에 합병되었다. 그로부터 10년 뒤 나폴레옹이 몰락하면서 빈 회의의 결정에 따라 트리에는 당시 급속도로 팽창해가던 프로이센 왕국에 할양되었다.

프랑스의 계속된 침입으로 인적 권위를 거의 상실했던 독일

---

* 카를 마르크스가 예니 폰 베스팔렌에게 바친 시집 중에서. CW 1: 525.

제후국들의 왕들과 제후들은 이 무렵 그동안 파괴된 세습 군주정의 기반을 복구하느라 여념이 없었는데, 이를 위해서는 당시 독일의 시골 지역에서 조용히 살아가던 사람들까지도 전통적인 무기력 상태에서 서서히 벗어나게 만들고 있던 불온사상들의 흔적을 모조리 말살해야 했다. 한편 나폴레옹의 중앙 집권화 정책이 자유까지는 아니어도 최소한 독일을 통일시킬 것이라는 환상을 갖고 있던 독일의 급진주의자들은 나폴레옹이 패배해 유배되면서 완전히 좌절감에 빠져 있었다. 과거로의 회귀 정책은 가능한 모든 분야에서 시행되었다. 독일은 또다시 반#봉건적 왕국들과 공국들로 분열되었고, 복귀한 지배자들은 수년에 걸친 패배와 굴욕의 세월을 보상받기 위해 구체제를 부활시키기 시작했다. 그들은 예전보다 더욱 계몽된 국민들의 기억 속에 끈질기게 살아 있는 민주주의 혁명의 모든 기운을 단번에 날려 버리려는 열망에 사로잡혀 있었다. 프로이센의 왕인 프리드리히 빌헬름 3세가 특히 적극적이었다. 지주계급 및 프로이센의 토지 소유 귀족계급과 결탁한 그는 빈에서 메테르니히가 보여준 성공 사례를 따라함으로써 여러 해 동안 독일 사회의 정상적인 발전을 성공적으로 저지했다. 그 결과 독일 전역은 심각하고도 절망적인 침체 분위기에 휩싸여 있었다. 이에 비하면, 반동 기간 동안의 프랑스와 영국은 마치 자유주의적이고 활력에 차 있는 것처럼 보일 정도였다.

  이런 반동적 움직임을 가장 날카롭게 알아차린 것은 독일 사회에서 비교적 진보적인 사람들이었다. 그들 중에는 지식인들만 있었던 것이 아니라 부르주아와 중소도시에 거주하던 자유주의적 귀족계급도 상당수 있었다. 이런 현상은 항상 유럽의 타문화와 접해 있던 독일 서부 지역에서 두드러졌다. 반동적인 현상은 많은 특권, 권리, 규제의 유지와 때로는 부활을 목적으로 하는 경제적, 사회적, 정치적 입법의 형태로 나타났다. 이들 중 많은 것은 중세부터 내려온 것으로, 눈길도 끌지 못하게 된 지 이미 오래된 고루한 구시대의 유물들이었다. 구시대의 낡은 유물들은 새 시대의 요구와 직접 충돌했기 때문에, 그 존속을 위해 강력하고 치밀한 관세제도가 만들어졌다. 새로운 관세제도는 무역과 산업을 점차 위축시켰을 뿐만 아니라 대중의 압력으로부터 낡은 체제를 수호하기 위해 독일 사회가 자유주의적 사상과 제도들의 영향을 받지 못하게 막는 역할을 하는 전제적 관료집단을 출현시켰다.

지배계급이 경찰의 숫자를 늘리고 공적, 사적 생활의 전 부문에 걸쳐 엄격한 관리 감독을 시작하자 그에 맞서 저항문학이 등장했다. 그러나 저항문학은 정부 검열관들에게 혹독한 탄압을 받았고, 독일의 작가와 시인들은 망명길에 올랐고 파리나 스위스에서 반체제 선전 활동을 활발히 펼쳤다. 이러한 전반적인 상황은 19세기 내내 사회 변화의 방향을 가늠해 볼 수 있는 가장 민감한 지표 역할을 한 사회 집단— 소규모로 곳곳에 산재해 있던 유대인들 —의 상황에서 특히 잘 볼 수 있다.

유대인들은 나폴레옹을 좋아했는데, 거기에는 그럴 만한 충분한 이유가 있었다. 나폴레옹은 점령하는 곳마다 사회적 지위와 특권은 물론 비합리적인 인종적, 정치적, 종교적 장벽들이 만들어 놓은 전통적 체계를 파괴하고, 대신 그 자리에 이성과 인간 평등의 원리가 녹아 있는 새로운 법전을 공포하기 시작했다. 이러한 조치는 유대인들에게 그때까지 엄격히 금지되어 있던 무역과 전문직종으로 진출할 수 있는 길을 열어 주었다. 그 결과 유대인들은 그동안 억눌려 있던 능력과 야망을 마음껏 펼쳤으며, 그때까지 배타적이던 유대인 공동체도 전반적인 유럽문화를 열렬히 ― 일부 공동체는 지나칠 정도로 열렬히 ― 받아들였다. 이때부터 새롭게 변한 유대인 공동체는 유럽 사회의 발전에서 중요한 변수가 되었다. 그런데 이러한 자유 가운데 상당수를 나폴레옹 자신이 철회했고, 그나마 남아 있던 것들도 권좌에 복귀한 독일 제후들에 의해 대부분 폐지되었다. 그리하여 선조 때부터 내려온 전통적인 생활양식에서 탈피해 더 선택 가능한 삶을 살 수 있을 거라고 기대했던 많은 유대인들은 갑자기 반쯤 열렸던 문이 다시 닫혀 버렸다는 사실을 깨닫게 되었다. 그들은 이제까지 걸어온 길로 계속 가든가, 아니면 고통스럽더라도 자기 가족들 대부분이 여전히 살고 있는 폐쇄적인 유대인 거주지로 되돌아가든가, 아니면 이름과 종교를 바꾸고 독일의 애국자나 그리스도교도로서 새로운 삶을 시작하든가 해야 하는 선택의 기로에 놓이게 되었다.

허셸 레비[카를 마르크스의 아버지 하인리히 마르크스가 루터교로 개종하기 전에 갖고 있던 유대 이름]의 사례는 한 세대 전체의 특징을 잘 보여주는 전형이었다. 그의 아버지 마르크스

레비와 큰아버지, 외할아버지는 셋 다 라인란트 지역의 랍비였다. 그들은 대다수의 동료 유대인들과 마찬가지로 신앙심이 깊고 동족적이며 지극히 자기중심적인 공동체의 울타리 안에서 평생을 보냈는데, 이 유대인 공동체는 주위에 있는 그리스도교인들의 냉담하고 적의에 찬 태도에 맞서 자존심과 의심의 벽을 세워 놓고는 수 세기 동안 외부 세계의 변화하는 삶과 거의 접촉하지 않는 삶을 유지했다. 그러나 계몽주의의 바람은 근대 세계 속에 있는 이 이질적인 중세적 공동체에도 침투하기 시작했고, 세속 교육을 받은 허셸은 프랑스 합리주의자들과 그 사도격인 독일 계몽주의자들의 신봉자가 되었고 일찌감치 이성과 인간애의 종교로 전향했다. 그는 이성과 인간애의 종교를 단순하고 솔직하게 받아들였고, 암흑과 반동의 오랜 세월도 신에 대한 그의 믿음과 그의 단순하고 낙관적인 인도주의를 뒤흔들지 못했다. 그는 가족과 완전히 결별한 뒤 성을 마르크스로 바꾸었고, 새 친구들을 사귀었으며, 새로운 관계들을 맺었다. 그는 변호사로서 어느 정도 성공을 거두게 되자 어엿한 독일 부르주아 가정의 존경받는 가장으로서의 안정된 미래를 꿈꾸기 시작했다. 하지만 1816년에 제정된 반反유대인법은 단번에 그의 생계수단을 빼앗아 버렸다.

　허셸 레비가 기성 교회를 특별히 존중, 숭배했다고 보기는 어렵다. 하지만 유대교에 대한 애착은 그보다 훨씬 더 약했다. 더군다나 어렴풋이 이신론적 견해를 갖고 있었기 때문에, 마음만 먹으면 자기 주위의 프로이센 사람들이 믿고 있던 온건한 수준의 계몽된 루터주의를 자신의 종교로 받아들이는 데 도덕적, 사회적으로 아무 장애물도 없었다. 그런데도 그는 망설였다. 하지만 망설임은 그리 길지 않았다. 그는 장남인 카를이 태어나기 1년 전인 1817년에 루터교회로부터 공식적으로 입교를 허락받았다. 카를 마르크스가 종교, 특히 유대교와 관련된 모든 것에 적의를 보인 것은 아마도 개종자들이 종종 놓이게 되는 독특하고 난처한 상황과 무관하지 않았을 것이다. 이러한 상황에서 벗어나기 위해 개종자 중 일부는 독실을 넘어 광신적인 그리스도교인이 된 반면, 다른 일부는 모든 기성종교에 반대했다. 그들이 받은 고통은 감수성과 지성의 정도에 비례했다. 유대인 출신인 시인 하이네와 정치가 디즈레일리는 둘 다 자신들의 독특한 처지로 인한 일신상의 문제에서 평생 벗어나지 못했다. 두 사람 모두 유대인이라는 사실을 완전히 거부하지도, 완전히 받아들이지도 못했다. 그들은 조상들의 종교를 때로는 비웃고 때로는 옹호하면서 둘 사이를 오락가락했다. 그들은 자신들의 애매모호한 처지에 불안감을 갖고 있었으며, 자신들이 살고 있는 사회가 자신들을 완전히 받아들인 듯이 보이지만 그 이면에는 경멸이나 멸시가 숨어 있는 것이 아닌지 끊임없이 의심했다.

하지만 카를 마르크스의 아버지는 이러한 골치 아픈 문제들에 대해 전혀 고민하지 않았다. 그는 겸손하고 진지하고 교양이 있었지만, 눈에 띄게 명석하거나 특출나게 감성적인 사람은 아니었다. 그는 라이프니츠, 볼테르, 레싱, 칸트 등의 영향을 받은 데다 친절하고 소심하며 남의 말을 잘 듣는 성향 때문에 프로이센의 열렬한 애국자이자 군주주의자가 되었다. 그는 좋게 말하면 나폴레옹에 버금가는 관대한 계몽군주이지만 사실은 계몽적 지식인들을 경멸한 것으로 악명 높은 프리드리히 대제의 예를 들어 자신의 입장을 정당화하고자 했다. 그는 세례 후 하인리히라는 세례명을 썼으며, 자기 가족들이 당대를 호령하던 프로이센의 왕에게 충성하는 자유주의적 신교도가 되고 기존 질서에 순응하도록 교육시켰다. 그는 프리드리히 대제를 자기가 좋아하는 철학자들이 말한 이상적 군주로 생각하고 싶어 했다. 그러나 프리드리히 빌헬름 3세[1770~1840]라는 매력 없는 인물이 왕이 되면서, 충성스러운 마음이 빚어낸 그의 상상력도 그만 꺾이고 만다. 그리하여 소심하고 소극적인 인물인 하인리히 마르크스가 일생에 딱 한 번 용기 있게 행동한 것으로 알려진 사건이 일어난다. 그가 어느 공식 만찬 석상에서 현명하고 자비로운 지배자에게는 온건한 사회 정치적 개혁조치들이 합당하다는 내용의 연설을 한 것이다. 하지만 이 연설 때문에 프로이센 경찰의 주목을 받게 되자, 그는 즉시 자신의 발언을 철회했으며 자신에게 악의가 전혀 없었다는 것을 모든 이에게 보여주어야 했다. 대단하지는 않지만 굴욕적인 이 사건에서 아버지가 보여준 비겁하고 굴종적인 태도는 당시 16세였던 장남 카를 마르크스의 뇌리에 깊이 박혔고 나중에 이런저런 사건들을 보며 불타오르게 되는 뜨거운 분노의 감정을 그의 마음속에 남겼다.

하인리히 마르크스는 다른 자식들에 비해서 장남인 카를이 비범하고 다루기 힘들다는 것을 일찍부터 알고 있었다. 카를은 예리하고 명석한 지성, 고집 세고 독선적인 기질, 강한 독립심, 보기 드문 자제력, 그리고 무엇보다도 억누를 길 없는 엄청난 지적 욕구를 갖고 있었다. 평생을 사회적, 개인적으로 타협하며 살아온 이 소심한 변호사는 아들의 비타협적인 태도에 당황하고 놀랐다. 그에게는 아들의 이러한 태도가 장차 중요한 인물들을 적대시하게 만들고 언젠가는 카를 자신을 심각한 곤경에 처하게 만들 것으로 보였다. 그는 아들에게 쓴 편지 등을 통해 정열을 자제하고, 스스로에게 규율을 정하고, 나중에는 아무짝에도 쓸모없게 될 일들에 시간을 낭비하지 말라고 당부했다. 또한 정중하고 교양 있는 생활습관을 기르고, 후원자가 될 수도 있는 사람들을 소홀히 대하지 말고, 무엇보다도 독립적인 성향을 지나치게 고집해서 모든 사람을 떨어져 나가게 하지 말라고 간곡히 당부하고는 했다. 한마디로 말해 앞으로 평생을 보내게 될 이 사회의 기본적 요구들을 받아들일 것을 간곡히 당부했다. 하지만 그는 아들의 못마땅한 점을 지적하는 경우에도 다정함과 따뜻함을 잃지 않았다. 아들의 성격과 장래에 대한 불안감이 점차 커지는 가운데서도, 그는 타고난 자상함으로 카를을 대했으며, 아무리 심각한 문제에 부딪혔을 때도 아들의 의견에 반대하거나 큰 소리를 친 적조차 없었다. 따라서 부자 사이의 관계는 1838년 아버지 하인리히가 세상을 떠날 때까지 변함없이 다정하고 친밀했다.

하인리히 마르크스가 아들의 지적 발전에 뚜렷한 영향을 미친 것은 분명한 듯하다. 하인리히는 콩도르세와 마찬가지로, 인간은 본래 선하고 이성적이며, 선과 이성의 승리를 위해 필요한 것은 오직 자기 앞에 놓인 인위적인 장애물들을 제거하는 것뿐이라고 믿었다. 그리고 그러한 장애물들은 이미 빠른 속도로 사라지고 있었다. 마침내 반동의 최후 보루인 가톨릭교회와 봉건귀족의 사회적 기반이 이성의 거침없는 공세 앞에 무너져 내릴 시간이 시시각각 다가오고 있었다. 사회적, 정치적, 종교적, 인종적 장벽들은 성직자와 통치자들이 만들어낸 계획적인 몽매주의의 산물이었다. 그 장벽들이 사라지면서 인류의 새날이 밝아올 것이다. 그날 모든 인간은 정치적, 법적인 형식적이고 외적인 관계들에서만이 아니라 가장 사사로운 일상의 교류, 즉 사회적, 개인적으로도 평등하게 될 것이다.

하인리히 마르크스가 볼 때는 자신이 살아온 삶이 그 증거였다. 그는 법적, 사회적 지위가 낮은 유대인으로 태어났지만 비교적 계몽된 이웃들과 대등한 지위에 올랐다. 또한 그들로부터 한 인간으로서 존중받았으며, 자기 눈에는 더 합리적이고 품위 있어 보이는 그들의 생활방식에 동화되었다. 그는 인류해방의 역사에서 새날이 밝아오고 있으며, 그 환한 빛 속에서 자기 자식들은 정의로운 국가의 자유로운 시민으로 살게 될 것이라고 믿었다. 이러한 믿음의 일부는 아들인 카를의 사회이론에서도 뚜렷이 볼 수 있다.

카를 마르크스는 합리적 논증은 행위에 영향력이 없다고 생각했다. 대다수의 프랑스 계몽주의 사상가들과 달리, 그는 인간의 생활조건이 더 이상 나아지지 않을 것이라고 보았다. 인간에 의한 자연 정복이라는 측면에서 진보적이라고 할 수 있는 것은 모두 실제 생산자인 노동자 대중에 대한 착취의 증가와 노동자 대중의 몰락을 통해 얻어진 것이었다. 지금까지의 역사에서 대다수 인간의 행복이나 자유가 굴곡 없이 우상향한 경우는 결코 없었다. 인류가 모든 잠재력을 최종적으로 조화롭게 실현하는 데 이르는 길은 수많은 사람들의 고통과 '소외'*의 증가로 점철되어 있다. 바로 이것이 마르크스가 말한 인간 진보의 '모순적' 성격이다.**

그러면서도 그는 죽는 날까지 합리론자이자 완성론자로서의 입장을 고수했는데, 거기에는 분명한 이유가 있다. 그는 사회 발전 과정이 완전히 이해될 수 있다고 생각했다. 즉 사회는 필연적으로 발전한다고, 사회의 단계적 운동은 전진 운동이라고, 각 단계는 그 전 단계보다 합리적 이상의 실현에 더 가까운 것이라는 의미에서 발전이라고 생각했다. 그는 18세기의 일반적인 사상가들과 마찬가지로 주정주의主情主義, 초자연적 현상에 대한 믿음, 온갖 종류의 비현실적 환상 등을 특히 혐오했으

---

* *Economic and Philosophic Manuscripts of 1844*, CW 3: 229-346을 보라.

** 이를테면 *A Contribution to the Critique of Political Economy* (1859), Preface, CW 29: 263을 보라.

며, 민족주의라든가 종교적, 인종적 공동체와 같은 비합리적인 생각을 가진 사회 세력들의 영향력을 의도적으로 폄하했다. 그의 사상을 형성하는 데 가장 큰 영향을 미친 것은 헤겔 철학이었다. 하지만 아버지와 아버지의 친구들이 카를 마르크스에게 심어준 합리주의도 일종의 예방접종 역할을 했다. 훗날 마르크스가 낭만주의의 형이상학적 체계들을 접하고도 동시대의 많은 이들과는 달리 낭만주의의 매력에 완전히 빠지지 않았던 데는 이런 합리주의의 영향이 있었다.

아버지의 영향으로 어린 시절부터 명쾌한 논증과 경험적 접근법으로 세상을 바라보는 법을 배운 까닭에, 마르크스는 당대를 풍미하던 헤겔 철학을 무조건 수용하지 않고 비판적으로 받아들일 수 있었다. 이 같은 자세는 나중에 포이어바흐의 유물론을 받아들일 때도 마찬가지였다. 그는 유물론을 그대로 수용하지 않고 포이어바흐보다 더 실증적인 방식을 이용해서 자기 사상으로 체계화했다. 그가 출신 계급이나 교육 내용 등 많은 점에서 자기와 매우 비슷했던 뵈르네, 하이네, 라살 같은 당대의 지도적 급진주의자들과 달리, 낭만주의의 영향을 받는 가운데서도 사유의 현실성과 구체성을 유지할 수 있었던 것은 바로 아버지와 아버지의 친구들로부터 배운 합리주의 덕분이었을 것이다.

마르크스가 트리에에서 보낸 유소년 시절에 관해서는 알려진 사실이 거의 없다. 마르크스의 어머니는 의아할 정도로 그의 삶에 거의 영향을 미치지 않았다. 헨리에타 프레스부르크는 홀란드에 정착한 헝가리계 유대인 가문 출신으로 아버지는 랍비였다. 그녀는 교육을 받지는 못했지만 생활력이 강해서 지치지 않고 대가족을 돌보았다. 헨리에타는 자기 아들의 재능이나 성향을 전혀 이해하지 못했던 것 같다. 그녀는 나중에 아들의 급진주의에 충격을 받아 아들을 아예 없는 자식으로 생각한 것으로 보인다.

하인리히 마르크스와 헨리에타 마르크스가 낳은 8남매 중 카를은 둘째였다. 그는 어린 시절에 누나인 소피아에게만 다소 애정을 갖고 있었을 뿐, 당시든 그 이후에든 자기 동생들에게 거의 관심이 없었다. 그는 지역 고등학교를 다녔는데 학교에서는 도덕적, 종교적 주제들에 관해 쓴 글들이 기품 있고 진지하다는 칭찬과 근면하다는 평가를 받았다. 수학과 신학 과목을 꽤 잘한 편이었지만 카를이 관심을 가졌던 분야는 주로 문학과 예술 쪽이었다. 이러한 성향은 주로 두 사람의 영향 때문이었다. 그는 이 두 사람에게 대부분의 것을 배웠고 그들에 관해 말할 때는 평생 동안 늘 애정과 존경심을 나타냈다. 한 사람은 그의 아버지였고, 다른 한 사람은 이웃에 살던 프라이헤르 루트비히 폰 베스트팔렌이었다. 그는 마르크스 가족의 친구로 후에 마르크스의 장인이 되었다.

베스트팔렌은 프로이센의 고위 정부 관리로, 독일 상류계급 중에서 교양 있고 자유주의적인 부류에 속했다. 19세기 전반에 프로이센의 진보적 운동의 선봉에는 항상 자유주의 사상을 가진 상류계급이 있었다. 매력적이고 교양 있는 인물로 남의 의견을 잘 받아들였던 베스트팔렌은 괴테, 쉴러, 횔덜린 같은 위대한 인물들의 사상적 영향을 받은 세대에 속했고, 한때는 그들의 영향으로 파리의 대문필가들이 엄격히 규정한 미적 경계를 벗어난 적도 있었다. 또한 당시의 다른 독일인들과 마찬가지로 단테와 셰익스피어 그리고 호메로스를 비롯한 고대 그리스의 비극작가들처럼 19세기 들어 새롭게 평가된 천재들의 세계 속에 깊이 빠져 있었다. 어린 카를 마르크스의 뛰어난 능력과 빠른 이해력이 마음에 든 베스트팔렌은 카를에게 읽어 보라며 책을 빌려주기도 했다. 때로는 함께 근처 숲으로 산책을 나가 자기 말에 열심히 귀 기울이는 카를에게 긴 문장들을 인용해 가며 아이스킬로스, 세르반테스, 셰익스피어 등에 관해 말해 주기도 했다.

그리하여 마르크스는 어린 나이에 상당히 정신적으로 성숙해 있었고 새로운 낭만주의 문학의 열렬한 애독자가 되었다. 감수성이 예민한 시기에 형성된 그의 이러한 취향은 죽을 때까지 변하지 않았다. 훗날 마르크스는 베스트팔렌과 보낸 저녁 시간들을 즐겁게 회상하곤 했는데, 그에게는 그 시절이야말로 자기 생애에서 가장 행복한 시기였다. 그는 공감과 격려가 그 어느 때보다도 필요했던 시기에 자기보다 훨씬 나이가 많은 사람에게 동등한 인간으로 대우를 받았다. 단 한 번의 무뚝뚝하거나 무례한 몸짓만으로도 영원한 상흔이 남을 수 있는 시기에, 그는 베스트팔렌으로부터 보기 드문 호의와 환대를 받았다. 마르크스는 박사학위 논문에서 베스트팔렌에게 감사와 존경으로 가득 찬 헌사를 바쳤다. 1837년에 마르크스는 베스트팔렌의 딸에게 청혼을 했으며 그의 허락을 받았다. 그러나 베스트팔렌의 친척들은 두 집안의 사회적 지위가 너무 차이가 나서 마르크스와 예니의 결혼을 못마땅해했다고 한다. 사람에 대해 웬만해서는 후한 평가를 하지 않은 마르크스도 훗날 베스트팔렌에 관해 이야기할 때는 거의 감상적인 모습을 보였다. 베스트팔렌은 마르크스가 자신과 자신의 능력에 대해 갖고 있던 믿음을 바람직한 쪽으로 계발시키고 강화시켜 주었는데, 이러한 믿음은 마르크스가 평생 동안 견지했던 가장 뛰어난 특성이었다. 그는 어린 시절에 좌절을 겪지도 않고 억압을 받지도 않은 보기 드문 혁명가 중 하나다. 그는 대단히 민감하고 자존심이 강하고 적극적이고 오만한 인물이었다. 하지만 그는 질병과 빈곤과 끊임없는 투쟁으로 점철된 40년의 세월 동안에도 불굴의 의지와 적극적 태도, 그리고 자신감을 잃지 않은 보기 드문 인물이기도 했다.

17세에 마르크스는 트리에를 떠났다. 그는 아버지의 충고에 따라 1835년 가을에 본 대학 법학부에 입학했다. 여기서 그는 더할 나위 없이 행복했던 것으로 보인다. 훗날 그는 당시 일주일에 최소한 일곱 과목을 수강했다고 술회했는데, 그중에는 유명한 아우구스트 빌헬름 슐레겔의 호메로스 강의를 비롯해서 신화학, 라틴어 시, 현대예술 등의 과목이 있었다. 그는 여느 독일 대학생들과 마찬가지로 자유분방한 생활을 했고 대학 서클 활동에도 적극적으로 참여했으며 한때는 바이런 풍의 시도 썼고, 빚을 지기도 했다. 한 번은 소란 행위로 당국에 체포된 적도 있었다. 그는 1839년 여름학기를 마치고 본 대학을 떠나 같은 해 가을에 베를린 대학으로 갔다.

베를린 대학에서의 생활은 그의 생애에서 결정적인 분기점이 된다. 그때까지 그는 비교적 시골에 가까운 환경에서 살았다. 트리에는 문명 세계의 전체 구조를 바꾸고 있는 거대한 사회적, 경제적 혁명의 영향에서 동떨어진 채 여전히 구질서 하에 있는 아름다운 소도시였다. 쾰른과 뒤셀도르프에서 이루어지고 있는 산업 발전 같은 것은 트리에서는 완전히 요원해 보였다. 사회적인 것이든 지적인 것이든 물질적인 것이든 간에, 어떠한 긴급한 문제도 하인리히 마르크스의 친구들을 둘러싼 조용하고 교양 있는 환경의 평화로움, 억지로 19세기로 끌려온 18세기의 보호구역의 고요함을 뒤흔들지 못했다. 트리에나 본에 비해, 베를린은 많은 인구가 거주하는 근대적이고 흉물스럽고 요란하고 화려한 대도시로 프로이센 관료제의 중심인 동시에 저항 세력의 주축을 이루고 있는 급진적 지식인들의 집결지였다. 마르크스는 평생 동안 삶을 즐겼고 다소 지루하지만 뛰어난 유머 감각을 평생 잃지 않았다. 그렇다 해도 당시의 기준으로 보더라도 그는 천박하거나 경망스러운 사람이 전혀 아니었다. 어느 날 그는 긴박하고 비극적인 분위기에 갑자기 정신이 번쩍 들었고, 늘 그렇듯이 곧바로 자신을 둘러싼 새 환경을 열심히 탐구하고 비판하기 시작했다.

3
'정신' 철학

> 자네들이 시대정신이라 부르는 것, 그것은 근본적으론 여러 현자들 자신의 정신으로서 그 속에 여러 시대가 반영되어 있는 것일세.
>
> – 요한 볼프강 폰 괴테[*]

이성은 언제나 옳다.[**]

당시의 다른 독일 대학들처럼 베를린 대학에서도 지적으로 지배적인 영향력을 발휘하고 있던 것은 헤겔 철학이었다. 고전주의 시대의 신념들과 표현 형식에 대한 반발이 날로 증가해 왔기 때문에, 헤겔 철학이 뿌리내릴 토양은 이미 마련되어 있었다. 그러한 반발은 17세기에 시작되어 점차 공고화되다가 18세기에는 하나의 체계를 갖추게 되었다. 독일에서 이런 움

---

[*] *Faust*, 1, 577-9
[**] 반쯤 격언으로 들리는 이 말은 출처가 확실하지 않다. 루이 에메 마르탱의 『어머니의 교육 또는 여성에 의한 인류의 문명 *Education des mères de famille ou De la civilisation du genre humain par les femmes*』 (Paris, [1834]), 182에 이 문장이 나오지만, 마르탱이 처음 쓴 것이 아닐 수도 있다.

직임을 보여준 가장 위대하고 독창적인 인물은 고트프리트 빌헬름 폰 라이프니츠였다. 그의 사상은 지지자들과 해석자들에 의해 정합적이고 독단적인 형이상학 체계로 발전했다. 이 체계를 널리 알린 사람들에 따르면, 이것은 생각할 줄 아는 모든 존재가 선천적으로 갖고 있는 무오류의 지적 직관을 사용할 수 있는 사람들에게는 자명한 몇 개의 간단한 전제들로부터 몇 단계의 연역을 거쳐 논리적으로 증명되는 체계였다.

이러한 철저한 주지주의는 그때까지 어떠한 형태의 순수한 합리론도 뿌리내린 적이 없는 영국에서 당시 가장 영향력 있는 철학자들인 로크, 흄의 공격을 받았으며 18세기 말에는 벤섬과 철학적 급진주의자들의 공격을 받았다. 그들은 사물의 참된 본성을 인식할 수 있는 지적 직관 능력이 있다는 것을 부정했다. 그들에 따르면, 우리가 잘 알고 있는 신체 감각만이 세계에 대한 모든 지식의 궁극적 기초인 최초의 경험적 정보를 제공할 수 있다. 모든 정보는 감각을 통해 제공되므로, 이성은 지식의 독립적 원천일 수 없고 단지 감각이 전해준 정보를 정리, 분류, 종합, 연역하고 감각정보의 도움 없이 획득된 재료들을 제어하는 역할만 할 뿐이다.

18세기 프랑스에서는 유물론 학파가 합리론을 공격했다. 볼테르, 디드로, 콩디야크, 엘베시우스 등은 오늘날까지 유럽인의 사고와 행동에 지속적으로 영향을 미치고 있는 독자적인 체계를 만들어냈는데, 이 과정에서 자신들이 영국의 자유사상가들에게 영향을 받았다는 사실을 흔쾌히 인정했다. 이들 중 일부는 감각을 통하지 않고 얻을 수 있는 지식이 있다는 것을 부정하지는 않았다. 그들은 중요한 진리를 드러내주는 본유本有적 지식이 존재하지만 그것이 앞 시대의 합리론자들이 주장했던 절대적 진리 명제들이 있다는 증거는 아니라면서 이는 종교적 교조주의나 정치적, 윤리적 편견에 눈이 멀지 않은 공정한 사람이라면 세심하고 철저한 성찰을 통해 쉽게 알 수 있는 사실이라고 주장했다.

1

이 프랑스 유물론자들에 따르면, 지금까지 너무도 많은 악습이 권위나 특별한 직관에 의거해 옹호되어 왔다. 이를테면 아리스토텔레스는 이성을 증거로 들면서 인간은 본래 불평등하며 어떤 사람은 날 때부터 노예이고 어떤 사람은 날 때부터 자유민이라고 주장했다. 성서 또한 진리는 초자연적 수단에 의해 계시될 수 있다고 가르치면서 인간은 본래 악하기 때문에 통제를 받아야 한다는 것을 뒷받침하는 구절들을 제공했다. 이런 주장들은 반동 정부들이 불평등한 현 상황을 정치적, 사회적으로, 더 나아가 도덕적으로 합리화하는 데 이용되었다. 그러나 경험과 이성은 제대로 이해되기만 하면 얼마든지 정반대 사실을 보여줄 수 있다. 인간은 본래 선하다는 것, 이성은 감정과 의식이 있는 모든 존재에게 똑같이 존재한다는 것, 모든 억압과 고통의 원인은 인간의 무지라는 것, 인간의 무지는 자연적인 역사 발전 과정에서 생겨난 사회적, 물질적 조건에 의해 만들어지기도 하고 야심적인 전제군주들과 비양심적인 사제들의 진리 억압을 통해 만들어지기도 하지만 대개는 이 두 가지의 합작으로 만들어진다는 것 등을 한 점 의혹 없이 보여주는 논증들을 만들어낼 수 있다. 관용적인 계몽 정부가 조치를 취하기만 하면, 저 사악한 세력들은 정체가 폭로되어 섬멸될 수 있다. 미래에 대한 전망을 흐릿하게 만들고 노력을 좌절시키는 장애물이 모두 사라지게 되면, 사람들은 덕과 지식을 추구하게 될 것이고, 정의와 평등이 권위와 특권을 대체할 것이고, 경쟁은 협동에 제자리를 내어줄 것이며, 모두가 행복과 지혜를 소유하게 될 것이다. 이러한 반╬경험적 합리론의 핵심은 이성이 세계를 설명하고 개선할 힘을 갖고 있다는 이성에 대한 무한한 믿음이다. 그리고 과거에 그렇게 하지 못한 이유는 근본적으로 생명체와 무생명체를 모두 포함한 자연의 행위를 규제하는 법칙들에 무지했기 때문이다. 불행은 자연에 대한 무지와 사회적 행위의 법칙들에 대한 무지가 복합된 결과이다. 불행을 제거하는 데는 단 하나의 조치만으로 충분하다. 그것은 바로 인간사를 처리하는 데 이성, 오직 이성만을 사용하는 것이다.

이는 분명 쉬운 일이 결코 아니다. 사람들은 눈가리개 없이는 갑작스러운 한낮의 햇빛 속에서 움직일 수 없을 만큼 너무나 오랜 세월 동안 지적 암흑의 세계에서 살아왔다. 따라서 과학적 원리들에 대한 점진적인 교육이 필요하다. 이성의 성장과 진리의 전진은 편견과 무지의 힘을 충분히 물리칠 수 있지만 무지한 인류 대중을 교육시키는 일에 기꺼이 일생을 바칠 계몽된 인간들이 출현하기 전까지는 불가능하다.

무지 말고도 또 하나의 장애물이 있다. 인간 불행의 본래적 원인인 이성에 대한 무시와 지적 태만은 의도적인 것이 아니었다. 그런데 우리 시대에는 자신들의 권력이 사람들이 부정의를 모르게 하는 데 달려 있다는 것을 알고 힘이 닿는 한 온갖 날조와 온갖 수단을 동원해 불합리를 조장하는 인간들이 있다. 물론 이런 인간들은 지난 수백 년 동안 계속 존재해 왔다. 본래 모든 인간은 이성적이고, 모든 이성적 존재는 이성의 자연적 법정 앞에서 동등한 권리를 갖는다. 그러나 지배계급들 ─ 군주, 귀족, 성직자, 장군 ─ 은 교회의 신성함, 왕의 신적 권한, 민족적 자부심, 부나 권력의 소유 같은 허구에 사로잡혀, 천부적 권리를 포기한 채 특권을 요구할 아무 권리도 없는 소수계급을 부양하기 위해 강제 노동을 하고 있는 전 세계 민족들에 이성이 확산될 경우 머지않아 자신들이 획책하고 있는 어마어마한 사기극을 알아차리게 되리라는 것을 너무나도 잘 알고 있다.

그러므로 사회적 위계의 상층에 있는 계급의 직접적인 관심은 이성이 자신들의 권위의 자의적 성격을 폭로할 위험이 있을 경우에는 언제나 이성의 성장을 방해하고 이성을 독단적 교리로 대체하는 데 있다. 다시 말해 이해력이 떨어지는 불행한 신민들을 어리둥절하게 만들고 계속 맹목적 복종 상태에 묶어두기 위해 이해할 수 없는 거창한 말들로 꾸며낸 신비들로 대체하는 데 있다. 지배계급 중에는 진짜로 자기 기만에 빠져 스스로 만들어낸 허구를 진실이라고 믿는 자들도 있지만, 그토록 부패하고 부자연스러운 질서는 때때로 폭력의 지원을 받는 치밀한 속임수를 통해서만 유지될 수 있다는 것을 분명히 알고 있는 사람들도 있다. 그러므로 계몽된 통치자의 첫 번째 임무는 특권계급들의 권력을 깨부수고 모든 사람에게 부여된 천부적 이성이 다시금 제 목소리를 낼 수 있게 하는 것이다. 이성과 이성은 서로 대립하는 일이 결코 있을 수 없기에, 모든 사적, 공적 갈등은 근본적으로 모종의 비합리적인 요소에, 즉 단순히 적대적으로 보이는 이해관계를 조화롭게 조정하는 방법을 알지 못하는 데 기인한다.

이성은 언제나 옳다. 어떤 문제이든 옳은 해답은 오직 하나만 있으며 충분히 노력하기만 하면 틀림없이 그 답을 찾아낼 수 있다. 이는 물리학이나 수학의 문제뿐만 아니라 윤리학이나 정치학, 개인생활이나 사회생활의 문제도 마찬가지다. 일단 해답을 찾아내기만 하면 해결책을 만들고 실행하는 것은 기술적인 문제에 불과하다. 하지만 그 전에 먼저 진보의 적들부터 제거한 다음, 모든 문제를 대할 때 이성과 경험에 기초한 지식을 가진 객관적인 과학적 전문가들의 조언에 따라 행동하는 것이 중요하다는 것을 사람들에게 알려야 한다. 이렇게만 되면, 지복천년으로 가는 길은 탄탄대로이다.

그러나 교육 못지않게 환경의 영향도 중요하다. 어떤 사람의 인생행로를 예측하고자 한다면, 그의 신체적 특징과 매일 하는 일의 특성만이 아니라 그가 사는 지역의 특성, 기후, 토양의 비옥도, 바다로부터의 거리 등도 고려해야 한다. 인간은 자연 속에 있는 하나의 사물이며, 인간의 영혼도 물질적 실체처럼 초자연적인 것의 영향을 전혀 받지 않고 신비한 특성도 전혀 갖고 있지 않다. 인간의 모든 행동은 검증 가능한 일반적인 물리학적 가설들만으로 충분히 설명할 수 있다.

프랑스 유물론자 라메트리는 출간 당시 많은 논란을 불러일으킨 유명한 저서 『인간 기계론』에서 이러한 경험론을 그 극한까지, 아니 그 너머까지 밀고 나갔다. 그의 견해는 디드로와 달랑베르 같은 백과전서파의 편집자들과 돌바크, 엘베시우스, 콩디야크 등이 어느 정도 공유하고 있던 견해들의 극단적 표현이었다. 이들은 사안에 따라 의견이 다르기는 했지만 인간과 식물이나 하등동물과의 중요한 차이가 자기의식의 소유 여부, 자신의 내적 과정 중 일부에 대한 의식의 여부, 이성과 상상력을 사용하고 이상적 목적을 생각하고 자기가 실현하고자 하는 목적을 촉진시키는 경향이 있는지 아니면 방해하는 경향이 있는지에 따라 어떤 활동이나 특성에 도덕적 가치를 부여하는 능력의 여부 등에 있다는 데 의견을 같이했다.

이러한 견해는 자유의지의 존재와 성격·환경에 의한 완전한 결정을 어떻게 조화시킬 것인가 하는 심각한 문제를 안고 있었다. 이 문제는 신의 자리에 자연이 들어섰다는 점만 다를 뿐 사실 자유의지와 신적 예지銳智 간의 오래된 갈등이 새로운 형태로 표현된 것이었다. 일찍이 스피노자는 만일 공중에서 낙하하고 있는 돌이 생각을 할 수 있다면 돌을 던진 사람의 목적과 힘, 자연적 매질媒質처럼 낙하를 결정하는 외적 원인을 모를 경우 당연히 자신이 낙하 경로를 자유롭게 선택했다고 생각할 것이라고 말했다.* 마찬가지로 인간이 자신을 낙하하는 돌과 다르다고 생각하는 것은 오로지 자기 행동의 자연적 원인을 모르기 때문이다. 모든 것을 알게 되면 이러한 헛된 망상은 곧 없어질 것이다. 물론 사람들은 여전히 자유롭다고 느낄 수도 있겠지만, 망상은 더는 사람들을 속일 힘을 갖지 못할 것이다.

극단적인 경험론은 이러한 결정론적 원리를 낙관주의적 합리론과 화해시킬 수 있다. 하지만 결정론적 원리는 인간사의 개혁 가능성과 관련해 정반대의 의미를 함축한다. 왜냐하면 만일 인간이 우주에서 일어나는 물질 운동에 의해서 성자나 범죄자가 될 뿐이라면, 교육하는 사람들도 교육받는 사람들만큼이나 엄격하게 결정되어 있다는 말이 되기 때문이다. 그렇다면 세상에서 일어나는 모든 일은 불변적인 자연적 과정의 결과가 되고, 개인들의 자유로운 결정으로는 어떠한 개선도 가져올 수 없게 된다. 아무리 현명하고 선하고 힘이 있는 개인도 다른 존

---

* 1764년 10월에 샬러G. H. Schaller에게 보낸 편지.

재들과 마찬가지로 자연적 필연성을 변경할 수는 없기 때문이다.

이 유명한 난제는 낡은 신학적 옷을 벗어던지고 세속적인 형태를 취하게 되자 훨씬 더 뚜렷해졌다. 이 난제는 양 진영에 똑같이 어려움을 안겨 주었지만 더 중요한 당면 문제들에 묻혀 버렸다. 한 진영에는 무신론자, 회의론자, 이신론자, 유물론자, 합리론자, 민주주의자, 공리주의자가 있었고, 맞은편 진영에는 유신론자, 형이상학자, 기존 질서의 지지자와 옹호자들이 있었다. 계몽주의와 교권주의敎權主義 사이의 간극이 너무나 큰 데다 이들 간의 싸움이 너무나 잔인하고 무자비했던 탓에, 두 진영 모두 이 견해가 안고 있는 난점들을 제대로 살펴볼 겨를이 없었다.

다음 세기의 급진적 지식인들은 낙관주의적 합리론을 기본 원리로 채택했다. 그들은 인간에게는 나쁘거나 무지한 정부가 훼손할 수 없는 자연적 혹은 잠재적 선함이 있으며 이성적 교육에는 인류의 대다수를 현재의 불행에서 구원하고 더 정의롭고 과학적인 분배 제도를 만들어 인류를 실현 가능한 행복의 극한까지 이끌 엄청난 힘이 있다고 강조했다. 18세기의 상상력을 지배한 것은 17세기에 수학과 물리학이 이룩한 경이로운 발전이었기 때문에 케플러와 갈릴레오, 데카르트와 뉴턴에 의해 성공적인 것으로 입증된 방법을 사회 현상의 해석과 삶의 수행에 적용하는 것은 자연스러운 과정이었다.

이러한 움직임을 만들어냈다고 할 수 있는 인물을 하나만

꼽는다면, 그것은 두말할 것 없이 볼테르다. 그는 이러한 운동의 창시자는 아니지만 반세기 넘게 이 운동을 이끈 가장 위대하고 유명한 주역이었다. 그의 저서, 그의 소책자, 그의 존재 자체는 절대주의와 가톨릭주의의 지배를 파괴하는 데 그 무엇도 범접할 수 없을 만큼 많은 도움을 주었다. 그의 죽음도 그의 영향력을 막지 못했다. 사상의 자유는 그의 이름과 동일시되었고, 사상의 자유를 위한 투쟁은 그의 깃발 아래 치러졌다. 그의 시대부터 오늘날까지 일어난 대중혁명 가운데 저 고갈되지 않는 무진장한 병기고에 있는 수많은 효과적인 무기들, 2백 년이 흐른 지금도 그 생생함을 잃지 않고 있는 무기들 중 단 얼마라도 가져오지 않은 혁명은 없었다. 볼테르가 인간의 종교를 창시했다면, 루소는 그 종교의 가장 위대한 예언자였다. 루소의 인간관은 당대의 급진주의자들의 인간관과 달랐으며, 근본적으로 그들의 인간관을 파괴하는 것이었다. 하지만 루소는 혁명가가 아니라 설교자이자 천부적 선동가였으며 이 운동에 새로운 표현과 열정, 더 풍부하고 모호하고 더 감정적인 언어를 제공함으로써 19세기 작가와 사상가들에게 깊은 영향을 미쳤다. 그는 이성과 관찰을 희생시키고 그 대신에 의지를 찬미하는 새로운 사고 방식과 감정 방식, 그리고 19세기의 예술적, 사회적 저항자들— 프랑스 혁명의 역사와 문학에서 영감을 찾고 후진적인 조국에서 프랑스 혁명의 이름으로 혁명의 깃발을 들어올렸던 낭만주의의 1세대 —이 자기표현의 자연스러운 도구로 채택한 새로운 어법을 만들어냈다.

영국에서 이러한 원리를 옹호한 인물들 중 가장 열렬하고 가장 성공을 거둔 인물의 하나는 영국 웨일즈 지방의 제조업자인 이상주의자 로버트 오언이었다. 그의 신조는 그가 쓴 「인간 성격의 형성에 관한 에세이」 4편 중 1편에서 제시한 '원리'에 요약되어 있다.*

> 특정한 수단들을 적용하기만 하면 모든 공동체, 더 나아가 세계 전체에 가장 좋은 것에서 가장 나쁜 것, 가장 무지한 것에서 가장 계몽된 것까지 모든 특성을 부여할 수 있다. 그러한 수단들은 대개 각 나라의 정부를 소유하고 있는 자들의 지휘와 통제하에 있으며 그렇지 않다 해도 그들은 쉽게 그렇게 할 수 있다.

그는 뉴라나크에 있는 자신의 면방적 공장들에서 노동시간을 제한하고 건강을 위한 규정과 구제기금을 마련하는 등 모

---

* [이 에세이들은 1812년에 분책들로 처음 출간되었다. 처음 두 편은 이듬해에 재인쇄되었다. [Robert Owen], *A New View of Society, or Essays on the Principle of the Formation of Human Character, and the Application of the Principle to Practice* (London, 1813). 이 책의 제목 페이지와 9페이지를 보라. 여기에 인용한 구절은 이후에 네 편의 에세이를 모두 편집한 판에서 약간 수정된다. 수정을 거친 구절은 다음과 같다. '적절한 수단들을 적용하기만 하면 모든 공동체, 더 나아가 세계 전체에 가장 좋은 것에서 가장 나쁜 것, 가장 무지한 것에서 가장 계몽된 것까지 모든 특성을 부여할 수 있다. 그러한 수단들은 대개 인간사에 영향력을 발휘하는 자들의 지휘와 통제하에 있다.']

범적인 노동 조건들을 확립함으로써 자기 이론이 옳다는 것을 성공적으로 보여주었다. 이런 방법들로 그는 공장의 생산성을 높였고 노동자들의 생활 수준을 엄청나게 향상시켰는데, 외부인들에게 이보다 훨씬 더 인상적이었던 것은 그의 재산이 세 배나 불어났다는 사실이었다. 뉴라나크는 각국의 왕들과 정치가들이 찾는 명소가 되었고, 노동과 자본의 평화로운 협력을 보여주는 최초의 성공적인 실험으로 사회주의와 노동계급의 역사에 상당한 영향을 끼쳤다. 그는 후에도 여러 차례에 걸쳐 실천적인 개혁을 시도했지만 뉴라나크만큼 성공을 거두지는 못했다. 고령의 나이로 19세기 중반에 세상을 떠난 오언은 합리주의 고전 시대의 마지막 생존자였으며, 거듭된 실패에도 그의 신념은 흔들림이 없었다. 그는 죽을 때까지 교육의 전능함과 인간의 완성 가능성을 믿었다.

새로운 이념들의 승리의 진격이 유럽 문화에 미친 영향은 이탈리아의 르네상스가 끼친 영향에 결코 뒤지지 않는다. 개인적, 사회적 문제들을 자유롭게 연구하고 모든 문제를 이성의 법정에 세우는 정신은 모든 학문의 기본이 되었고 갈수록 사회의 더 넓은 영역에서 열렬히 수용되었다. 지적 용기 그리고 무엇보다도 지적 공정성은 시대의 미덕이 되었다. 볼테르와 루소는 도처에서 환대와 찬양을 받았고, 흄은 파리에서 최고의 대접을 받았다. 바로 이런 지적 풍토가 신념의 명확성과 순수성에서, 휴머니즘에 대한 확고하고 현실적인 이해에서 그리고 특히 망명과 박해의 오랜 세월에도 약해지지 않은 믿음, 즉 '진리는 진리이기 때문에 결국 승리할 수밖에 없다'는 굳건한 믿음에 기초한 절대적인 도덕적, 지적 성실성에서 누구에게도 뒤지지 않는 엄격한 영웅적 세대인 1789년의 혁명가들의 특성을 형성했다. 그들의 도덕적, 정치적 이념들과 그들이 행한 찬사와 비난은 이후 오랫동안 모든 분파의 민주주의자들의 공동 유산이 되었다. 오늘날 사회주의자와 자유주의자, 공리주의자와 자연권 신봉자들은 1789년의 혁명가들만큼 순수하고 절대적 확신에 찬 감동적이고 명료하고 설득력 있는 방식은 아니지만 기본적으로 1789년의 혁명가들의 언어로 말하고 그들의 신념을 공언하고 있다.

2

19세기의 시작과 함께 반격이 시작되었다. 반격은 독일에서 시작되었지만 곧 문명 세계 전체로 확산되었다. 그것은 경험론이 유럽의 서쪽에서 다른 지역으로 전진하는 것을 저지했으며, 경험론 대신에 지금까지 좋든 나쁘든 우리의 인간관과 사회관에 중요한 영향을 미치고 있는 덜 합리론적인 자연관과 개인관을 내세웠다. 30년 전쟁으로 정신적, 물질적으로 피폐해졌던 독일은 오랜 불모의 세월을 지나 18세기 말에 이르러 다시 한번 자신들의 고유한 문화를 만들어내기 시작했다. 그것은 전 유럽이 다투어 모방하던 프랑스 모델들의 영향을 받기는 했으나 근본적으로는 독자적인 문화였다.

철학과 비평 분야에서 독일인들은 세련미는 떨어지지만 루소의 책들을 제외하면 프랑스에서 쓰인 어떤 것보다도 강렬한 표현으로 격정을 불러일으키는 불온한 내용의 저술들을 생산하기 시작했다. 프랑스인들은 독일인들의 이러한 풍요로운 혼돈을 자신들의 명쾌한 스타일과 우아한 균형을 기괴하고 서투르게 모방한 것에 불과하다고 보았다. 그렇잖아도 상처 입은 독일인의 지적 자존심에 군사적 패배라는 굴욕까지 안겨준 나폴레옹 전쟁 때문에 그러한 견해 차이는 훨씬 더 벌어졌고, 이 전쟁 중에 시작된 강력한 애국적 경향은 나폴레옹의 패배 후 거센 민족감정의 분출로 이어지면서 칸트의 계승자들인 피히테, 셸링, 슐레겔 형제 등의 새로운 낭만주의 철학과 결부되었다. 그리하여 그들의 철학은 국가적 의미를 갖게 되었고 독일의 공식적 신앙이 되었다고 할 정도로 확산되고 대중화되었다. 프랑스인들과 영국인들의 과학적 경험주의와 대조적으로, 독일인들은 헤르더와 헤겔의 형이상학적 역사주의를 내놓았다. 이 형이상학적 역사주의는 경쟁 이론들에 대한 비판을 바탕으로 대담한 대안을 제시했다. 그들이 제시한 대안은 유럽의 문명사를 바꾸어 놓았으며 유럽인의 상상력과 사고방식에 지울 수 없는 인상을 남겼다.

18세기의 대표적인 철학자들은 물었다. 만일 인간이 자연에 존재하는 하나의 물체에 불과하다면, 인간 행동을 지배하는 법칙들은 무엇인가? 만일 어떤 조건에서 물체가 낙하하고, 행성이 회전하고, 나무가 자라고, 얼음이 물이 되고 물이 수증기가 되는지를 경험적 수단을 통해 발견할 수 있다면, 어떤 조건에서 인간이 먹고, 마시고, 잠자고, 사랑하고, 미워하고, 서로 싸우고, 가족·부족·민족을 구성하고, 군주제·과두제·민주제를 채택하게 되는지도 밝혀낼 수 있어야 한다. 뉴턴이나 갈릴레오 같은 인물이 이를 발견해내기 전까지, 진정한 사회과학은 출현할 수 없다.

헤겔이 보기에 이러한 급진적 경험주의는 자연과학에서 성공한 방법들만이 다른 경험적 분야에서도 타당할 수 있다는 오류를 비롯해 그것이 대체하고자 하는 신학보다도 훨씬 더 파멸적인 결과를 초래할 과학적 독단주의의 한 형태였다. 그는 이 새로운 방법을 물질세계에 적용하는 것에 대해서도 회의적이었으며, 특별한 근거를 갖고 있지는 않았지만 자연과학자들이 자신들이 다루는 현상을 임의로 선택하는 것은 아닌가, 독단적으로 특정한 종류의 추론만을 사용하는 것은 아닌가 하는 의구심을 품고 있었다. 그는 과학에서의 경험론에 동의하지 않았지만, 그가 이보다 훨씬 더 확신했던 것은 그러한 경험론이 인간 역사에 적용되었을 때 초래할 파멸적 결과였다.

만일 볼테르나 흄이 이해한 것처럼 과학적 '법칙들'에 따라 역사가 기술된다면, 투키디데스에서 몽테스키외에 이르는 위대한 역사가들, 그리고 무엇보다도 흄과 볼테르가 역사 이론을 세울 때가 아니라 역사를 기술할 때 신뢰할 만한 역사적 직관에 의해 무의식적으로 피할 수 있었던 역사적 사실들에 대한 끔찍한 왜곡을 피할 수 없게 될 것이다. 헤겔은 역사를 수평적인 것과 수직적인 것이라는 두 차원에서 생각했다. 수평적 차원에서는 상이한 활동 영역에서 일어나는 현상들이 각 시대에 개별적이고 '유기적'이며 뚜렷하게 고유한 특성을 부여하는 하나의 패턴에 따라 폭넓게 상호 연결되어 있는 것으로 간주된다. 수직적인 차원에서는 사건들의 동일한 횡단면이 시간적 연속의 일부로, 시간상 선행하는 단계에 어느 정도 들어 있고 그 단계가 만들어낸 발전 과정상의 필연적 단계로 간주된다. 이때 시간상 선행하는 단계는 고유의 경향과 힘들을 덜 발전된 상태로 포함하고 있고 이러한 경향과 힘들이 완전히 발현됨으로써 출현하는 시대는 애초에 선행 단계 속에 잠재되어 있던 것으로 간주된다. 그러므로 모든 시대를 제대로 이해하고자 한다면 단지 과거와의 관계만 고려해서는 안 된다. 왜냐하면 모든 시대는 그 자궁 속에 미래의 씨앗을 잉태하고 있고 앞으로 올 시대의 윤곽을 예시하고 있기 때문이다. 아무리 사실에서 벗어나지 않고 싶어 하는 철저한 역사가라도 이러한 관계를 무시할 수는 없다. 이러한 관계를 고려할 경우에만 역사가는 자신이 다루는 시대를 구성하는 요소들을 올바른 시각에서 기술할 수 있고 중요한 것과 사소한 것, 어떤 시대의 지배적인 결정적 특징들과 우연적이고 부수적인 요인들— 언제 어디서든 발생했을 수 있기 때문에 한 시대의 특정한 과거에 깊은 뿌리를 갖고 있지도 않고 한 시대의 특정한 미래에 뚜렷한 영향도 미치지 못하는 요인들 —을 식별해낼 수 있다.

도토리는 잠재적으로 도토리나무를 포함하고 있으며 역사는 이러한 발전의 관점에서만 적절하게 기술될 수 있다는 발전관은 아리스토텔레스만큼이나 오래된 학설이며, 정확히 말하면 아리스토텔레스 이전부터 있던 것이다. 이러한 발전관이 르네상스기에 다시 등장했고 라이프니츠에 의해 최고도로 전개되었다. 라이프니츠는 우주는 수많은 독립적인 개별 실체들로 이루어져 있으며, 각각의 개별 실체는 모두 그 자체의 모든 과거와 모든 미래를 포함하고 있는 것으로 보아야 한다고 가르쳤다. 우연적인 것은 아무것도 없다. 경험론자들이 기술하고 싶어 하는 식으로 기술할 수 있는 사물은 없다. 다시 말해 기껏해야 기계적 인과라는 외적 관계에 의해서만 연결되어 있는 일련의 연속적 혹은 불연속적 현상들 혹은 일련의 그런 상태들로 기술할 수 있는 사물은 없다. 하나의 사물은 그 사물이 필연적으로 그렇게 발전한 이유를 그 사물의 개별적 역사라는 측면에서 설명할 경우에만, 라이프니츠의 표현을 빌리면 '미래를 잉태하고 있고 과거의 무게에 짓눌려 있는'* 각 단계로 이루어진 성장하는 존재로서만 참되게 정의될 수 있다. 라이프니츠는 이러한 형이상학적 학설을 역사적 사건들에 적용하려는

---

* Gottfried Wilhelm Leibniz, *Nouveaux essais sur l'entendement, par l'auteur deu système de l'harmonie préétablie* (completed 1704, first published 1765), in *Die philosophischen Schriften von Gottfried Wilhelm Leibniz*, ed. C. I. Gerhardt (Berlin, 1875-90), v48.

아무런 구체적 시도도 하지 않았지만, 헤겔은 역사야말로 이 학설이 가장 잘 적용되는 영역이라고 생각했다. 왜냐하면 과학적 인과관계와는 다른 관계를 가정하지 않는다면, 역사는 외적으로 연결된 사건들의 연속에 지나지 않을 것이기 때문이다. 설명은 합리적인 근거를 제시하는 것이지 단지 선행 사건들을 제시하는 것이 아니다.

 이런 의미에서 일련의 사건들을 설명한다는 것은 그것을 합리적으로 이해할 수 있는 과정, 즉 하나의 존재나 존재들— 신이나 인간들 —의 합목적적 활동에 의한 것으로 보는 것이다. 그렇지 않으면 사건들은 설명되지 않은 채 이유 없는 것, '무의미한 것'이 되고 만다.

 기계적 모델은 사물의 운동을 예측하거나 통제하게 해줄 수 있을 뿐 합리적 설명은 제공할 수 없다. 그런데 인간의 삶에서 일어나는 사건들이 설명될 수 없다면 그러한 사건들의 합은 인간의 역사가 될 수 없다. 자연과학의 방법으로는 특정한 인물이나 특정한 시대의 개별적 특성, 특정한 예술작품이나 과학 속에 구현된 개별적 본질— 즉 목적 —에 대한 설명은 고사하고 서술조차 불가능해 보인다. 왜냐하면 특정한 개별자의 특성들이 전이나 후에 일어난 다른 것과 매우 비슷하다고 해도 그 개별자는 유일무이하고 오로지 한 번만 존재할 뿐이기 때문이다. 그러므로 특정한 개별자는 과학적 방법으로는 설명될 수 없다. 과학적 방법은 역사와는 정반대로 동일한 현상이라든가 특징들의 동일한 조합이 계속해서 반복되고 규칙적으로 되풀

이된다는 전제하에서만 성공적으로 적용될 수 있기 때문이다.

　새로운 방법을 성공적으로 적용한 최초의 인물은 헤르더였다. 헤르더는 유기적 발전(후대의 표현)이라는 개념을 개인뿐만 아니라 모든 문화와 민족의 역사에도 적용했는데, 여기에는 유럽에서 성장하고 있던 민족적, 문화적 자기의식의 영향도 있었고 당시 유행하던 프랑스 철학의 무차별적인 세계시민주의와 보편주의에 대한 그의 혐오도 일부 영향을 미쳤던 것으로 보인다. 그는 유기적 발전이라는 개념이 개인보다는 문화와 민족의 역사에 더 근본적이라고 보았다. 왜냐하면 개인들은 가장 위대한 인물들의 사유와 행위에서 가장 전형적인 의식적 표현을 획득하게 되는 특정한 사회 발전 단계에서만 발생하는 것으로 볼 수 있기 때문이다. 헤르더는 독일 문화, 독일의 언어학과 고고학, 독일인의 야만적 기원, 독일의 중세사와 중세 제도, 독일의 전통적인 민속과 유물 등을 연구하는 데 몰두했다. 이를 바탕으로 그는 살아 있는 독일 정신을 독일 민족 특유의 발전이 통일성을 가질 수 있게 해준 원동력으로 그리려 했다. 그런데 이러한 통일성은 시간상의 선후만을 중심으로 하는 조야한 기계론적 관계로는 설명할 수 없다. 농작물의 윤작이나 지구의 공전 같은 인과적 사건들의 동일한 규칙적 반복은 기계론적 관계로 충분히 설명되겠지만, 그것은 인간이 자신을 발현하는 방식이 아니기 때문에 역사가 아니다.

　헤겔은 이러한 생각을 더 광범위하고 야심 차게 발전시켰다. 그는 프랑스 유물론이 제시한 설명은 기껏해야 동적 현상이 아니라 정적 현상, 변화가 아니라 차이를 설명하기 위한 가설을 제공할 뿐이라고 주장했다. 물론 이런저런 자연적 조건들이 주어진다면, 그런 조건에서 태어난 사람들이 자연적 원인들이라든가 동일한 조건의 영향을 받은 이전 세대들에게 배운 교육 등에 기인한 특성들을 발전시킬 것이라고 예측할 수는 있다. 그렇다 해도 도대체 그 특징들이 정말로 말해주는 것이 얼마나 되는가? 예를 들어 1세기 이탈리아의 자연조건은 8세기와 15세기의 자연조건과 거의 달라진 것이 없었지만, 고대 로마인들은 8세기의 이탈리아인들과는 많은 면에서 차이가 있었고 르네상스의 이탈리아인들은 쇠퇴 일로에 있던 8세기의 이탈리아가 잃어가고 있거나 완전히 잃어버린 특징을 보여주었다. 그러므로 자연과학자들만이 적절히 다룰 수 있는 이러한 비교적 불변적인 조건들은 진보와 반동, 영광과 쇠퇴 같은 역사적 변화의 원인이 될 수 없다. 변화 자체만이 아니라 변화의 특정한 형태와 방향까지 설명하기 위해서는 어떤 동적 요소를 전제하지 않으면 안 된다. 그러한 변화는 분명 반복적인 것이 아니다. 다시 말해 각 시대는 이전 시대들로부터 새로운 무엇인가를 물려받고, 그런 점에서 각 시대는 이전의 어떤 시대와도 다르다. 발전의 원리는 갈릴레오와 뉴턴이 만든 토대인 동일한 반복의 원리를 배제한다. 만일 역사에 법칙이 있다면, 그것은 지금까지 유일하게 가능하다고 생각된 과학 법칙의 패턴과는 분명히 다른 종류여야 한다. 그리고 존재하는 모든 것은 지속하고 자신의 역사를 갖고 있으므로, 존재하는 모든 것의 존재 법칙들은 역사의 법칙들과 동일한 것이어야 한다.

그렇다면 이러한 역사적 운동의 원리를 어디에서 찾을 것인가? 인간들로서는 감히 발견을 기대할 수도 없는 신비롭고 불가사의한 힘이라는 경험론자들의 악명 높은 조롱 대상을 동적 원리라고 선언하는 것은 인간의 무능력과 이성의 패배를 고백하는 것이다. 우리의 일상적 삶을 지배하는 것이 우리가 가진 그 어떤 것보다도 더 현재적이고 더 익숙한 경험이 아니라면 그것은 이상하다. 왜냐하면 우리는 우리 자신의 삶을 세계의 축도縮圖이자 패턴으로 볼 수밖에 없기 때문이다. 우리는 흔히 어떤 사람의 행위와 사고를 설명할 때 그의 성격이나 기질, 목적, 동기, 목표 등을 이야기하는데, 이것들은 행위 및 사고와 무관한 완전히 별개의 것이 아니라 행위와 사고의 공통된 패턴이다. 그리고 어떤 사람을 더 잘 알수록 그의 도덕적, 정신적 활동을 그것이 외부 세계와 맺는 관계 속에서 더 잘 이해하게 된다. 헤겔은 사고의 목적, 논리, 질, 선택— 한 사람의 일생 동안 전개되는 모든 활동과 경험 —처럼 개인의 인격적 특성을 가리키는 개념들을 모든 문화와 민족에 적용했다. 그는 그것을 이념 혹은 정신이라고 부르고 그것의 발전 단계들을 구별했으며 그것을 특정한 민족들과 문명들, 나아가 의식을 갖고 있는 우주 전체의 발전의 동기, 동적 요소라고 선언했다.

더 나아가 그는 과거의 모든 사상가의 오류는 어떤 시대의 전쟁이 그 시대의 예술로부터, 어떤 시대의 철학이 그 시대의 일상생활로부터 상대적으로 독립적이라는 식으로 한 시대의 상이한 활동 영역들이 상대적으로 독립적이라고 가정한 데 있다고 주장했다. 개인들의 경우에 이런 분리는 결코 자연스럽지 않다. 우리가 아주 잘 아는 사람들의 경우에, 우리는 반쯤은 무의식적으로 그의 모든 행위를 서로 연결지어 하나의 연속적인 합목적적 활동이 다르게 표현된 것으로 본다. 우리는 그의 생애의 이런저런 단계에서 얻은 수많은 자료의 영향을 받아 그에 관한 정신적 초상을 만들어낸다. 헤겔에 따르면, 어떤 문화나 특정한 시대에 관한 우리의 생각도 마찬가지다. 과거의 역사가들은 이런저런 도시나 전투의 역사, 이런저런 왕이나 지휘관의 행위의 역사를 마치 그 시대의 다른 현상들과 떼어놓고 다룰 수 있는 것인 양 다뤄 왔다. 그러나 한 개인의 행위들이 그 개인 전체의 행위들이듯이, 한 시대의 문화적 현상들, 한 시대를 구성하는 사건들의 특정한 패턴은 그 시대 전체의 표현이자 그 시대의 특성의 표현이자 자신이 마주치는 무엇이든 이해하고 통제하고자 하는, 다시 말해 완전한 자기 통제— 이것이 헤겔이 말하는 자유이다 —를 추구하는 특정 단계의 탐구적 인간 정신의 표현이다. 이렇듯 한 시대의 단일한 특성은 전체적 정신을 표현하는 것이며 어떤 현상이 현대세계보다는 고대세계에, 안정된 평화의 시대보다는 혼돈의 시대에 전형적인 것이라고 이야기할 때 우리는 이러한 사실을 이미 암묵적으로 인정하고 있는 것이다.

하지만 우리는 암묵적 인정을 넘어 이러한 사실을 명시적으로 인정해야 한다. 예를 들어 17세기 음악사에 관한 글을 쓰거나 다성음악이라는 특정한 형식의 출현에 관해 고찰할 때, 그 시대의 학문의 역사에서 비슷한 패턴의 발전을 볼 수 있지 않을까라는 물음을 던지는 것은 결코 무의미한 일이 아니다. 뉴턴과 라이프니츠가 동시에 미분법을 발견한 것이 순전히 우연인지 아니면 바흐와 라이프니츠, 밀턴과 푸생 같은 천재들을 낳은 유럽 문화의 특정 단계의 일반적인 특성에서 비롯된 것은 아닌지라는 물음도 마찬가지다.

역사가들도 자연과학자들처럼 엄밀한 과학적 방법에 대한 강박 때문에 자신들의 탐구 영역 간에 벽을 세우고 인간의 활동 분야들을 마치 서로 만나는 일이 거의 없이 따로 흐르는 하천들처럼 상대적 고립 속에서 작동하는 것으로 다룰 수도 있다. 하지만 역사가가 자신의 임무를 충분히 인식하고 연대기 편찬자나 유물 연구자 이상의 일을 해내고자 한다면, 그는 운동 속에 있는 시대의 초상을 그리려 해야 하고, 그 시대에 특징적인 것을 수집하려 해야 하고, 그 시대의 구성 요소들을 구별하려 해야 하고, 낡은 것과 새로운 것, 유익한 것과 쓸모없는 것, 이전 시대의 사라져가는 유물들과 시대를 앞질러 미래를 알리는 것들을 구별하려 해야 한다.

특수한 것, 구체적인 것, 분화된 것, 개별적인 것 속에서 보편적인 것의 가장 생생한 표현을 찾으라는 이러한 명령, 사진가나 통계학자보다 전기 작가나 화가의 기법과 사실주의를 모방하라는 이러한 명령은 독일 역사주의의 독특한 유산이다. 다 같이 '학學'이라고 불린다고 해서, 역사학을 물리학이나 수학과 유사한 것으로 오해해서는 안 된다. 물리학이나 수학은 가장 광범위하게 찾아볼 수 있는 거의 불변적인 공동의 특성들을 추구하며 특정 시간과 특정 장소에만 속하는 것은 의도적으로 무시하고 가능한 한 일반적이고 추상적이고 형식적이고자 한다. 이와 반대로 역사가는 현상들을 그것들의 완전한 맥락 속에서, 다시 말해 과거라는 배경과 미래라는 전경을 고려하면서, 동일한 문화적 자극에서 발생하는 다른 모든 현상과 유기적으로 관련되어 있는 것으로 보고 기술하지 않으면 안 된다.

한때는 한 세대 전체의 정신적 태도 변화의 징후이자 원인이었고 지금은 너무나 익숙한 이러한 견해의 영향은 이루 말할 수 없이 크다. 특정 시대와 특정 장소에 특정한 성격을 부여하고, 개인이나 개인의 행위를 민족이나 시대를 대표하는 전형으로 보고, 인간 행위를 르네상스 정신, 프랑스 혁명의 정신, 독일 낭만주의 정신, 빅토리아 시대의 정신의 표현으로 기술하는 데서 볼 수 있듯이, 흔히 우리는 특정 시대나 민족 혹은 심지어 광범위한 사회적 태도에 대해서까지 능동적인 인과적 속성들로 이루어진 인격이라고 할 만한 것을 부여한다. 이런 사고 습관은 바로 이 새로운 역사주의에서 비롯된 것이다.

헤겔의 지나칠 정도로 논리적인 학설 그리고 자연과학의 방법에 대한 그의 부정적 견해는 무익했을 뿐만 아니라 대체로 매우 안 좋은 영향을 미쳤다. 헤겔의 진정한 중요성은 사회적, 역사적 연구 분야에 미친 영향에 있다. 구체적으로 말해, 사회 조직들을 구성 요소인 개인들로 환원해 기술할 수 없는 고유의 삶과 성격을 가진 일종의 거대한 집단적 인격체로 보고 그 조직들의 역사를 연구하고 그 조직들을 비판하는 새로운 분과 학문들을 만든 데 있다. 이 같은 사유 혁명은 비합리적이고 위험한 신화들— 이를테면 국가, 인종, 역사, 시대 등을 어떤 영향력을 가진 초인격체로 취급하는 태도 —을 낳기도 했지만 인문학에 지대한 영향을 미쳤다. 사건들을 성격이나 의도의 결과로 설명하거나 왕이나 정치가의 개인적 패배나 승리로 설명하는 모든 저자들을 순진하고 비과학적으로 보이게 만든 독일 역사학파의 출현은 무엇보다도 이러한 사유 혁명의 영향 때문이었다.

만일 역사가 절대정신— 헤겔은 정신과 물질의 본질적 분리를 인정하지 않았기 때문에 그가 말하는 절대정신은 결코 인간 정신과 동일한 것이 아니다 —의 발전이라면, 역사를 절대정신의 실현의 역사로 다시 쓸 필요가 있다. 지평이 갑자기 엄청나게 확대되었다. 법사학法史學은 이제 더 이상 고고학자나 유물 수집가들의 고립된 특별 영역이 아니라 현재의 법 제도를 로마법이나 초기의 법에서 발전해온 것으로, 법의 정신 자체를 구현하는 것으로, 정치적, 종교적, 사회적 측면과 얽혀 있는 법적 측면에서 사회의 정신을 구현하는 것으로 해석하는 역사법학이 되었다.

예술사와 철학사는 문화사에서 서로 보완적이고 필수 불가결한 요소로 다루어지기 시작했다. 전에는 하찮거나 쓸모없다고 생각되던 사실들이 지금까지 탐구되지 않은 절대정신의 활동 영역으로 갑자기 중요성을 부여받았다. 무역, 의복, 유행, 언어, 민속, 실용적 기술 등의 역사들이 인류의 완전하고 '유기적인' 제도사制度史에서 본질적인 요소들로 여겨졌다.

그런데 헤겔의 견해는 발전이라는 것을 본질이 잠재태에서 현실태로 점진적으로 스스로를 펼쳐나가는 순조로운 진행으로 본 라이프니츠의 견해와 확연히 다른 점이 하나 있다. 헤겔은 이 세계에서 갈등, 전쟁, 혁명, 비극적 손상과 파괴가 현실이고 필연이라고 역설했다. 그는 (피히테를 따라) 모든 과정은 한 힘이 다른 힘과 대립하고 이러한 상호 갈등을 통해 자신들을 발전시키는 양립 불가능한 힘들 간의 필연적 긴장의 과정이라고 주장했다. 드러날 때도 있고 드러나지 않을 때도 있는 이러한 투쟁을 의식 활동의 전 영역에서 추적해 보면, 그러한 투쟁은 각기 완전한 해결책을 제공한다고 주장하지만 각자의 편파성 때문에 새로운 위기를 만들어내는 수많은 대립하는 물질적, 도덕적, 지적 태도와 운동들 간의 충돌임이 드러난다. 이 투쟁은 강도와 격렬함을 더해가다가 마침내 공개적 충돌로 바뀌게 되고, 이러한 충돌은 경쟁에 참여한 모든 자들을 폭력적으로 파괴하는 최후의 대결에 이르게 된다. 바로 이 순간, 그때까지의 연속적인 발전이 중단되고 새로운 힘들 간의 긴장이 또다시 시작되는 새로운 단계로의 갑작스러운 도약이 일어난다.

이 가운데 충분히 크고 주목할 만한 규모의 도약이 이른바 정치 혁명이다. 그러나 이보다 작은 규모의 도약들이 예술과 과학, 생물학자가 연구하는 유기체의 성장, 화학자가 연구하는 핵반응, 마지막으로 두 대립자 간의 일상적 논증 등 모든 활동 영역에서 일어난다. 이때 부분적 거짓인 둘이 충돌하면서 새로운 진리가 발견되지만 이것 역시 상대적이라서 그와 반대되는 진리의 공격을 받게 되고, 이러한 상호 파괴는 대립하는 요소들이 새로운 유기적 전체로 변화되는 새로운 단계로 또다시 이어진다. 이 과정은 끝없이 계속된다.

헤겔은 이러한 과정을 '변증법적'이라고 불렀다. 투쟁과 긴장이라는 개념은 역사에서의 운동을 설명하는 데 필요한 역동적 원리를 제공한다. 사유는 스스로를 의식하게 된 현실이며 사유 과정은 가장 명료한 형태로 표현된 자연 과정이다. 갈수록 더 높은 통일로의 영속적인 흡수와 해소의 원리인 지양 Aufhebung은 논증적 사유에서만이 아니라 자연에서도 일어나며, 자연 과정들이 유물론이 전제하는 기계적 운동처럼 목적 없는 과정이 아니라 내적 원리를 갖고 있고 점점 더 자기를 실현하는 방향으로 나아간다는 것을 보여준다. 각각의 주요한 이행을 뚜렷이 보여주는 것이 그리스도교의 발흥, 이방인들에 의한 로마의 멸망, 프랑스 대혁명, 새로운 나폴레옹적 세계 같은 대규모의 혁명적 도약이다. 이러한 각각의 도약에서 절대정신 혹은 보편적 이념은 자기 자신에 대한 완전한 의식에 한 걸음 더 다가가고, 인류는 한 단계 앞으로 전진하게 된다. 그러나 그 방향은 이전에 서로 충돌했던 운동들 중 어느 한쪽이 예상한 방향과 정확히 일치하는 경우가 결코 없으며, 그 운동들 중에서 자신의 노력으로 세계를 형성할 수 있는 특별한 능력이 자기 자신에게 있다고 매우 굳게 믿었던 측은 비이성적이 될 정도로 그 만큼 더 깊이 실망하게 된다.

갑자기 모습을 드러낸 이 새로운 연구 방법과 해석 방법은 계몽된 독일 사회에 열광적이라 할 만큼 놀라운 영향을 미쳤으며, 문화적으로 독일 사회에 의존하고 있던 상트페테르부르크와 모스크바의 대학들에도 적잖은 영향을 끼쳤다. 헤겔주의는 지식인을 자처하는 거의 모든 사람의 공식적 교의가 되었다. 헤겔의 새로운 개념들은 사상에 대해 비교적 회의적인 시대라면 볼 수 없을 만큼 뜨거운 열기 속에 사고와 행위의 모든 영역에 적용되었다. 학문적 연구 방향이 크게 바뀌었다. 인문학을 공부하는 학생은 헤겔 논리학, 헤겔 법학, 헤겔 윤리학, 헤겔 미학, 헤겔 신학, 헤겔 언어학, 헤겔식 역사 기술 등에 둘러싸여 있었다. 헤겔이 말년을 보낸 베를린은 이 운동의 본산이었다. 애국심과 정치적, 사회적 반동이 다시 고개를 쳐들었다. 모든 사람은 형제이고 민족적, 인종적, 사회적 차이는 잘못된 교육의 인위적 산물이라는 주장의 전진은 비합리적으로 보이는 그러한 차이가 사실은 어떤 인종이나 민족의 독특한 역사적 역할의 표현이고 형이상학적 필연성에 기초하고 있다는 관념론적인 반대 명제에 의해 저지되었다. 이 반대 명제에 따르면, 그러한 차이는 이념의 발전에 필요하고 민족은 바로 이 이념이 부분적으로 구현된 것이다. 또한 그러한 차이는 개별

개혁가들이 이성을 적용한다고 해서 하룻밤 사이에 사라질 수 있는 것이 아니다.

개혁은 역사적으로 준비된 토양에서 일어나야 한다. 그렇지 않으면 자신의 시간 속에서 자신의 속도에 따라 자신의 논리에 맞게 운동하는 역사의 힘들이 이미 보여주었듯이, 개혁은 실패할 수밖에 없다. 이러한 힘들로부터의 자유를 요구하면서 그것들을 넘어서려고 하는 것은 자신이 놓여 있는 논리적으로 필연적인 역사적 위치에서, 자신이 속해 있는 사회에서, 모든 사람을 현재의 그 사람으로 만든 것이자 그 사람 자체인 공적, 사적 관계들에서 벗어나고자 하는 것이다. 여기서 벗어나고자 하는 것은 자신의 고유한 본질을 잃고자 하는 것이며 자신이 무엇을 요구하고 있는지도 모른 채 개인적 자유에 대해 유치한 수준의 주관적인 생각을 가진 사람들이나 할 수 있는 자기 모순적 요구이다.

진정한 자유는 자기 지배에 있다. 즉 외적 통제에서 벗어나는 데 있다. 자신이 무엇이고 무엇이 될 수 있는가를 발견할 때만 진정한 자유를 실현할 수 있다. 다시 말해 자신이 살고 있는 특정한 시간과 장소에서 자신을 지배하는 필연적 법칙들을 발견하고 법칙을 따르는 자신의 이성의 잠재력들을 실현해 자신을 발전시키는 것을 통해 자신이 '유기적으로' 속해 있는 사회를 발전시키고 그 안에서 그리고 그와 같은 사람들 안에서 자신을 표현하려 할 때만, 진정한 자유를 실현할 수 있다. 자신의 목적을 실현함으로써 역사 법칙을 구현하는 '세계사적인' 개인들만이 과거와의 단절에 성공할 수 있다. 이보다 뒤떨어지는 사람이 어떤 주관적 이상의 미명하에 전통을 수정하는 대신에 파괴하려 하고 이 과정에서 역사의 법칙들에 맞서고자 한다면, 그는 불가능한 일을 시도하는 것이고 자신의 비합리성을 드러내는 것이다.

그러한 행위가 유죄 선고를 받는 이유는 단지 필연적으로 실패하게 되어 있고 따라서 아무 쓸모도 없기 때문이 아니다. 그저 목숨을 연명하기보다는 돈키호테식으로 죽는 것이 더 고귀하다고 볼 수 있는 상황도 있을 수 있다. 유죄 선고를 받는 이유는 그러한 행위가 비이성적이기 때문이다. 바꿔 말해 역사의 법칙들은 모든 것의 궁극적 실체인 정신의 법칙들이고 따라서 필연적으로 이성적이기 때문이다. 만일 역사의 법칙들이 정신의 법칙들이 아니라면, 인간은 역사 법칙을 설명할 수 없을 것이다. 정신은 모든 세대와 함께 점차 더 큰 자기의식에 도달함으로써 완성에 접근해 가고, 언제나 자신을 우주와 맺고 있는 관계에서 가장 분명히 인식하는 각 시대의 가장 심오한 사상가들에게서 발전의 정점에 도달한다. 헤겔과 그의 사도들에게 그러한 사상가들이란 예술가, 철학자, 과학자, 시인 등이다. 다시 말해 인류가 도달한 발전 단계, 다시 말해 자신들의 시대에 부분적으로 자신들의 노력으로 획득한 것을 동시대의 나머지 사람들보다 더 예리하고 깊이 의식하는 모든 예민하고 탐구심 강한 정신의 소유자들이다.

철학사는 절대정신이 자신의 활동을 의식해 가는 자기의식의 성장의 역사이다. 이렇게 볼 때, 인류사는 절대정신이 자기의식의 성장 과정에서 발전하는 이야기일 뿐이다. 따라서 모든 역사는 사유의 역사, 즉 철학사이고, 철학사는 곧 역사철학이다. 왜냐하면 철학사는 이 의식에 대한 의식을 가리키는 이름일 뿐이기 때문이다. 모든 진정한 발전은 인간에게서 가장 의식적이고 자연에서는 의식적이 아닌 절대정신, 다른 모든 것을 형성하는 실체인 절대정신의 발전이라는 독특한 주장과 마찬가지로, '역사의 철학은 철학의 역사다'라는 헤겔의 유명한 경구* 역시 헤겔 형이상학을 받아들이는 사람들에게는 모호한 역설이 아니라 표현이 독특할 뿐 사실은 평범하다 못해 진부한 주장이다. 그러므로 바람직한 사회를 추구하는 사람들이 사회를 개선할 수 있는 유일한 방법은 자신들과 자신들의 환경을 분석할 수 있는 능력, 즉 훗날 비판이라고 불리게 되는 활동을 발전시키는 것이다. 비판의 성장이 곧 인간의 진보이다.

따라서 물리적 폭력과 유혈을 수반하는 변화는 오로지 지성 없는 물질의 불복종, 다시 말해 일찍이 라이프니츠가 말한 바에 따르면 아직 의식이 충분히 발전하지 못한 낮은 단계의 정신의 불복종에서 비롯된 것일 뿐이다. 소크라테스, 예수, 뉴턴 등에 의해 시작된 혁명은 전투가 없었어도 흔히 혁명이라고 불리는 사건들보다 훨씬 더 진정한 혁명이었다. 모든 진정한

---

* [헤겔의 저술들에서는 이런 식으로 정식화된 표현을 찾을 수 없다.]

정복이나 승리는 은유적 의미가 아니라 문자 그대로 항상 정신의 영역에서 얻어진다. 따라서 프랑스 혁명은 철학자들이 세계에 대한 사람들의 의식을 바꿔 놓았을 때, 다시 말해 단두대가 일을 시작하기 전에 이미 끝났던 것이다.

이러한 견해는 19세기 초 내내 사람들의 생각을 괴롭히던 중대한 문제를 마침내 해결한 것으로 보였다. 사실 당시의 대표적인 정치 이론들은 모두 이 문제에 대한 상이한 답변들이었다고 할 수 있다. 프랑스 혁명은 인간들의 자유와 평등과 형제애를 확보하기 위한 것이었다. 그것은 근대 역사에서 이데올로그들 스스로 폭력을 이용해 권력을 장악함으로써 완전히 새로운 혁명적 이데올로기를 구체적 제도들로 실현하고자 한 가장 거대한 시도였다. 하지만 그들의 시도는 실패했고, 인간의 자유와 평등의 확립이라는 목적은 전과 마찬가지로 요원해 보였다. 쓰라린 환멸을 맛본 뒤에 냉소적인 무관심에 빠져 선이 악보다, 진실이 허위보다 약하다고 선언하고 인류에게는 스스로의 노력으로 운명을 바꿀 능력이 전혀 없다고 단언한 사람들에게 무슨 해답이 있었을까? 유럽에서 정치적 반동 시기의 사회적 사유를 사로잡고 있던 이 문제에 대해, 헤겔은 역사 과정의 불가피성에 관한 자신의 이론을 통해 인상적인 해법을 제시했다. 그 이론에 따르면, 폭력을 통해 역사 과정을 돌리려 하거나 앞당기려는 시도는 실패하게 되어 있으며 변증법의 어느 한 측면을 일방적으로 과장한 광신의 징후이다. 이는 당시에 프랑스에서 생시몽, 푸리에가 내놓고 있던 기술론적 가설들과 정반대되는 견해였다.

그러므로 사회적 자유의 문제와 사회적 자유의 실현에 실패하는 원인의 문제가 마르크스의 모든 초기 저술들에서 중심 주제가 된 것은 지극히 자연스럽다. 이 문제에 대한 그의 접근법과 해법은 헤겔 정신에 심대한 영향을 받고 있다. 마르크스가 어렸을 때 받은 교육과 타고난 성향은 그를 경험주의 쪽으로 기울게 만들었다. 이러한 경험주의에 속하는 그의 사고방식들은 대부분 형이상학적 구조 아래에 은폐되어 있지만 분명히 알아볼 수 있는 경우도 있다. 특히 온갖 위장된 형태의 비합리주의와 신화를 격정적으로 폭로할 때 그러한 사고방식이 가장 뚜렷이 드러난다. 그는 논증을 펼칠 때 18세기 유물론의 방법과 예를 종종 사용하지만, 논증의 표현 형식과 논증에서 입증하고자 하는 테제들은 완전히 헤겔적이다. 그 테제들은 인류는 스스로의 노동을 통해 자신을 변화시키고 자신이 다루는 모든 것을 이성의 통제 아래 둠으로써 자신과 유기적으로 연결된 외적 자연을 변화시킨다는 발전 개념에 기초하고 있다. 마르크스는 젊은 시절에 이 새로운 견해로 전향했으며, 관념론적 형이상학을 신랄히 공격하는 가운데서도 오랜 세월 동안 변함없이 헤겔의 확고한 찬양자였다.

4
청년 헤겔학파

> [독일인들은] 결코 일어나지 않을 것이다. 그들은 반역을 하기보다는 차라리 죽을 것이다. (······) 독일인은 완전한 절망 상태에 이르러서야 논쟁을 그만둘 것이다. 하지만 그들을 그러한 절망에 이르게 하려면 이루 말할 수 없을 만큼 어마어마하게 많은 탄압과 모욕, 부정의와 고통이 필요하다.
>
> — 미하일 바쿠닌*

마르크스가 베를린 대학에 다니던 시절에 독일의 급진적 지식인들은 깊은 우울감에 빠져 있었다. 1840년에 많은 기대 속에 프리드리히 빌헬름 4세가 프로이센의 왕위에 올랐다. 그는 즉위를 앞두고 최소한 한 번 이상 애국심과 민주주의 원리들과 군주제 간의 동맹을 당연한 것으로 이야기했다. 또한 그는 새 헌법을 도입하겠다는 의사도 표명했다. 자유주의 언론은

---

* Mikhail Bakunin, 'Gosudarstvennost' I anarkhiya' (1873), published in French and Russian in *Archives Bakounine*, ed. Arthur Lehning (Leiden, 1961-8), vol. 3, *Étatisme et anarchie*, 27 (=226); cf. Michael Bakunin, *Statism and Anarchy*, trans. and ed. Marshall S. Shatz (Cambridge, 1990), 31-2.

'돈 카를로스',* '왕관을 쓴 낭만주의자' 등의 미사여구를 써가며 새 왕을 열렬히 찬양하기 시작했다. 하지만 약속은 전혀 지켜지지 않았다. 새 왕은 아버지 못지않게 반동적이었으며 오히려 아버지보다 더 약삭빨랐고 정해진 절차에 더 구애받지 않았다. 그의 통치하에서 경찰이 사용한 탄압 방법은 프리드리히 빌헬름 3세 때보다 더 기발하고 효율적이었다. 이것을 제외하고 그의 즉위로 달라진 점은 거의 아무것도 없었다. 정치 영역에서든 사회 영역에서든, 개혁의 조짐은 전혀 찾아볼 수 없었다. 독일의 급진주의자들이 열광적으로 환영했던 프랑스의 7월 혁명은 메테르니히로 하여금 독일 전역에서 불온사상을 탄압할 중앙위원회를 만들게 했을 뿐이다. 이 조치는 프로이센의 토지 소유 귀족들의 열렬한 지지를 받았고, 이들의 계속된 권력은 자유를 향한 모든 노력을 마비시켰다. 지배계급은 후진적이고 고분고분한 프로이센에서조차 다루기 힘든 조짐들을 분명히 보이기 시작하던 제조업자와 은행가들의 성장을 방해하기 위해 ― 완전히 방해하는 데는 실패했다 ― 할 수 있는 모든 조치를 취했다. 언론이나 공개적인 회합에서 자유로운 의사 표현을 한다는 것은 생각도 할 수 없는 일이었다. 정부의

---

* [돈 카를로스 (재위 1545-68)는 스페인 왕 필리페 2세의 장남이자 실러의 희곡 『돈 카를로스』(1787)에 나오는 낭만적 주인공이다. 프리드리히 빌헬름 4세는 낭만주의 운동에 힘을 쏟았는데, 이는 그가 권위주의적인 아버지와 달리 정치적 자유주의자일 것이라는 잘못된 희망을 불러일으켰다.]

검열은 대단히 효과적이었고 전면적이었다. 의회는 왕의 지지자들로 채워졌다. 중산계급이 자신의 힘을 점점 더 깨달으면서 지주와 관리들에 대한 분노가 쌓였고, 그 분노는 마침내 독일적 자기 표현의 가능한 유일한 배출구인 말의 범람으로, 대립의 철학으로 모습을 드러냈다.

정통 헤겔주의가 보수적 운동이었고 이 세상에 보편적 이성의 새 원리를 부과하려는 프랑스적 시도에 대한 상처 입은 독일 전통주의의 응답이었다면, 그로부터 청년 헤겔주의자들이 분리되어 나온 것은 자연적 발전 원리들에 대한 진보적인 해석을 발견하고, 헤겔 철학을 과거사에 대한 몰두에서 떼어내 미래와 연결짓고 도처에서 출현하고 있던 새로운 사회적, 경제적 요소들에 맞게 바꾸려는 시도였다.

헤겔 우파와 헤겔 좌파, 후대의 호칭으로 하면 노년 헤겔학파와 청년 헤겔학파는 둘 다 '**현실적인 것은 이성적인 것이요, 이성적인 것은 현실적인 것이다**'*라는 헤겔의 유명한 말을 자신들의 근간으로 삼았다. 또한 그들은 이 말을 어떤 현상에 대한 참된 설명은 그 현상에 대한 논리적 — 그들에게 이는 역사적 혹은 형이상학적이라는 뜻이었다. 그들에게 이 셋은 어떤 의미에서 모두 동일한 것이었다 — 필연성을 보여주는 것과 같다, 즉 이

---

* *Hegel's Philosophy of Right* (1821), trans. T. M. Knox (Oxford, 1952), Preface, 10을 보라. *Hegel's Encyclopedia of the Philosophical Sciences* (1830), Introduction, §6도 참고하라.

성적 정당화와 같다는 뜻으로 해석해야 한다는 데 의견을 같이했다. 도덕적으로 나쁘면서 필연적인 것은 있을 수 없다. 왜냐하면 현실적인 것은 모두 필연적으로 현실적인 것인데 어떤 것이 필연적이라는 것은 그것이 정당하다는 것이기 때문이다. '세계사는 세계 법정이다'.* 양측 모두 헤겔 철학에서 많은 것을 받아들였다. 다만 양측은 '이성적'과 '현실적'이라는 결정적 용어 중에 상대적으로 어떤 것을 강조할지를 두고 의견이 달랐다.

보수주의자들은 현실적인 것만이 이성적이라고 주장하면서 합리성의 척도는 현실성 혹은 생존 능력이라고, 다시 말해 특정 시기에 사회적 혹은 개인적 제도들이 도달한 단계는 그 제도들의 우수성을 충분히 보여주는 척도라고 선언했다. 예를 들어, 그들이 보기에 독일 문화(즉 서구 문화)는 헤겔의 말처럼 그에 앞서 존재한 오리엔트 문화와 그리스-로마 문화를 더 높은 수준에서 그리고 아마도 최종적으로 종합한 것이었다. 이 말은 (헤겔의 일부 사도들에게는) 최후의 단계가 필연적으로 최선의 단계이고 인간이 지금까지 달성한 가장 완전한 정치 조직은 지금까지의 서구적 가치들의 최고의 구현인 근대 국가, 즉 프로이센 국가라는 의미였다. 프로이센 국가를 바꾸거나 전복시키려 드는 것은 거기에 구현된 이성적 의지에 반하는 것

---

* Friedrich Schiller, 'Resignation' (1786), penultimate stanza, line 4.

이기 때문에 도덕적으로 나쁘며, 이미 역사가 내린 결정에 반하는 것이기 때문에 무의미하다. 이는 프로이센 국가의 목적들에 맞게 변용된 논증 형식으로 나중에 마르크스주의를 통해 세상 사람들에게 널리 알려지게 되었다.

이와 반대로 급진주의자들은 이성적인 것만이 현실적이라고 주장했다. 그들은 현실은 대개 모순과 시대착오와 맹목적 부조리로 가득 차 있기 때문에 진정한 의미, 즉 형이상학적인 의미에서 현실적인 것으로 볼 수 없다고 역설했다. 그들은 헤겔의 원문에서 가져온 많은 구절을 근거로 헤겔은 공간과 시간 속에서 일어나는 일을 결코 현실적인 것과 같은 것으로 보지 않았다고 지적했다. 현존하는 것은 각 제도가 다른 제도의 목적을 방해한다는 점에서 형이상학의 관점에서 볼 때 모순적이며 따라서 완전히 비현실적인 제도들의 뒤범벅일 수 있다. 현실성의 정도는 검토 대상이 이성의 명령에 따라 필연적으로 기존 제도들의 급진적 변혁을 가져올 이성적 전체의 형성에 얼마나 기여하는가에 달려 있다. 이성의 명령을 가장 잘 알 수 있는 존재는 사실적인 것의 독재에서 벗어난 사람들, 그리하여 과거와 현재의 특성과 경향에 대한 올바른 해석을 바탕으로 사실적인 것의 독재가 역사적 역할을 다했고 이제는 들어맞지 않는다는 것을 폭로한 사람들이다. 개인이 자기 시대의 사회제도들을 겨냥해 수행하는 이러한 비판적 활동이야말로 인간의 가장 고귀한 기능이다. 비판가가 더 이성적이 되고 그의 비판이 더 예리할수록, 현실적인 것을 향한 전진은 더 빨라질 것이다. 헤겔이 분명히 말했듯이 현실은 자기의식에 도달하고자 하는 보편적 노력의 과정이고 인간들 사이에서 비판적 자기의식이 성장할수록 점점 더 완전해지기 때문이다.

그러한 전진이 반드시 점진적이고 고통이 없어야 한다고 생각할 이유는 어디에도 없었다. 급진주의자들은 자신들의 주장에 반대하는 자들에게 다시 한 번 헤겔의 주장들을 인용해 진보란 대립물 간의 긴장의 결과라는 점을 상기시켰다. 그러한 긴장은 점점 고조되어 위기에 이르렀다가 갑자기 혁명으로 터져 나오게 되는데, 바로 그때 다음 단계로의 도약이 일어난다. 바로 이것이 지적으로 가장 낮은 물질적 자연과정과 인간과 사회의 문제들에서 똑같이 찾아볼 수 있는 발전 법칙들이었다.

그러므로 어깨 위에 문명의 짐을 짊어지고 있는 철학자의 명백한 임무는 철학자만의 특별한 기술인 지적 전투를 통해 혁명을 촉진시키는 것이다. 프랑스 철학자들이 이념의 힘만으로 구체제를 무너뜨렸듯이, 자신의 비판적 무기를 이용해 사람들을 나태와 무기력에서 일으켜 세우고 발전에 걸림돌이 되는 쓸모없는 제도들을 쓸어 내버리는 것이 철학자의 임무이다. 그때 물리적 폭력이나 대중의 폭력에 의존해서는 안 된다. 대중에 호소하는 것은 절대정신이 인간들 사이에서 도달한 가장 낮은 수준의 자기의식을 보여주는 것인 동시에 비이성적 결과만을 초래할 뿐인 비이성적인 수단을 사용하는 것이다. 이념의 혁명은 저절로 실천의 혁명을 가져올 것이다. 엥겔스의 표현을 빌리면, '추상적 이론이 세워지면, 실천은 저절로 뒤따를 것이다.'* 그러나 정치적 소책자는 공개적 발행이 금지되어 있었고, 따라서 정통에 반대하는 철학자들은 우회적인 공격 방법들을 사용할 수밖에 없었다. 정통과의 첫 번째 전투는 그리스도교 신학 분야에서 벌어졌다. 그때까지 그리스도교 신학 교수들은 기존 질서를 유지하기 위해 수단 방법을 가리지 않던 철학을 장려까지는 아니지만, 어느 정도 묵인해 오고 있었다. 그런데 1835년에 다비드 프리드리히 슈트라우스가 예수의 생애에 관한 비판서를 발표했다. 이 책은 비판적 방법을 사용해 복음서의 어떤 부분은 순전히 지어낸 이야기이고 어떤 부분은 사실이 아니라 초기 그리스도교 공동체들에서 받아들여진 반쯤은 신화나 다름없는 믿음이라는 것, 즉 인류의 자기의식의 한 단계일 뿐이라는 것을 보여주었다. 이 책은 역사적으로 중요하지만 신뢰할 수 없는 텍스트에 대한 비판적 검토의 사례로 간주되었다.

슈트라우스의 저서는 발표되자마자 정통 헤겔주의자뿐만 아니라 청년 헤겔주의자 사이에서도 상당한 논란을 불러일으켰다. 청년 헤겔학파의 가장 유명한 대표자로 베를린 대학의 신학 강사였던 브루노 바우어는 훨씬 더 극단적인 헤겔적 무신론의 관점에서 슈트라우스의 책을 공격하는 글을 수차례 발

---

* [Friedrich Engels], "The Insolently Threatened Yet Miraculously Rescured Bible, or the Triumph of Faith (……)' (Neumünster, 1842), Canto the Third, CW 2: 338.

표했다. 그는 예수의 역사적 실존 자체를 부정했을 뿐만 아니라 복음서를 순전한 허구, 당시에 널리 퍼져 있는 '이데올로기'의 문학적 표현, 절대이념이 그 발전 과정에서 그 시대에 이르렀던 정점이라고 주장했다.

프로이센 당국은 철학자들 사이에서 벌어지고 있던 논쟁에 별 관심이 없었다. 하지만 이 논쟁에서 양측 모두 종교적 정통에 반대되는 견해를 갖고 있는 듯이 보였고, 따라서 정치적 정통에 반대되는 견해도 갖고 있을 가능성이 농후해 보였다. 그 전까지 무해할 뿐만 아니라 심지어 충성스럽고 애국적인 철학 운동으로까지 여겨지던 헤겔 철학은 갑자기 대중을 선동하는 철학이라는 혐의를 받게 되었다. 전에는 헤겔의 최대 논적이었으나 매우 신앙심이 깊고 상당히 반동적인 낭만주의자로 변해 버린 노령의 셸링이 양측의 견해를 공개적으로 반박하기 위해 베를린으로 초빙되었으나, 그의 강연은 원하는 결과를 가져오지 못했다. 검열이 강화되었고, 청년 헤겔주의자들은 완전히 굴복하든가 아니면 대다수가 원하는 것보다 정치적 좌파 쪽으로 더 나아가든가 둘 중 하나를 선택해야 하는 기로에 놓이게 되었다. 문제를 쟁점화할 수 있는 무대는 대학뿐이었다. 대학에는 비록 축소되기는 했어도 진정한 학문의 자유가 아직 남아 있었다. 베를린 대학은 헤겔 철학의 본거지였고, 얼마 지나지 않아 마르크스는 헤겔 철학의 철학적 정치학에 깊이 빠져들게 되었다.

마르크스는 법학부 학생으로서 사비니의 법학 강의와 간스의 형법 강의에 출석하는 것으로 대학 생활을 시작했다. 역사법학파의 창시자이자 최고의 이론가이면서 확고하고 과격한 반反자유주의자였던 사비니는 19세기 역사상 프로이센의 절대왕정을 가장 탁월하게 옹호한 인물이었다. 그는 헤겔주의자는 아니었지만 불변의 자연권과 공리주의 이론 모두를 거부한다는 점에서 헤겔학파와 입장이 같았으며 법과 제도화된 구조들을 한 민족이 역사적 환경 속에서 갖게 된 이상과 특성에서 생겨나고 정당화되는 연속적이고 규칙적인 전통적 발전으로, 한마디로 말해 역사적으로 해석했다.

마르크스는 두 학기 동안 사비니의 강의에 빠짐없이 출석했다. 그는 해박한 지식과 엄밀한 역사적 논증으로 유명했던 사비니와의 만남을 통해 포괄적인 일반적 테제들의 토대로 사실에 대한 상세한 지식을 요구하는 새로운 역사 연구 방법을 처음 접하게 된 것으로 보인다. 그러나 마르크스에게 더 많은 영향을 준 것은 사비니의 학문적 적수인 형법학 교수 에두아르트 간스였다. 간스는 유대인이었으며 하이네의 친구였고 하이네와 마찬가지로 박애주의적 급진주의자였다. 그는 헤겔의 애제자 중 한 명이었지만 프랑스 계몽주의를 폄하하는 스승 헤겔의 견해에 동의하지 않았다. 달변과 대담함의 모범 사례라고 할 만한 간스의 강의에는 많은 학생들이 몰려들었다. 과거를 조금도 신비화하지 않으면서 법 제도와 입법 형식을 이성에 비추어 자유롭게 비판하는 그의 태도는 마르크스에게 깊은 영향을 주었고 마르크스가 이론적 비판의 고유한 목적과 방법에 대한 자신의 견해를 갖추는 데 도움을 주었으며, 마르크스는 이후 그러한 견해를 완전히 잊은 적이 결코 없었다.

마르크스는 간스의 영향으로 법학이야말로 모든 유형의 역사철학을 적용하고 검증하기에 적합한 분야라고 생각했다. 헤겔 철학은 처음에는 실증주의적 지성을 타고난 마르크스의 마음에 들지 않았다. 그는 아버지에게 보낸 애정 어린 장문의 편지에서 헤겔 철학에 맞설 만한 체계를 만들기 위해 어떤 노력을 하고 있는지를 썼다. 그는 헤겔의 철학 체계와 씨름하느라 많은 밤을 새우는 불규칙한 생활을 하다 병이 났고 요양을 위해 베를린을 떠났지만 일하지도 편히 쉬지도 못한 채, 낭패감과 좌절감만 안고 베를린으로 돌아왔다. 그의 아버지는 그에게 장래를 생각해야 할 시기에 제발 쓸데없는 형이상학적 사변에 시간을 낭비하지 말라고 당부하는 장문의 편지를 써보냈지만, 아무 소용이 없었다. 마르크스는 헤겔의 저서를 철저히 연구하기로 굳게 결심을 하고 밤낮없이 읽고 또 읽은 끝에, 마침내 3주 후 헤겔철학으로의 완전한 전향을 선언한다. 그는 전향 선언에 그치지 않고 자유사상을 신봉하는 대학 지성인들의 모임인 박사클럽Doktorklub에 가입했다. 이 클럽의 회원들은 지하에 있는 맥주 저장 창고에 모여 선동적인 성격의 시를 쓰고 왕과 교회, 부르주아를 격렬히 성토했으며, 특히 헤겔 신학의 쟁점들을 두고 끊임없이 토론을 벌였다. 마르크스는 얼마 안 있어 이 자유분방한 집단의 주축인 바우어 삼형제 브루노와 에드가와 에그베르트, 티벳의 라마교에 대한 초창기 연구자 중한 명인 쾨펜, 프랑스의 공포 정치에 관한 책의 저자이자 독자적인 극단적 개인주의를 주장한 막스 슈티르너 및 그 밖의 자칭 자유사상가들과 친해졌다.

마침내 마르크스는 법학 공부를 포기하고 완전히 철학 공부에 매진했다. 그가 보기에 자기 시대에 충분한 의미가 있는 학문은 철학뿐이었다. 그는 대학의 철학 강사가 되어 브루노 바우어와 함께 격렬한 무신론 운동을 펼칠 계획을 세웠다. 그는 이 운동이 위험한 학설들을 미온적으로 께적거릴 뿐인 온건 급진주의자들의 행태를 끝장낼 것이라고 생각했다. 계획은 실행에 옮겨졌다. 그리하여 익명의 독실한 루터파 신자가 헤겔의 원문에서 가져온 많은 구절들을 인용해 헤겔이 무신론을 펼치고 있고 공공질서와 도덕을 전복시키고 있다고 통렬히 비난하는 글이 발표되었다. 여기서 헤겔을 비난한 것은 말뿐이고 사실은 검열을 피하기 위한 일종의 속임수였다. 이 글*은 바우어가 거의 혼자 쓴 것으로 추정되는데, 어쨌건 이 글이 발표되자 상당한 소동이 일어났다. 정말로 루터파 교인이 썼다고 믿은 평론가들도 있었지만, 얼마 안 가 진짜 필자가 밝혀졌다. 결국 이 사건은 바우어가 대학에서 쫓겨나는 것으로 마무리되었다.

---

* *Die Posaune des jüngsten Gerichts über Hegel den Atheisten und Antichristen: Ein Ultimatum* (Leipzig, 1841); *The Trumpet of the Last Judgement against Hegel the Atheist and Anti-Christ: An Ultimatum*, ed. and trans. Lawrence S. Stepelevich (Lewiston, NY, 1989).

한편 마르크스는 사교 살롱과 문학 살롱들을 드나들다가 베토벤과 괴테의 친구이자 유명인사인 베티나 폰 아르님— 아르님은 마르크스의 대담함과 재치에 매력을 느꼈다 —을 만났고, 전통적인 형식의 철학적 대화편을 하나 썼고, 바이런 풍의 단편 비극 하나와 그동안 소리 소문 없이 약혼한 예니 폰 베스트팔렌에게 바치는 그저 그런 연애시들을 다수 썼다. 아들의 무절제한 지적 행보에 깜짝 놀란 마르크스의 아버지는 걱정과 애정 어린 충고로 가득 찬 편지를 잇달아 보내 장래를 생각해 변호사나 공무원이 될 준비를 하라고 간곡히 당부했다. 아들은 아버지를 안심시키는 답장들을 써 보냈지만, 실제로는 전과 다를 바 없는 생활을 이어갔다.

스물네 살 때의 마르크스는 해박한 지식과 재치 있는 반어법을 구사하는 신랄한 논객으로서의 능력 때문에 진보적 인사들 사이에서 존경을 받고는 있었으나 일정한 직업이 없는 아마추어 철학자였다. 그는 곧 자기 친구들과 동지들 사이에 널리 퍼져 있는 문학적, 철학적 문체에 점차 염증을 느끼기 시작했다. 그것은 읽는 이로 하여금 충분히 이해할 수 있게 하려는 의도라고는 조금도 찾아볼 수 없고 말장난이나 일삼는 두운체의 산문에 모호한 역설과 억지스러운 경구가 잔뜩 들어가 있는 현학과 오만의 뒤범벅이었다. 마르크스 자신도 특히 초기의 논쟁적 글들에서는 어느 정도 이런 문체의 영향을 받았다. 그렇기는 해도 그의 산문은 당시 독일 사회에 쏟아졌던 수많은 새로운 헤겔적 은어들에 비하면 간결하고 명료한 편이다. 몇 년 뒤, 그는 독일 철학의 이 당시 상황에 대해 다음과 같이 썼다.

> 우리의 이데올로그들의 보고에 따르면, 독일은 지난 10년 동안 유례없는 변화를 겪었다. (……) 전반적인 혼돈 속에서 한 제국이 다른 제국으로 대체되었고, 하나의 강력한 영웅이 훨씬 더 대담하고 강력한 다른 영웅에게 쓰러졌다. 이에 비하면, 프랑스 혁명은 어린애 장난에 지나지 않는다(……). 1842년부터 1845년까지 3년 동안, 독일은 이전 세기에 일어났던 어떤 격변보다도 더 격렬한 대변동을 겪었다.
>
> 하지만 이 모든 일은 단지 순수 사유의 영역에서만 일어난 것이다.
>
> 그 이유는 지금 우리가 다루고 있는 현상이 절대정신의 해체라는 흥미로운 현상이기 때문이다. 생명의 마지막 불꽃이 육체로부터 사라졌을 때, 생명을 이루고 있던 여러 요소들은 해체되어 새로운 결합 속으로 들어가 새로운 물질들을 형성했다. 전에는 절대정신을 울궈 먹으며 살던 철학 장사꾼들이 이제는 새로운 화합물들을 향해 탐욕스럽게 덤벼들고 있다. 각자 자신이 절대정신에서 차지하고 있던 몫을 서둘러 처분하기 시작했다. 여기에 경쟁이 없을 수는 없었다. 이 상품을 둘러싼 시장 경쟁은 처음에는 매우 건전하게 이루어졌다. 그러나 독일 시장이 공급 과잉으로 포화 상태가 되고 온갖 노력에도 불구하고 세계 시장마저 더 이상의 상품을 소화할 수 없게 되자,

철학 장사는 독일에서 으레 그렇듯이 대량생산, 품질 저하, 불량 원료 사용, 상표 위조, 허위 거래, 회계상의 속임수, 실질적 토대가 없는 신용 제도 등으로 인해 엉망이 되었다. 경쟁은 적대적인 싸움으로 변질되었다. 그런데 이제 와서 이 싸움이 획기적인 성과와 업적들을 산출한 세계적 의미의 혁명으로 격찬을 받고 있다.*

이것이 쓰인 것은 1845~6년이었다. 마르크스가 재정적으로 의지하고 있던 아버지가 1838년에 부인과 나이 어린 자식들이 겨우 살아갈 만한 재산만 남겨 놓고 갑자기 세상을 떠나는 일이 일어나지 않았다면, 1841년의 마르크스도 이 공상적인 세계에 살면서 말과 개념의 인플레이션과 대량생산에 참여했을 것이다. 1842년 프로이센의 교육부 장관은 헤겔 좌파를 공식적으로 탄압하기로 결정하고 바우어의 직위를 박탈했다. 마르크스는 안 그래도 바우어 사건 때문에 대학에서 자리를 잡을 가능성이 매우 희박했는데, 이번 일로 일말의 가능성마저 사라지고 말았다. 그는 어쩔 수 없이 다른 직업을 구해야 했다. 새로운 직업을 구하기까지는 그리 오래 걸리지 않았다. 그의 가장 열렬한 찬미자 중에 모리츠 헤스Moritz Hess**라는 인물이 있었다. 쾰른 출신의 유대인 정치평론가인 헤스는 진정

---

* *The German Ideology* (1845-6), 서두 단락, CW 5: 27-8.
** 헤스는 훗날 다시 원래 이름인 'Moses'를 사용하게 된다.

한 열혈 급진주의자로 당시에 이미 헤겔 좌파보다 훨씬 더 진보적인 입장을 취하고 있었다. 그는 파리를 방문했다가 프랑스의 대표적인 사회주의·공산주의 작가들을 만난 적이 있었는데 이즈음에는 그들의 열렬한 동조자가 되어 있었다. 전통적 유대교를 관념론적 박애주의 및 헤겔 사상과 기묘하게 혼합한 사상을 가지고 있던 헤스는 정치적 요인에 대한 경제적 요인의 우위를 주장하면서 먼저 임금노동자를 해방시키지 않고는 인류의 해방은 불가능하다고 역설했다. 그는 경제적 불평등과 착취를 묵인하는 사회에서는 정의가 존재할 수 없으므로 임금노동자의 노예 상태가 지속되는 한 새로운 도덕적 세계를 확립하려는 지식인들의 모든 노력은 헛수고라고 주장했다. 그에 따르면, 모든 악의 원천은 사유재산제이다. 인간은 사유재산과 국유재산을 모두 철폐함으로써만 자유로워질 수 있는데, 그러자면 무엇보다도 국경을 없애고 이성적이고 집단주의적인 경제적 토대 위에 새로운 국제 사회를 재건해야만 한다.

마르크스를 만난 헤스는 엄청난 감동과 흥분을 느꼈다. 그는 동료 급진주의자에게 보낸 편지에 다음과 같이 썼다.

> 그는 현존하는 가장 위대한 철학자이다. 아마 진정으로 철학자라고 할 수 있는 유일한 인물일 것이다. 그는 곧 (……) 전 독일의 주목을 받게 될 것이다. (……) 마르크스 박사— 이것이 내 우상의 이름이다 —는 아직 매우 젊지만(기껏해야 대략 24세) 장차 중세적 종교와 정치에 최후의 일격을 가하게 될

것이다. 그의 철학적 진지함은 이루 말할 수 없이 깊으며, 그의 기지는 더없이 신랄하다. 루소, 볼테르, 돌바크, 레싱, 하이네, 헤겔이 모두 융합되어 있는 — 그냥 합쳐진 것이 아니라 융합되어 있다고 표현한 것을 명심할 것 — 사람을 상상해 보라. 그가 바로 마르크스 박사다.*

마르크스는 자신에 대한 헤스의 열광이 애정의 표시이기는 하지만 터무니없다고 생각해 헤스와 이야기할 때 아랫사람 대하듯 했지만, 헤스는 처음에는 마르크스에 대한 호감이 너무 강해 이를 불쾌해하지도 않았다. 독창적인 사상가라기보다는 사상을 널리 퍼뜨리는 열정적 선전가였던 헤스는 동시대인 가운데 몇 명을 공산주의자로 전향시켰는데, 그중에는 아직 마르크스와 만난 적이 없는 젊은 급진주의자 프리드리히 엥겔스도 있었다. 마르크스와 엥겔스는 각자 헤스와의 교분에서 배운 것이 있다는 사실을 기꺼이 인정했을 것이다. 하지만 사실 둘은 자신들이 인정하는 것보다 훨씬 더 많은 것을 배웠다. 훗날 두 사람은 여전히 헌신적인 마르크스주의자였던 헤스(그사이 시오니즘에 대한 열렬한 믿음도 갖게 되었고, 어느 모로 보더라도 행동가가 아니었던)를 무해하지만 말이 너무 많은 바보로 취급

---

* Letter of 2 September 1841 to Berthold Auerbach, *Archiv für die Geschichte des Sozialismun und der Arberterbewegung* 10 (1921-2), 412.

하는 경향을 보인다. 하지만 이 당시만 해도 마르크스는 헤스를 쓸모 있는 동지로 생각했다. 왜냐하면 끈질긴 선동가였던 헤스는 라인 지방의 자유주의적 제조업자들을 설득해 급진 성향의 신문의 발행 자금을 제공하게 만들었기 때문이다. 〈라인 신문Rheinische Zeitung〉이라는 제호로 쾰른에서 발행된 이 신문은 부상하는 부르주아 계급의 요구에 대체로 공감하면서 베를린 정부의 반동적인 경제 정책을 반박하는 정치적, 경제적 주제의 기사들을 실었다.

마르크스는 이 신문의 정기 기고자가 되어 달라는 부탁을 흔쾌히 받아들였고 10개월 뒤에는 이 신문의 편집장이 되었다. 이것이 그의 첫 번째 현실 정치 경험이었다. 그는 엄청난 정력을 쏟으며 완전히 자기 생각대로 신문을 끌고 나갔다. 얼마 안 있어 행해진 모험적 시도로 그의 독재적 성향이 드러나자, 부하직원들은 무엇이든 그가 하고 싶은 대로 하고 그가 원하는 만큼 기사를 쓰게 내버려 두었다. 그리하여 온건 자유주의적 성향이던 〈라인 신문〉은 프로이센 정부의 검열제도, 연방의회, 지주계급 등을 거칠게 공격하는 장문의 기사들을 내보내면서 독일에서 가장 반정부적인 성격을 가진 대단히 급진적인 신문이 되었다. 〈라인 신문〉의 발행 부수가 증가하고 독일 전역에서 명성이 점차 높아지자, 정부도 라인란트 지역 부르주아들의 이 놀랄 만한 행동에 주목하지 않을 수 없었다. 사실 〈라인 신문〉의 주주들도 정부 당국만큼이나 놀랐지만 구독자 수가 꾸준히 늘고 있는 데다 신문이 자유무역과 독일의 경제적 통일을 지지하는 등 원칙적으로 자유주의적 경제 정책을 추구했기 때문에 문제 삼지 않았다. 정부 당국도 새로 병합된 서쪽 지방들을 자극하고 싶지 않았기 때문에 간섭을 삼갔다.

이런 묵인에 더욱 대담해진 마르크스는 지금까지 해 오던 공격을 더욱 강화했으며 일반적인 정치적, 경제적 주제들에 대한 논의에 이 지역에서 많은 공분을 사고 있던 두 가지 문제를 추가했다. 하나는 모젤의 포도 농가들의 궁핍한 상황이었고, 다른 하나는 가난한 사람들이 주변의 숲에서 썩은 나무를 몰래 가져가는 행위를 가혹하게 처벌하는 법률이었다. 마르크스는 이 두 문제를 소재로 지주들의 정부를 격렬히 비판했다. 정부는 이 지역의 민심을 조심스럽게 알아본 후 검열제도를 이용하기로 결정하고 점차 검열의 강도를 높여갔다. 마르크스는 그때마다 대개 지적 수준이 높지 않은 검열관들의 눈을 피하기 위해 온갖 교묘한 수단을 동원하여 민주주의적이고 공화주의적인 선전을 펼치는 많은 글들을 실었다. 이로 말미암아 한 번 이상 검열관에게 징계를 받았고 검열관이 더 까다로운 인물로 바뀌었다.

이렇듯 아슬아슬한 숨바꼭질이 계속되는 가운데 1842년이 지나갔다. 만일 마르크스가 자신도 모르는 사이에 선을 넘지 않았다면, 숨바꼭질은 끝없이 이어졌을 지도 모른다.

19세기 내내 러시아 정부는 유럽에서 몽매주의와 야만적 관행과 탄압의 대명사이자 다른 나라의 반동주의자들이 힘을 끌어올 수 있는 마르지 않는 저수지로서 모든 분파의 서구 자유주의자들에게 공포의 대상이었다. 당시 러시아 정부는 러시아-프로이센 동맹에서 우월한 위치를 차지하고 있었는데, 마르크스는 사설들에서 이 점을 맹렬히 공격했다. 당시에도 그리고 그 후에도 마르크스는 반反러시아 투쟁이야말로 유럽의 자유를 위해 할 수 있는 최선의 공격이라고 생각했다. 러시아를 맹렬히 공격하는 글이 실린 〈라인 신문〉을 우연히 본 러시아 황제 니콜라이 1세는 깜짝 놀라 러시아 주재 프로이센 대사에게 분노의 뜻을 표했다. 러시아 수상은 프로이센 왕에게 검열관들의 무능을 엄중히 질책하는 서한을 보냈다. 프로이센 정부는 강력한 이웃 국가를 달래기 위해 즉각 조치를 취했다. 1843년 4월, 〈라인 신문〉은 사전 경고도 없이 폐간되었고, 마르크스는 다시 한 번 어디에도 매이지 않은 자유로운 몸이 되었다. 하지만 〈라인 신문〉에서 보낸 1년은 마르크스를 자유주의적이지 않은 정부들에 정교한 독설을 퍼붓기 좋아하고 — 나중에 그는 이 좋아하는 일을 마음껏 할 수 있는 기회를 갖게 된다 — 악명 높은 견해들을 펼치는 탁월한 정치평론가로 만들기에 충분했다.

그 와중에도 마르크스는 쉬지 않고 연구를 계속해 나갔다. 그는 프랑스어 실력을 향상시키기 위해 푸리에, 프루동, 데자미, 카베, 르루 같은 프랑스 사회주의자들의 저술들을 읽었다. 그는 프랑스와 독일의 최근 역사에 관한 책과 마키아벨리의 『군주론』도 읽었다. 또한 헤겔의 근본 범주들이 지닌 기본적으로 혁명적이고 파괴적인 특성을 입증할 증거를 모으기 위해

한 달 동안 고대와 현대 예술사에 관한 글들에 몰두하기도 했다. 당시 러시아의 젊은 급진주의자들처럼 마르크스도 헤겔의 근본 범주들을 게르첸이 말한 '혁명의 대수학代數學'*이라고 생각했다. 그런데 노령의 철학자는 폭풍우가 휘몰아치는 정치의 바다에 자신의 근본 범주들을 공개적으로 적용하는 것에 너무 겁이 난 나머지(게르첸의 말), 그 범주들을 '미학 이론이라는 잔잔한 내륙의 호수'**에 띄워 버렸다. 이 범주들에 대한 마르크스의 해석에 영향을 준 것은 같은 해인 1843년에 출간된 루트비히 포이어바흐의 『철학 개혁에 관한 예비 테제들 Preliminary Theses on the Reform of Philosophy』이었다.

사상사에는 일급 사상가는 아니지만 자신보다 재능이 뛰어난 사람들이 오랫동안 축적해오던 연료가 불타오를 수 있게끔 불꽃을 제공해주는 흥미로운 저자들이 종종 있는데, 포이어바흐가 그런 사람 중의 하나이다. 포이어바흐가 경험론적 입장들을 옹호한 것은 마르크스가 지난 5년 동안 몰두했던 헤겔 관념론의 난해하고 교묘한 주장들에 강한 반감을 느끼고 있을 때였다. 포이어바흐의 비교적 단순한 표현 방식은 갑자기 현실 세계를 들여다볼 수 있는 창을 열어젖힌 것 같았다. 마르크스

---

* *My Past and Thought* (1852-68), part 4, chapter 25 (1855). *Sobranie sochinenii v tridtsati tomakh* (Moscow, 1954-66), ix 23; *My Past and Thought: The Memoirs of Alexander Herzen*, trans. Constance Garnett (London, 1968), ii 403.

** ibid. 21; 401.

에게는 바우어 형제와 그 사도들의 신헤겔주의적 스콜라 철학이 끔찍한 악몽처럼 보였다. 그는 최근 들어 겨우 벗어나기 시작한 이 끔찍한 악몽의 마지막 기억들을 완전히 떨쳐 버리기로 결심했다.

헤겔은 특정한 문화에서 같은 시대를 살아가는 사람들의 사유와 행위는 그 시대의 모든 현상에서 드러나는 동일한 정신의 활동에 의해 결정된다고 주장했다. 포이어바흐는 이러한 견해를 강력히 거부했다. 그는 '시대정신 혹은 문화의 정신이 시대나 문화를 구성하는 현상 전체의 약칭이 아니면 무엇이겠는가?'라고 말했다. 이런 견해에 따르면, 현상들이 시대나 문화에 의해 결정된다는 말은 곧 현상들이 현상들 전체에 의해 결정된다는 말과 다를 바 없다. 한마디로 공허한 동어반복일 뿐이다.

이어서 그는 이러한 현상들 전체를 패턴이라는 개념으로 대체해도 달라질 것은 없다고 지적했다. 패턴은 사건이 일어나게 할 수 없기 때문이다. 패턴은 사건의 형식, 속성일 뿐 사건은 오직 다른 사건에 의해서만 일어날 수 있다. 그리스인들의 비범한 창조적 정신, 로마인들의 도덕적 인격, 르네상스의 정신, 프랑스 혁명의 정신 같은 것들이 추상 관념이 아니면, 인간의 속성들과 역사적 사건들의 특정한 복합체를 간결하게 기술하기 위한 이름표가 아니면, 인간들이 편의상 발명해낸 일반 명사가 아니면, 도대체 무엇이란 말인가? 그것들은 인간사에 이런저런 변화를 가져올 수 있는 객관적인 현실 세계의 존재들이 결코 아니다. 둘 다 말이 안 되기는 하지만, 그래도 헤겔의 견해보다는 개인들의 결정과 행위를 변화의 원인으로 본 예전의 견해가 그나마 낫다. 왜냐하면 일반 개념이나 일반 명사와 달리 개인들은 최소한 존재하고 행동하기 때문이다.

헤겔은 이러한 견해가 부적절하다고 강력히 주장했다. 그의 지적은 옳다. 왜냐하면 앞서 말한 포이어바흐의 견해는 수많은 개인들의 삶과 행위의 상호작용으로부터 어떻게 전체 결과가 나오는지를 설명할 수 없기 때문이다. 헤겔은 이러한 의지들에 분명한 방향을 제시해 주는 단일한 힘을 찾는 데서, 역사를 모든 사회들의 발전에 대한 체계적 설명으로 만들어줄 수 있는 일반 법칙을 찾는 데서 천재성을 보여주었다. 그러나 그는 이성적 입장을 끝까지 견지하지 못하고 모호한 신비주의로 빠져들고 말았다. 왜냐하면 헤겔이 말하는 이념은 그것이 설명하고자 했던 것을 내용은 그대로 두고 형식만 바꾼 일종의 동어반복이 아닌 한, 그리스도교의 인격신을 다른 이름으로 바꾼 것에 지나지 않았고 그 결과 이성적 논의의 범위를 벗어난 것이 되어 버렸기 때문이다.

이어서 포이어바흐는 역사의 원동력이 정신적인 것이 아니라 물질적 조건의 총합이라고 선언했다. 물질적 조건들은 어느 시대든 그 조건에서 살아가는 사람들의 생각과 행위를 결정한다. 물질적 고통은 사람들이 지상에서의 불행한 삶에 대한 보상으로 무의식적으로 만들어낸 영원한 행복을 누릴 비물질적인 이상 세계, 다시 말해 자신들이 무의식적으로 만들어낸 허상에서 위안을 구하게 만든다. 그들은 정의, 조화, 질서, 선, 통일, 영원 등 지상에서 갖고 있지 못한 모든 것을 초월적 세계의 초월적 속성들로 만들어 버리고는 이 초월적인 세계만을 진정한 세계라고 주장하면서 숭배 대상으로 삼는다. 이러한 환상을 폭로하려면, 심리학적으로 그러한 환상을 만들어낸 물질적 불균형의 측면에서 그 환상을 분석해야 한다. 돌바크와 『인간기계론』의 저자 라메트리처럼, 포이어바흐도 초월주의에 대한 강한 거부감 때문에 순전히 물리적 용어들로만 이루어진 가장 조악하고 단순한 설명을 추구하게 되었다. 그는 자신의 학설을 헤겔에 빗대 '인간은 그가 먹는 것이다'*라고 익살스럽게 표현했다. 인간의 역사는 물질적 환경이 사회에서 살아가는 인간들에게 미친 결정적 영향의 역사다. 그러므로 인간은 오직 물리법칙들에 대한 지식을 통해서만 자기 삶을 물질적 힘들에 의식적으로 적응시켜 그 힘들의 지배자가 될 수 있다.

특히 모든 이데올로기는 종교적인 것이든 세속적인 것이든 대개 현실의 불행에 대한 관념적 보상을 제공하려는 시도이기 때문에 불행의 존재를 폭로하기도 하고 은폐하기도 한다는 포이어바흐의 이론은 마르크스와 엥겔스에게 그리고 훗날 시베리아의 유배지에서 포이어바흐를 읽은 레닌에게 깊은 인상

---

* Ludwig Feuerbach, *Das Geheimnis des Opfers, oder der Mensch ist was er ißt* (1862), in *Gesammelte Werke*, ed. Werner Schuffenhauer (Berlin, 1967-), ? [*Kleinere Schriften IV (1851-1866)*] 26-52.

을 남겼다. 포이어바흐의 『헤겔 철학 비판 Towards a Critique of Hegel's Philosophy』(1839)과 그의 대표작이자 마르크스도 읽은 『그리스도교의 본질 The Essence of Christianity』(1841)*은 둘 다 충격적인 내용 때문에 열띤 논쟁의 대상이 된 저술로 정교함이 떨어지고 역사 감각이 부족한 대목들도 있지만 기본적으로 매우 체계적이고 설득력이 있다. 고삐 풀린 헤겔주의의 불합리한 주장들이 난무했던 1830년대를 보낸 마르크스에게는, 포이어바흐의 저술들이 보여준 단순함과 정직, 용기가 상쾌한 공기처럼 느껴졌을 것이다.

급진주의자이면서 관념론자였던 마르크스는 『그리스도교의 본질』을 읽고 자신이 빠져 있던 독단주의에서 깨어났다. 헤겔이 말하는 이념이란 무의미한 단어에 지나지 않았다. 이제 마르크스에게는 헤겔이 말들에 대한 말들로 이루어진 허울 좋은 건축물을 지은 것으로 보였고, 헤겔의 귀중한 방법은 받아들이되 저 허울뿐인 건물을 시간과 공간 속에서 서로 관찰 가능한 경험적 관계를 맺고 있는 현실 대상들을 가리키는 말들로 대체하는 것이 자기 세대의 의무라고 생각했다. 그는 여전히 이성에 호소하는 것이 유효하다는 믿음을 갖고 있었고 그렇기 때문에 폭력 혁명에 반대했다. 그는 반체제적 관념론자이기는 했으나, 어쨌건 여전히 관념론자였다. 1년 전 그는 데모크리토

---

* Translated into English from the second German edition (1843) by Marian Evans (George Eliot), 1854.

스와 에피쿠로스의 견해 차이에 관한 논문으로 예나 대학에서 박사학위를 받았는데, 청년 헤겔주의자로서의 면모가 잘 드러난 이 논문에서 그는 에피쿠로스의 견해들을 자신이 훗날 전형적인 관념론적 말투라고 비난한 것과 크게 다르지 않은 모호한 말투로 옹호했다.

1843년 4월, 마르크스는 예니 폰 베스트팔렌과 결혼했다. 신부 쪽 집안사람들은 거의 대부분 이 결혼을 반대했지만, 그들의 반대는 진지하고 매우 낭만적인 젊은 여성의 마음을 더더욱 마르크스 쪽으로 향하게 만들었다. 남편으로 인해 그녀 앞에 새로운 세계가 펼쳐지면서 그녀의 삶은 바뀌었다. 그녀는 남편의 삶과 학문 연구를 위해 자신의 모든 것을 바쳤다. 그녀는 남편을 사랑하고 존경하고 신뢰했으며, 감정적으로나 지적으로나 완전히 남편을 따랐다. 마르크스는 위기나 불행이 닥쳤을 때는 언제나 주저 없이 그녀에게 기댔으며, 평생 동안 아내의 아름다움과 혈통과 지성을 자랑스러워했다. 파리에서 이들 부부와 잘 알고 지냈던 시인 하이네는 유려한 표현으로 그녀의 매력과 재치를 찬미했다. 몇 년 후 마르크스 가족이 극빈 상태에 놓였을 때, 예니는 존경스러울 정도의 용기와 노력으로 가족을 뒷바라지했고 덕분에 마르크스는 연구를 계속할 수 있었다.

마르크스 부부는 프랑스로 이주하기로 결정했다. 마르크스는 당대를 떠들썩하게 만들고 있는 문제들에 관해 자신이 독창적으로 기여할 것이 있는데 독일에서는 위험한 주제에 관해 공개적으로 언급하는 것이 불가능하다는 사실을 잘 알고 있었다. 그를 막을 수 있는 것은 아무것도 없었다. 아버지는 돌아가셨고, 그는 어머니나 형제, 자매들에게 전혀 관심이 없었다. 더욱이 독일에서는 고정적인 수입원이 없었다. 또한 그가 보기에 베를린에 있는 오랜 동료들은 사유의 빈곤과 혼란을 격렬한 말과 기존 관습이나 도덕에서 벗어난 사생활로 은폐하고 싶어 하는 지적 사기꾼들이었다. 마르크스가 평생 동안 특히 싫어한 것이 두 가지 있는데, 하나는 문란한 생활이고 다른 하나는 연극조의 과시였다. 그가 보기에 자유분방한 생활 그리고 관습에 대한 의도적 경멸은 거짓 가치들에 대한 과장된 반대를 통해 오히려 그것들을 강조하고 추구함으로써 그것들과 똑같은 저속함을 보여주는 전도된 속물근성일 뿐이었다. 그는 여전히 쾨펜을 존중했지만 그와의 사적인 접촉은 완전히 끊긴 상태였다. 대신에 자신이 글을 기고한 적이 있는 급진적 잡지의 발행인이자 작센 주 출신의 재능 있는 언론인 아르놀트 루게와 어느 정도 친분을 맺고 있었다.

루게는 오만한 다혈질의 소유자이자 불만에 찬 헤겔주의자이면서 급진주의자였다. 하지만 그는 이후에 1848년을 기점으로 점차 반동적 민족주의자로 바뀌게 된다. 저술가로서의 루게는 독일 내의 많은 급진주의자들에 비해 시야도 넓고, 좋고 싫음이 더 확고했으며 마르크스나 바쿠닌 같은 뛰어난 인물들의 재능을 알아보는 눈이 있었다. 그는 독일 땅에서는 검열관과 작센 주 경찰의 눈을 피해 잡지를 계속 발행하는 것이 불가능하다는 것을 알고 파리에서 잡지를 발행하기로 결심했다. 그는 마르크스에게 새 잡지의 발행을 도와달라고 부탁했다. 이 잡지는 나중에 『독불 연보*Deutsch-Französische Jahrbücher*』라는 제호로 발행되었다. 마르크스는 즉시 제안을 받아들였다.

> 정말이지 이곳의 분위기는 금방이라도 질식할 듯해 너무나 견디기 힘듭니다. 자유를 위한 일이라고는 해도 칼 대신 못을 들고 굽신거리는 일은 쉽지 않네요. 이런 위선과 어리석음, 관료들의 야비함에 질렸습니다. 오른발을 뒤로 빼면서 절을 하고 뒤탈이 없을 안전한 문구들을 만들어내는 데 질렸습니다. (……) 독일에서는 내가 할 수 있는 일이 아무것도 없습니다. 독일에서 가능한 것이라고는 자기 기만뿐입니다.*

1843년 11월 마르크스는 프로이센 땅을 떠났고 이틀 뒤 파리에 도착했다. 파리에서는 그의 명성이 이미 상당히 알려져 있었다. 이곳에서 마르크스는 대체로 민주적 개혁을 너무나 격렬히 옹호한 탓에 독일 땅을 떠날 수밖에 없었던 신랄한 필치의 자유주의적 저널리스트로 여겨졌다. 그로부터 2년 후 마르크스는 많은 나라의 경찰에게 비타협적인 혁명적 공산주의자, 개량주의적 자유주의의 반대자, 국제적 지부들을 갖춘 악명 높

---

* Marx to Ruge, 25 January 1843, CW 1: 397-8.

은 체제 전복 운동의 지도자로 알려지게 된다. 1843~5년은 그의 생애에서 가장 결정적인 시기이다. 파리에서 그는 최후의 지적 변화를 겪었다. 이 지적 변화가 끝나갈 무렵, 그는 개인적, 정치적으로 확고한 입장에 도달했다. 그의 남은 생은 그 입장을 발전시키고 현실에서 실현하는 데 바쳐졌다.

5
파리

자신들의 이성 외에는 어떤 주인도 인정하지 않는 자유로운 인간들의 세상에만 태양이 비치고 폭군들과 노예, 사제와 어리석거나 위선적인 그들의 앞잡이들은 이야기나 무대 위에서만 존재하게 될 날이 올 것이다.

ㅡ 콩도르세*

1

19세기 중반 파리의 사회적, 정치적, 예술적 열기는 유럽 역사에서 유례를 찾아볼 수 없는 특이한 현상이었다. 수많은 시인, 화가, 음악가, 작가, 개혁가, 이론가들이 프랑스의 수도로 모여들었다. 비교적 관용적인 루이 필리프의 통치하에서, 파리는 많은 나라의 망명자들과 혁명가들에게 피난처가 되었다. 이미 오래전부터 파리는 다양한 지식인들을 환대하는 것으로 유명했다. 유럽의 다른 국가들에서 1830년대와 40년대는 극심

---

* *Esquisse d'un tableau historique des progrès de l'esprit humain* (1795), ed. O. H. Prior and Yvon Belaval (Paris, 1970), 210.

한 정치적 반동의 시대였지만, 파리에서는 베를린에서처럼 자국 문화에의 순응을 강요당하거나 런던에서처럼 냉대와 고립 속에 소집단을 이루어 살지 않아도 되었다. 오히려 열렬한 환대까지도 받을 수 있고 왕정복고 시대에도 살아남은 예술적, 사회적 살롱들에 자유롭게 드나들 수 있었다. 이러한 사실을 알게 된 예술가와 사상가들은 마치 자신들을 둘러싼 어둠에서 벗어나 불빛을 향해 모여들 듯 점차 파리로 모여들었다.

파리의 지적 분위기는 흥분과 이상주의로 가득 차 있었다. 그들은 이런 분위기 속에서 대화하고 글을 썼다. 구체제, 군주와 폭군, 교회와 군대 그리고 무엇보다도 노예와 다를 바 없는 무지한 속물적 대중과 생명과 인간의 자유로운 표현의 적인 압제자들에 대한 격렬한 반대의 분위기는 매우 이질적인 이 사회 집단 내에 강력한 정서적 연대의식을 만들어냈다. 다양한 감정들이 자라났고, 개인의 생각과 믿음들이 열정적인 문구로 표현되었으며, 혁명적이고 박애주의적인 구호들이 그것을 위해 삶을 바칠 각오가 되어 있는 사람들에 의해 계속해서 열렬히 외쳐졌다.

과거 어느 때보다도 더 풍부한 사상적, 이론적, 정서적인 국제적 교류가 10년 동안 이루어졌다. 르네상스 이후 어느 때보다도 더 다양하고 놀랍고 똑똑한 재능의 소유자들이 이 기간 동안 같은 장소에 모여 살면서 서로를 끌어당기고 밀치고 변화시켰다. 해마다 새로운 망명객들이 황제와 차르의 영토들을 떠나 파리로 모여들었다. 전반적인 공감과 존중의 분위기 속에서 이탈리아인, 폴란드인, 헝가리인, 러시아인, 독일인 거류지들이 번성했다. 거류지의 구성원들은 국제적 공동체들을 만들고 소책자를 펴내고 집회를 열고 음모에 가담했지만, 무엇보다도 두드러진 것은 집, 거리, 카페, 공식 연회에서 끊임없이 행해진 대화와 토론이었다. 분위기는 고조되었고 낙관적이었다.

혁명적 작가들과 급진적 정치가들의 희망과 힘은 최고조에 달했다. 1848년 혁명이 실패로 돌아갔지만, 그들의 이상은 약해지지 않았고 혁명적 문구들도 그 빛을 잃지 않았다. 이전에는 그 어디에서도 자유라는 대의를 위해 이러한 국제적 연대가 실현된 적이 없었다. 시인, 음악가, 역사가, 사회이론가들은 자기 자신이나 특정한 대중을 위해서가 아니라 인류를 위해서 글을 쓴다고 생각했다. 1830년에 반동 세력들과의 싸움에서 승리한 이후, 그들은 계속 이 승리의 과실을 먹고 살았다. 대부분의 낭만적 자유주의자들은 실패로 끝난 1839년 블랑키주의자들의 음모를 대수롭지 않은 폭동으로 치부했지만, 그것은 결코 단발성의 돌발적인 사건이 아니었다. 왜냐하면 비밀리에 속전속결로 이루어진 이 놀라운 폭동은 갑자기 엄청난 부를 만들어냈다가 다시 사라지게도 만드는 냉혹한 부패를 동반한 금융과 산업의 급속한 발전을 배경으로 일어난 것이기 때문이다. 이 폭동으로 미몽에서 깨어난 현실주의자들의 정부는 불법을 일삼는 투기꾼들과 돈이라면 불 속으로도 뛰어드는 자들이 프랑스의 경제적 운명을 쥐고 흔드는 간계와 뇌물의 미로 속에서 활동하는 거대 금융업자, 철도업계의 부호, 거대 제조업자

같은 새로운 지배계급의 수중에 들어갔다. 당시 프랑스 남부 지방에서 빈번하게 일어난 공장 노동자들의 폭동은 영국에 비해 규모는 훨씬 작지만 더 야만적이고 더 빠른 속도로 프랑스를 변화시키고 있던 산업혁명과 고용주들의 비양심적인 행태가 초래한 불안한 무질서 상태를 보여준다.

 정부가 무능하고 거짓말을 일삼는다는 여론이 팽배하고 사회적 불만이 심각한 수준에 이르러 위기와 변화에 대한 의식이 전반적으로 높아지자, 뛰어난 재능을 갖고 있으면서 양심이나 도덕에 구애받지 않는 사람들의 생각에는 자신이 무엇이든 이룰 수 있을 것처럼 보였다. 이는 상상력의 자양분이 되어 발자크의 소설이나 스탕달의 미완의 소설 『루시앙 레방*Lucien Leuwen*』에서 그 전형을 볼 수 있는 야심만만한 기회주의자들을 만들어냈다. 한편 7월 왕정[1830~1848]이 검열을 완화하고 관용 정책을 실시함에 따라 신랄하고 격렬한 정치적 언론이 출현했다. 때로 훌륭한 열변으로 강력한 메시지를 전달하기도 했던 이러한 언론은 인쇄된 말이 사람들을 움직일 힘이 더 커진 이 시기에 지성과 열정을 불러일으키고 이미 고조된 분위기를 훨씬 더 강화하는 데 이바지했다. 뮈세, 하이네, 토크빌, 들라크루아, 바그너, 베를리오즈, 고티에, 게르첸, 투르게네프, 빅토르 위고, 조르주 상드, 리스트 같은 작가, 화가, 음악가들이 남긴 회고록과 서한들은 이 시대를 감싸고 있던 마법과도 같은 매혹적 분위기를 잘 보여준다. 그 분위기의 주된 특징은 정신적으로 풍요로운 사회의 예리한 의식적 감수성과 고조된 활력, 병적으로 자신을 극화하면서 참신함과 강력함을 자부하는 자기 분석에의 몰입, 오랜 속박에서 벗어나 갑자기 얻게 된 자유와 활동하고 창조할 것이 많다는 새로운 의식 등이었다. 이러한 분위기는 1851년에 이르러 완전히 식어 버리게 된다. 하지만 그 사이에 오늘날까지 전해지는 위대한 전설이 만들어졌고, 그러한 전설은 누구나 인정하듯이 파리를 혁명적 진보의 상징으로 만들었다.

그러나 마르크스는 새로운 경험을 하러 파리에 간 것이 아니었다. 그는 냉정하다고 할 만큼 감정에 휘둘리지 않는 성격의 소유자였기 때문에, 환경의 영향을 거의 받지 않았다. 오히려 그는 자신이 어떤 상황에 있든 그 상황에 자신의 형식을 부여했다. 그는 모든 종류의 열광을 불신했지만, 겉만 번지르르할 뿐 실제로는 공허한 말들에 휘둘리는 열광을 특히 불신했다. 같은 독일인인 시인 하이네나 러시아의 혁명론자 게르첸과 바쿠닌은 편지들에서 유럽 문명에서 경탄할 만한 모든 것을 유럽의 중심인 파리에서 발견했노라고 흥분을 감추지 못했지만, 마르크스는 그런 해방감을 느끼지 못했다. 그가 스위스의 도시나 브뤼셀보다 파리를 택한 데는 실질적이고도 분명한 이유가 있었다. 독일 대중뿐만 아니라 다른 나라의 대중들도 『독불 연보』를 읽을 수 있게 하기 위해서는 파리가 발행 장소로 가장 적당해 보였기 때문이다. 또한 그는 백과전서파에서도, 헤겔, 포이어바흐에서도, 1843년에 빠른 속도로 읽어치웠던 수많은 정치적, 역사적 문헌들에서도 만족할 만한 해법을 찾을 수 없었던 문제에 대한 해답을 파리에서 발견하고자 했다.

프랑스 혁명이 실패한 궁극적 원인은 무엇인가? 이론과 실천에서 어떤 결함이 있었기에 총재정부와 제1제정이 등장할 수 있었고 부르봉 왕가가 복귀할 수 있었는가? 프랑스 혁명이 끝난 지 50년이 흐른 지금에도 자유롭고 정의로운 사회를 건설하기 위한 길을 여전히 찾고 있는 사람들이 피해야 할 오류는 무엇인가? 미리 알았더라면 대혁명을 지켜낼 수 있었을 사회 변화의 법칙은 없는가? 백과전서파 중에서 더 극단적인 입장에 있는 사람들은 인간 본성을 계몽적인 교육을 받기만 하면 하룻밤 사이에 완전히 이성적이고 완전히 선하게 바뀔 수 있는 것으로 매우 조야하게 단순화시켰다. 헤겔은 절대이념이 아직 적절한 단계에 도달하지 않았고 혁명가들이 달성하고자 한 이상들이 너무 추상적이고 비역사적이어서 프랑스 혁명이 실패한 것이라고, 한마디로 때가 아니었다고 답했다. 하지만 그러한 대답은 그 단계가 도래하는 것 말고는 적합성의 기준이 없는 것이었다는 점에서 헤겔 자신이 비판하는 주장들과 똑같은 결함을 갖고 있는 것으로 보였다. 또한 이러한 해법들을 인간의 자기 실현, 구현된 이성, 비판적 비판주의 같은 새로운 표현들로 바꾼다고 뭔가 더 구체화되는 것은 전혀 없고 중요한 뭔가가 새로 추가되지도 않는 것으로 보였다. 더욱이 절대이념의 어떤 단계에도 마르크스와 급진주의자들이 생각하는 '자유롭고 정의로운 사회'의 구현이라고 할 만한 것이 없었다.

이 문제를 다루는 과정에서 마르크스는 특유의 철두철미

함을 보여주었다. 그는 사실들을 연구하고 프랑스 혁명 당시의 역사적 기록들을 읽었을 뿐만 아니라 이와 비슷한 문제들에 관해 프랑스에서 나온 엄청난 양의 논쟁적 문헌들도 탐독한 결과 1년 만에 이 두 가지 일을 모두 끝냈다. 학창 시절 이래 그는 여가 시간을 주로 독서를 하며 보냈지만, 파리에서의 그의 독서 욕구는 모든 한계를 뛰어넘는 수준이었다. 그는 헤겔 철학으로 전향하던 때처럼, 미친 듯이 온갖 자료와 책을 읽었고, 노트를 인용문, 발췌문, 긴 주석들— 그는 나중에 책들을 집필할 때 이것들을 많이 가져다 썼다 —로 가득 채웠다. 1844년 말에 프랑스와 영국의 주요 사상가들의 정치적, 경제적 학설에 이미 정통해 있던 마르크스는 그 학설들을 어느 정도 정통적인 헤겔 철학의 관점에서 검토한 끝에 화해 불가능한 이 두 경향에 대한 태도를 분명히 함으로써 자신의 입장을 확립했다.

그가 이 시기에 읽은 것들은 주로 경제학자들의 책이었다. 그는 케네와 애덤 스미스를 비롯해 시스몽디, 리카르도, 세이, 프루동 및 이들의 지지자들의 책을 읽었다. 이들의 명쾌하고, 냉철하고, 감정에 휘둘리지 않는 태도는 독일인들의 혼란스러운 주정주의나 현란한 수사와 대조적이었다. 그는 이들이 실천적 문제들에서 보인 명민함 그리고 경험적 탐구를 강조하면서 그것을 대담하고 독창적인 일반적 가설들과 결합한 데 매력을 느꼈다. 그 결과 모든 형태의 낭만주의를 거부하고 오로지 비판적인 관찰적 증거에 의해 지지될 수 있는 자연주의적 설명만을 받아들이는 그의 타고난 성향은 더욱 강화되었다. 프랑스의 사회주의적 저술가들과 영국 경제학자들의 영향은 주위의 모든 것을 감싸고 있던 헤겔 철학의 안개를 거둬내기 시작했다.

마르크스는 프랑스의 전반적 상황을 조국인 독일의 상황과 비교해 보았고 프랑스가 정치사상에 대한 이해와 수용에서 비할 수 없이 더 높은 수준에 있다는 데 깊은 인상을 받았다.

> 프랑스에서는 모든 계급이 얼마간 정치적 이상주의의 색조를 띠고 있고 스스로를 일반적인 사회적 욕구의 대변자로 생각하는 데 비해, (……) 실천적 삶은 지성적이지 못하고 지성은 실천적이지 못한 독일에서는 사람들이 물질적 필요나 현실적 속박들에 내몰려야만 저항에 나선다. (……) 그러나 어떤 계급이 사회의 해방자가 될 수 있기 위해서는 혁명적 에너지와 자신감만으로는 충분하지 않다. 과거에 프랑스인들이 귀족과 성직자를 한 묶음으로 취급했듯이, 그 계급은 다른 계급을 억압의 원리와 동일시하지 않으면 안 된다. (……) 독일 사회에는 이런 극적인 긴장이 없다. (……) 그들의 고통이 그들만의 고통이 아니라 사회 전체의 고통이 되는 단 하나의 계급이 있다. 그것은 바로 프롤레타리아이다.[*]

마르크스는 서구에서 독일 민족이 가장 뒤처져 있다고 주장한다. 현재의 독일은 과거의 영국, 프랑스와 매우 비슷하다. 프롤레타리아가 다른 계급들의 공격에 대비하고 있듯이 더 발전된 민족들의 공격에 대비하고 있는 독일인들의 해방은 필연적으로 유럽 사회 전체를 정치적, 경제적 억압으로부터 해방시키게 될 것이다.

마르크스는 앞서 말한 프랑스와 영국의 저자들이 보여준 정치적 현실주의에 깊은 인상을 받았지만, 그에 못지않게 그들에게 역사의식이 결여되어 있다는 사실에 충격을 받았다. 그가 보기에 그들은 역사의식이 결여되어 있었던 탓에 얄팍한 절충주의에 쉽게 빠져들었고 지적 불편함이나 불안감 없이 아무렇지도 않게 자신들의 사상 체계를 수정하거나 내용을 덧붙일 수 있었다. 그러한 허용적 태도는 진지함이나 성실함의 결여를 보여주는 것으로 생각되었다. 그에 반해 자신의 견해는 언제나 분명하고 치열했으며 모호한 결론을 조금도 허용하지 않는 전제들에서 도출되었다. 저들의 지적 유연함은 오로지 역사 과정의 엄격한 법칙들을 충분히 파악하지 못했기 때문에 가능한 것으로 보였다. 특히 정치경제학의 범주들이 모든 시대와 장소에서 유효하다는 고전파 경제학자들의 가정은 그가 보기에 말도 안 되는 것이었다. 그러한 가정은 훗날 엥겔스가 말했듯이 '사자왕 리처드와 필리프 아우구스투스[필리프 2세, 1165~1223]가 십자군 전쟁에 참여하는 대신 자유무역을 도입

---

* 「헤겔 법철학 비판 서문」(1844), CW 3: 186.

했더라면, 우리는 이후 5백 년 동안의 고통과 어리석음을 겪지 않아도 되었을 것이다'*라고 말하는 것이나 다름없었다. 그것은 곧 이전의 모든 경제 체제가 숱한 문제점이 있기는 하나 기본적으로 자본주의와 유사한 것이고 따라서 그것들을 자본주의의 기준들에 따라 분류하고 평가해야 한다는 주장이었다. 저들이 모든 시대는 그 시대 고유의 개념과 범주들을 통해서만 분석될 수 있고 그 시대 고유의 사회경제적 구조에 의해 결정될 수 있다는 사실을 알지 못했던 것은 공상적 사회주의 때문이다. 우리는 어떤 일이 일어나기를 바랄 것인가가 아니라 역사가 어떤 일이 일어나도록 허용할 것인가, 지금의 경향들 중 어떤 것이 발전하고 어떤 것이 사멸할 것인가를 물어야 한다. 그리고 오직 이러한 과학적 탐구 방법이 알려주는 결과에 의거해서만 일을 해나가야 한다.

이런 문제점들에도 불구하고, 그 저술가들의 도덕적 취향에는 마르크스도 공감했다. 그들도 논리와 경험적 관찰을 초월한 느낌에 호소하지 않았고, 타고난 직관을 믿지 않았고, 그런 것들을 반동과 비합리주의의 최후의 보루라고 보았고, 종교가 사회 정치적 문제에 영향을 미치거나 정부가 개인의 자유를 억압하는 데 격렬히 반대했다. 하지만 그들 중 많은 수는 모든 인간의 이익이 자연스럽게 조화를 이룰 것이라는 놀라울 정도

---

* 1893년 7월 14일에 프란츠 메링에게 보낸 편지. CW 50: 165.

로 낡은 견해들을 주장하거나 개인은 국가와 군주들의 간섭에서 벗어나기만 하면 자신과 타인들의 행복을 가져올 수 있다고 믿었다. 그런 견해들은 헤겔식 교육을 받은 마르크스로서는 결코 받아들일 수 없는 것이었다. 하지만 어찌 됐든 이 사람들은 마르크스의 적의 적이었고 진보의 편에 서서 이성의 전진을 위해 싸우는 투사들이었다.

2

마르크스는 역사적 구조에 대한 이론, 즉 인류 역사를 구성하는 요소들 간의 형식적 관계들에 관한 이론은 헤겔에서 이끌어냈지만 요소 자체에 관한 지식은 생시몽과 그 제자들 그리고 새로운 자유주의 역사가들인 기조, 티에리, 미녜에게서 얻었다. 생시몽은 대담하고 독창적인 사상가였다. 그는 경제적 관계의 발전이 역사에서 결정적인 요소라고 주장한 — 당시에 이런 주장을 했다는 것만으로도 그는 불후의 명성을 얻을 자격이 충분하다 — 최초의 인물이었다. 또한 그는 역사 과정을 경제적 계급 간의 끊임없는 갈등, 즉 어떤 특정한 시기에 공동체의 주요 경제적 자원을 소유한 사람들과 생계를 위해 주요 경제적 자원의 소유자들에게 의존해야만 하는 사람들 사이의 갈등으로 본 최초의 인물이었다.

생시몽에 따르면, 지배계급은 공동체의 부를 완전히 합리적으로 이용할 능력 혹은 공동체의 부를 완전히 합리적으로 이용하고 증가시키는 일을 가장 잘할 수 있는 사람들이 활동할 수 있는 체제를 만들 능력이 부족하거나 그런 문제에 관심이 없다. 그리고 자신들과 자신들이 통제하는 제도들을 자신들의 활동이 만들어낸 새로운 사회적 상황에 맞게 변화시킬 만한 융통성도 거의 없다. 그런 까닭에 지배계급은 근시안적이고 이기적인 정책을 추구하고, 사실상 특권계급을 형성해 소수가 부를 독점하고, 그렇게 해서 얻어진 위신과 권력을 이용해 재산을 잃은 대부분의 사람을 사회적, 경제적 노예로 만들어 버린다. 그러한 상황이 달갑지 않은 피지배자들은 자연히 반감이 커지고 되고 결국 절대 권력을 휘두르는 소수를 타도하는 데 삶을 바친다. 여러 조건이 잘 맞아 떨어질 때는 지배계급을 타도하는 데 성공한다. 하지만 그들은 오랫동안 노예 상태에 있었던 탓에 점차 타락하게 되고 과거의 지배자들이 가졌던 이상보다 더 높은 이상을 품을 수 없게 되고, 결국 손에 쥔 권력을 자신들을 억압했던 지배계급 못지않게 비합리적이고 부정의하게 사용한다. 그리하여 이번에는 그들이 새로운 피억압 계급을 만들어내고 새로운 차원에서 또 투쟁이 시작된다.

인류 역사는 그러한 투쟁의 역사이다. 이러한 투쟁이 벌어지는 이유는 근본적으로 지배자와 피지배자 모두 경제적 자원을 합리적으로 분배하는 것이 양측 모두에게 최선의 이익이 된다는 사실—애덤 스미스와 18세기의 프랑스 철학자들이 했을 법한 말이다—을 모르기 때문이다. 지배계급은 경제적 자원을 합리적으로 분배하는 대신에 모든 사회 변화를 저지하고 나태하고 방탕한 삶을 살아간다. 그리하여 제대로 발전하기만 하면 무수히 많은 것을 만들어내고 그 만들어낸 것들을 과학적으로 분배해 인류의 영원한 행복과 번영을 앞당겨 줄 기술 발전을 통한 경제 발전을 방해한다.

앞 시대의 백과전서파보다 뛰어난 역사가였던 생시몽은 인간 사회에 관해 진화론적인 견해를 갖고 있었고, 과거의 시대들을 현재 문명에 비해 얼마나 뒤떨어져 있느냐가 아니라 그 시대의 제도들이 그 시대의 사회적, 경제적 필요에 얼마나 적합했느냐에 따라 평가했다. 그렇기 때문에 이를테면 중세에 대한 그의 설명은 그와 동시대를 산 대다수 자유주의자들의 설명보다 훨씬 더 설득력이 있고 진실에 가깝다. 그는 인간의 진보를 사회 속에서 살아가는 인간들이 자신의 본성과 욕구 및 욕구를 충족시키는 정신적, 물질적 수단 등을 변화시키고 확장해가는 창조적인 활동이라고 보았다. 따라서 18세기 사상가들이 가정한 것과 달리, 인간 본성은 고정된 것이 아니라 계속 발전하는 것이고 발전의 방향은 발전 과정 자체의 실패와 성공에 의해 정해진다고 보았다. 그러므로 생시몽은 어떤 시대의 진정한 필요에 부응하는 사회 질서가 다음 시대의 운동들을 저지하는 속박이 되고 그러한 속박의 본질은 그로 인해 보호를 받는 계급들에 의해 은폐된다고 지적했다. 중세의 위계 체계에서 진보적 요소였던 군대와 교회는 이제는 낡은 유물이 되었고, 과거에 그것들이 했던 역할을 지금 사회에서는 은행가, 기업가, 과학자들이 수행한다. 지금 사회에서 성직자, 군인, 금리생활자는 놀고먹는 사회적 기생충으로 살면서 부를 낭비하고 새로운 계급들의 전진을 방해할 뿐이다. 그러므로 그들을 제거하고 대신에 행정 능력을 기준으로 선발된 근면하고 숙련된 전문가들이 사회 지도층이 되어야 한다. 금융업자와 기술자 그리고 엄격하게 중앙집권화된 대규모 공업과 농업을 운영하는 사람들이 지배해야 한다.

생시몽주의자들에 따르면, 부의 부당한 불평등을 가져오는 상속법은 철폐되어야 한다. 그러나 어떤 이유로든 이것이 사적 소유 일반에 대한 폐지로 확대되어서는 안 된다. 모든 사람은 자기 노동의 성과에 대한 권리가 있다. 프랑스 혁명의 주역들과 그 후의 푸리에, 프루동처럼 생시몽과 그의 제자들도 사유재산권만이 사람들에게 강력한 노동 욕구를 불러일으킬 수 있고 사적, 공적 도덕의 토대를 마련해줄 수 있다고 굳게 믿었다. 은행가, 창업자, 제조업자, 발명가, 수학자, 과학자, 기술자, 사상가, 예술가, 시인 등은 각자의 효율성에 따라 국가로부터 적절한 보상을 받아야 한다. 일단 이런 전문가들에 의해 사회의 경제생활이 합리화되면 진보적인 인간 본성의 미덕이 자연적으로 실현되고 모든 사람의 이익이 자연적으로 조화를 이루게 될 것이고, 마침내 모든 사람에게 보편적 정의, 안전, 만족, 기회의 평등이 보장될 것이다.

생시몽은 부르주아 기업가들과 그들의 새로운 기계 장치들의 진격으로 서유럽에서 봉건주의의 최후의 유물들이 사라져

가던 시대에 살았다. 그는 기술 혁신의 엄청난 가능성과 그것이 자연스럽게 인간 사회에 가져올 유익한 결과에 대한 무한한 믿음을 갖고 있었다. 그는 새롭게 부상하는 중산계급이야말로 자신들의 특권과 재산을 위해 모든 정의와 과학적, 도덕적 진보의 적이 된 토지 소유 귀족과 교회의 맹목적 적의 때문에 전진을 방해받고 있는 정의롭고 이타적이고 유능하고 활력 넘치는 사람들이라고 보았다.

이런 생각은 오늘날에는 단순해 보일지 모르지만 당시에는 그리 단순한 것이 아니었다. 나중에 마르크스가 거듭 이야기했듯이, 한 국가에서 상승하고 있는 계급의 전위前衛는 그러한 상승을 위해 싸울 때는 당연히 투쟁의 목적이 피억압자들 전체를 위한 것이라고 보고 자신들을 새로운 이상을 위해 진보적 운동의 최전선에서 싸우는 투사라고 생각한다. 사실 이는 어느 정도는 맞는 말이다. 생시몽은 대단히 우호적이고 이상주의적인 분위기 속에서 상승하고 있는 부르주아 계급의 가장 강력한 예언자였다. 당연히 그는 공업, 진취성, 창의성, 대규모 계획을 세울 수 있는 능력 등을 가장 중시했다. 그러면서도 그는 예리한 시각으로 계급투쟁 이론을 전개했다. 물론 그는 자신의 계급투쟁 이론이 장차 어떤 식으로 사용될지는 몰랐다. 그는 프랑스 혁명으로 몰락한 토지 소유 귀족이었지만 진보적 세력 편에 섰으며 그런 점에서 자신이 속한 계급의 폐기를 설명하고 정당화하는 길을 선택했던 셈이다.

사상적인 면에서 생시몽의 가장 유명한 경쟁 상대였던 샤를 푸리에는 19세기 초에 파리에서 외판원으로 살아가고 있었다. 당시는 생시몽이 모든 희망을 걸었던 금융업자와 제조업자들이 사회적 화해는커녕 강력한 중앙 집권적 독점 기업들을 만듦으로써 계급 대립을 격화시키고 있던 때였다. 그들은 신용에 대한 통제권을 장악한 뒤 전례 없이 많은 노동자들을 고용해 대량 생산과 대량 분배의 가능성을 만들어냄으로써 소상인이나 장인들보다 경쟁에서 유리한 위치를 차지했다. 그들은 계획적으로 소상인과 장인들을 자유 시장에서 몰아냈고 그들의 자식들을 자신들의 공장과 광산으로 흡수했다.

프랑스에서 산업혁명은 사회적으로 대부르주아와 소부르주아 간의 균열과 항구적인 적대 상태를 가져왔다. 몰락한 계급의 전형이었던 푸리에는 자본가들이 사회를 구할 운명을 지닌 구원자라는 환상을 가열차게 공격했다. 동시대인으로 그보다 연장자인 스위스의 경제학자 시스몽디는, 이러한 사실을 인식하기 위해서는 거의 천재적인 통찰이 필요했던 시대에, 엄청나게 많은 역사적 증거를 바탕으로 과거의 계급투쟁은 모두 재화의 부족 때문에 일어났지만 오늘날 새로운 기계적 생산수단이 출현하면서 전 세계는 장차 재화의 홍수 속에 파묻히게 될 것이고 이를 방치하면 얼마 안 있어 과거의 싸움들은 사소해 보일 만큼 엄청난 계급전쟁이 벌어지게 될 것이라고 주장했다. 갈수록 늘어나는 생산물을 팔아야 할 필요성은 자본가들 간의 계속된 경쟁으로 이어질 것이고, 자본가들은 자신보다 뒤처진 다른 자본가들보다 설령 일시적일지라도 어쨌건 유리한 위치를 확보하기 위해 더 낮은 임금을 제공하고 피고용인들의 노동시간을 늘리지 않을 수 없게 될 것이다. 이는 일련의 심각한 경제 위기로 이어지게 될 것이고, 자본가 집단 간의 상호 파괴적 싸움 때문에 결국은 사회적, 정치적 혼란으로 막을 내리게 될 것이다.

재화가 늘어나고 무엇보다도 프랑스 혁명이 선언한 기본적인 인권들이 무참히 짓밟힘에 따라 인위적 빈곤이 점차 증가하는 상황에서, 그것을 저지할 수 있는 길은 국가가 개입해 자본 축적의 권리와 생산 수단 소유의 권리를 제한하는 것뿐이었다. 시스몽디는 중앙집권적 조직을 통해 합리적이고 인간적으로 운영되는 사회가 가능하다고 생각했지만 그에 관한 일반적인 견해만 제시하는 데 그쳤다는 점에서 선구적인 뉴딜 지지자 내지 복지국가의 예언자라고 할 수 있다. 반면에 푸리에는 모든 중앙집중식 권위를 불신했고 정부 기관들이 너무 크면 관료 독재가 출현하게 된다고 보았다. 푸리에는 전 세계가 각기 자치권을 가진 상태에서 서로 결합해 점점 더 큰 연합체를 이루는 팔랑스테르phalanstère[사회주의적 생활공동체]라는 소집단들로 나뉘어야 하고 모든 기계, 토지, 건물, 천연자원은 공동 소유가 되어야 한다고 주장했다. 그가 그린 미래상은 괴팍함과 천재성이 묘하게 결합되어 있으며 가장 묵시론적인 주장을 펼칠 때도 정교함과 정확성을 잃지 않는다. 팔랑스테르에서는 모든 기계적 생산이 중앙에 있는 거대한 발전소가 제공하는 동력으로 이루어지게 된다. 이윤은 노동, 자본, 능력에 5:

3: 2로 분배되기 때문에 팔랑스테르의 구성원들은 날마다 몇 시간만 일해도 되고 역사상 전례 없는 수준으로 지적, 도덕적, 예술적 능력들을 계발하는 데 자유시간을 쓸 수 있다.

이러한 설명의 사이사이에 갑자기 완전히 환상에 불과한 이야기들이 등장한다. 이를테면 푸리에는 현재의 종들과 겉모습은 비슷하지만 지금처럼 적대적이거나 파괴적인 것이 아니라 인간에게 호의적이고 인간을 사랑하는 더 힘이 세고 더 수도 많은 '반-사자anti-lion', '반-곰', '반-호랑이'* 같은 새로운 종의 야수들이 머지않아 출현할 것이라고 예언한다. 그의 예언은 가장 파괴적일 때 가장 훌륭했다. 그는 중앙집권화와 자유경쟁이 초래할 자기 파괴적 결과를 냉정한 시각으로 정확히 분석하고 금융업자들과 그 하수인인 재판관, 군인, 행정 관료들로 이루어진 끔찍한 체제가 개인의 생명과 자유를 깡그리 무시하는 것에 강렬한 분노와 진정한 두려움을 보여주었다. 이런 점에서 푸리에의 고발은 마르크스와 칼라일의 글, 도미에의 풍자만화, 뷔히너의 희곡 그리고 오랜 특권을 새로운 형태의 특권으로 대체하고 개인을 자유롭게 하기 위해 만들어진 기계로 개인을 노예화하는 데 반대한 좌파와 우파의 반대 등 고삐 풀린 자유방임주의에 대한 모든 비판과 공격들의 원형이다.

샤를 10세를 몰아내고 루이 필리프를 프랑스의 왕위에 올린

---

* *Oeuvres complètes de Charles Fourier*, vol. 4 [Thérie de l'unité universelle (1822-3), vol. 3] (Paris, 1841), 254-5.

1830년 혁명은 다시 한 번 대중의 관심을 사회 문제들로 향하게 만들었다. 그 후 10년간 라마르틴과 크레미외의 온건 자유주의적 제안들에서부터, 마라와 르두뤼 롤랭의 사회주의에 가까운 급진적 요구들, 루이 블랑의 발전된 국가사회주의, 자신들의 기관지 『자유로운 인간L'Homme libre』에서 폭력 혁명과 사적 소유의 폐지를 주장한 바르베와 블랑키의 과감한 계획들에 이르기까지 기존 체제의 폐해를 공격하면서 온갖 종류의 처방을 제시하는 저서와 소책자들이 무수히 쏟아져 나왔다. 푸리에의 제자인 콩시데랑은 현존하는 소유 관계 체제가 곧 붕괴할 것이라고 선언했다. 또한 1839~1842년 동안에는 당대의 가장 유명했던 사회주의 저술가들인 페퀴에, 루이 블랑, 데자미 그리고 그들 가운데 가장 독립적이고 독창적이었던 프루동 등이 자본주의 질서를 공격하는 대표적인 글들을 발표했으며, 뒤를 이어 많은 저술가들이 등장해 이들의 학설을 알기 쉽게 풀어 대중화시켰다. 1834년에는 가톨릭 신부 라므네가 그리스도교 사회주의를 주장한 『신자의 말Words of a Believer』을 출간했고 1840년에는 콩스탕 신부의 『자유의 성서The Bible of Freedom』가 세상에 나왔는데, 이는 가톨릭교회 내에도 새로운 혁명적 이론들이 지닌 엄청난 대중적 호소력을 외면하지 못한 사람들이 있다는 신선한 증거였다.

1830~1840년까지의 기간을 뛰어난 솜씨로 신랄하게 분석한 루이 블랑의 저서 『10년』의 놀라운 성공은 여론의 흐름을 잘 보여주었다. 문학적, 철학적 공산주의가 유행하기 시작했

다. 카베는 공산주의적 유토피아를 그려 높은 인기를 얻은 『이카리아 기행Voyage to Icaria』을 썼다. 피에르 르루는 소설가 조르주 상드에게 신비적 평등주의를 전파했고, 하이네는 자신이 7월 왕정 동안 파리에서 보낸 사교 생활과 문필 생활에 관해 쓴 유명한 글들에서 신비적 평등주의에 대해 호의적인 주장을 펼쳤다.

이러한 움직임들의 이후의 운명은 초라한 편이다. 생시몽주의자들은 몇 년간 종잡을 수 없는 행보를 보인 끝에 운동 세력으로서는 소멸해 버렸다. 그들 중 일부는 엄청난 재산을 가진 철도 사업가나 금리생활자가 되었다. 스승의 예언 중 적어도 한 가지는 실현한 셈이었다. 이들보다 더 이상주의적이었던 푸리에주의자들은 미국에 공산주의 정착촌들을 세웠는데, 그 가운데 오네이다 공동체Oneida Community 같은 일부 공동체들은 수십 년간 존속하면서 미국의 대표적인 사상가와 저술가들의 관심을 끌었으며 1860년대에는 자신들 소유의 〈뉴욕 데일리 트리뷴〉을 통해 상당한 영향력을 행사했다.

마르크스는 이러한 이론들을 잘 알고 있었고, 많은 점에서 그 이론들의 영향을 받았다. 엄청난 규모로 새로운 생산이 가능하고 그것이 사회에 혁신적 영향을 미칠 것이라는 생시몽의 생각은 오직 과감한 산업화만이 생산력을 급속히 발전시키고 모든 영역에서 인간의 능력을 최대한 신장하고 실현할 가능성을 제공한다고 생각한 사람들의 공감을 얻었고, 이는 지금도 마찬가지다. 반면에 푸리에의 주장은 분배는 아랑곳없이 생산만을 향해 폭주하는 것은 자연스러운 인간관계를 깨뜨리고 인간을 상품으로 만들고 정의를 비웃고 인간의 능력을 방해하거나 인간의 가장 자연적인 욕구들과 반대 방향으로 나아가게 한다고, 한마디로 사람들을 희생시키지만 생산 기업들의 미친 듯한 팽창 때문에 불가피해 보이는 무자비한 중앙집권을 통해서만 제어할 수 있는 무시무시한 상호 파괴적 정글전의 장을 만들어낸다고 본 사람들의 공감을 샀다.

마르크스는 생시몽과 푸리에의 주장을 모두 받아들였다. 그는 인류가 진흙탕과 피의 바다를 헤치고 새로운 사회를 향해 나아가고 있다는 것, 즉 억제되지 않는 생산성에 대한 가장 낙관주의적인 예측들이 낭비, 억압, 좌절, 원자화로부터 인간들을 구해줄 사회적 통제와 결합된 사회로 나아가고 있다는 것을 보여주고자 했다. 그는 이를 보여줄 구체적인 증거를 찾기 위해 프랑스 사상가들의 사회이론들을 검토하는 데 매진했다. 그는 책과 신문 등 구할 수 있는 온갖 자료를 통해 최근의 사회사社會史에 관해 상세한 지식을 얻었고, 작가와 언론인들을 만났으며, 저녁마다 독일인 상인들과 숙련공들로 이루어진 소규모의 혁명가 집단들을 만나 시간을 보냈다. 공산주의적 선동가들의 영향하에 있던 이 혁명가 집단들은 함께 모여 여기저기 산재해 있는 조직의 문제를 논의했으며 조국인 독일에서 혁명이 일어날 가능성이 있는지를 두고 토론을 벌였다. 마르크스는 이들과 대화하면서 생시몽과 그 추종자들의 저술들에서는 다소 추상적으로 그려졌던 한 계급의 욕구와 희망을 어느 정도 구체적으로 알게 되었다.

그 전까지 마르크스는 소부르주아와 프롤레타리아가 이성의 진보와 사회 발전에서 정확히 어떤 역할을 할지에 대해 생각해본 적이 거의 없었다. 또한 사회에는 이들 외에 잡역부, 집시, 실직한 군인, 배우, 지식인 같은 낮은 신분의 주변적 인간들로 이루어진 불안정한 계급도 있었다. 주인도 노예도 아니고 독립적이지만 불안정한 처지에서 겨우겨우 생계를 유지하고 있는 이들은 사회사가들의 설명이나 분석 대상은 고사하고 아예 그들의 관심 밖에 있었다. 마르크스는 프랑스 개혁파 중 좌파 사회주의자들의 경제적 저술에 관심을 갖게 되면서 이러한 문제들에 주목하게 되었다. 1844년 초에 그는 루게와 함께 발행하는 잡지에 「유대인 문제에 관하여」와 「헤겔 법철학 비판 서문」을 발표했다.

「유대인 문제에 관하여」는 브루노 바우어가 유대인 문제에 관해 쓴 글에 대한 마르크스의 답변이었다. 바우어는 유대인들은 그리스도교인들에 비해 역사적으로 한 단계 뒤떨어져 있으므로 완전한 시민적 해방을 정당하게 요구할 수 있으려면 먼저 세례부터 받아야 한다고 주장했다. 이에 대해 마르크스는 유대인들이 이제 더는 종교적 혹은 인종적 존재가 아니고 이웃들의 취급 때문에 어쩔 수 없이 고리대금업이나 인기 없는 일에 종사하게 된 순전히 경제적인 존재이자 자본주의 체제의 이상異狀 생성물이라고 주장했다. 그러므로 유대인의 해방은 유럽 사회의 다른 사람들이 전부 해방될 때만 비로소 가능하다. 그들에게 세례를 주는 것은 일련의 속박을 또 다른 일련의 속박으로 대체하는 것일 뿐이다. 그들에게 정치적 자유만 주는 것은 정치적 자유를 인간이면 누구나 소유하기를 바랄 수 있고 소유해야만 하는 전부라고 보는 자유주의자들의 계략에 말려드는 것이다.

이는 탁월한 대목도 있기는 하나 기본적으로 피상적인 분석이다. 그렇다 해도 이 글은 당시의 일반적인 사회 분위기에서 마르크스가 느낀 심경을 잘 보여준다. 그는 가능한 한 자신은 하이네, 라살, 디즈레일리 같은 자기 세대의 저명한 유대인들이 평생 동안 시달렸던 야유와 모욕에 고통받는 일이 절대로 없게 하겠노라고 굳게 다짐했다. 그리하여 그는 자기 개인의 차원에서는 유대인 문제를 단번에 해치우기로 결심했다. 그는 유대인 문제는 다른 더 긴급한 문제들을 은폐하기 위해 고안된 가공의 주제로서 특별히 어려운 문제가 아니라 단지 전반적인 사회적 혼란에서 발생한 문제일 뿐이라고 주장했다. 그는 루터파 교회에서 세례를 받았고 비유대인과 결혼했다. 그는 쾰른의 유대인 공동체에 도움을 준 적이 있기는 했지만, 삶의 대부분의 기간 동안 유대인과 조금이라도 관계된 일에는 거리를 두었고 모든 유대 제도들에 노골적으로 적의를 보였다.*

---

* [이에 관해 더 자세히 알고 싶다면, 벌린의 『*Against the Current*』에 실려 있는 에세이 'Benjamin Disraeli, Karl Marx and the Search for Identity' (1970)을 보라.]

「유대인 문제에 관하여」보다 더 중요한 것은 「헤겔 법철학 비판 서문」이다. 이 글에서 설명하고 있는 헤겔의 이론은 마르크스가 전에 발표했던 어떤 것과도 다르다. 마르크스 스스로 밝히고 있듯이, 이 글에서 그는 헤겔의 관념론을 청산하기 시작했다. 그것은 철저하고 고된 연구 과정의 시작이었다. 마침내 4년 후 연구가 절정에 도달했을 때, 그것은 새로운 운동과 새로운 시각의 토대를 만들어냈고 오늘날까지 유럽의 정치의식을 지배하고 있는 교조적인 신념과 행동 계획으로 성장했다.*

3

마르크스가 원한 것이 역사 연구와 동시대의 관찰에 기초한 완벽한 행동 계획이었다면, 아마 그는 파리에 도착했을 당시 자신이 살롱과 카페에 모여 있던 개혁가들과 예언자들의 견해에 동의하지 않는 유일한 인물이라는 사실을 깨달았을 것이다. 그들은 베를린의 카페 철학자들보다 더 지적이고 정치적인 영향력도 더 컸으며 책임감도 더 강했다. 하지만 그의 눈에 그들은 로버트 오언처럼 머리 좋은 몽상가나 마치니나 르두뤼 롤

---

* [벌린은 1977년에 이 책을 마지막으로 수정했다.]

랭 같은 개량주의적 자유주의자로 보였다. 한마디로, 노동자 계급을 위해 어떤 것도 할 준비가 되어 있지 않은 자들로 보였다. 그게 아니라면, 그들은 최소한 달성 가능한 이상들을 어느 정도 갖고는 있었으나 적의 힘을 근본적으로 잘못 평가해 점진적이고 비혁명적인 전략을 구사한 나머지 혁명 내부의 적—대개 매우 무의식적인 적—이 되었을 뿐만 아니라 오히려 혁명에서 더 가열찬 투쟁 대상이 되어 버린 프루동이나 루이 블랑처럼 늑대의 탈을 쓴 양, 변장한 감상적 소부르주아 관념론자였다. 그럼에도 불구하고 스스로 인정하지는 않았지만, 마르크스는 그들에게서 많은 것을 배웠다. 특히 노동의 조직화에 대한 루이 블랑의 책은 마르크스가 산업 사회의 발전을 바라보고 산업 사회를 정확하게 분석하는 데 영향을 주었다.

마르크스는 나중에 사회주의자(사회당)로 불리게 된 온건론자들과 구별하기 위해 공산주의자라는 호칭을 채택한 당(공산당)이 훨씬 더 마음에 들었다. 여기서 '당'은 현대적 의미의 정당을 말하는 것이 아니라는 것을 밝혀둔다. 어쨌건 사회당과 공산당 둘 다 느슨하게 결합된 집단들과 개인들로 이루어져 있었다. 사회당이 주로 지식인으로 이루어져 있던 반면, 공산당은 거의 공장노동자와 장인으로 구성되어 있었다. 이 공장노동자와 장인들은 대부분 독학으로 지식을 갖게 된 단순한 사람들로 부당한 대우에 분노해 특권과 사적 소유를 폐지하기 위한 혁명적 음모가 필요하다는 데 쉽사리 동의했는데, 이는 바뵈프의 제자인 필립 부오나로티가 주창하고 평생을 음모가로 활동하면서 1839년의 실패한 봉기에 관계했던 자코뱅 공산주의자 오귀스트 블랑키가 계승한 이론이었다.

마르크스는 특히 오귀스트 블랑키의 조직 능력과 대담하고 폭력적인 신념에 깊은 인상을 받았다. 그러나 마르크스는 블랑키가 사상적으로 미흡하고 쿠데타가 성공한 후에 취해야 할 조치들에 대해 지극히 막연한 생각을 갖고 있다고 보았다. 그는 폭력을 옹호하는 사람들 사이에 블랑키처럼 무책임한 태도가 널리 퍼져 있다는 것을 발견했다. 그들 중 가장 유명한 인물로 마르크스도 잘 알고 있던 독일인 떠돌이 재단사 바이틀링과 러시아인 망명객 바쿠닌도 예외가 아니었다. 그가 보기에 자신이 파리에서 만난 공산주의자들 중에 상황을 제대로 이해하고 있는 사람은 단 한 명뿐이었다. 그는 바르멘에 있는 면방직 공장의 소유주를 아버지로 둔 독일의 부유한 청년 급진주의자 프리드리히 엥겔스였다. 마르크스는 그때까지 엥겔스에 대해 베를린에 거주하는 지식인들 중 하나라는 것과 이름 정도만 알고 있었다. 둘은 딱 한 번 만난 적이 있었는데, 마르크스는 그때는 엥겔스에게서 별다른 인상을 받지 못했다.* 두 사람은 1844년 2월 마르크스가 주관하는 잡지에 엥겔스의 「정

---

* [둘은 1842년 11월에 쾰른에서 처음 만났다. 먼 훗날 최초의 마르크스 전기를 쓴 프란츠 메링에게 쓴 편지에서 엥겔스는 이 만남이 '정말로 냉랭했다'면서 그 이유가 베를린에 있는 자신의 정치적 동지들이 마르크스의 마음에 들지 않았기 때문이었을 것이라고 회상했다. 1895년 4월 말, 엥겔스가 메링에게 보낸 편지, CW 50: 503.]

치경제학 비판 개요」가 실리고 나서 1844년 8월 말이나 9월 초쯤에 파리에서 서로를 알게 되었다. 결과적으로 이 만남은 두 사람 모두에게 결정적인 영향을 미쳤다. 그것은 이후 두 사람 사이에 평생 이어진 우정과 공동작업이라는 놀라운 여정의 시작이었다.

엥겔스는 급진적인 시인이자 저널리스트로 시작해 마르크스의 사후에 세계적인 운동으로 성장한 국제 사회주의의 공인된 지도자로서 생을 마감했다. 그는 창의적이지는 않았지만 성실하고 강건한 정신의 소유자였다. 그는 보기 드물게 성실하고 심지가 굳으면서도 다양한 재능을 소유하고 있었는데, 특히 지식을 신속하게 받아들여 자기 것으로 만드는 데 천부적인 재능을 타고난 인물이었다. 그는 예리하고 명석한 지성의 소유자였고 동시대의 급진주의자들 가운데 보기 드문 현실 감각을 갖고 있었다. 그는 독창적인 이론을 만들어내는 능력은 없었지만 다른 사람들이 만들어낸 것들이 현실에 적용 가능한지를 정확히 가려내고 평가하는 데 특출한 재능이 있었다. 빠르고 명료하게 글을 쓰는 데다 대단히 헌신적이고 참을성이 많았던 엥겔스는 종종 거칠고 과장되고 모호하게 글을 쓰는 내성적이고 까다로운 성격의 마르크스에게 이상적 협력자가 될 수 있었다. 엥겔스는 평생 동안 마르크스의 가르침의 빛 속에서 사는 것 이상을 바라지 않았으며 마르크스가 자신의 재능을 충분히 발휘할 수 있는 기회를 자신에게 가져다줄 독창적인 천재적 정신의 소유자임을 알아보았다. 그는 마르크스를 자신처럼, 마르크스의 일을 자신의 일처럼 생각했다. 그 결과 그는 마르크스의 불후의 명성이 이야기될 때면 늘 함께 이야기되는 보상을 받았다.

헤스의 사상에 영향을 받아 공산주의자로서 발걸음을 내디뎠던 엥겔스는 마르크스를 만나기 전에 이미 독자적으로 마르크스와 비슷한 사상에 도달해 있었다. 나중에 그는 새롭지만 명료함이 부족한 마르크스의 사상을 때로는 마르크스 본인보다 더 명료하게 이해했고 지나치게 난삽한 마르크스의 문체 대신에 대중에게 더 다가가기 쉬운 언어로 표현했다. 그 바람에 때때로 마르크스의 사상이 지나치게 단순화되기도 했지만, 가장 중요한 것은 그가 마르크스처럼 독특한 기질의 소유자와 오랫동안 교류하는 데 꼭 필요한 특성을 갖고 있었다는 점이다. 그는 마르크스에게 조금의 경쟁심도 갖고 있지 않았고, 마르크스의 강한 성격에 반감을 표시하지도 않았고, 자신의 입장을 보호, 유지하려 들지도 않았다. 그는 마치 성실한 학생처럼 마르크스가 가진 모든 지적 자양분을 무조건 받아들이고 싶어 했고, 그 보답으로 자신의 건전한 판단, 열정, 활력, 쾌활함을 마르크스에게 제공했으며 마르크스가 극도의 빈곤에 처할 때마다 생계수단을 제공했다.

마르크스는 많은 열정적 지식인들과 마찬가지로 끊임없이 불안감에 시달리고 병적일 정도로 신경이 과민하고 자기나 자기 이론을 조금이라도 반대하는 기색이 보이면 경계와 의심을 보였다. 그런 점에서 그에게는 자신의 생각을 이해해 주는 완전히 믿을 수 있는 사람, 필요할 때면 언제나 마음 놓고 기댈 수 있는 사람이 필요했다. 그런 그에게 엥겔스는 헌신적인 친구이자 지적인 동지였다. 엥겔스의 차분하고 상식적인 태도는 마르크스가 너무 멀리 나아가거나 흔들릴 때 객관적 시각을 갖게 하고 자신과 자신의 목적을 믿게 하는 데 도움을 주었다. 마르크스는 인생의 대부분 동안 어떤 행위를 할 때면 무슨 일이 생기더라도 함께 나서줄 당당하고 신뢰할 만한 친구가 늘 곁에 있다는 믿음을 잃지 않았다. 마르크스는 엥겔스의 자질과 능력을 자랑스러워하고 소중히 여겼는데, 이러한 태도는 아내와 자식들을 제외하고는 누구에게도 보이지 않은 것이었다.

둘은 파리에서 만났을 때 근본적인 쟁점들에 대해 비슷한 견해를 갖고 있다는 것을 분명히 알게 되었다. 영국을 여행하고 영국 노동 계급의 상황을 생생하게 묘사하는 글들을 발표한 바 있는 엥겔스는 시스몽디 학파의 사회적 박애주의를 마르크스보다도 훨씬 더 싫어했다. 일반적인 역사적 테제를 빠른 속도로 정립해 가고 있던 마르크스는 그 테제를 뒷받침할 물적 증거로서 발전하는 산업 사회의 실태에 관한 많은 구체적인 자료를 오랫동안 찾고 있었는데, 엥겔스가 그것을 제공해주었다. 한편 엥겔스는 그동안 자신이 수집한 사실들을 진정으로 혁명적인 철학의 기초가 결코 될 수 없는 추상적 개념들을 공격하는 무기로 만들 확고한 이론틀이 없었는데, 마르크스에게서 그것을 발견했다.

엥겔스가 마르크스와의 만남에서 받은 영향은 쉽게 타인의 영향을 받는 성향의 헤스가 마르크스와의 만남에서 받은 영향과 비슷했을 것이다. 마르크스와의 만남은 엥겔스에게 활력을 가져다주었고, 그때까지 모호했던 그의 정치사상을 구체적인 것으로 만들어주었으며, 명확한 목표 의식과 사회에 대한 체계적인 견해를 갖출 수 있게 해주었다. 엥겔스는 이러한 견해를 바탕으로 혁명적 목표가 달성 가능한 구체적인 것이라는 확신을 갖고 활동할 수 있었다. 이는 청년 헤겔 운동의 복잡한 미로 속에서 목표 없이 방황한 적이 있던 엥겔스에게 분명 새로운 삶의 시작으로 느껴졌을 것이고, 실제로 그러했다. 두 사람은 40년 동안 엄청난 양의 서신을 주고받았는데, 처음부터 서신의 어투는 친밀하면서도 사무적이었다. 서신에는 내적 성찰에 관한 내용은 별로 없었다. 둘 모두 자신들이 창설에 관여하고 있고 자신들의 삶에서 가장 분명한 현실이 된 운동에 전적으로 매달리고 있었다. 이렇듯 굳건하고 믿을 만한 토대 위에서 소유욕이나 생색, 시기나 질투 같은 것이 전혀 없는 독특한 우정이 만들어졌다. 둘 모두 둘의 우정에 관해서 말할 때면 부끄러움과 당혹스러움을 감추지 못했다. 엥겔스는 자기가 마르크스에게 주는 것보다 훨씬 더 많은 것을 받고 있다는 사실을 잘 알고 있었고, 자신의 내적 자산을 버리고 마르크스가 만들고 꾸며놓은 정신적 세계에서 살았다. 마르크스가 죽자 엥겔스는 이 정신적 세계를 수호하는 것이 자신의 숙명이라고 여겼으며, 무모하고 성급한 젊은 세대의 사회주의자들이 이 정신적 세계를 개조하려 할 때마다 그 세계를 보호하고자 노심초사했다.

 마르크스가 파리에서 보낸 2년은 늘 자신과 생각이 비슷하지는 않았지만 독특한 성격과 삶을 갖고 있다는 점에서는 비슷한 사람들과 만나고 친밀한 교류를 한 처음이자 마지막이었다. 1848년 2월 혁명이 실패하면서 강성 급진주의자들은 의지가 꺾이고 죽거나 투옥되거나 국외로 추방되었고, 대다수의 급진주의자들은 무기력과 환멸에 빠졌다. 마르크스는 한 발 뒤로 물러나 공격적 고립의 태도를 취했으며 자신의 이름과 동일시되던 대의, 즉 마르크스주의를 충실히 고수하는 것으로 입증된 사람들과만 접촉을 가졌다. 이때부터 엥겔스는 마르크스의 비서실장 같은 역할을 했다. 마르크스는 엥겔스 이외의 다른 사람들은 경쟁 상대 아니면 아랫사람으로 취급했다.

 이 당시 마르크스의 친구들이었던 루게, 프라일리크라트, 하이네, 안넨코프 등의 회고록들은 마르크스를 헤겔의 난해한 논리들을 모든 것에 적용했고 표현 방식이 투박하기는 해도 그에게 가장 적대적인 사람들도 — 당시에 유명했던 급진주의자 중에 어떤 식으로건 마르크스에게 상처를 입거나 굴욕을 느끼지 않은 사람은 거의 없었다 — 인정했을 만큼 날카롭고 강력한 지성을 보여준 담대하고 정력적인 인물이자 열정적이고 진지하면서 오만한 논쟁가로 그리고 있다.

 마르크스는 시인 하이네를 만나 진심 어린 우정을 나누면서 영향을 받았던 것으로 보인다. 하이네가 민주주의에 반대하는 견해를 갖고 있었음에도 불구하고, 마르크스는 하이네야말로 당시 독일의 급진적 젊은이들이 숭배하던 헤르베크나 프라일리크라트보다 진정으로 더 혁명적인 시인이라고 보았다. 마르크스는 러시아 자유주의자 그룹과도 사이가 좋았는데, 이들 중 일부는 진짜 차르 체제를 무너뜨리려는 사람들이었지만 일부는 눈길을 끄는 인물이나 상황을 품평하기 좋아하는 교양 있는 귀족들이었다. 이들 가운데 마르크스가 호감을 보인 명민하고 유쾌한 문필가 폴 안넨코프는 당시의 마르크스에 대해 다음과 같이 기술했다.

> 마르크스는 정력과 의지력과 확고한 신념이 충만한 유형에 속했다. 그는 검은 숱이 무성한 머리에 털북숭이 손을 하고 앞섶에 원호 모양으로 단추가 달린 프록코트를 입고 있었다. 그에게서는 다른 사람들의 존경을 받는 데 익숙한 사람의 분위기가 풍겼다. 그의 행동은 세련되지는 않았지만 자신감에 차 있었다. 그의 태도는 일반적인 사교계의 관행과 달리 오만하고 무례한 편이었다. 그의 목소리는 쇳소리처럼 날카롭고 거칠었으며, 그는 어떠한 반박도 허용하지 않겠다는 듯한 말투로 인간과 사물에 관해 이야기했다. 그러한 말투는 사람들의 정신을 압박해 인간과 사물의 존재 법칙들을 받아들이게 하는 것이 자신의 사명이라는 굳은 확신을 표현하는 듯했다.*

이 집단에서 안넨코프보다 훨씬 더 주목할 만한 인물은 바쿠닌이었다. 이 당시 파리에서 이루어진 마르크스와의 만남은 바쿠닌에게 상당히 지속적인 영향을 미쳤다. 마르크스가 독일을 떠날 무렵, 바쿠닌은 마르크스와 거의 같은 이유로 러시아를 떠났다. 당시 그는 열렬한 '비판적' 헤겔 좌파로서 러시아의 전제정치를 비롯해 모든 절대주의 정권에 격렬히 반대했다. 그는 관대하고 틀에 얽매이지 않고 매우 충동적인 인물로 풍부하고 자유분방한 상상력을 갖고 있었고 폭력적인 것, 거창한 것, 숭고한 것에 대한 강한 열정을 갖고 있었다. 또한 모든 규율과 제도를 혐오했고 금전 관념이 전혀 없었다. 특히 그는 개인들이 소인국의 걸리버처럼 자기 능력을 최대치까지, 최고 수준으로 펼칠 기회를 갖지 못한 채 질식해 가도록 만들고 있던 당시의 편협한 사회를 파괴하려는 격렬하고 강력한 욕구를 갖고 있었다.

바쿠닌의 친구이자 동지인 알렉산드르 게르첸은 바쿠닌을 찬양하기도 했고 바쿠닌에게 염증을 느끼기도 했다. 그는 회고록에서 바쿠닌에 관해 다음과 같이 적고 있다.

> 바쿠닌은 선동가, 인민의 옹호자, 설교자, 당이나 종파나 이단의 지도자 등 무엇이든 될 수 있는 사람이었다. 운동이 **최고**

---

* P. V. Annenkov, 'Zamechatel' noe desyatiletie' (1880), *Literaturnye vospominaniya* (Moscow, 1960), chapter 31, 301-2; P. V. Annenkov, *The Extraordinary Decade: Literary Memoirs*, ed. Arthur P. Mendel, trans. Irwin R. Titunik (Ann Arbor, 1968), 167-8.

조에 달한 어디에든 그를 데려다 놓아 보라 (……) 그는 대중을 사로잡을 것이고 민족의 운명을 바꾸어 놓을 것이다. (……) 그러나 (러시아에서) 한두 해가량 원치 않는 포병대 생활을 한 뒤 다시 일 년 정도 모스크바의 헤겔주의자 그룹에서 활동한, 아메리카도 배도 없던 이 콜럼버스는 모든 사상을 불온하다고 기소하고 독자적인 생각이나 표현을 공공 도덕에 대한 모욕으로 취급하는 나라에서 필사적으로 탈출하고 싶어 했다.*

불의를 진정으로 혐오했고 위대한 집단적 용기를 발휘해 영원한 자유를 가져올 행동을 하게끔 인류를 각성시켜야 한다는 불타는 사명감을 갖고 있던 바쿠닌은 믿을 수 없을 만큼 탁월한 대중 연설가였다. 그에게는 사람들을 사로잡는 매력이 있었다. 그의 연설을 들은 사람들은 거부할 수 없을 만큼 강력한 혁명적 열정에 사로잡혀 그의 무책임함, 거짓말, 근본적인 경박함을 알아보지 못했다. 그는 독창적인 사상가가 아니라 다른 사람들의 견해를 잘 흡수한 인물이었다. 그는 뛰어난 교사였다. 그의 이론은 모든 권위의 파괴와 피억압자들의 해방에 대한 열정적인 평등주의적 믿음에다 단명으로 그친 범슬라브주의를 결합한 것이었지만, 이런 정도의 이론만 갖고도 그는 사

---

* Alexander Herzen, 'Russian Shadows: 1. N. I. Sazonov' (1863), op cit. (70/1), Russian edition, x 315-16; English edition, ii 951-2.

후에도 오랫동안 지속된 운동의 창시자가 되었다.

시가 산문과 다르듯 바쿠닌은 마르크스와 달랐다. 둘의 정치적 결합은 토대가 달랐기 때문에 아주 짧게 끝났다. 두 사람을 묶어준 것은 주로 모든 형태의 개량주의에 대한 증오였지만 증오의 뿌리는 서로 달랐다. 마르크스가 볼 때, 점진주의는 언제나 피지배계급의 힘을 자신들에게 해가 없는 쪽으로 돌리려는 지배계급의 술책이었다. 피지배계급 내에서 똑똑한 사람들은 점진주의가 치밀한 계략이라는 것을 알지만, 그 밖의 사람들은 급진 개혁가들과 마찬가지로 점진주의에 현혹되어 속아 넘어간다. 급진 개혁가들이 목적 달성을 위한 폭력의 사용을 두려워하는 것은 자신들이 표방하는 목적의 달성을 방해하려는 무의식적 욕구의 표현이다. 반면에 바쿠닌이 개혁을 혐오한 이유는 개인의 자유에 대한 제한은 어떤 것이든 본질적으로 나쁘며 권위를 대상으로 한 모든 파괴적 폭력은 근본적으로 창의적 자기표현의 일종이므로 본질적으로 좋은 것이라고 생각했기 때문이다.

따라서 바쿠닌은 마르크스와 개량주의자들이 모두 인정한 목표, 즉 기존 질서를 중앙집권적 사회주의로 대체하는 것에 격렬히 반대했다. 바쿠닌에 따르면, 중앙집권적 사회주의는 그것이 대체하고자 하는 개인 독재나 계급 독재보다 더 뒤떨어지고 더 절대적인 형태의 새로운 독재였다. 이러한 반대의 밑바탕에는 기질적으로 일반적인 문명사회의 규칙적인 생활양식들이라든가 서구 민주주의자들의 사상에서 당연시되는 규율을 몹시 싫어하는 감정이 자리 잡고 있었다. 자유분방한 상상력과 기질을 갖고 있고 모든 구속과 한계를 혐오한 바쿠닌에게 서구 민주주의자들의 사상은 무색무취하고 시덥잖고 답답하고 저속해 보였다. 공동의 목표가 없는 것이나 다름없는 상태에서 이루어진 협력이 지속될 리 없었다. 질서를 중시하고 엄격하고 냉철한 성격의 마르크스는 바쿠닌을 반쯤 사기꾼이자 미치광이로, 바쿠닌의 생각을 부조리하고 야만적인 것으로 여기게 되었다. 그는 바쿠닌의 이론에서 극단적인 개인주의를 보았다. 마르크스는 전에 극단적 개인주의를 이유로 슈티르너를 비난한 적이 있었는데, 슈티르너가 여자 고등학교의 평범한 교사로서 대중을 선동할 능력도 야심도 없는 지식인이었던 반면 바쿠닌은 단호한 행동가, 능수능란하고 대담한 선동가, 최고의 웅변가이자 마르크스 못지않게 최소한 지적인 면에서는 사람들에 대한 강렬한 지배 욕구에 사로잡혀 있는 위험인물이었다.

바쿠닌은 나중에 쓴 정치적 소책자 중의 하나에서 마르크스에 관해 다음과 같이 자신의 생각을 적었다.

> 마르크스 씨는 혈통적으로 유대인이다. 그는 뛰어난 재능을 소유하고 있는 유대 종족의 모든 장점과 단점을 한 몸에 겸비하고 있다. 어떤 사람들은 그가 소심하다고 할 수 있을 정도로 신경과민인 데다 매우 무자비하고 잘난 체하고 논쟁을 좋아하며 자기 선조들의 신인 야훼만큼이나 다른 의견을 용납하지

않고 전제적이며 복수심이 강하다고 말한다. 그는 자신의 질투심이나 증오심을 불러일으키는 사람에게는 주저 없이 거짓말이나 비방을 사용할 수 있다. 그는 자기의 입장이나 영향력, 권력을 높이는 데 도움이 될 것 같으면 가장 비열한 계략도 서슴지 않을 것이다.

이런 단점들이 있기는 하지만, 그는 장점도 많다. 그는 매우 명석하고 박식하다. (……) 1840년경에 그는 매우 주목할 만한 급진적 헤겔주의자 서클의 중심 인물이었다. (……) 독일인들의 일관된 냉소주의는 가장 과격한 러시아 허무주의자들을 훨씬 능가했다. (……)

마르크스 씨만큼 많이 알고, 많이 읽고, 읽은 것을 제대로 이해한 사람은 거의 없다. (……)

루이 블랑처럼 (……) 마르크스도 극도로 권위주의적 인물이다. 그것도 유대인, 독일인, 헤겔주의자로서 삼중으로 권위주의적인 인물이다. 그러나 루이 블랑이 논쟁 대신 열정적인 수사법을 구사한 반면, 마르크스는 학구적이고 진지한 독일인답게 헤겔 변증법의 모든 기교와 개념 그리고 다방면에 걸친 풍부한 지식으로 (……) 이 원리를 장식했다.*

마르크스와 바쿠닌 사이의 불화는 시간이 갈수록 점점 더 심해졌다. 하지만 겉으로는 친밀한 관계를 몇 년 동안 이어나갔다. 서로 어색하기는 했지만 상대방의 가공할 만큼 강력한 능력에 두려움 섞인 존경을 품고 있었기 때문에 완전한 결별은 쉽지 않았다. 마침내 두 사람의 갈등이 표면화되었을 때, 그것은 둘의 활동 성과를 거의 파괴해 버렸으며 유럽 사회주의 운동에 막대한 타격을 주었다.

마르크스는 바쿠닌을 자신과 동급으로 취급했지만 당시에 만난 또 한 명의 유명한 선동가 빌헬름 바이틀링에 대해서는 경멸을 숨기지 않았다. 직업은 재단사이지만 떠돌이 설교가가 천직인 독일 출신의 이 열정적이고 대담한 몽상가는 중세 말에 농민 봉기들을 일으킨 사람들의 최후의 후예이자 최고의 웅변가였다. 근대 세계에서 저들을 잇는 대표적 존재인 장인과 직공들은 혁명의 대의에 헌신하는 비밀결사들로 모여들었다. 독일을 비롯해 유럽 여러 나라의 공업 도시들 곳곳에는 각종 비밀결사들의 지부들이 있었다. 정치적 불만 세력의 본부 격인 이 지부들을 중심으로 사회의 진전 과정에서 크고 작은 희생을 겪은 많은 사람들, 자신들이 받는 부당한 대우에 격분한 많은 사람들이 모여 있었다. 이들은 자신들의 대의와 해법을 두고는 의견이 분분했지만 불만에 차 있고 자신들의 삶을 파괴한 체제를 끝장내 버리고자 하는 바람을 갖고 있다는 점에서

---

* op. cit. (57/1), 118-19 (= 316-17); English ed., 141-3. [이 영어판의 역자 샤츠는 좀 더 축어적으로 번역한다. 특히 그는 이 인용문의 마지막 단락을 벌린과 달리 다음과 같이 번역하고 있다. '마르크스는 루이 블랑의 직계에 속한다. (……) 프랑스의 수사학자와 (……) 헤겔주의자이자 유대인이자 독일인으로서 삼중의 능력을 소유한 독일인 학자는 둘 다 철두철미한 국가주의자이고 둘 다 국가공산주의를 주장한다.']

는 일치했다.

바이틀링은 『조화와 자유의 보증 Guarantees of Harmony and Freedom』(1842)과 『가난한 죄인의 복음 The Poor Sinner's Gospel』(1845)에서 빈자들이 불법적인 폭력을 주된 무기로 사용해 부자들과 계급투쟁을 벌여야 하며 특히 사회에서 가장 고통을 받고 있기 때문에 가장 거리낌 없고 두려울 것이 없는 사회 구성원들, 즉 자신들의 재산을 빼앗아 간 계급에게 복수하고 새 삶을 시작할 수 있는 경쟁 없는 새 세계를 건설하기 위해 필사적으로 싸울 의지가 있는 무법자들과 범죄자들로 돌격대를 만들어야 한다고 주장했다. 모든 나라의 노동자들의 연대에 대한 바이틀링의 믿음, 불굴의 의지, 여러 감옥에서 보낸 세월 그리고 특히 그의 저술들에 담겨 있는 강렬한 복음주의적 열정 등은 동료 직공들 사이에서 많은 헌신적 추종자들을 만들어냈고 잠시 동안이지만 그의 이름을 유럽 전역에 알렸다.

마르크스는 진정성이 있다고 해도 방향이 잘못된 주장이나 운동에는 전혀 관심이 없었고, 곳곳을 순회하고 다니는 예언자들 그리고 진지한 혁명 활동을 오염시키는 그들의 모호한 주정주의를 특히 싫어했다. 그럼에도 불구하고 그는 바이틀링의 중요성을 인정했다. 기존 사회가 완전히 파괴되더라도 잃을 것은 없고 얻을 것만 있는 절망적 처지의 사람들이 지배계급을 향해 선전포고를 해야 한다*는 생각, 그가 현실을 고발하게 된 배경이면서 청중의 마음을 움직인 원동력인 그의 개인적 체험, 경제적 현실에 대한 강조, 정당과 공식적인 정강의 기만적인 외양을 간파하려는 노력, 그리고 특히 국제적인 공산당의 중추를 세우는 데서 보여준 실천적 성과 등은 마르크스에게 깊은 인상을 주었다. 하지만 마르크스는 바이틀링의 구체적인 이론들에 대해서는 공공연히 무시하는 태도를 보였을 뿐만 아니라 바이틀링은 생각이 비체계적이고 감정 통제가 안 되는 인물로 국제적인 공산당 내에 근본적인 혼란을 가져오고 있다는 옳은 판단을 내린 뒤 가능한 모든 방법을 동원해 그의 무지를 폭로하고 그의 위신을 떨어뜨리려 했다. 1846년 브뤼셀에서 열린 회합에서 다음과 같은 일이 있었다고 전해진다. 마르크스가 노동계급에 대한 바이틀링의 구체적 제안을 듣고 싶다고 말했다. 그 순간 바이틀링이 잠시 망설이다가 연구에서 비판은 쓸모가 없다며 고통스러운 현실과는 동떨어진 이야기를 더듬더듬 이야기하자, 마르크스는 탁자를 내리치면서 소리를 질렀다. "지금까지 누구에게든 무지가 도움이 된 적은 한 번도 없소!"** 얼마 안 있어 회합은 끝났다. 이후 두 사람은 결코 다시 만나지 않았다.

마르크스와 프루동의 관계는 마르크스와 바이틀링의 관계

---

* 다른 사람들은 자신들의 이해관계가 위협을 받으면 결국 포기할 것이므로 혁명을 끝까지 관철하기 위해 의지할 것은 오직 파산한 사람들과 버려진 사람들뿐이라는 주장은 바쿠닌에게 결정적인 영향을 미쳤을 뿐만 아니라 그를 거쳐 오늘날에도 잘 알려져 있는 무자비한 혁명적 엘리트가 필요하다는 생각이 만들어지는 데도 영향을 미쳤다.

** op. cit. (98/1), 304; English ed., 170.

보다 더 복잡했다. 마르크스는 쾰른에 있을 때 프루동의 이름을 처음으로 널리 알린 『재산이란 무엇인가?』(1840)를 읽고 뛰어난 문체와 저자의 용기에 찬사를 보냈다. 1843년의 마르크스는 혁명의 불꽃을 보여주는 것, 기존 체제의 전복을 분명하고 단호하고 공개적으로 천명하는 것이기만 하면 어떤 것이든 관심과 흥미를 보였다. 하지만 곧 그는 프루동이 헤겔을 찬양하면서도 사회 문제들에 대한 접근 방식이 기본적으로 역사적이 아니라 도덕적이라는 것, 프루동의 찬사와 비난이 전적으로 자신만의 절대적인 윤리적 기준들에 토대를 두고 있다는 것, 프루동이 제도와 체제의 역사적 중요성을 완전히 무시하고 있다는 것을 분명히 알게 되었다. 이때부터 마르크스는 프루동을 그저 또 한 명의 속물적인 프랑스 도덕론자, 산업화에 희생된 소부르주아들의 사회적 이상을 의식적 혹은 무의식적으로 옹호하는 인물로 보게 되었고, 프루동이라는 인물과 그의 이론에 대한 존경심을 완전히 잃었다.

마르크스가 파리에 도착했을 당시에 프루동의 명성은 절정에 달해 있었다. 브장송의 농사꾼 집안 출신으로 식자공이었던 프루동은 편협하고 고집 세고 겁 없고 매우 엄격한 성격의 소유자로 프랑스의 하층 중산계급— 부르봉 왕조를 최종적으로 전복시키는 데 적극적 역할을 했지만, 이후 그러한 전복이 주인들을 바꾸는 데 성공했을 뿐 생시몽의 가르침에 따라 많은 기대를 걸었던 은행가들과 거대 제조업자들의 새 정부가 오히려 자신들의 파멸을 가속시켰을 뿐이라는 사실을 알게 된 —을 대표하는 전형적 인물이었다.

프루동은 두 가지 힘이 사회 정의와 인류의 형제애에 치명적이라고 생각했다. 하나는 부의 불평등을 계속 심화시키는 자본 축적의 경향이었다. 다른 하나는 자본 축적의 경향과 직결된 것으로 정치적 권위를 경제적 통제와 공공연히 결합시키는 경향, 즉 자유방임적 제도들의 탈을 쓰고 전제적 금권정치의 성장을 수호하는 경향이었다. 프루동에 따르면, 국가는 극소수의 이익을 위해 다수의 재산을 빼앗는 도구가 되었다. 부자들에게만 사회적 입법과 금융 대부貸付에 대한 통제권을 줌으로써 개인의 천부적 재산권을 체계적으로 박탈함으로써 속수무책의 소부르주아에게서 재산을 빼앗는 합법적인 약탈 기관이 되었다. 모든 재산은 도둑질한 것이다*라는 말로 시작하는 프루동의 가장 유명한 저서는 많은 사람들로 하여금 이후에 나온 그의 견해를 오해하게 만들었다. 그는 젊었을 때는 모든 재산은 훔친 것이라고 주장했지만 나중에 가서는 모든 사람은 자신의 독립성과 도덕적, 사회적 존엄을 유지하기 위해 최소한의 재산이 필요하다고 주장했다. 이러한 최소한의 재산을 잃게 만드는 체제, 사람들이 최소한의 재산조차 팔아넘기고 다른 사람들의 경제적 노예가 되게 만드는 법률이 지배하는 체제는 각자가 고유한 목적을 추구할 수단들을 갖는 데 꼭 필요한 개

---

* Qu'est-ce que la propriété (Paris, 1840), chapter 1. [이 말은 이 책의 1장의 첫 단락에 나오지만, 벌린의 말과 달리 첫 문장은 아니다.]

인의 기본권을 훔치는 도둑질을 합법화하고 조장하는 체제이다. 프루동은 이러한 일이 벌어지는 주된 원인이 개인들, 집단들, 사회 질서들 간의 무한한 경제 투쟁이라고 생각했으며, 이러한 투쟁은 가장 유능하고 가장 잘 조직되어 있는 사람들과 도덕적, 사회적 의무감에 거의 구애받지 않는 사람들이 공동체의 대중을 지배하는 결과를 초래할 수밖에 없다고 보았다. 결국 전술적 수완을 갖춘 비양심적인 세력이 이성과 정의를 이기게 된다는 것인데, 결정론자가 아닌 프루동이 보기에는 이러한 상황이 무한정 이어져야 할 역사적 이유는 전혀 없었다. 경쟁은 18세기 계몽사상가들이 애호한 만병통치약이었다. 그리고 19세기의 자유주의자들과 합리주의자들은 경쟁을 개인의 적극적인 합리적 활동의 가장 완전하고 풍부한 표현이자 자연의 맹목적인 힘과 자신의 통제되지 않은 성향에 대한 승리의 상징으로 거의 신성시했다. 하지만 프루동에게 경쟁은 최대의 악이었고 인간의 모든 능력을 탐욕스럽고 부정의한 사회 — 각자의 이익이 다른 모든 사람을 속이거나 패배시키거나 완전히 파멸시킬 능력에 달려 있을 뿐만 아니라 그러한 능력이 곧 각자의 이익이 되는 사회 — 를 조장하는 쪽으로 발휘되게끔 왜곡하는 원흉이었다.

루소와 푸리에, 시스몽디도 경쟁을 공격했지만, 그들의 공격은 표현과 설명 면에서 프루동과 차이가 있었다. 생각과 문체 모두 18세기의 후예인 푸리에는 당대의 참상을 이성의 적용을 두려워한 성직자, 귀족, 관료, 부자들이 치밀한 음모를 통해 이성을 억압한 결과라고 보았지만, 프루동은 그러한 단순한 생각에 동의하지 않았다. 그는 당대의 역사주의에 많은 영향을 받았다. 그는 독일어를 전혀 할 줄 몰랐지만 처음에는 바쿠닌, 나중에는 독일인 망명객들을 통해 헤겔 철학을 접했다. 그는 이 새로운 이론을 정의와 인권을 강조하는 자신의 이론에 맞게 수정했는데, 마르크스가 보기에 그것은 헤겔 철학의 조잡한 모방이었다.

모든 것을 두 개의 모순되는 견해의 형태로 기술하고 모든 진술을 현실적이면서 동시에 역설적으로 보이게 만드는 방법은 예리하고 인상적인 문구를 만들어내는 프루동의 재능, 경구적 표현에 대한 그의 사랑, 사람들을 감동시키고 놀라게 하고 선동하고자 하는 그의 욕구와 잘 들어맞았다. 그에게는 모든 것이 모순이다. 재산은 도둑질한 것이다. 시민이 된다는 것은 권리를 박탈당한다는 것이다. 자본주의는 약자에 대한 강자의 독재이자 다수에 대한 소수의 독재이다. 부를 축적한다는 것은 강탈한다는 것이고, 부를 없앤다는 것은 도덕의 토대를 허문다는 것이다.

프루동은 이러한 모순의 해법으로 두 가지를 제시했다. 하나는 경쟁의 억제이고 다른 하나는 제한된 정도의 사유재산만을 허용, 아니 정확히 말하면 강제하고, 자본 축적은 허용하지 않는 '상호주의적' 협동 체제의 도입이었다. 경쟁은 인간의 가장 사악하고 야만적인 성질들을 부추기지만, 협동은 경쟁보다 더 높은 효율성을 촉진할 뿐만 아니라 공동체 생활의 진정한 목적을 보여줌으로써 인간을 도덕적, 문화적으로 더 나은 존재가 되게 만든다. 국가에 중앙집권적 기능을 부여하더라도, 사회 조직의 근간을 이루게 될 다양한 직업군의 연합과 소비자·생산자 연합이 국가의 활동을 엄격하게 통제해야 한다. 사회를 비경쟁적인 '상호주의적' 노선에 따라 탈중앙적인 경제적 통일체로 조직하면, 모순들이 해소될 것이고 악은 사라지고 선만 남게 될 것이다. 무계획적 사회의 계급 불균형 때문에 원치 않는 일을 강요받은 사람들의 좌절감이나 빈곤, 실업 등이 사라지고, 인간의 더 나은 본성이 제 목소리를 내게 될 것이다. 왜냐하면 기존의 경제 질서하에서 이상주의는 쓸모없는 것 혹은 잘못된 방향을 향할 경우에는 위험한 것으로 간주되지만 사실 인간 본성에서 이상주의가 사라지는 일은 결코 있을 수 없기 때문이다.

프루동은 부자들에게 이런 이야기를 해봤자 아무 소용이 없다고 생각했다. 부자들의 관대한 본능은 이미 오래 전에 퇴화했다. 백과전서파가 고대했고 생시몽과 푸리에도 가끔 꿈꾼 바 있는 계몽군주는 출현하지 않을 것이다. 계몽군주는 그 자체가 사회적 모순이기 때문이다. 기대할 것이라고는 체제의 희생자들인 소농, 소부르주아, 도시 프롤레타리아뿐이다. 오직 이들만이 자신들의 조건을 바꿀 수 있다. 왜냐하면 사회에서 가장 다수이고 가장 필수적인 구성원인 이들만이 사회를 바꿀 힘을 갖고 있기 때문이다. 그러므로 프루동은 이들에게 말을 건넨다. 그는 노동자들을 향해 지배계급을 따라하면 그들의 손아

귀에서 놀아나게 될 수밖에 없으므로 정치적 조직화를 해서는 안 된다고 경고했다. 노동자들의 적인 지배계급은 정치적 전술 면에서 더 노련하기 때문에 혁명 지도자 가운데 유약하거나 통찰력이 떨어지는 사람을 위협하거나 금전적, 사회적 미끼를 던지는 등의 방법으로 유혹해 운동을 무력화시킬 것이다. 설령 혁명 세력이 승리한다 해도, 혁명 세력은 권위주의적 정부의 정치 형태들을 그대로 유지함으로써 결국 자신들이 벗어나고자 하는 저 모순의 생명을 연장시킬 것이다. 그러므로 노동자와 소부르주아는 순전히 경제적 압력만으로 자신들의 길을 나머지 사회 구성원들에게 강제하지 않으면 안 된다. 이 과정은 점진적이고 평화적일 것이다. 프루동은 노동자들이 어떤 이유로건 무력이나 협박에 의존해서는 안 된다고 재차삼차 이야기했다. 파업조차도 허용해서는 안 되는데, 그 이유는 파업을 허용하게 되면 노동자 개인의 자유로운 노동 처분권이 침해되기 때문이다.

프루동은 자신의 책 『빈곤의 철학*Philosophie de la misère*』에 대한 비평을 마르크스에게 부탁하는 우를 범했다. 마르크스는 이틀 만에 책을 다 읽고는 오류가 있고 피상적이지만 매력적인 문체를 구사하고 있고 대중을 오도할 수 있을 만큼 유창하면서 진지하다고 평했다. 마르크스는 "오류를 반박하지 않고 내버려두는 것은 지적 부도덕을 조장하는 것"*인데, 왜냐하면 그럴 경우 10명의 노동자는 앞으로 나아갈지 모르지만 90명의 노동자는 프루동과 함께 멈춰 서서 여전히 어둠 속에 있을 것이기 때문이다. 그리하여 마르크스는 『빈곤의 철학』을 공격해 책에 담긴 주장뿐만 아니라 진지한 사상가로 알려져 있는 프루동의 명성까지 단번에 파괴해 버려야겠다고 마음을 먹었다.

『빈곤의 철학』에 대한 응답으로 1847년에 『철학의 빈곤 The Poverty of Philosophy』이 출간되었다. 이 책에는 르네상스 시기의 유명한 논쟁들 이후로 한 사상가가 다른 사상가에게 가한 가장 신랄한 공격이 담겨 있다. 마르크스는 프루동이 헤겔의 용어들을 사용해 감추려 애썼으나 사실은 추상적 사유 능력이 빈곤했다는 것을 보여주는 데 온 힘을 쏟았다. 마르크스에 따르면, 프루동은 변증법적 대립을 선과 악의 투쟁으로 단순하게 해석함으로써 헤겔의 범주들을 근본적으로 오해했고 그 결과 악을 제거하기만 하면 선만 남게 될 것이라고 잘못 생각했다. 헤겔 변증법에 대한 프루동의 해석은 피상성의 극치이다. 변증법적 대립의 양 측면을 선과 악으로 보는 것은 진지한 고찰이 필요한 사회 분석에 부합하지 않는 비역사적인 주관주의의 징표이다. 변증법적 대립의 두 측면 모두 인간 사회의 발전에 꼭 필요하다. 진정한 진보는 한쪽의 승리와 다른 한쪽의 패배로 만들어지는 것이 아니라 양쪽 모두의 파괴를 필연적으로 수반하는 투쟁 그 자체에 의해 만들어진다. 사회적 투쟁에서 이 요

---

* Henry Mayers Hyndman, *The Record of an Adventurous Life* (London, 1911), 282.

소 혹은 저 요소에 계속 동조하는 한, 아무리 투쟁 자체의 필연성과 가치를 확신하고 있다고 해도 프루동은 필연적으로 관념론자일 수밖에 없다. 다시 말해 그는 계급투쟁이 어떠한 발전 단계에 있든 간에 자신의 소부르주아적 욕구와 선호들에 영원한 가치라는 탈을 씌우고는 그에 따라 객관적 현실을 평가할 수밖에 없다.

이어서 마르크스는 프루동의 경제이론을 논박한다. 마르크스는 프루동의 경제이론이 교환 메커니즘에 대한 잘못된 견해에 근거하고 있다고 주장했다. 프루동은 헤겔만큼이나 리카르도도 크게 오해했다. 그는 '인간의 노동이 경제적 가치를 결정한다'는 명제를 '인간의 노동이 경제적 가치를 결정해야만 한다'는 명제로 오해하고 있고 그 결과 화폐와 다른 상품 간의 관계를 완전히 잘못 해석하고 있으며, 이러한 해석은 프루동을 당시 자본주의 사회의 경제 조직에 대한 완전히 잘못된 설명으로 이끌고 있다.

마르크스의 가장 격렬한 공격 대상이 된 것은 프루동의 은밀한 개인주의, 집단적 조직을 추구하는 모든 경향에 대한 노골적인 혐오, 건실한 자영농과 그들의 도덕에 대한 향수 어린 믿음, 사유재산제의 영원한 가치에 대한 믿음, 결혼과 가족의 신성함에 대한 믿음, 아내와 자식들에 대한 가장의 절대적인 도덕적, 법적 권위에 대한 믿음 등이었다. 사실 이러한 것들은 프루동의 삶의 토대였으며 그가 모든 형태의 폭력 혁명에 대해 그리고 소농의 기본적인 생활 방식들을 파괴할 것으로 생각한 모든 것에 대해 갖고 있던 뿌리 깊은 두려움에서 나온 것이었다. 프루동은 현란한 혁명적 문구를 구사했지만 사실 자기 조상들이 태어나고 자란 소농가의 생활 방식에 확고한 애착을 갖고 있었다. 요컨대 마르크스는 프루동이 프랑스에 있는 자기 계급의 사람들과 마찬가지로 기존 체제에 정서적으로 묶여 있기 때문에 체제는 파괴하지 않고 눈에 보이는 악폐들만 없애고 싶어 한다고 비난했다. 또한 그는 프루동이 겉으로만 헤겔주의를 내세울 뿐 실제로는 역사 과정이 필연적 혹은 비가역적이라는 것, 역사 과정이 혁명적 비약에 의해 진행된다는 것, 현재의 악폐들도 언젠가 그것들이 폐기될 단계와 마찬가지로 필연적인 역사 법칙에 의해 생겨났다는 것을 믿지 않고 있다고 비난했다. 왜냐하면 프루동은 사회 형태들의 역사적 산물인 악폐들을 사회 형태들의 필연적 파괴를 보장할 수 없는 급진적 입법으로 제거해야 한다고 주장하는데, 이런 주장은 곧 그러한 악폐들을 우연한 결함으로 볼 경우에만 가능한 것이기 때문이다. 또한 사회 형태들의 파괴를 원하는 것으로는 충분하지 않다. 법칙들의 틀 내에서 어떻게 행동해야 할지를 알기 위해서는 사회 형태들이 어떤 법칙들에 따라 출현하게 되었는지를 알아야 한다. 왜냐하면 법칙들의 근거와 특성을 전혀 모른 채 의도적이든 아니든 법칙들에 어긋나게 행동하는 것은 쓸모없는 자살 행위이고 혼란을 초래해 혁명적 계급의 희망과 사기를 꺾어 버림으로써 현재의 고통을 연장시킬 것이기 때문이다. 프루동만 이러한 비판을 받은 것은 아니다. 마르크스는 노동계급을 위한 새로운 메시지를 갖고 있다고 주장하는 모든 공상적 사회개량가들에 대해서도 똑같은 비판을 가했다.

마르크스는 프루동이 뛰어난 언변 능력을 타고난 것은 분명하지만 애초에 진리를 파악할 능력이 없는 우둔한 인물이라고 확신했다. 마르크스는 프루동이 용감하고 극히 솔직한 인물이며 주변에 갈수록 모여드는 헌신적인 추종자들을 거느리고 있는데, 바로 그렇기 때문에 그와 그가 가진 환상이 더 위험하다고 확신했다. 이런 이유에서 마르크스는 프루동의 주장과 영향력을 단칼에 박살 내고자 했던 것이다. 그러나 지나치게 무자비한 마르크스의 공격은 오히려 사람들의 분노를 자아냈고 프루동에게 동조하게 만들었다. 당시의 마르크스와 이후의 많은 마르크스주의자들의 맹공에도 불구하고, 프루동의 체계는 살아남았고 그 후로도 얼마 동안 영향력을 확대해 갔다.

프루동은 본질적으로 독창적인 사상가가 아니었다. 그는 당대에 유행하는 급진 사상들을 받아들여 명료화하고 구체화하는 데 천부적인 재능이 있었다. 그는 글을 잘 쓰는 편이어서 때로 매우 탁월한 글을 쓰기도 했다. 강력하고 유창한 그의 메시지는 그가 독자 대중과 공유하는 소망과 강력한 욕구에서 나온 것이었기 때문에 대중들에게 진실처럼 느껴졌다. 그가 가장 분명하고 강력하게 옹호한 정치에의 불관여, 쟁의 행위, 분권적 연방제의 전통은 대도시의 산업적 생활과 동떨어진 삶을 살아가는 강력한 개인주의적 성향의 소농, 직공, 전문직 종사자들이 인구의 대다수인 라틴 민족 국가들에서 특히 지지를 받았고 오늘날까지도 프랑스 급진주의자와 사회주의자들 사이에 강력하게 살아남아 있다.

프루동주의는 현대 생디칼리즘[19세기 말부터 20세기 초에 걸쳐서 일어난 노동조합주의 운동. 의회주의를 부정하고 노동조합이 혁명의 주체가 되어 사보타지, 보이콧, 파업 등의 직접행동에 나설 때만 자본주의를 타도하고 혁명을 달성할 수 있다고 주장했다.]의 직계 조상이다. 생디칼리즘은 바쿠닌의 무정부주의에 영향을 받았고, 반세기 후에는 경제적 범주가 가장 근본적인 범주이므로 지적 상부구조인 공동의 신념에 의해서가 아니라 행위를 결정하는 본질적 요소인 실제 직업들로 결합되어 있는 사람들이 반자본주의 세력의 기본 단위가 되어야 한다는 이론의 영향을 받았다. 총파업을 통해 사회의 모든 필수적인 서비스를 일시 중단시킴으로써 사회생활의 체계를 파괴하겠다는 위협을 가장 강력한 무기로 휘두른 프루동주의는 아직 산업화가 많이 진행되지 않아 농업과 수공업을 겸하는 사람들의 개인주의적 전통이 여전히 남아 있던 프랑스, 이탈리아, 스페인의 많은 지역에서 가장 강력한 좌파 이론이 되었다.

마르크스는 겉모습에 속지 않고 운동이나 이론의 일반적 방향과 정치적 특징을 정확히 짚어 내는 감각을 갖고 있었기 때문에 프루동주의의 개인주의적인, 따라서 그가 볼 때는 반동적인 토대를 즉시 알아차리고는 자유주의에 대해서만큼이나 격렬하게 프루동주의를 공격했다. 오늘날 『철학의 빈곤』은 그것이 공격했던 특정한 견해들과 마찬가지로 대체로 시대에 뒤떨어진 것이 되었다. 그러나 『철학의 빈곤』은 마르크스의 정신적 발전의 한 단계를 뚜렷이 보여준다. 그것은 자신의 경제적, 사회적, 정치적 견해를 종합해 사회 상황의 모든 면에 적용할 수 있는 통일된 이론, 이른바 유물론적 역사관을 만들어내고자 하는 평생의 노력을 보여주는 것들 중 하나이다.

6
사적 유물론

> 사람들이 익사하는 것은 **무게라는 관념**에 사로잡혀 있기 때문이라고 생각한 사람이 있었다. 그는 이러한 관념을 미신적인 것이나 종교적인 것으로 치부해 버릴 수만 있다면 익사의 위험에서 벗어나게 될 것이라고 생각했다. 그러나 이 환상의 치명적 결과를 입증하는 새로운 증거들이 계속 나왔고, 그는 평생 무게라는 환상과 싸웠다. 이 사람이 바로 오늘날 독일에서 활동하고 있는 혁명적 철학자들의 원형이다.
>
> — 카를 마르크스*

마르크스는 사적 유물론에 대한 완결된 혹은 체계적인 이론서를 펴낸 적이 없다. 사적 유물론은 그가 1843~1848년 동안에 쓴 초기 저작에서 단편적인 형태로 등장하고 1859년에 간략하게 서술되었다가 그 이후에는 당연한 것으로 전제된다. 그는 사적 유물론을 새로운 철학 체계가 아니라 사회적, 역사적 분석의 실천적 방법이자 정치적 전략의 토대로 생각했다. 만년의 마르크스는 일부 추종자들이 사적 유물론을 사용하는 방식에 불만을 나타냈다. 마르크스가 보기에 그들은 사적 유물론을

---

* *The German Ideology* (1845-6), Preface, CW 5: 24.

사실적 자료들이 충분히 주어지기만 하면 모든 역사 문제에 대해 자동적으로 해답을 알려주는 일종의 로그표처럼 역사를 연구할 때 들여야 할 수고를 덜어주는 것으로 생각하는 것 같았다. 말년에 쓴 한 편지에서, 마르크스는 사회적 조건이 비슷한데도 상이한 발전의 길을 걸어간 예로 로마의 평민과 유럽의 산업 프롤레타리아의 역사를 제시한다.

> 이러한 발전 형태들을 따로 연구하고 나서 둘을 비교해 보면 이 현상을 해명할 실마리를 쉽게 찾을 수 있다. 하지만 아무것도 설명 못하기 때문에 모든 것을 설명하고 초역사성을 최고의 가치로 삼는 일반적인 역사철학적 이론을 해결의 열쇠로 사용해서는 결코 그러한 단서에 이르지 못할 것이다.*

사적 유물론은 마르크스의 머릿속에서 점차 무르익어 갔다. 「헤겔 법철학 비판 서문」과 「유대인 문제에 관하여」는 사적 유물론의 성장 과정을 보여준다. 그는 이 저술들에서 최초로 프롤레타리아를 철학—아직 행동과 분리되어 있는 까닭에 무능의 징후이자 표현인 철학—이 사회를 개략적으로 제시한 방향으로 변화시킬 운명을 짊어진 존재로 제시한다. 주로 바우어 형제와 슈티르너 같은 청년 헤겔주의자들이 역사 철학과 사회

---

* 1877년 11월에 마르크스가 Otechestvennye zapisky의 편집자에게 쓴 편지(보내지는 않았음). CW 24: 201.

적 문학 비평에 관한 단편들과 잡문들에서 펼치고 있는 '비판적 비판주의critical criticism'*를 격렬히 논박하는 『신성가족 The Holy Family』에서는 더 발전된 형태의 사적 유물론을 볼 수 있다. 가장 완성된 형태의 사적 유물론으로 인정받고 있는 것은 1845~6년에 마르크스가 엥겔스와 공동 집필했지만 제목도 없고 출간도 되지 못한 6백 쪽가량의 수고手稿 모음집이다[이 수고 모음집은 1932년에 『독일 이데올로기』라는 책으로 처음 출간된다].

전체적인 짜임새도 부족하고 문체도 장황하고 지루한 데다 이미 오래전에 죽거나 잊힌 저자들과 견해들을 다루고 있는 이 저술에는 마르크스의 역사 이론을 가장 견실하고 창의적이고 인상적으로 서술하고 있는 상당한 분량의 서론이 들어 있다. 이것과 같은 시기에 쓰여진 것으로 간결함이 돋보이는 탁월한 뛰어난 저서 『포이어바흐에 관한 테제』와 헤겔의 소외 개념을 새롭게 적용한 『1844년의 경제학-철학 초고』와 마찬가지로, 『독일 이데올로기 The German Ideology』의 내용 대부분도 1932년까지 세상에 알려지지 않았다. 『독일 이데올로기』는 철학적인 면에서 마르크스의 어떤 저작보다도 훨씬 더 흥미롭다. 이 책은 그의 사상 발전에서 그동안 알려지지 않았던 매우 결정적이고 창조적인 단계를 보여준다. 러시아 혁명을 이끈 사람

---

* 마르크스와 엥겔스가 쓴 『신성가족』의 부제이다. CW 4: 3

들을 비롯해 그의 직계 추종자들은 이 단계를 전혀 모르거나 소홀히 취급한 결과 역사적, 경제적 측면들만 강조하고 마르크스 사상의 사회학적, 철학적 내용을 제대로 이해하지 못하게 되었다. 그 결과 마르크스의 사상에 대한 반쯤 실증주의적이고 반쯤 다원주의적인 해석이 횡행하게 되었는데, 이런 해석을 주도한 것은 대체로 카우츠키와 플레하노프 그리고 특히 엥겔스였다. 이런 전통은 지금까지 마르크스의 이름으로 행해지는 운동의 이론과 실천 모두에 결정적인 영향을 미치고 있다.

사적 유물론의 틀은 의심할 여지 없이 헤겔적이다. 사적 유물론은 인류 역사를 인간이 발견할 수 있는 법칙들에 따르는 비반복적인 유일무이한 과정이라고 본다. 이 과정을 구성하는 각 시기는 새로운 특징들을 지니고 있거나 이미 알고 있는 특징들의 새로운 조합이라는 의미에서 새로운 것이다. 각 시기는 일회적이고 반복될 수 없지만 어디까지나 직접적인 선행 상태의 결과이고 이 선행 상태는 다시 그에 선행하는 상태의 결과인데, 이 과정은 모두 동일한 법칙들에 따른다. 헤겔에 따르면, 역사는 단일한 실체의 상태들의 연속인데 이 단일한 실체는 영원히 자기 전개하는 보편적 정신이고 이 정신을 구성하는 요소들 간의 내적 대립이 종교적 대립이나 민족 국가들 간의 전쟁으로 구현된다. 이 구체적인 대립들은 초감각적 직관으로만 인식할 수 있는 자기실현적 이념의 구현이다. 그러나 마르크스는 포이어바흐의 주장에 따라 헤겔의 자기실현적 이념을 일종의 신비화라고 비판하면서 그러한 신비화를 기초로 해서는 어떠한 지식도 확립될 수 없다고 주장한다. 왜냐하면 세계가 그와 같은 형이상학적 실체라면, 인간이 사용할 수 있는 유일하게 신뢰할 만한 방법인 경험적 관찰로는 세계의 행위를 검증할 수 없고 결국 세계에 관한 이론은 어떠한 과학의 방법들로도 입증될 수 없기 때문이다.

물론 헤겔주의자는 반박에 아랑곳없이 자기가 원하는 것은 모두 지각 불가능한 세계-실체의 관찰 불가능한 활동 때문이라고 주장할 수 있다. 그리스도교 신자나 유신론자가 자기가 원하는 것은 무엇이든 신의 작용 때문이라고 주장하듯이 말이다. 하지만 이는 아무것도 설명하지 못하면서 자신의 대답을 그저 정상적인 인간 능력으로는 이해할 수 없는 신비라고 선언하는 것이나 다름없다. 이 모호한 대답이 진짜 대답처럼 보이는 것은 평범한 문제를 이해하기 어려운 언어로 바꿔놓았기 때문이다. 알 수 있는 것을 알 수 없는 것으로 설명한다는 것은 한 손이 기꺼이 주려는 것을 다른 한 손이 빼앗아 버리는 것과 같다. 어떠한 가치가 있든 간에 이런 설명 방식은 과학적 설명과 같은 것으로 볼 수 없다. 과학적 설명은 비교적 소수의 상호 관련된 법칙들을 가지고 아무 연관도 없어 보이는 매우 다양한 현상들에 질서를 부여하기 때문이다. 정통 헤겔주의에 대해서는 이 정도로 마무리하자.

바우어, 루게, 슈티르너의 '비판적' 학파들이 제시한 해법들뿐만 아니라 포이어바흐의 해법도 원칙적으로 정통 헤겔주의보다 그다지 나을 게 없다. 마르크스가 보기에, 이들은 헤겔의 약점을 무자비할 정도로 속속들이 들추어냈지만 얼마 안 있어 헤겔보다 더 나쁜 환상 속으로 빠져들었다. 왜냐하면 바우어의 자기비판적인 비판주의의 정신, 루게의 진보적 인간 정신, 슈티르너의 개별적 자아와 개별적 자아의 양도 불가능한 소유물들 그리고 심지어 포이어바흐가 그 발전 과정을 추적한 살과 피를 가진 인간* 등은 모두 현상의 원인으로서 현상을 초월해 있는 것이고, 그렇기 때문에 훨씬 더 원대하고 독창적인 정통 헤겔주의의 체계 즉 비현실적이지만 풍부하고 포괄적이며 단 하나의 황량한 추상으로 환원되지는 않는 체계와 마찬가지로 공허한 일반화된 추상들이기 때문이다.

역사적 동역학의 원리들을 찾을 수 있는 유일한 영역은 과

---

* [벌린이 '비판적' 학파들의 사상을 이런 식으로 표현한 것은 이들이 쓴 책의 특정한 구절들보다 그들이 사용한 개념들을 기준으로 삼은 것으로 보인다. 다음과 같은 저작들에서 이 개념들이 사용되고 있는 것을 볼 수 있다. [Bruno Bauer], 'Was ist jetzt der Gegenstand der Kritik?', *Allgemeine Literatur-Zeitung* (Charlottenburg), July 1844, 18-26; [id], 'Die Gattung und die Masse', ibid., September 1844, 42-8; Arnold Ruge, *Gesammelte Schriften* (Mannheim, 1846), vols 3 and 4; Max Stirner, *Der Einzig und sein Ekgenthum* (Leipzig, '1845' [actually 1844]), trans. David Leopold as *The Ego and Its Own* (Cambridge, 1995); M[ax] St[irner], 'Recensenten Stirners', *Wigand's Vierteljahrsschrift* 1845 iii 147-94; Ludwig Feuerbach, *Das Wesen des Christentums* (Leipzig, 1841); id., 'Vorläufige Thesen zur Reformation der Philosophie', in *Anekdota zur neuesten deutschen Philosophie und Publicistik*, ed. Arnold Ruge (Zurich and Winterthur, 1843), ii 62-86; id., *Grundsätze der Philosophie der Zukunft* (Zurich, 1843).]

학적 검증, 즉 경험적 검증이 가능한 영역이어야 한다. 마르크스는 설명 대상이 사회생활의 현상들이므로 설명은 어떤 식으로건 인간의 삶의 맥락을 형성하는 사회 환경의 본질에 근거해야 한다고 주장한다. 다시 말해 각 개인이 이를테면 그물의 코, 즉 여러 줄— 헤겔은 이 줄들 전체를 시민사회라고 불렀다 —의 교차점, 중심점에 해당하는 사적, 공적 관계들의 그물망에 근거해야 한다고 주장한다. 시민사회가 가끔씩 역행하기도 하지만 기본적으로는 완만한 발전을 보인다고 주장한 후대의 철학자 생시몽과 생시몽의 제자 콩트와 달리, 헤겔은 시민사회의 성장이 시민사회의 끊임없는 전진 운동을 보장해 주는 대립하는 힘들 간의 계속적인 긴장의 산물이라는 것을 인식하는 천재성을 보여주었다. 다시 말해 헤겔은 규칙적인 작용과 반작용으로 보이는 것이 사실은 대립하는 경향들 중 하나가 나타났다가 다른 하나가 나타났다가 하는 것인데 그런 변화가 매우 강렬하다 보니 그렇게 보일 뿐이라는 것을 보여주었다. 원래 진보는 불연속적이다. 왜냐하면 대립하는 힘들 간의 긴장이 임계점에 이르면 대격변이 일어나기 때문이다. 강도強度의 양적 증가는 질의 변화를 가져온다. 즉 표면 아래에서 작동하는 서로 대립하는 힘들이 점차 커지고 쌓이다가 갑자기 터져 나온다. 대립하는 힘들의 충돌은 그러한 충돌의 매개체를 변화시킨다. 나중에 엥겔스가 말했듯이, 얼음이 물이 되고 물이 수증기가 된다. 노예가 농노가 되고 농노가 자유민이 된다. 자연과 사회에서 일어나는 발전은 모두 창조적 혁명으로 끝난다. 이러한 힘들은 자연에서는 물리학적이고 화학적이고 생물학적인 힘이고, 사회에서는 경제적이고 사회적인 힘이다.*

그렇다면 사회적 대립은 어떤 힘들 간에 일어나는가? 헤겔은 근대 사회에서는 그러한 힘들이 특정한 문화의 발전을 표현하거나 이념, 세계정신의 현현인 국가로 나타난다고 주장했지만, 마르크스는 생시몽과 푸리에를 따라 — 아마 시스몽디의 공황론의 영향도 없지 않았을 것이다 — 그 힘들이 무엇보다도 사회경제적인 것이라고 답했다. 그는 1859년에 다음과 같이 말했다.

> 나는 국가 형태나 법률관계는 그 자체로도, 인간 정신의 일반적 진보라는 것으로도 설명할 수 없으며 헤겔이 (……) 시민사회라고 부르는 물질적 생활환경에 뿌리를 두고 있다는 결론에 이르렀다. 시민사회의 해부는 정치경제학을 통해 이루어져야만 한다.**

대립은 항상 경제적으로 규정된 계급들 간의 대립이고, 계급은 시민사회의 구조를 결정하는 생산 제도에서의 위치에 따라 삶이 결정되는 인간 집단이다. 개인의 지위는 사회적 생산 과정에서 수행하는 역할에 따라 결정되고, 사회적 생산 과정은

---

* Engels, *Anti-Dühring* (1878), parts i (Philosophy) and iii (Socialism), CW 25: 33-134 (ice etc. at 58-9), 244-309.

특정 단계에서의 생산력의 특성과 생산력의 발전 수준에 의해 규정된다. 인간들의 행위는 의식적으로건 무의식적으로건 사회의 다른 구성원들과 맺고 있는 경제적 관계들에 의한 것이다. 경제적 관계들 중 가장 강력한 것은 생시몽이 이미 말한 바와 같이 생계수단의 소유에 기초한 관계이다. 왜냐하면 모든 욕구 가운데 가장 중요한 것은 생존 욕구이기 때문이다.

마르크스 사상의 밑바탕에는 어느 정도 경험적인 용어로 바뀌기는 했어도 헤겔의 핵심 개념이 그대로 남아 있다. 마르크스에 따르면, 역사는 인간들이 외부 환경이나 자신들이 만든 변경 불가능한 구조들에 미치는 영향의 연속도 아니고 이전의 유물론자들의 주장처럼 인간과 환경 내지 구조 간의 상호작용의 연속도 아니다. 역사는 본질적으로 인간들이 자신의 모든 잠재력을 실현하기 위한 투쟁이다. 자연의 왕국을 초월하는 것은 없으므로, 인간은 자연의 왕국의 일원이다. 그러므로 자신을 완전히 실현하고자 하는 인간의 노력은 신비롭고 변덕스럽고 불가항력적으로 보이는 힘들의 노리개에서 벗어나 그 힘들과 자기 자신을 지배하려는 분투이다. 바로 이것이 자유이다. 인간은 아리스토텔레스의 주장처럼 사변을 통해 획득한 지식을 통해 세계를 지배하는 것이 아니라 활동, 노동을 통해 세계를 지배한다. 노동은 인간이 환경과 자신들을 만들어가는 의식

** 『정치경제학 비판A Contribution to the Critique of Political Economy』(1859), 서문, CW 30: 262.

적 활동이자 의지, 사유, 행위의 가장 본질적인 통일 형식, 이론과 실천의 가장 본질적인 통일 형식이다. 노동은 그 과정에서 인간 세계만이 아니라 인간 자신도 변화시킨다.

어떤 욕구들은 다른 욕구들보다 더 기본적이다. 대표적으로 생존 욕구는 그보다 복잡한 욕구들보다 더 기본적이다. 인간은 동물과 마찬가지로 필수적인 물질적 욕구를 갖고 있지만, 동물과 달리 창조적 능력을 갖고 있다. 인간은 이 능력을 이용해 자신의 본성과 욕구를 변화시키고 변화가 없기에 역사도 없는 동물의 반복적인 순환의 삶에서 벗어난다. 사회의 역사는 인간 자체와 인간의 욕구, 습관, 태도 및 인간이 타인이나 물질적 자연― 인간이 언제나 물질적, 기술적 물질대사를 하는 대상 ―과 맺는 관계 등을 변화시키는 창조적 노동의 역사다. 인간이 의식적으로건 무의식적으로건 만들어낸 것 중의 하나가 분업이다. 분업은 원시 사회에서 출현해 인간의 생산성을 엄청나게 증가시킴으로써 당장 필요한 것 이상의 부를 만들어낸다. 이러한 부의 축적은 여가와 문화의 가능성을 만들어낸다. 하지만 그것은 축적된 생활필수품을, 다른 사람들이 이익을 획득하는 것을 막고 그들을 괴롭히고 그들이 축재자들을 위해 일하도록 강제하고 억압과 착취를 통해 사람들을 지배계급과 피지배계급으로 나누는 수단으로 이용할 가능성도 만들어낸다. 아마 계급이야말로 창조와 기술 진보 및 그로 인한 재화의 축적이 낳은 의도치 않은 결과 중에 가장 중요하다고 할 수 있다.

역사는 자기를 실현하기 위해 투쟁하는 행위자들의 삶과 그들의 활동 결과 간의 상호작용이다. 행위자들의 활동 결과는 의도한 것일 수도 있고 아닐 수도 있다. 그러한 결과들이 인간이나 자연환경에 미치는 영향은 예측 가능할 수도 있고 그렇지 못할 수도 있다. 그러한 결과들은 인간 삶의 물질적 영역에서 일어날 수도 있고 생각과 감정의 영역에서 일어날 수도 있고 무의식의 차원에서 일어날 수도 있으며, 개인에게만 영향을 미칠 수도 있고 사회 제도나 운동의 형태로 나타날 수도 있다. 그러나 이 복잡한 거미줄은 그 과정을 결정하는 핵심적인 동적 요소를 파악할 경우에만 이해하고 통제할 수 있다. 이 문제에 대한 심오한 통찰을 보여준 최초의 인물인 헤겔은 그 핵심적인 동적 요소를 다양한 의식 수준에서 <u>스스로</u>가 만들어낸 추상적 혹은 구체적인 제도들을 통해 <u>스스로</u>를 이해하고자 하는 절대정신에서 찾았다.

마르크스는 이 우주적 체계를 받아들이면서도 헤겔과 그의 사도들이 궁극적 '힘들'에 관해 신화적 설명을 하고 있다고 비판했다. 마르크스에 따르면, 신화는 인간의 내적 활동을 외화하는 과정에서, 즉 인간 활동의 산물에 자립적인 외적 대상이나 힘의 외양을 부여하는 과정에서 의도치 않게 발생한 결과들 중의 하나다. 헤겔은 객관적 정신의 발전을 이야기했지만, 마르크스는 인간이 이해할 수 있는 인간적 목적들을 추구하는 것이야말로 핵심이고 이때 인간적 목적들은 쾌락, 지식, 안전, 내세에서의 구원 같은 것들 중 하나가 아니라 이성의 원리들에 따라 모든 인간 능력을 조화롭게 실현하는 것이라고 보았다. 인간들은 이런 목적을 추구하는 과정에서 스스로를 변화시킨다. 이를테면 한 집단, 세대, 문명의 행동을 규정하고 그 행동을 다른 집단, 세대, 문명이 이해할 수 있게 해주는 문제들과 가치들이 어느 것은 실현되고 어느 것은 좌절되면서 뒤에 오는 집단, 세대, 문명의 문제들과 가치들을 변화시킨다. 모든 활동과 모든 창조의 핵심은 이러한 끊임없는 자기 변화이기 때문에, 영원불변의 원리라든가 불변의 보편적 목적 혹은 인간의 영원한 문제 상황 같은 생각들은 완전히 어리석고 비합리적인 것일 수밖에 없다.

마르크스가 보기에, 자신이 다루고 있는 시대의 특성을 결정하는 것은 계급투쟁이었다. 달리 말해 개인들과 사회들의 행위와 사고방식을 결정하는 것은 일차적으로 계급투쟁이었다. 이는 축적에 의존한 문화와 쓸데없이 혹은 자기파괴적으로 자신들의 힘을 실현하려는 자들이 축적을 통제하기 위해 벌인 투쟁에 의존한 문화의 경우에 부정할 수 없는 역사적 진실이었다. 하지만 그러한 진실은 역사적인 것이었기 때문에 결코 영원한 것이 아니다. 그보다 더 먼 옛날에는 개인들과 사회들의 행위와 사고방식이 계급투쟁에 의해 결정되지 않았다. 또한 계급투쟁은 영원히 지속되지도 않을 것이다. 실제로 관찰력이 있는 사람들의 눈에는 그런 미래가 다가오고 있는 징후들이 너무도 명백하다. 인간의 역사에서 변치 않는 요소는 오로지 인간 자신뿐이었다. 그런데 인간은 자신이 선택하지 않은 투쟁 즉 인간 본질(마르크스 이론에서의 형이상학적 계기)의 일부인 투쟁, 내적, 외적 조화의 토대인 합리적 계획에 따라 자연을 지배하고 생산력을 조직하려는 투쟁의 관점에서만 제대로 이해될 수 있다. 마르크스의 광대무변한 세계관에서 노동이 차지하는 위치는 단테에게 우주적 사랑이 차지했던 위치에 비견할 수 있다. 말하자면, 노동은 인간의 탄생의 장인 외적 세계에 비교적 불변적인 요소들이 주어져 있는 상태에서 인간과 인간 관계의 본질을 형성하는 것이다. 그런 점에서 분업과 계급투쟁에 의한 노동의 왜곡은 인간의 품위를 손상시키고, 인간성을 말살하고, 인간관계를 왜곡하며, 기존 질서를 유지하고 실상을 은폐하기 위해 의식적 혹은 무의식적으로 허위의식을 만들어낸다. 사람들이 이러한 사실을 정확히 이해하고 그러한 이해의 구체적 표현인 행위에 나설 때, 노동은 인간들을 분리하고 노예화하는 것이 아니라 결합하고 해방시킨다. 즉 노동은 인간의 본질이 완전히 발휘될 수 있고 완전히 자유로울 수 있는 유일한 형식인 공동의 노력 속에서, 즉 합리적으로 이해되고 받아들여지는 공동의 활동인 사회적 협력 속에서 인간들이 창조적 능력들을 마음껏 표현할 수 있게 해준다.

하지만 마르크스는 자신의 사상 체계에서 가장 핵심 개념인 노동에 대해 이상하게도 불확실한 태도를 취했다. 그는 때로는 노동을 자유로운 인간 본성의 가장 완전한 표현인 자유로운 창조 행위, 구체적으로 말해 행복과 해방의 본질이자 인간 내에서건 인간들 사이에서건 대립이 존재하지 않는 합리적 조화의 본질인 자유로운 창조 행위와 동일한 것이라고 말한다. 하지만 때로는 노동을 여가와 대비시키면서 계급투쟁이 없어지면 노동은 완전히 사라지지는 않지만 최소한으로 줄어들 것이라고 말한다. 노동은 착취당하는 노예들의 노동이 아니라 스스로 정한 규칙에 따라 사회화된 삶을 건설하는 자유로운 인간들의 노동이 되겠지만 '필연의 왕국'에는 여전히 얼마간의 노동 형태들이 남아 있을 것이라고 『자본』 3권의 끝부분에서 말한다. 이어서 '필연의 왕국'의 맞은편에서 진정한 '자유의 왕국'이 시작되지만 자유의 왕국은 이 '필연의 왕국을 토대로'* 해서만 꽃피울 수 있다고 말한다. 최소한의 노동이 필요하다는 것은 물질적 자연의 필연적인 사실이며, 이를 없애기를 바라는 것은 단순한 유토피아주의일 뿐이다. 노동에 대한 이 두 견해 사이에 최종 합의는 있을 수 없다. 첫 번째 견해는 푸리에가 꿈꾸는 모든 가능성의 완전한 실현이라는 생각에 영향을 받은 것으로 보이는 데 비해, 뒤의 견해는 훨씬 더 차분하다. 이 두 견해의 명백한 양립 불가능성은 '청년' 마르크스와 '장년' 마르크스의 관계를 둘러싼 여러 논쟁거리 가운데 하나다. 이와 동일한 양가성이 마르크스가 자유 선택에 대한 자유의지론적 신념과 진화론적 결정론을 짜맞추는 데 영향을 미치고 있다. 그의 사상에는 진화론적 결정론과 자유의지론 둘 다 들어 있는데, 이러한 '변증법적' 모순은 이후에 특히 동유럽에서 마르크

---

* CW 37: 807.

스의 지지자들을 괴롭히고 분열시킴으로써 그들의 혁명적 실천에 치명적 영향을 미쳤다.

포이어바흐는 인간이 논리적으로 생각하기 이전에 우선 먹어야 한다는 것을 알았다. 이러한 기본적 욕구는 인간의 힘과 기술, 천연자원, 토지와 물, 도구, 기계, 노예 같은 물질적 생산 수단들을 통제할 때 완전히 충족될 수 있다. 처음에는 이런 생산 수단이 희소하기 때문에, 생산 수단을 확보한 사람들이 생산 수단을 소유하지 못한 사람들의 삶과 행위를 지배할 수 있다. 하지만 전자는 후자를 위해 일하는 과정에서 점차 힘을 갖게 되고 영리해져 전자의 자리를 빼앗고 자신들을 노예로 만드는 피지배자들에게 가진 것을 잃게 되지만, 이 새로운 지배자들도 결국 피지배자들에게 밀려나고 재산을 빼앗기게 된다.

현재의 유산계급의 수중에 있는 재산을 지키기 위해 대규모의 사회적, 정치적, 문화적 제도들이 만들어져 왔는데, 이 제도들은 주의 깊게 세워진 정책에 의해 만들어진 것이 아니고 기존 사회를 지배하는 자들이 삶에 대해 갖고 있는 일반적인 태도에서 무의식적으로 생겨난 것이다. 헤겔은 어떤 특정한 사회에 구체적 특성을 부여하는 것이 국가라고 보았다. 그에게 국가는 (한 문명 전체라는 넓은 의미에서 볼 때) 세계정신의 특정한 발전 단계의 구현이었다. 하지만 마르크스에게 국가는 사회를 지배하는 경제적 관계들의 체계였다.

이러한 입장에 도달하고 나서 10년이 지난 뒤에 쓴 유명한 글에서 마르크스는 이 견해를 다음과 같이 요약했다.

인간들은 자신들의 생활을 사회적으로 생산하는 과정에서 자신들의 의지로부터 독립해 있는 필수 불가결한 일정한 관계들 속으로 들어간다. 이러한 생산 관계들은 물질적 생산력의 일정한 발전 단계와 상응한다. 이러한 생산 관계들 전체는 사회의 경제적 구조의 결과이고, 사회의 경제 구조는 법적, 정치적 상부구조가 그 위에서 생겨나고 일정한 사회적 의식 형태들이 그에 상응하는 실질적 토대다. 물질적 생활의 생산 양식이 사회적, 정치적, 정신적 생활 과정의 일반적 특성의 조건을 이룬다. 인간의 의식이 인간의 존재를 규정하는 것이 아니라 인간의 사회적 존재가 인간의 의식을 규정한다.

사회의 물질적 생산력은 그 발전의 특정 단계에서, 지금까지 그것이 그 안에서 운동해왔던 기존의 생산 관계들 혹은 이 생산 관계들의 법률적 표현일 뿐인 소유 관계들과 대립하게 된다. 생산력의 발전 형태들이었던 기존의 생산 관계는 이제 족쇄로 변한다. 그리하여 사회 혁명의 시기가 도래한다. 경제적 토대가 변화하면서 거대한 상부구조 전체도 서서히 혹은 급속히 변화한다. 그런데 이러한 변화를 고찰할 때는 자연과학적으로 정확히 확인될 수 있는 경제적 생산 조건들에서의 물질적 변화와, 인간들이 대립을 의식하고 싸워 해결하는 법률적, 정치적, 종교적, 미학적 혹은 철학적, 한마디로 말해 이데올로기적인 형태들을 항상 구별해야 한다.

한 개인에 대한 우리의 의견이 그 개인이 자신을 무엇이라고 여기는가에 달려 있지 않듯이, 하나의 혁명적 시기 전체를 그 시기의 의식을 기준으로 판단할 수는 없다. 오히려 이러한 의식은 물질적 생활의 모순들의 산물, 사회적 생산력과 생산 관계 사이의 대립의 산물로 봐야 한다. 하나의 사회 질서는 그 안에서 생산력이 발전할 여지가 있는 한 결코 사라지지 않으며, 더 발전된 새로운 생산 관계들은 자신의 물질적 존재 조건들이 낡은 사회 자체의 태내에서 충분히 발달하기 전에는 결코 출현하지 않는다. 결론적으로 인류는 언제나 자신이 풀 수 있는 문제만을 제기한다. 왜냐하면 더 면밀히 고찰해 보면 문제 자체는 그 해결에 필요한 물질적 조건들이 이미 존재하고 있거나 아니면 적어도 형성 중에 있을 때에만 생겨나기 때문이다.*

부르주아 사회는 최후의 적대적 형태이다. 부르주아 사회가 사라지면 그러한 대립은 영원히 사라질 것이다. 인간 사회의 전사前史가 끝나고, 마침내 자유로운 개인의 역사가 시작될 것이다.

그리하여 이제 마르크스는 한 국민을 다른 국민과, 일군의 제도와 믿음을 다른 일군의 제도와 믿음과 다르게 만드는 단 하나의 본질적 원인은 그 배경에 있는 경제적 조건이라고, 생

---

* 1859년에 발표된 『정치경제학 비판』 서문의 일부이다. 1956년에 런던에서 나온 『카를 마르크스의 사회학과 사회 철학 선집』 51-2쪽(CW 29: 263)에 있는 T. B. 보토모어의 번역을 벌린이 일부 수정해 인용한 것이다.

산 수단의 소유자들로 이루어진 지배계급과 피착취계급 간에 지속되는 긴장에서 비롯된 두 계급 간의 관계라고 생각하게 되었다. 그는 사람들이 경제 투쟁에서 자기 계급이 추구하는 방향과 맺는 관계가 사람들의 삶에서 행위의 기본 동인動因, 그것도 사람들이 모르기 때문에 그만큼 더 위력이 있는 행위의 기본 동인이라고 생각했다. 즉 사람들이 갖고 있는 현실적인 사회적 위치가 행위의 기본 동인이라고 생각했다. 따라서 사람들의 사회적 위치를 알기만 하면 사람들의 기본적인 행동 방향을 성공적으로 예측할 수 있다. 그들이 지배계급에 속하는가 아닌가, 그들의 삶의 행복이 지배계급의 성공에 달려 있는가 아니면 실패에 달려 있는가, 그들이 기존 질서의 유지를 본질적으로 필요로 하는 위치에 있는가, 그렇지 않은가 등을 알기만 하면 된다. 일단 사람들의 현실적인 사회적 위치를 알면, 그들이 이기적인가 이타적인가, 관대한가 인색한가, 현명한가 어리석은가, 야심만만한가 소박한가 같은 특수한 개인적 동기와 감정은 그리 문제가 되지 않는다. 왜냐하면 어떤 성향을 타고났든 간에 그들이 놓인 상황이 그들의 타고난 특성들을 어떤 방향으로 작용하게 할 것이기 때문이다.

사실 '타고난 성향'이니 불변의 '인간 본성'이니 하는 것들은 사람들을 오도한다. 성향들은 사람들이 그것들에서 받는 주관적 느낌— 이는 과학적 예측의 목적들에 중요하지 않다 —에 따라 혹은 사회적으로 규정된 실제 목적에 따라 이렇게도 저렇게도 분류될 수 있다. 인간들은 먼저 행동부터 하고 나서 행동의 이유나 정당성에 관해 생각하기 시작한다. 자신들의 행동이 주관적 동기에서 나온 것이라고 생각하는 공동체의 대다수 구성원들도 사실은 행동하고 난 이후에 행동의 이유나 정당성에 대해 생각한다. 이러한 사실이 잘 드러나지 않는 이유는 인간들이 자신들의 행위가 이성이나 도덕적, 종교적 믿음에 따른 것이라는 식으로 자신들의 행위를 교묘하게 합리화하기 때문이다. 물론 이러한 합리화는 얼마간 행위에 영향을 미친다. 왜냐하면 합리화는 도덕규범이나 종교 단체 같은 거대한 제도로 자리를 잡게 되면 애초에 합리화라는 명분을 필요하게 만든 사회적 압력이 사라진 후에도 오랫동안 존속하기 때문이다. 그리하여 이 조직화된 거대한 환상들은 객관적인 사회적 상황의 일부, 개인들의 행위를 제한하는 외적 세계의 일부가 되어 기후나 토양, 물질적 유기체 같은 불변적 요소들과 똑같은 방식으로 사회 제도들과 상호 작용한다.

마르크스의 직계 사상가들은 헤겔이 마르크스에게 미친 영향을 과소평가하는 경향이 있었다. 그러나 마르크스를 그가 생각했듯이 엄격하게 사실을 토대로 연구하는 사회과학자로 그리기 위해 마르크스의 위대한 통일적, 필연적 사고 패턴을 무시하거나 축소할 경우, 마르크스의 세계관은 붕괴되고 서로 아무런 관련이 없는 통찰들만 남게 될 것이다.

마르크스는 헤겔처럼 역사를 현상학이라고 본다. 헤겔의 『정신현상학』(1807)은 위대한 창의적 통찰을 통해 인간 의식의 발전에, 인간 의식의 구현인 문명의 연속에 객관적 질서가 존재한다는 것을 보여주려 한다. 헤겔은 르네상스 시대에 부각되기는 했으나 사실 신비주의적 우주생성론으로까지 거슬러 올라가는 사고방식의 영향으로 인류의 발전을 개별 인간의 발전과 유사한 것으로 보았다. 인간이 현실을 다루는 특정한 능력이나 견해 혹은 방식은 다른 능력들이 발전하고 나서야 그리고 다른 능력들이 발전해야만 ― 바로 이것이 개인의 성장 혹은 개인의 교육이라는 개념의 본질이다 ― 비로소 생겨날 수 있다. 마찬가지로 종족, 민족, 교회, 문화도 예술, 과학, 전체 문명에서 인류의 집단적 능력들이 성장하면서 정해지는 일정한 순서에 따라 계승된다. 파스칼이 인류를 세대에서 세대로 이어지면서 장구한 세월에 걸쳐 성장하는 유일한 존재라고 말한 것은 바로 이런 의미였을 것이다.

헤겔에게 모든 변화의 원인은 변증법적 운동이다. 변증법의 작동 원리는 끊임없는 논리적 비판이다. 그 원리에 따르면, 인간 정신의 끊임없는 성장(헤겔에게는 논리적인 자기실현)이 최고조에 다다르게 되면 그것을 보여주는 사고방식들과 이성과 감정이 만들어낸 개념들에 대한 투쟁이 벌어지고 그러한 사고방식들과 개념들은 결국 자기파괴에 이르게 된다. 다시 말해 그러한 사고방식들과 개념들은 법이나 제도로 구현되고 그 시대의 사회나 견해에 의해 최종적이고 절대적인 것으로 여겨지지만 바로 그렇기 때문에 발전의 장애물, 논리적으로 이미 '극복된' 단계의 사라져가는 잔존물이 되며 저 일방성이 잉태하고 있는 논리적 이율배반과 모순들로 인해 파괴에 이르게 된다. 마르크스는 역사를 구현된 이념들의 투쟁의 장으로 보는 이러한 시각을 계급투쟁이라는 사회적인 것으로 바꾸었다.

헤겔은 루소와 루터 그리고 초대 그리스도교의 전통을 따라 소외를 정립과 반정립의 투쟁으로 인해 인간들이 자연, 타인, 신과의 합일로부터 끊임없이 분리되는 것이라고 본 반면, 마르크스에게 소외는 사회의 발전 과정에 본질적인 것이다. 다시 말해, 소외는 역사의 본질이다. 소외는 인간들의 행위 결과가 참된 목적과 모순될 때, 즉 인간들이 내건 가치나 인간들이 수행하는 역할이 진정한 동기나 필요, 목적들을 제대로 대변하지 못할 때 발생한다. 소외는 예를 들어 법체계나 작곡 규칙처럼 인간이 필요해서 만들어낸 것이 그 자체로 독립적인 지위를 획득하게 되면서, 인간이 (이미 오래전에 사라졌을지도 모를) 공동의 사회적 욕구를 충족시키기 위해 만들어낸 것이 아니라 과학자나 일반인이 생각하는 불변의 자연법칙이나 신자들이 생각하는 신과 신의 계율처럼 비인격적인 권위를 가진 영원한 객관적 법칙이나 규칙으로 여겨지는 것을 말한다. 마르크스에게는 자본주의 체제가 바로 그런 것이다. 그에게 자본주의 체제는 삶의 개선과 확장이라는 물질적 요구가 만들어낸 거대한 도구이고, 이러한 물질적 요구는 고유한 지적, 도덕적, 종교적 믿음과 가치 그리고 생활방식들을 낳는다. 그러한 믿음이나 가치들은 그것들을 갖고 있는 사람들이 알건 모르건 간에 자본주의 체제에 의해 이익을 보는 계급의 힘을 뒷받침해 줄 뿐이다. 그런데도 모든 사회 계층은 그러한 믿음과 가치를 전 인류에게 객관적으로 타당하고 그리고 영원히 타당한 것으로 생각한다. 하지만 산업과 자본주의적 교환 양식은 모든 시대에 타당한 제도들이 아니라 농부와 직공들이 자연의 맹목적 힘에 대한 의존에서 벗어나기 위해 계속 저항한 결과로 출현한 것이다. 산업과 자본주의적 교환 양식은 지금까지는 성공적인 시간을 보내왔지만 앞으로는 사라질 것이고, 그날이 오면 그것들이 만들어낸 가치들도 바뀌거나 사라질 것이다.

생산은 사회적 활동이다. 어떻게 시작되었건 어떤 형태건 간에 협업이나 분업은 그에 종사하는 사람들의 개인적 목적이나 개인적 이해관계의 단순한 총합을 넘어 공동의 목적과 공동의 이해관계를 만들어낸다. 자본주의 사회에서처럼 필연적인 역사 발전— 이에 대해 엥겔스는 마르크스보다 더 명료하기는 하나 훨씬 더 기계적인 서술을 추구한다 —의 결과로 사회적 노동의 총생산물이 한 계층의 이익을 위해서만 사용되는 것은 인간의 '자연적' 필요에 반하는 것, 본질적으로 사회적 존재인 인간들이 자유롭고 완전한 발전을 위해 필요로 하는 것에 반대되는 것이다. 마르크스에 따르면, 자기 소유의 생산 수단을 늘려감으로써 그 결실도 자본의 형태로 늘려가는 자들은 대다수의 생산자들인 노동자들에게서 그들이 만들어내는 것을 강제로 착취함으로써 사회를 착취자와 피착취자로 분리시킨다. 이 계급들의 이해관계는 서로 충돌하고, 각 계급의 안녕과 복지는 자본주의 사회의 모든 제도를 결정짓는 부단한 싸움에서 적에게 승리할 능력에 달려 있다.

투쟁 과정에서 기술이 발전하고, 계급 사회의 문화가 더 복잡해지고, 문화 생산물이 더 풍부해지고, 물질적 진보가 낳는 필요들이 더 다양해지고 더 인위적이 된다. 한마디로 더 '비자연적'이 된다. 비자연적인 이유는 서로 싸우는 두 계급이 공동의 목적들을 위해 협력하는 대신 대립함으로써 인간의 사회적 본성이 요구하는 조화로운 공동생활과 창조적 활동으로부터 '소외'되기 때문이다.

생산 수단을 독점한 집단은 그 독점 때문에 나머지 집단들에 자신의 의지를 강요하고 그 집단들이 자신들의 필요와는 동떨어진 일을 하게 강제할 수 있다. 그 결과 사회의 통일성은 파괴되고 두 계급의 삶은 왜곡된다. 이제 대다수의 사람들 즉 재산이 없는 프롤레타리아들은 다른 사람들의 이익을 위해 다른 사람들의 생각에 따라 일하게 된다. 그들은 노동 도구뿐만 아니라 노동의 결과물도 빼앗긴다. 그들은 위기 상황에 놓여 있다. 자기 본성에 따라 사는 것 즉 자신이 지금 하고 있는 일을 왜 하는지 이해할 수 있고 자신의 통합적인 자유롭고 이성적인 활동의 결실을 즐길 수 있는 통합된 사회의 구성원으로 사는 것이 인위적으로 가로막힌 상황에 있다. 그런데 그들의 생활방식, 생각, 이상은 이러한 그들의 상황이 아니라 그들을 억압하는 자들의 목적에 부합한다. 그러므로 프롤레타리아의 삶은 거짓에 기초하고 있다.

프롤레타리아를 지배하는 자들은 의식적이건 무의식적이건 자신들의 기생적 삶을 자연적이고 바람직한 것으로 정당화하지 않을 수 없다. 그 과정에서 지배자들은 자신들의 특권적이고 비자연적이고 부당한 지위와 권력을 떠받치고 둘러대고 옹호하기 위해 사상, 가치, 법, 생활 습관, 제도 등(마르크스는 가끔 이것들을 통틀어 '이데올로기'라고 부른다)을 만들어낸다. 국가적, 종교적, 경제적 이데올로기를 비롯한 모든 이데올로기는 집단적인 자기 기만의 형태들이다. 그런데 지배계급의 피해자인 프롤레타리아와 농민은 그러한 집단적 자기 기만을 정상적인 교육의 일부, 비자연적인 사회가 갖고 있는 일반적 견해의 일부로 받아들여 마치 객관적이고 정당하고 필연적인 자연 질서의 일부— 이를 설명하기 위해 사이비 과학들이 출현한다 —인 듯이 생각하고 인정하게 된다. 루소가 말했듯이, 이는 인간의 오류와 대립 및 실패를 더욱 심화시킨다.

소외는 비인격적인 힘이나 가공의 인물 혹은 힘에 최종적 권위를 부여하는 것으로 나타난다. 비인격적 힘은 이를테면 수요와 공급의 법칙 같은 것으로 자본주의가 합리적이라는 결론을 이끌어낼 수 있는 일종의 대전제로 기능한다. 왕이나 사제처럼 신비한 능력을 가진 사람들이라든가 신들이나 교회 같은 가공의 존재나 힘은 모두 사회 구성원 전체가 진리를 인식하고 조화롭게 살 수 있게 해주는 유일한 생활양식인 '자연적' 생활양식에서 분리된 인간들이 자신들의 비자연적 조건을 설명하기 위해 만들어낸 위장된 형태의 억압적 신화들이다. 인간들은 해방을 위해서는 이런 위장된 신화들의 정체를 꿰뚫어 보는 법을 배우지 않으면 안 된다. 마르크스가 보기에 이를 방해하는 최고의 적은 부르주아 경제학이다. 부르주아 경제학은 상품이나 화폐의 운동, 즉 생산, 소비, 분배 과정을 자연 과정과 비슷한 비인격적인 과정 즉 제정신을 가진 사람이라면 저항할 생각을 하지 않고 복종만 할 수 있을 뿐인 객관적인 힘들의 불변적 패턴이라고 본다.

마르크스는 기본적으로 결정론적인 견해를 갖고 있었으면서도 어떤 경제 구조나 사회 구조를 불변적인 세계 질서의 일부로 보는 것은 인간이 자연스러운 생활 형태에서 소외된 데서 비롯된 환상이라는 것을 보여주려 했다. 오롯한 인간 활동에 자연법칙의 가면을 씌우는 이러한 전형적인 신비화는 이성과 과학이라는 인간 활동을 통해서만 신비와 가면이 벗겨질 수 있다. 하지만 이것만으로는 충분하지 않다. 왜냐하면 그러한 거짓 믿음들은 그것들을 만들어내는 생산 관계라는 사회경제적 구조가 그대로 존속하는 한 지속될 수밖에 없기 때문이다. 생산 관계는 오로지 혁명이라는 무기를 통해서만 바뀔 수 있다. 이때 혁명이라는 해방적 활동은 객관적 법칙에 의해 결정되지만, 결정되는 것은 인간의 결정과 행위에서 독립해 있는 불변적 패턴들에 지배되는 물체의 운동이 아니라 무엇보다도 집단으로서의 인간들의 사고 활동과 의지 활동이다. 만일 마르크스의 생각처럼 인간의 선택이 궁극적으로 결정되어 있고 과학적으로 예측 가능하다고 해도 어쨌건 사건의 진행에 영향을 줄 수 있다고 한다면, 이는 헤겔주의자들과 마르크스주의자들이 인간을 자유로운 존재로 보아야 하는 상황이라고 본 것과 다르지 않다. 왜냐하면 이런 상황에서의 인간의 선택은 자연의 다른 존재들과 달리 기계적으로 결정되지 않기 때문이다.

역사 법칙은 기계적이지 않다. 마음대로가 아니라 사회적 상황의 제약하에서이기는 하지만, 어쨌건 역사는 인간들에 의해 만들어져 왔다. 마르크스에 따르면, 역사 법칙들과 인간의 자유— 개인적 자유든 집단적 자유든 —는 어떤 관계에 있는가? 마르크스는 사회 발전을 자유의 점진적 확대 과정이라고 보는데, 여기서 핵심은 의식적이고 협동적이고 합리적으로 계획된 조화로운 사회 활동을 통한 자연 지배력의 확대이다. 엥겔스는 마르크스가 보낸 편지를 회상하면서 다음과 같이 쓰고 있다.

> 다윈이 경제학자들이 역사의 최고 업적으로 내세우는 자유경쟁이라는 생존경쟁이 **동물의 왕국**의 정상적 조건이라는 것을 보여주었을 때, 그는 자신이 인간들, 특히 자기 나라의 국민들을 얼마나 신랄히 비꼬고 있는 것인지 알지 못했다. 생산 자체가 이미 생산과 관련된 인간관계들을 한 차원 끌어올렸듯이, 생산과 분배를 계획하는 사회적 생산의 의식적 조직화만이 인간 사회를 동물의 왕국보다 더 높은 차원으로 끌어올릴 수 있다.*

---

* *Dialectics of Nature* (1873-82; published 1925), CW 25: 331. 1862년 6월 18일에 마르크스가 엥겔스에게 쓴 편지(CW 41: 381)도 참고할 것.

다시 말해 '인간의 사회화는 지금까지는 자연과 역사에 의해 강요된 것이었지만 앞으로는 그들 자신의 자유로운 행위에 의해 달성될 것이다(……). 이것은 필연의 왕국으로부터 자유의 왕국으로의 인류의 비약일 것이다.'*

여기서 말하는 자유란 어떤 것일까? 마르크스는 많은 경우에 사회 발전을 객관적인 과정이라고 말한다. 이를테면『자본』서문에서는 경제 형태들의 연속을 '자연사적 과정'**이라고 말한다. 마르크스는『자본』(1873) 2판에 붙인 발문跋文에서는 러시아 비평가 카우프만이『자본』초판에 대해 평한 글의 한 구절을 인용하고 있다. '마르크스는 사회의 운동을 인간의 의지, 의식 및 의도와 독립해 있을 뿐만 아니라 오히려 인간의 의지, 의식 및 의도를 결정하는 법칙들에 지배되는 자연사적 과정이라고 본다.'*** 마르크스는 이 말이 사회 발전을 지배하는 법칙들을 발견하려는 자신의 목적을 정확히 짚고 있다고 밝히고 있다.

바로 이런 말들이 인간의 역사에 대한 그리고 인간의 역사

---

* ibid., CW 25: 270. [사후에 출판된『자본』3권 (1894)의 48장에 마르크스가 수고에서 이 주제에 관해 적어놓은 것이 있다. CW 37: 801 ff. (cf. 121/1). 엥겔스는 이것을 편지 내용으로 잘못 기억하고 있는 것일 수 있다.]

** CW 35: 10.

*** I. [I.] K[aufman], 'Tochka zreniya politiko-ekonomicheskoi kritiki u Karla Marksa', *Vestnik Evropy* 1872 no. 5, 427-36 at 429; CW 35: 18.

를 '철의 필연성'으로 결정하는 법칙들에 대한 마르크스의 견해를 엄격하게 결정론적인 것으로 보는 해석을 낳는 데 일조했다. 사회 발전의 자연사적 과정은 기껏해야 진행 속도가 늦춰지거나 빨라질 수 있을 뿐 궁극적으로 필연적인 것이다. '한 사회가 자신의 운동을 지배하는 자연법칙들을 알아냈다고 하더라도, 그 사회는 자신의 자연적 발전 단계들의 폐지를 피할 수도 결정할 수도 없으며' 단지 '자연사적 과정에서 발생하는 진통을 감소시키거나 완화'할 수 있을 뿐이다. 바로 이것이 '산업적으로 더 발전된 나라가 그렇지 못한 나라의 미래가 될 수 있는' 이유이다.* 그리고 바로 이것이 엥겔스가 마르크스의 무덤 앞에서 행한 연설에서 말하고자 했던 것이다. 그는 이 연설에서 마르크스의 위대한 업적은 생산력과 생산 관계 간의 모순이 사회적, 정치적 측면을 비롯해 궁극적으로 집단적 삶의 모든 측면들을 결정하는 일련의 불변적 경제 관계들을 낳는 '인간 역사의 발전 법칙'**을 발견한 것이라고 말했다.

그러나 인간들의 '자유로운 발전', 『공산당 선언』의 표현에 따르면 '각 개인의 자유로운 발전이 모든 사람의 자유로운 발전을 위한 조건'이 되는 인간적 결사의 상태***가 어떤 것인지 분명하지 않다. 만일 인간들이 경제적 조건뿐만 아니라 지리

---

* 『자본』 1권 (1867), 서문. CW 35: 9, 10, 9.

** *Karl Marx's Funeral* (1883), CW 24: 467.

*** CW 6: 506.

적, 기후적, 생물학적, 생리학적 조건 등등의 환경적 조건까지 포함한 객관적 조건들 즉 인간 '위'에서가 아니라 인간을 '통해서' 작용하는(마르크스가 『자본』을 쓰면서 했던 연구를 통해 알게 된 법칙들에 따라 작동하는) 힘들의 산물이라면, 그리고 이를 안다고 해도 할 수 있는 일이 계급 없는 사회가 오기 전에 '진통을 (……) 감소시키는' 것일 뿐 그 과정 자체를 바꿀 수는 없다면, 사회적 측면에서건 개인적 측면에서건 인간의 자유라는 개념은 분명 설명이 필요한 개념이다.

자기 삶을 지배하는 법칙들을 알지 못하는 인간은 그 법칙들과 대립함으로써 그 이해 못할 힘들의 희생자가 될 것이라는 주장은 인간의 존재와 행위 전체가 법칙들의 지배하에 있고 자유란 이 법칙들의 필연성에 대한 인식으로서 불변적 과정— 이 불변적 과정에서 개인적 혹은 사회적 선택은 그 선택을 완전히 결정하는 원인들에 종속되어 있고 충분한 정보를 가진 외부 관찰자에 의해 원칙적으로 완전히 예측 가능하다 —의 한 요소라는 주장과 전혀 다른 것이다. 두 주장 모두 마르크스의 말을 끌어다댈 수 있다. 명백히 모순되는 이 두 견해의 대립을 더욱 격화시키거나 혹은 둘을 화해시키려는 해석들이 시도되면서 특히 오늘날 갈수록 더 많은 문헌들이 쏟아져 나오고 있다.

합리적으로 이해되지 못한 탓에 맹목적으로 물신物神으로 숭배되는 것들이 모두 그렇듯이, 자본주의도 그 역사적 역할 및 특정 계급의 이익과의 관계가 이해되지 못해 수많은 노동자와 그들을 억압하는 자들 모두의 삶을 향상시키는 대신 망가뜨리고 왜곡시키게 된다. 예를 들어 화폐는 과거에는 물물교환에서 벗어나게 하는 진보적 역할을 했지만 지금은 그 자체로 추구되고 숭배되는 절대적 대상이 되어 자신들의 자유를 위해 화폐를 발명해 낸 인간을 잔인하게 공격해 파괴하고 있다. 인간들은 고된 노동을 통해 만들어낸 생산물과 생산 도구로부터 분리되고, 생산물과 생산 도구들이 자립적인 삶과 지위를 차지하게 되면서 생존이나 삶의 개선이라는 명목하에 억압당하고 가축이나 상품처럼 취급된다.

  모든 제도도 마찬가지다. 교회, 경제 체제, 정부 형태, 도덕 규범 등은 계획적으로(그리고 계급투쟁의 특정 단계들에서는 필연적으로) 그 의미가 오해됨으로써 마치 발명자들에 의해 좌절과 왜곡의 삶을 산 맹목적이고 불행한 프랑켄슈타인처럼 그것을 만든 자들보다 더 강력해지고 만든 자들에 의해 숭배되는 괴물이 된다. 청년 헤겔주의자들의 생각과 달리, 통찰이나 비판만으로는 이러한 난관을 결코 깨부술 수 없다. 그것을 깨부술 수 있는 투쟁의 무기들, 그중에서도 특히 사상은 이전 시대에 봉사했던 사상이나 아직 역사 과정이 요구하지 않는 사상이 아니라 역사적 상황이 요구하는 사상이어야 한다. 인간들은 제일 먼저 변증법적 운동인 계급투쟁이 어떤 단계에 도달했는지부터 자문한 다음 그 답에 맞춰 행동해야만 한다. 이 답은 시대를 초월해 있다든가 관념론적이라든가 '추상적'이어서는 안 되고 '구체적'이어야 한다.

인간들 간의 실제 관계나 인간 존중을 생명 없는 물체들이나 관념들 간의 가상의 관계나 그것들에 대한 숭배로 대체해 버리는 소외는 최후의 계급인 프롤레타리아가 부르주아를 타파할 때에만 사라질 것이다. 이 승리로 인해 생겨나는 사상은 자동적으로 계급 없는 사회에 유익한 사상, 인류 전체를 표현하고 인류 전체에게 유익한 사상일 것이다. 어떤 인간 집단의 특성을 왜곡해 인류에 대립시키거나 인류를 대변하는 제도나 사상은 살아남지 못할 것이다.

인간 노동력을 사고팔고 노동자를 단지 노동 공급원으로만 취급하는 자본주의는 인간이 어떤 존재이고 어떤 존재일 수 있는지를 왜곡하고 역사를 계급 이익에 종속시키려는 체제, 그렇기 때문에 그 체제의 승리가 만들어낸 분노한 희생자들의 결집된 힘에 의해 새로운 것으로 대체되도록 예정되어 있는 체제이다. 마르크스에게 모든 불만과 분노는 소외의 산물이다. 즉 불가피한 계급투쟁에 의해 만들어져서 인간 집단들이 인간이 본성적으로 갈망하는 상호간의 조화로운 협력을 하지 못하게 가로막는 장벽들과 왜곡들의 산물이다.

『독일 이데올로기』는 신헤겔주의자들의 주장을 하나하나 검토한다. 출판은 됐으나 거의 팔리지 않은 『신성가족』에서와 마찬가지로, 『독일 이데올로기』에서도 브루노 바우어, 에드가 바우어, 에크베르트 바우어 삼 형제에 대한 짧막하지만 매우 신랄한 공격이 가해진다. 이 삼 형제는 조악한 형이상학적 상품을 파는 세 명의 천박한 장사꾼으로 묘사된다. 그들은 타고난 지적 재능 때문에 속물적인 대중보다 위에 있는 비판적인 엘리트들이 인류 가운데 해방될 가치가 있는 집단들을 해방시킬 것이라는 생각을 갖고 있다. 마르크스는 사회적, 경제적 투쟁에 대해 멀찌감치 거리를 두는 태도가 사회 변혁의 힘을 갖고 있다는 이런 믿음을 머지않아 분명히 도래할 진정한 혁명에 의해 다른 것들과 함께 세상에서 일소되어야 할 현실 도피적 태도, 정신 나간 아카데미즘이라고 본다.

이들에 비해 슈티르너는 상당히 길게 다루어진다. 마르크스는 700쪽에 이르는 '성뾇 막스'라는 제목의 장에서 슈티르너에게 혹독한 조롱과 모욕을 가한다. 슈티르너는 정치적, 사회적, 경제적 질서만이 아니라 모든 강령, 이상, 이론도 정신과 영혼을 가둬놓기 위해 만들어진 감옥이자 개인의 의지를 억누르고 개인의 무한한 창조적 능력을 은폐하기 위한 수단이라고 생각했다. 그러므로 모든 체계는 파괴되어야 한다. 그것들이 나빠서가 아니라 체계이기 때문이고, 체계를 따르는 것은 새로운 형태의 우상숭배이기 때문이다. 모든 체계가 파괴될 때 비로소 인간은 비자연적 족쇄에서 풀려나 진정으로 자기 자신의 주인이 되고 인간으로서 완전한 발전에 이르게 된다. 마르크스는, 니체에게 커다란 영향을 주었고 바쿠닌에게도 영향을 미쳤을 것으로 추측되는 슈티르너의 이런 견해를 정치 이론이라기보다는 의학 영역에 속하는 일종의 병리학적 현상, 억압당하는 신경증 환자의 고통스러운 비명으로 취급한다(슈티르너의 이런 견해가 마르크스 자신의 경제적 소외 이론을 아주 정확한 형태로 먼저 다루었기 때문일 것이다).

포이어바흐에 대한 태도는 이들에 비하면 부드러운 편이다. 포이어바흐는 이들보다 더 냉철하게 글을 썼고 관념론의 신비화 작용을 조악하지만 솔직하게 폭로하려고 한 인물로 그려진다. 마르크스는 『독일 이데올로기』와 같은 시기에 쓴 11개의 『포이어바흐에 관한 테제』에서 앞 시대의 유물론자들은 인간이 대체로 상황과 교육의 산물이라는 사실은 정확히 인식했지만 상황 자체가 인간 활동에 의해 변한다는 점과 교육자들도 시대의 자식이라는 점은 인식하지 못했다고 선언했다. 인간이 대체로 상황과 교육의 산물이라는 견해(마르크스는 주로 로버트 오언의 견해를 염두에 두고 있다)는 인위적으로 사회를 두 부분으로 나눈다. 한쪽에는 모든 영향에 무기력하게 노출되어 있기에 반드시 해방되어야 할 대중이 있다. 다른 한쪽에는 환경의 영향에서 벗어난 상태를 어떻게든 계속 유지할 궁리만 하는 교육자들이 있다. 하지만 정신과 물질의 관계, 인간과 자연의 관계는 상호적이다. 그게 아니라면, 역사는 물리학으로 환원된다. 마르크스는 포이어바흐가 인간들이 종교를 통해 현실 생활의 고통을 잊게 만드는 상상의 세계를 만들어내 스스로를 기만한다는 것을, 종교는 도피의 한 형태이자 황금빛 백일몽 혹은 마르크스의 유명한 표현에 따르면 '인민의 아편'*이

---

*「헤겔 법철학 비판 서문」(1844), CW 3: 175.

라는 것을 보여주었다고 높이 평가한다. 그러므로 종교 비판은 본질적으로 인간학이어야 하고 그 세속적 기원들을 폭로하고 분석하는 형태를 취해야 한다.

하지만 포이어바흐는 이 중요한 과제를 다루지 않았다고 마르크스는 비판한다. 포이어바흐는 종교가 불행한 사람들이 물질세계의 모순들에서 비롯된 고통을 완화하기 위해 무의식적으로 만들어낸 진통제라는 것은 간파했으나 이러한 모순들이 제거되어야 한다는 것은 간과하고 있다. 그러한 모순들은 제거되지 않으면 거짓 위안을 주는 극히 해로운 환상들을 계속 만들어낼 것이다. 그러한 모순들을 제거할 수 있는 유일한 길인 혁명은 사유의 세계인 상부구조가 아니라 상부구조의 물질적 토대인 현실 세계, 인간들과 사물들로 이루어진 현실 세계에서 일어나야만 한다. 지금까지 철학은 사상이나 믿음을 그 자체로 타당한 것인 양 취급해왔지만, 그것은 결코 사실이 아니다. 믿음의 진정한 내용은 그 믿음의 표현인 행위이다. 인간이나 사회의 진정한 신념과 원리들은 말이 아니라 행위로 표현된다. 믿음과 행위는 하나다. 행위로 표현되지 않는 믿음은 거짓이고, 겉으로 내세우는 것과 정반대되는 것을 의식적이든 무의식적이든 은폐하기 위한 '이데올로기'이다. 이론과 실천은 하나이거나 하나여야만 한다. '지금까지 철학자들은 세계를 단지 여러 가지로 해석해왔을 뿐이다. 이제 우리가 할 일은 세계를 변화시키는 것이다.'*

이른바 '진정한 사회주의자'인 그륀과 헤스도 마르크스의 혹독한 비판을 피할 수 없었다. 물론 이들은 현실 상황에 관해 썼다는 점에서 앞서 다룬 인물들과 다르지만 이해관계보다 이상을 우선시함으로써 사실에 대한 명확한 인식으로부터 동떨어져 있다는 점에서는 다를 바 없다. 이들은 정치적 불평등과 자기 세대의 전반적인 정서적 불안이 사적 소유를 완전히 폐지해야만 제거할 수 있는 경제적 모순들 때문일 수 있다는 것을 정확히 인식했다. 그러나 이들은 기술 진보는 그 자체가 목적이 아니라 사적 소유의 폐지라는 목적을 위한 수단일 뿐이라고, 행위는 도덕적 이상에 부합할 경우에만 정당할 수 있다고, 무력 사용은 그 목적이 아무리 고귀하다고 해도 투쟁 중인 쌍방 모두를 비인간적으로 만들고 싸움이 끝난 후에 진정한 자유를 누릴 수 없게 만들기 때문에 결국 목적 달성에 실패할 수밖에 없다고 생각했다. 그렇기 때문에 진정한 자유를 원한다면 오로지 평화적이고 이성적인 수단만을 사용해야 한다. 그래야만 산업화가 확대되면서 피로 얼룩진 계급투쟁을 피할 수 없게 되기 전에 최대한 빠르고 고통 없이 원하는 결과를 얻을 수 있다. 그렇지 않으면 폭력만이 남게 될 것이고, 이는 결국 애초의 목적을 파괴해 버리게 될 것이다. 왜냐하면 칼로 세워진 사회는 처음에는 정의의 편이었다 해도 승리한 계급이 나머지 계급 위에 군림하는 독재— 노동자 계급의 독재라 하더

---

* *Theses on Feuerbach* (1845; published 1888), CW 5: 5.

라도 —를 초래할 수밖에 없는데, 이는 진정한 사회주의가 추구하는 인간 평등과 양립할 수 없기 때문이다.

'진정한 사회주의자들'은 공개적인 계급투쟁이 필요하다는 주장에 반대했다. 계급투쟁이 노동자들로 하여금 투쟁 목적인 자신들의 권리와 이상을 보지 못하게 만든다는 이유에서였다. 이해관계들의 지속적인 조화는 인간을 애초부터 인간이라는 점에서 평등한 존재로 볼 때만, 다시 말해 폭력을 거부하고 연대 의식과 정의관 그리고 인류의 고결한 감정에 의거할 때만 실현될 수 있다. 무엇보다도 프롤레타리아의 짐을 다른 계급이 지게 해서는 안 된다. 진정한 사회주의자들에 따르면, 마르크스 일당은 그저 현존하는 계급들의 역할들을 뒤바꿔놓고자 할 뿐이다. 부르주아에게서 권력을 빼앗은 다음 부르주아를 파산시키고 노예화하고자 할 뿐이다. 그러나 이는 도덕적으로 용납될 수 없는 일인 데다 계급투쟁 자체를 그대로 남겨둠으로써 현존하는 모순의 화해를 불가능하게 만든다. 현존하는 모순을 화해시킬 수 있는 유일한 길은 상충하는 이해관계들을 하나의 이상 아래 융합시키는 것이다.

마르크스는 이러한 주장을 모두 멍청한 소리이거나 입에 발린 소리라고 보았다. 그는 '진정한 사회주의자들'의 모든 주장의 밑바탕에는 자본가를 포함한 모든 인간이 합리적인 주장을 수용할 것이고 조건만 맞으면 각자 출신이나 부 또는 능력에 따라 갖고 있는 권력을 더 정의로운 세상의 건설이라는 도덕적 원리를 위해 자발적으로 포기할 것이라는 전제가 깔려 있다고 귀에 못이 박힐 정도로 거듭 지적한다. 그가 보기에 이 전제는 합리주의의 모든 오류 중에서 가장 오래되고 가장 익숙하고 가장 케케묵은 것이었다. 그는 이러한 오류의 최악의 형태를 자기 아버지와 아버지의 동시대인들의 믿음에서 이미 경험한 바 있었다. 그들은 결국은 이성과 도덕적 선이 승리한다는 믿음을 갖고 있었는데, 이는 프랑스 혁명 이후의 암흑기 동안에 발생한 사건들을 통해 이미 완전히 신뢰를 상실한 이론이었다. 필요한 것은 현실 상황에 대한 과학적 검토였다. 그런데도 마치 여전히 18세기에 살고 있는 듯이 그러한 믿음을 주장하는 것은 더없이 어리석은 짓이거나, 겁이 나서 말로만 한가롭게 유토피아적 이론을 펴는 것이었다.

마르크스는 그렇다고 자신이 정반대의 오류에 발을 담글 생각은 없다고 말했다. 그는 인간을 근본적으로 이타적이고 정의로운 존재라고 가정하는 저 이론가들과는 반대로 인간을 탐욕스럽고 이기적이며 공정한 행위 능력이 없는 존재로 보지 않았다. 만일 그렇게 본다면, 그것은 그의 적들의 가정만큼이나 주관적이고 비역사적인 가정일 것이다. 두 가정 모두 인간 행위가 결국은 환경과는 별 관계가 없는 도덕적 특성에 의해 결정된다는 오류를 범하고 있다. 결론까지는 아니지만 방법만큼은 헤겔을 충실히 따랐던 마르크스는 인간의 목적은 알건 모르건 간에 인간이 실제로 놓여 있는 사회적 상황, 즉 경제적 상황에 의해 규정된다고 주장했다. 모든 인간의 행위는 그 사람이 가진 견해가 아니라 물질적 상황이 요구하는 현실적 이해관계에 의해 규정될 수밖에 없다. 대부분의 인간들의 의식적 목적들은 종종 자립적이고 객관적이고 공정한 정치적, 도덕적, 미적, 정서적 목적의 외피를 쓰고 있지만 사실은 그들이 속해 있는 계급의 현실적 이해관계를 반영하고 있다. 대부분의 개인들은 마음을 바꾸기만 하면 생활 방식이 근본적으로 달라질 것이라고 정말로 믿을 만큼 자신들이 환경과 상황, 그중에서도 특히 자신이 속한 계급의 영향을 받는다는 것을 자기 자신도 모를 만큼 효과적으로 감추어왔다.

이것이야말로 근대 사상가들이 범한 가장 심각한 오류였다. 그것은 부분적으로 프로테스탄트적 개인주의의 산물이었다. 프로테스탄트적 개인주의는 교역과 생산의 자유가 확대되면서 그와 맞물려 발생한 '이데올로기'로서 누구나 행복을 위한 수단을 갖고 있기 때문에 신앙과 열정만 있으면 행복을 획득할 수 있고, 누구나 정신적 혹은 물질적 행복을 성취할 능력이 있고, 약하고 불행한 사람이 있다면 그 책임은 결국 자기 자신에게 있다는 믿음을 전파했다. 반대로 마르크스는 행동의 자유, 인간이 선택할 수 있는 현실적 가능성의 범위는 행위자가 사회 속에서 차지하고 있는 위치에 의해 결정된다고 주장했다. 옳음과 그름, 정의와 부정의, 이타주의와 이기주의 같은 개념들은 모두 그런 개념을 갖고 있는 사람들의 정신적 상태를 가리킬 뿐이라는 점에서 논점에서 벗어난 것이었다. 정신적 상태는 그 자체로는 매우 진실한 것이지만 결코 어떤 사람이 놓여 있는 현실적 상황을 드러내는 징후 이상일 수 없다. 중요한 것은 오로지 행위이다. 구성원들의 주관적 동기가 무엇이건 간에, 그 구성원들이 속한 집단의 객관적 행위가 특히 중요하다.

환자라도 병리학을 잘 알 경우에는 가끔은 자신의 상태를 정확히 진단할 수 있고, 사회 철학자가 이야기하는 진정한 통찰도 가끔은 사회의 상태를 정확히 진달할 수 있다. 하지만 이런 경우보다는 징후가 진짜 실체로 둔갑해 고통받는 사람의 이목을 사로잡는 경우가 더 많다. 이 경우에 징후는 정신적 상태를 가리키므로, 현실이 본질적으로 정신적이거나 영적이라든가 역사가 오로지 자유로운 인간 의지의 결정만으로 바뀔 수 있다는 이해하기 힘든 오류는 정신적 상태의 산물이다. 그러나 원리와 대의명분은 행위의 원인인 현실적 이해관계와 연결되지 않는 한 공허한 말에 지나지 않는다. 그런 말들로 사람들을 끌어들이는 것은 사람들에게 헛바람을 불어넣는 것이고 사람들이 자신들의 실제 상황을 파악하지 못하게 만들어 혼돈과 파괴에 빠져들게 하는 것이다.

세상을 바꾸려면 먼저 자신이 다루는 재료인 세상부터 이해해야 한다. 부르주아는 기존 질서를 바꾸지 않고 그대로 유지하기를 원하기 때문에 특정한 개념들에 의거해 행위하고 사고하는데, 이 개념들은 기존 질서의 발전 단계의 산물이기 때문에 어떤 명분을 내세우건 사실은 기존 질서를 한시적으로 유지하기 위한 도구일 뿐이다. 세계를 바꾸는 것이 이익이 되는 프롤레타리아는 중산계급과는 이해관계가 완전히 다른데도 불구하고 중산계급의 필요와 상황에서 만들어진 온갖 지적 도구들을 맹목적으로 받아들인다. 중산계급에 속하는 자유주의자의 입에서 나오는 정의와 자유에 관한 말들에는 자유주의자가 자신의 생활 방식에 대해 갖고 있는 태도라든가 다른 사회 계급의 구성원들과의 실제 관계 혹은 바라는 관계가 표현되어 있다. 그런 말들을 '소외된' 프롤레타리아가 그대로 따라할 때, 그것은 공허한 말에 지나지 않는다. 왜냐하면 그런 말들은 프롤레타리아의 삶의 현실을 전혀 나타내지 못하고 프롤레타리아의 혼란된 정신 상태만 보여줄 뿐이기 때문이다. 그런 말들은 프롤레타리아의 행동력을 촉진하기는커녕 쟁점들을 흐려 그들의 행동력을 방해하고 때로는 마비시키는 최면적 힘이 있는데, 프롤레타리아의 혼란된 정신 상태는 그 말들이 가진 최면적 힘의 결과이다.

이런 점에서 볼 때 상호주의자, '진정한 사회주의자', 신비적 무정부주의자는 아무리 순수한 동기를 갖고 있다고 해도 프롤레타리아에게 부르주아보다도 훨씬 더 위험한 적이다. 왜냐하면 부르주아는 적어도 공개된 적이라서 노동자들은 부르주아의 말과 행위를 신뢰하지 않는 법을 배울 수 있기 때문이다. 하지만 상호주의자, '진정한 사회주의자', 신비적 무정부주의자들은 노동자와의 연대를 선언하면서도 인류의 보편적 이해관계가 항상 존재한다고, 즉 인간들은 자신이 속한 계급과 무관하거나 그것을 초월한 이해관계를 갖고 있다고 주장함으로써 프롤레타리아 진영 내에 오류와 어둠을 확산시켜 이제 막 시작되고 있는 투쟁에서 프롤레타리아의 힘을 약화시키고 있다. 노동자들은 이전의 봉건제나 다른 모든 사회 체제처럼 현대 산업 체제도 계급의 지배하에 있다는 것을 알아야 한다. 지배계급이 하나의 계급으로서 존속하기 위해 현대 산업 체제를 필요로 하는 한, 그것은 자본주의의 생산과 분배 체계가 강요하는 강철 같은 독재 체제로 계속 남게 되고 주인이든 노예이든 어떤 개인도 이 독재체제에서 빠져나갈 수 없다. 인간들이 타고난 능력을 최대한 발전시킬 수 있는 날, 자신들이 원하는 대로 행동하고 생각할 자유를 위해 더 이상 다른 사람들에게 의존할 필요 없이 자발적으로 살고 창조할 수 있는 날에 대한 모든 꿈, 한마디로 자유에 대한 모든 꿈은 생산 수단을 지배하기 위한 싸움이 지속되는 한 실현될 수 없는 유토피아적 꿈일 수밖에 없다.

생산 수단을 지배하기 위한 싸움은 이제 더는 생존에 필요한 최소한의 수단을 얻기 위한 것이 아니다. 왜냐하면 현대의 발명과 발견들 때문에 자연적 결핍은 사라졌기 때문이다. 오늘날의 결핍은 새로운 도구들을 확보하기 위한 투쟁이 만들어낸 인위적 결핍이다. 독점에 의한 권력 집중 현상과 극빈과 타락의 심화를 동시에 초래할 수밖에 없는 필연적 과정에 의한 인위적 결핍이다. 경제적으로 규정된 집단들 간의 투쟁은 인간들을 분열시키고 현실 상황을 보지 못하게 하고 약간의 역사적 설명만으로도 무너질 관습과 규칙의 노예로 만들 뿐이다. 점점 커져 가는 이 차이를 없앨 수 있는 길은 오직 하나, 계급투쟁의 종식이다. 그러나 다른 계급들과 경쟁하는 것이 한 계급의 본질이다. 그러므로 계급투쟁의 종식이라는 목적은 유토피아적 견해가 주장하듯이 계급 간의 평등 실현을 통해서가 아니라 계급 자체를 완전히 없애버림으로써만 실현될 수 있다.

 과거의 합리론자들처럼 마르크스도 인간에게는 현명하고 창조적이고 자유로운 존재가 될 잠재력이 있다고 본다. 인간성이 알아볼 수 없을 만큼 타락한 것은 오랫동안의 야만적인 투쟁 때문이다. 인류학에 따르면, 사회는 원시 공동체로부터 발전했다. 그런데 사회가 원시 공동체에서 벗어난 이후로 인간들은 계속 저 야만적인 투쟁 속에서 살아왔다. 인류가 장구한 세월 동안 불모지를 방황하면서 쟁취한 모든 기술적, 정신적 전리품이 구현된 새로운 차원의 원시 공동체적 상태가 다시 도래하기 전까지는, 진정한 평화도 진정한 자유도 있을 수 없다. 프랑스 혁명은 정치적 형태들만을 바꿈으로써 이를 실현하고자 했지만, 그것은 경제적 현실을 지배하고 있던 부르주아의 요구일 뿐이었다. 결국 프랑스 혁명은 낡은 봉건 체제의 썩어빠진 유물을 최종적으로 파괴해 버림으로써 부르주아를 지배적 위치로 올려놓았을 뿐이지만, 이는 역사 발전 단계에서 프랑스 혁명에 맡겨진 임무였다. 나폴레옹은 이 임무를 이어받을 수밖에 없었다. 나폴레옹이 인류를 해방시키고 싶어 한다는 것을 의심할 수 있는 사람은 당시에 아무도 없었다. 그가 개인적으로 어떤 동기를 가지고 행동을 했건 간에, 그를 둘러싼 역사적 환경의 요구는 그를 결국 사회 변혁의 도구로 만들었다. 헤겔이 이미 인식했듯이, 나폴레옹을 통해 유럽은 자신의 최종

목적을 향해 한 걸음 더 나아갔다.

인류의 자유가 점차 확대되는 과정은 비가역적이다. 새로운 시대는 항상 그때까지 억압받던 계급이 해방되면서 시작되고, 일단 파괴된 계급은 결코 다시 돌아오지 못한다. 역사는 후퇴하지도 순환하지도 않는다. 역사가 이룩한 모든 것은 최종적이고 돌이킬 수 없다. 과거에 제시된 이상적 정치 체제들은 역사 발전의 실제 법칙들을 사상가의 주관적 소망이나 상상으로 대체한 것들이었기 때문에 대부분 의미가 없다. 역사 발전의 법칙들을 아는 것은 효과적인 정치적 행위에 필수적이다. 고대는 중세에, 노예제는 봉건제에, 봉건제는 산업 부르주아지에게 길을 내주었다. 이러한 이행은 평화적인 것이 아니라 투쟁과 혁명의 산물이었다. 후속 체제에게 순순히 길을 내주는 사회정치 체제는 없기 때문이다.

오늘날 다른 계급들 아래에 있는 계급은 오직 하나다. 한 계급만이 여전히 노예 상태에 있다. 그것은 바로 땅도 재산도 없는 프롤레타리아이다. 기술 발전의 산물인 프롤레타리아는 지배계급의 속박에서 벗어나기 위해 자기 위에 있는 계급들을 끊임없이 돕지만 피억압자들의 공동 목적이 달성되고 나면 승리한 계급— 이 새로운 주인은 최근까지만 해도 프롤레타리아와 마찬가지로 노예였고 구 지배계급과 투쟁하는 동안 프롤레타리아의 동맹세력이었다 —에게 억압당할 운명에 있다. 프롤레타리아는 사회의 최하층에 있다. 자기 밑에는 계급이 없기 때문에, 프롤레타리아의 해방은 곧 인류의 해방이 된다. 프롤레타리아는 인간이라는 점만 빼고는 모든 것을 박탈당했기 때문에 다른 계급들과 달리 자신만의 이해관계나 요구를 갖고 있지 않다. 바로 그 점 때문에 프롤레타리아는 인간 자체를 대변할 수 있게 된다. 즉 프롤레타리아계급이 보장받아야 할 권리는 모든 인간이 보장받아야 할 권리의 최소한이다. 그러므로 프롤레타리아의 투쟁은 단순히 사회의 특정 계층의 자연적 권리들을 획득하기 위한 투쟁이 아니다. 왜냐하면 자연적 권리들은 사적 소유를 신성시하는 부르주아의 태도를 이상화해서 표현한 것에 불과하기 때문이다. 오로지 역사가 부여한 권리, 즉 역사가 어떤 계급에 부여한 역할을 수행할 권리만이 진정한 권리이다. 물론 부르주아도 일반 대중에 맞서 최후의 투쟁을 벌일 권리가 있지만, 부르주아가 성공할 가능성은 없다. 봉건 귀족이 전성기에 패배했듯이, 부르주아도 패배할 수밖에 없다.

프롤레타리아가 자유를 위해 싸우는 것은 싸우는 편을 선택했기 때문이 아니라 싸울 수밖에 없기 때문이다. 더 정확히 말하면, 그들은 싸울 수밖에 없기 때문에 싸움을 선택하는 것이다. 즉 투쟁은 프롤레타리아가 생존하기 위한 조건이다. 미래는 프롤레타리아의 것이고, 모든 신흥 계급이 그렇듯이 미래를 위해 싸울 때 프롤레타리아는 쇠퇴할 운명을 지닌 적과 싸우는 것이다. 따라서 프롤레타리아의 투쟁은 인류 전체를 위한 투쟁이다. 그런데 과거의 모든 싸움에서는 승리의 열매인 권력이 결국 소멸할 운명을 지닌 계급에게 넘어갔지만, 지금의 싸움 뒤에는 어떤 싸움도 이어지지 않는다. 이번 싸움은 계급 자체를 폐지함으로써, 지금까지 한 계급의 도구였던 계급 자체를 해체해 계급 없는 자유로운 사회를 출현시킴으로써 지금까지의 모든 투쟁의 조건을 종식시킨다. 프롤레타리아는 적과의 진정한 타협은 불가능하다는 것, 공동의 적을 물리치기 위해서는 적과 일시적으로 동맹을 맺을 수 있지만 결국에는 적과의 타협을 끝내야 한다는 것을 알아야 한다.

부르주아가 권력을 위해 싸우고 있는 후진 국가들에서 프롤레타리아는 부르주아와 동맹을 맺어야 하고, 부르주아가 추구하는 이상이 무엇인지가 아니라 자신이 현 상황에서 할 수밖에 없는 일이 무엇인지를 물어야 하며, 현 상황에 맞춰 전술을 짜야 한다. 역사의 결정 — 개인이 원하든 원하지 않든 프롤레타리아가 승리를 거두게 될 것이다 — 이 얼마나 빨리, 얼마나 고통 없이, 얼마나 효율적으로, 얼마나 의식적 대중이 원하는 수준으로 일어날지는 인간의 주체적 결단과 자신들의 임무에 대한 대중의 이해와 대중을 이끄는 자들의 용기와 능력에 달려 있다.

마르크스에 따르면, 이를 분명히 밝히는 것 그리고 자신들의 운명을 깨닫도록 대중을 교육시키는 것이 오늘날 철학자가 해야 할 일이다. 그러나 종종 제기되어 왔듯이, 이렇게 혹은 저렇게 하라는 명령 내지 규칙이 역사 이론으로부터 어떻게 도출될 수 있는가? 사적 유물론은 실제로 일어나는 것을 설명할 수는 있지만, 오로지 사실에만 관계하기 때문에 가치의 문제 즉 당위의 문제에 대해서는 답을 줄 수 없다. 사실과 당위의 구별은 흄과 칸트에 의해 철학에서 중요한 문제로 부각된 것인데, 마르크스는 사실과 당위를 명확히 구별하지 않는다. 마르크스의 이론에서는 사실 판단과 가치 판단이 뚜렷이 구분될 수 없는 것으로 보인다(마르크스는 사실과 가치의 문제에서 헤겔을 따른다). 왜냐하면 마르크스에게 모든 판단은 주어진 사회 환경에서 실천적 활동에 의해 결정되는데, 이 실천적 활동은 한 계급이 자신의 역사에서 도달한 발전 단계에 의해 결정되기 때문이다. 어떤 것이 존재한다고 믿는 것과 그런 믿음을 가지고 하고 싶어 하는 것은 서로 영향을 미친다. 윤리적 판단은 경험적 활동을 통해 정의되고 검증될 수 있어야만 객관적 타당성을 가질 수 있다.

마르크스는 비경험적인 직관이나 이성, 다시 말해 순전히 사변적인 직관이나 이성의 존재를 인정하지 않는다. 특히 순전히 사변적인 도덕적 직관이나 도덕적 이성의 존재를 인정하지 않는다. 어떤 것이 좋은지 나쁜지, 옳은지 그른지는 그것이 인간들의 집단적인 진보적 활동으로서의 역사 과정과 부합하는지 아닌지, 역사 과정을 돕는지 방해하는지, 계속 존속할 것인지 필연적으로 사라질 것인지가 입증될 경우에만 판단할 수 있다. 인류의 발전 과정은 복잡하기는 해도 어디까지나 역사적으로 결정되는데, 그런 발전 과정에서 영원히 사라지거나 실패하도록 예정되어 있는 모든 원리나 운동은 바로 그러한 역사적 운명에 의해 나쁜 것, 그른 것이 된다. 좋다거나 나쁘다거나, 옳다거나 그르다거나 하는 말들은 바로 이런 의미이다. 그러나 이것은 위험한 경험적 기준이다. 왜냐하면 영원히 사라진 듯 보이지만 사실은 일시적으로 후퇴했을 뿐 결국에는 다시 나타나 세상을 지배하게 될 원리나 운동이 있을 수 있기 때문이다.

많은 비판자들이 이러한 입장으로부터 아주 단순하게 마르크스의 진리관을 이끌어낸 다음, 마르크스가 생각이란 전적으로 사회 환경에 의해 결정되기 때문에 어떤 사람의 말 중 일부가 설령 객관적 참일지라도 그것은 물질적 원인들에 의해 그리 생각하도록 결정된 것일 뿐 그 말이 객관적 참임을 알 수는 없다고 주장했다고 비난한다. 마르크스는 이 문제에 대해 분명한 언급을 하지 않고 있다. 짐작건대 마르크스는 의미에 관한 통상적인 해석에 따라 자연과학의 이론이나 명제 혹은 일반적인 감각적 경험의 이론이나 명제는 참 아니면 거짓이라고 말하지 않았을까 싶다. 만일 그렇다면 이는 현대 철학자들이 가장 일반적으로 다루는 진리 유형에 속한다고 할 수 있는데, 마르크스는 이러한 진리에는 거의 관심이 없었다.

그는 사회적, 도덕적, 역사적 판단들을 참 혹은 거짓이라고 볼 수 있는 근거에 관심이 있었다. 왜냐하면 서로 싸우는 적들 간에는 이런 판단들에 대한 논변들이 경험적 사실에 의거해 쉽게 해결될 수 없기 때문이다. 마르크스는 '나폴레옹이 유배 중에 죽었다'와 같은 단순한 명제는 부르주아 역사가든 사회주의 역사가든 모두 참으로 받아들였을 것이라는 데 이견이 없었을 것이다. 더 나아가 그는 다음과 같이 말했을 것이다. 진정한 역사가는 사건과 날짜의 일람표에만 매달리지 않는다. 과거에 대한 역사가의 설명이 단순한 연대기에 그치지 않고 나름의 타당성을 가질 수 있는지는 그가 어떤 기본 개념을 선택하는지 그리고 무엇을 강조하고 역사적 사실들을 어떻게 정리, 배치하는지에 달려 있다. 역사가가 자료를 선택하는 과정은 어떤 사건이나 행위가 중요하다거나 중요하지 않다거나 인간의 진보에 부정적이라거나 긍정적이라거나 좋다거나 나쁘다고 강조하는 경향이 역사가에게 있다는 것을 보여준다. 그리고 이러한 경향은 역사가의 사회적 출신과 환경, 그가 속한 계급과 그의 이해관계를 극명하게 보여준다.

마르크스가 헤겔처럼 합리성이란 필연의 법칙들에 관한 인식을 포함한다고 본 밑바탕에는 이런 태도가 깔려 있었던 것으로 보인다. 마르크스는 종류를 불문하고 철학적 분석이라는 것을 한 적이 거의 없다. 다시 말해 그는 자신의 인식론, 도덕 이론, 정치 이론 등의 일반 원리들을 제시한 적이 거의 없다. 따라서 그것들을 알기 위해서는 그의 저술들 곳곳에 흩어져 있는 경험적 진술들과 그가 의심할 여지 없이 당연시하고 있는 것들에서 추론하는 수밖에 없다. 그가 자유나 합리성 같은 개념들과 윤리적 용어를 사용할 때, 거기에는 다음과 같은 생각이 깔려 있는 것으로 보인다(마르크스가 자신의 저술들 가운데 구체적으로 어떤 장이나 절에서 이런 생각을 제시하고 있지는 않다. 하지만 마르크스의 정통적 계승자들인 플레하노프, 카우츠키, 레닌, 트로츠키 그리고 이들에 비해 마르크스를 더 독자적으로 받아들인 루카치와 그람시 등의 사상 속에 다음과 같은 생각이 구현되어 있다). 세계가 어떤 방향으로 나아가고 있는지를 아는 사람이 있다고 하자. 그는 그 방향으로 갈 수도 있고 가지 않을 수도 있다. 만일 그 방향으로 가지 않고 그 방향에 맞서 싸운다면, 그는 역사의 전진에 의해 필연적으로 패배하게 되고 스스로를 파괴하게 된다. 알고도 그런 선택을 한다면, 그것은 비이성적인 행동이다. 완전히 이성적인 존재만이 두 길 중 하나를 완전히 자유롭게 선택할 수 있는데, 두 길 중 하나가 선택한 사람을 필연적으로 파괴할 수밖에 없다면, 그는 그 길을 자유롭게 선택한 것이 아니다. 왜냐하면 마르크스의 용어 사용법에 따르면 어떤 행위가 자유롭다는 것은 그 행위가 이성에 위배되지 않는다는 뜻이기 때문이다. 계급으로서의 부르주아는 사라질 운명이지만, 그 구성원 개개인은 부르주아 계급이 최종적으로 무너지기 전에 그 계급을 떠남으로써 이성의 명령을 따라 자신을 구원할 수도 있다(마르크스는 자신이 바로 그런 경우에 해당한다고 말했을지도 모른다).

사회가 이성적이 되기 전에는, 즉 환상을 만들어내고 주인과 노예 모두의 인식을 왜곡시키는 모순들을 극복하기 전에는 진정한 자유는 실현 불가능하다. 하지만 인간은 힘들이 균형을 이루는 참된 상태를 발견하고 그에 따라 행동함으로써 자유로운 세계의 실현에 이바지할 수 있다. 따라서 자유에 이르는 과정에서는 역사적 필연성에 대한 인식이 필수적이다. 마르크스는 '옳은', '자유로운', '이성적인' 등의 단어들을 무심코 사용하는 경우가 아닌 한 언제나 통상적인 의미와는 다르게 사용하는데, 이는 그 단어들이 그의 형이상학적 견해들에서 가져온 것이기 때문이다. 그는 이 단어들을 통상적인 용법과 많이 다르게 사용한다. 통상적 용법에서 그 단어들은 주로 계급적 위치 때문에 왜곡된 인식을 가진 개인들의 주관적 경험 혹은 그런 개인들이 감각이나 자기의식을 통해 드러내는 정신 상태나 신체 상태를 표현하기 위해 사용되는데, 마르크스는 그런 것에는 거의 관심이 없었다.

지금까지 개괄한 것이 대개 암묵적으로 공산주의의 형이상학적 기초를 형성하고 있는 마르크스의 역사 이론과 사회 이론이다. 이 광범위하고 종합적인 이론은 구조와 기본 개념들은 헤겔과 청년 헤겔주의자들에게서, 동적 원리들은 생시몽에게서, 물질의 우위에 대한 믿음은 포이어바흐에게서, 프롤레타리아에 관한 견해는 프랑스 공산주의 전통에서 가져오기는 했지만 그야말로 완전히 독창적인 이론이다. 그것은 여러 요소들이 절충주의로 흐르지 않고 명료하고 정합적인 체계를 형성하고 있으며, 모든 헤겔적 사유 형태들의 최대의 자랑인 동시에 치명적 결함인 거대한 건축적 특성을 갖고 있다. 그러나 이 이론에서는 헤겔이 자기 시대의 과학적 연구 결과들에 대해 가졌던 오만하고 경솔한 태도를 찾아볼 수 없다. 헤겔과 반대로, 마르크스의 이론은 경험과학이 가리키는 방향을 따라가고 경험과학의 일반적 성과들을 받아들인다.

그렇지만 마르크스가 실제로 이러한 이론적 이상을 늘 따랐던 것은 아니다. 그의 추종자들도 마르크스보다 훨씬 더 멀리 이러한 이론적 이상에서 벗어난 적이 있었다. 복잡한 변증법적 패턴에 끼워 맞추려다 보면, 사실들이 완전한 왜곡까지는 아니지만 상당히 변형되는 일이 때때로 발생하기 때문이다. 마르크스의 사회, 역사 이론은 현상을 기술하고 현상의 구조와 작용을 정식화하는 것으로 그치지 않는다는 점에서 결코 완전히 경험적인 이론이라고 할 수 없다. 운동이 변증법적 모순에서 비롯된다는 마르크스의 이론은 사실적 증거들에 의해 더 개연적이 되거나 덜 개연적이 되는 가설이 아니다. 그것은 의심할 여지 없이 타당하다고 전제된 비경험적인 역사적인 방법을 통해 찾아낸 패턴이다. 마르크스에 따르면, 이를 부정하는 것은 헤겔과 칸트의 결정적인 발견들을 무시한 채 언제든 수정될 수 있는 감각적 증거들이 있는 관계만을 현실적인 것으로 인정하는 '속류' 유물론으로 되돌아가는 것이다.

마르크스의 이론은 문제들을 정식화하는 데서 보여주는 예리함과 명료성, 해답을 찾기 위해 제안한 방법의 엄밀성, 구체적인 사실과 포괄적 일반화의 결합 등에서 타의 추종을 불허한다. 물론 그 이론 가운데 일부 결론들은 틀린 것으로 밝혀졌지만, 그렇다고 해도 마르크스의 이론이 사회적, 역사적 문제를 바라보는 완전히 새로운 태도를 만들어내고 새로운 지식의 길을 열어 주는 중요한 역할을 했다는 사실은 부정할 수 없다. 마르크스의 해석 기준들을 적용함으로써, 경제적 관계들의 역사적 발전이라든가 경제적 관계들이 공동체나 개인의 삶의 다른 측면들과 맺는 관계 등에 대한 과학적 연구가 시작되었다. 물론 마르크스 이전에 활동했던 비코, 헤겔, 생시몽 등의 사상가들도 이 주제에 관해 일반 이론들을 제시하긴 했지만, 콩트나 스펜서의 거대한 체계들에서 볼 수 있듯이 그 이론들을 적용해 나온 구체적인 결과물들은 사상사가들만 알고 있을 뿐 지나치게 추상적이고 모호하다. 진정으로 현대 경제사와 현대 사회학의 아버지라고 불릴 만한 인물이 있다면 그는 바로 카를 마르크스다. 전에는 불합리하거나 자기모순적으로 보이던 것을 자명한 진리로 만드는 것이 천재의 징표라면, 마르크스에게는 그러한 징표가 충분히 많다. 하지만 그가 이 분야에서 이룬 업적들은 그 업적들의 영향이 지적 사유의 항구적 배경의 일부가 됨에 따라 사람들의 관심에서 점차 멀어지고 있다.

7
1848년

> 민주주의자들을 상대할 때 필요한 것은 군인들뿐이다.
>
> —빌헬름 폰 메르켈*

> '자유, 평등, 박애'는 '보병, 기병, 포병'이라는 모호하지 않은 말로 대체되었다!
>
> —카를 마르크스, 루이 보나파르트의 브뤼메르 18일**

마르크스는 1845년 초에 기조Guizot 정권에 의해 파리에서 추방되었다. 프로이센 왕을 공격하는 글들을 싣고 있던 사회주의 잡지 『전진Vorwärts』의 발행을 금지시키라는 프로이센의 항의를 기조 정권이 수용한 결과였다. 추방 명령은 원래는 마르

---

* Closing lines of 'Die fünfte Zunft' (first published as a leaflet in 1848), in *Zwanzig Gedichte* (Berlin, 1850), 58-60 at 60. [이 인용구는 프로이센의 반동적 작가 카를 구스타프 율리우스 폰 그리스하임이 익명으로 출판한 소책자 『*Gegen Demokraten helfen nur Soldaten: Ende November 1848*』 (Berlin, [1848])의 제목이었기 때문에 널리 알려졌다. 마르크스도 1861년 11월 18일에 엥겔스에게 보낸 편지에서 이 구절을 인용하고 있다. CW 41: 328 (and see note ibid. 629).]
** 『루이 보나파르트의 브뤼메르 18일*The Eighteenth Brumaire of Louis Bonaparte*』 (1852), CW 11: 137.

248

크스만이 아니라 하이네, 바쿠닌, 루게 그리고 이름이 많이 알려지지 않은 몇몇 외국인 망명자 모두에게 내려지기로 되어 있었다. 그러나 루게는 작센 주의 시민이었기 때문에 추방되지 않았고, 하이네는 유럽 전역에서 명성이 자자한 인물로 당시 권한과 영향력이 최고조에 달해 있었기 때문에 프랑스 정부로서는 추방 명령을 내릴 수 없었다. 바쿠닌과 마르크스는 급진적 언론의 격렬한 항의에도 불구하고 추방되었다. 바쿠닌은 스위스로 갔고, 마르크스는 아내와 한 살 된 딸 예니를 데리고 브뤼셀로 갔다. 얼마 안 있어 그는 자기를 만나러 영국에서 돌아온 엥겔스와 합류했다. 브뤼셀에서 마르크스는 곧바로 독일인 노동자들로 이루어진 여러 공산주의 조직들과 접촉하기 시작했다. 그중에는 바이틀링의 영향하에 모호하지만 폭력적인 강령을 내건 프롤레타리아 혁명가들의 국제 조직으로 여러 유럽 도시에 지부가 있었으나 와해 과정에 있던 의인동맹League of the Just의 회원들도 있었다. 마르크스는 벨기에의 사회주의자나 급진주의자들과도 관계를 맺었고, 다른 나라들에 있는 비슷한 조직의 회원들과 적극적으로 서신을 교환했으며, 정기적으로 정치적 정보를 교환하기 위한 기구[1846년에 결성된 브뤼셀 공산주의자 통신위원회를 가리킨다]를 만들었다. 하지만 그의 주된 활동 영역은 브뤼셀에 있는 독일인 노동자들이었다. 그는 강연을 하거나 브뤼셀에 사는 독일인 노동자들의 기관지인 『도이치 브뤼셀러 차이퉁』에 글을 쓰는 등의 활동을 통해 다가올 혁명에서 브뤼셀에 사는 독일인 노동자들이 해야 할 역할을 설명하는 데 힘을 쏟았다. 유럽의 대다수 급진주의자들과 마찬가지로 마르크스도 혁명이 임박했다고 믿었다.

공산주의 사회는 프롤레타리아의 봉기를 통해서만 달성될 수 있다는 결론에 도달한 순간부터, 마르크스는 자신의 모든 것을 프롤레타리아를 조직하고 훈련시키는 데 바쳤다. 그 전까지 마르크스의 개인사는 한 개인이 살면서 겪는 사건들의 연속이었지만, 이때부터 마르크스의 개인사는 유럽 사회주의의 역사와 분리할 수 없는 것이 된다. 즉 이때부터 마르크스의 개인사에 대한 서술은 어느 정도는 유럽 사회주의의 역사에 대한 서술일 수밖에 없다. 그렇기에 마르크스가 사회주의 운동을 이끄는 데서 수행한 역할을 사회주의 운동 자체와 구별할 경우 마르크스의 개인사와 유럽 사회주의의 역사 둘 다 모호해진다. 마르크스에게 혁명을 위해 노동자들을 준비시키는 일은 과학적인 작업, 일상 업무, 가능한 한 충실하고 효율적으로 수행해야 할 과제였지 자기 개인을 돋보이게 하기 위한 수단이 아니었다. 그렇기 때문에 외적으로 볼 때, 그의 삶은 다윈이나 파스퇴르 같은 다른 분야의 지식인들의 삶처럼 매우 단조로우며 그런 점에서 당대의 다른 혁명가들이 보여준 격정적이고 활동적인 삶과 분명히 대조된다.

19세기 중반은 미적, 정서적 감수성이 엄청나게 중시된 시기이다. 그리하여 처음에는 루소와 샤토브리앙, 실러와 장 폴, 바이런과 셸리 같은 특출한 개인들만의 경험이었던 것이 어느덧 유럽 사회 일부의 일반적 태도를 구성하는 중요한 요소가 되었다. 처음으로 한 세대 전체가 모든 집단이나 사회적 삶들의 상호작용으로 이루어져 있는 외적 세계와 매우 다른 사람들의 개인적 경험에 매료되었다. 이러한 경향은 위대한 민주주의적 혁명가들의 삶과 이론으로, 그들에 대한 지지자들의 열정적인 숭배로 표출되었다. 마치니, 코슈트, 가리발디, 바쿠닌, 라살은 자유를 위해 싸우는 영웅적 투사로 존경을 받았고 각 개인이 지닌 낭만이고 시적인 특성들 때문에 찬사를 받았다. 그들이 이룬 업적은 심오한 내적 경험의 표현으로 여겨졌으며, 그러한 업적의 강력함은 그들의 말과 몸짓에 프랑스 대혁명기의 사람들이 보여준 극도로 비개인적인 영웅주의와는 완전히 다른 특성, 즉 이 시대 특유의 분위기와 태도를 이루는 감동적인 특성을 부여했다.

카를 마르크스는 정신적인 면에서 자기 세대보다는 바로 전 세대나 뒷세대에 가까웠다. 원래 심리학적 통찰과는 거리가 멀었던 마르크스는 가난에 과로까지 더해지면서 다른 사람의 감정에 공감할 만한 마음의 여유가 없었다. 아주 가까운 사람들을 제외하고는 타인의 경험이나 성격에 대해 완전히 무지했던 탓에, 그는 만나는 사람들에게 대단히 무례한 사람이라는 인상을 주었다. 베를린의 대학생 시절에는 그에게도 한때 감상적인 시기가 있었지만, 그것은 이미 옛날 일이었다. 그는 도덕적, 감정적 고통과 정신적 위기를 당시와 같은 전시에는 용납할 수 없는 부르주아적 방종이라고 보았다. 레닌처럼 마르크스도 적군이 아군의 진지를 잇달아 점령하고 있는 와중에 자신의 영혼의 상태에만 골몰하고 있는 사람들을 극도로 경멸한 것으로 보인다.

마르크스는 국제적인 혁명 조직을 만드는 일에 착수했다. 런던에 있던 〈독일인 노동자 교육 협회〉라는 단체가 마르크스의 계획에 가장 열렬한 반응을 보였다. 이 단체를 이끌고 있는 것은 독일에서 추방된 직공들로 이루어진 작은 집단이었다. 혁명에 대한 열정으로 가득한 이 직공들 중에 식자공 샤퍼, 시계 제조공 몰, 구두 수선공 바우어는 마르크스가 처음으로 알게 된 믿을 만한 정치적 동지들이었다. 이들이 속한 〈독일인 노동자 교육 협회〉는 〈의인 동맹〉의 후신인 〈공산주의자 동맹〉과 손을 잡았다. 엥겔스와 함께 영국을 여행하는 도중에 저 직공들을 만난 마르크스는 그들의 굳은 의지와 능력과 열정 등에 깊은 인상을 받았지만, 그들은 마르크스를 언론인이자 지식인으로 보고 의심의 눈초리를 거두지 않았다. 그리하여 마르크스와 이들은 상당 기간 동안 극히 공식적이고 사무적인 관계만 유지했다. 양측의 결합은 당면한 실천적 목적들을 위한 것이었고, 마르크스 본인도 이를 인정했다. 마르크스의 지도하에 〈공산주의자 동맹〉은 빠르게 성장하면서 급진적 노동자 단체들을 끌어들이기 시작했다. 이 단체들은 대부분 독일의 산업 지대에 산재해 있었지만, 그 구성원 중에는 군대의 장교나 지식인들도 있었다. 엥겔스는 조국인 독일에서 뜨거운 혁명적 열정을 가진 급진적 노동자들이 증가하고 있는 것에 대해 찬사의 글을 쓰기도 했다.

처음으로 마르크스는 오랫동안 바랐던 위치에 있게 되었다. 나날이 성장하는 적극적인 혁명적 정당의 조직가이자 지도자가 된 것이다. 마르크스보다 먼저 브뤼셀에 와서 외국인 급진주의자들뿐만 아니라 브뤼셀의 상류 계급 사람들과도 두루 친분이 있던 바쿠닌은 마르크스가 지식인들의 모임보다는 직공과 노동자들의 모임을 더 좋아하고 아주 단순한 사람들은 이해할 엄두도 낼 수 없는 추상적인 이론들과 모호한 경제적 주장들로 그들에게 헛바람만 불어넣고 있다고 불만을 터뜨렸다.

바쿠닌은 독일인 직공들은 못 배운 데다 한계가 너무 분명해서 자세히 설명해 주어도 무슨 말인지 이해하지 못한다고 보았고, 결정적인 투쟁의 국면에서 도저히 상황을 반전시킬 능력이 없어 보이는 영양실조 상태의 이런 아둔한 사람들을 조직하거나 그들을 상대로 강연을 하는 것은 아무 쓸모도 없는 일이라고 생각했다. 게다가 마르크스가 프루동을 공격하면서, 마르크스와 바쿠닌의 관계는 훨씬 더 소원해졌다. 프루동은 바쿠닌의 절친인 데다 바쿠닌에게 헤겔 철학을 알려준 인물이었고, 마르크스가 프루동에 대해 가한 비판은 치밀한 정치적 분석 대신 모호하고 화려한 수사에 탐닉하는 경향이 있는 바쿠닌을 겨냥한 것이기도 했기 때문이다.

훗날 1848년의 사건들은 다가올 혁명을 어떤 식으로 실행할 것인지에 대한 두 사람의 생각을 바꾸어 놓았다. 바쿠닌은 비밀 테러 집단들에 힘을 쏟은 반면, 마르크스는 공인된 정치적 방법들에 따라 움직이는 공개적이고 공식적인 혁명 정당을 설립하는 데 힘썼다. 마르크스는 수사修辭와 모호함을 좋아하는 독일인들의 경향을 불식시키는 작업을 시작했다. 독일 내 마르크스 조직의 구성원들이 두 차례에 걸친 혁명과 그 이후에 보여준 효율적이고 규율 있는 행동에서 볼 수 있듯이, 그의 노력은 어느 정도 성공을 거두었다.

1847년에 〈공산주의자 동맹〉의 런던 본부는 마르크스와 엥겔스에 대한 신임의 표시로 이 단체의 신조와 목적을 분명히 보여주는 문서의 작성을 맡겼다. 마르크스는 이 일을 최근에 머릿속으로 완성한 새 이론을 분명하게 정리, 요약하는 기회로 삼았다. 1848년 초에 작성된 이 문건은 파리 혁명이 일어나기 몇 주 전 『공산당 선언』이라는 제목으로 출간되었다.

처음에 『공산당 선언』의 초고를 작성한 것은 엥겔스였다. 마르크스는 질문과 대답의 형식을 취하고 있는 이 초고에 강력함이 부족하다고 보고 초고를 완전히 다시 썼다. 엥겔스는 이 초고가 온전히 마르크스가 쓴 것이라고 말하고 있지만, 이 말을 곧이곧대로 믿을 수는 없다. 엥겔스는 마르크스와의 공동작업에 관해서는 항상 지나치게 겸손한 태도를 보이기 때문이다. 엥겔스의 부인과 달리, 마르크스의 초고를 보면 『공산당 선언』의 작성에 엥겔스가 얼마나 큰 역할을 했는지 알 수 있다. 어쨌든 그렇게 해서 사회주의의 모든 소책자 가운데 가장 위대한 문건이 탄생했다. 현대의 어떤 정치 운동도 유창함이나 힘에서 『공산당 선언』에 필적할 만한 것을 만들어내지 못했다. 『공산당 선언』은 놀랍도록 힘 있는 글이다. 『공산당 선언』은 형식으로 보면 장차 복수에 나서게 될 미래 세력들의 이름으로 기존 질서를 고발하는 데까지 이르는 대담하고 흥미로운 역사적 일반화들의 체계이다. 많은 부분에서 위대한 혁명 찬가 같은 서정시적 특성을 갖고 있는 이 산문은 오늘날에도 그 울림이 강력한 만큼 아마 당시에는 더 대단했을 것이다.『공산당 선언』은 이 글 전체의 분위기와 의도를 잘 보여주는 위협적인 문구로 시작한다. '하나의 유령이 유럽을 배회하고 있다. 공산주의라는 유령이. 낡은 유럽의 모든 세력, 즉 교황과 차르, 메테르니히와 기조, 프랑스 급진주의자들과 독일 경찰이 이 유령을 제거하려고 신성동맹을 맺었다. (……) 공산주의는 이미 유럽의 모든 세력에게 하나의 세력으로 인정받고 있다.'* 그런 다음 상호 연관된 테제들이 자세한 설명과 현란한 표현들과 함께 차례로 이어지고, 마지막으로 전 세계 노동자들을 향한 유명한 호소로 끝맺는다.

첫 번째 테제는 제1절의 첫 문장에 표현되어 있다. '지금까지 모든 사회의 역사는 계급투쟁의 역사이다.'** 역사 시대가 시작된 이래, 인류는 언제나 착취자와 피착취자로 나뉘어져 왔다. 주인과 노예, 귀족과 평민, 오늘날에는 부르주아와 프롤레타리아로. 발견과 발명의 엄청난 발전은 현대 사회의 경제 체제를 바꾸어 놓았다. 길드는 지역 기반 매뉴팩처에 자리를 내

---

* 『공산당 선언』(1848), 서문. CW 6: 481.
** ibid. 482.

주었고, 매뉴팩처는 거대 산업체에 자리를 내주었다. 이러한 각각의 발전 단계에 맞춰 고유한 정치적, 문화적 형태들이 출현했다. 현대 국가의 구조는 부르주아의 지배를 반영하고 있고, 그런 점에서 현대 국가는 사실상 부르주아 계급 전체의 일을 관리하는 위원회나 다름없다. 부르주아는 초창기에는 매우 혁명적인 역할을 수행했다. 봉건 질서를 무너뜨렸고, 그 과정에서 사람들을 '타고난 상전들'에게 묶어 놓았던 오랫동안의 목가적이고 가부장적인 관계들을 파괴했다. 하지만 그 결과 인간들에게는 사실상 고용주와 피고용인이라는 금전적 관계, 적나라한 자기이익만이 남게 되었다. 부르주아는 개인의 존엄성을 사고팔 수 있는 양도 가능한 상품으로 만들어 버렸고, 공식 서한과 칙허장에 의해 보장되던 자유들을 상업의 자유로 바꾸었으며, 종교적, 정치적 가면으로 위장하고 있던 착취를 직접적이고 이기적이고 파렴치한 착취로 바꾸어 놓았다. 부르주아는 과거에는 공동체에 대한 봉사의 형태들로 명예와 존경을 받았던 전문직들을 단순한 고용 노동으로 만들어 버렸다. 한마디로 말해, 부르주아는 소유만을 목적으로 삼음으로써 모든 생활 형태를 타락시켰다.

이런 일이 가능했던 것은 엄청난 양의 새로운 천연자원을 발굴해 이용할 수 있었기 때문이다. 봉건 체제는 이러한 새로운 발전을 감당할 수 없었기 때문에 붕괴했다. 그런데 같은 일이 다시 벌어지고 있다. 과잉 생산으로 인한 빈번한 경제 공황은 자본주의가 이제 더는 자신의 자원들을 통제할 수 없게 되었다는 징조다. 한 사회 질서가 생산 설비가 너무 빨리, 너무 많이 확장되는 것을 막기 위해 생산물을 파괴할 수밖에 없다는 것은 그 사회 질서의 파산과 붕괴가 다가오고 있다는 확실한 징조이다. 부르주아적 질서는 자신의 상속자인 동시에 사형 집행인인 프롤레타리아를 만들어냈다. 부르주아적 질서는 귀족계급과 소생산자, 소상인 등 자신과 경쟁하는 모든 집단의 힘을 파괴하는 데는 성공했지만 프롤레타리아만은 파괴할 수 없다. 프롤레타리아는 부르주아 체제의 유기적 부분으로 부르주아의 존립에 필수적일 뿐만 아니라, 착취 과정에서 규율과 훈련을 통해 조직되어 있기 때문에 부르주아를 위한 거대한 군대가 될 수 있기 때문이다.

자본주의가 국제적이 될수록 — 자본주의는 팽창하면서 점점 더 국제적이 될 수밖에 없다 — 자본주의가 조직하는 노동자들의 규모는 자동적으로 더 커지고 더 국제적이 될 것이고, 이로 인한 노동자들의 단결과 연대는 마침내 자본주의를 무너뜨릴 것이다. 자본주의의 국제적 동맹은 필연적으로 그에 맞서는 노동자 계급의 국제적 동맹을 낳는다. 이러한 변증법적 과정은 필연적이라서, 어떠한 힘도 그 과정을 저지하거나 통제할 수 없다. 그러므로 농민, 직공, 소상인들을 대변하는 이데올로 그들의 열렬한 갈망처럼 중세의 목가적 상태를 부활시키려 한다든가 과거에 대한 향수를 바탕으로 유토피아적 계획들을 세우려 드는 것은 쓸모없는 짓이다. 과거는 이미 지나갔고, 과거에 속했던 농민, 직공, 소상인 같은 계급들은 역사의 진군에 의해 이미 오래전에 결정적으로 패배했다. 그 계급들이 부르주아에 대해 갖고 있는 적대적 태도는 종종 사회주의라고 불리지만, 사실 그것은 사회주의가 아니라 반동적인 태도이고 인간의 진보를 되돌리려는 헛된 시도이다. 그 계급들이 부르주아와의 싸움에서 승리할 수 있는 유일한 길은 독자적 존립을 포기하고 프롤레타리아와 연합하는 것이다. 지금 프롤레타리아의 성장은 부르주아를 내부로부터 서서히 파괴하고 있다. 왜냐하면 부르주아는 자신들의 하인인 프롤레타리아를 부려먹고 사는 법인데 공황과 실업이 증가하면서 불가피하게 프롤레타리아를 먹여 살리는 데 힘을 다 소진하고 있기 때문이다.

이제 『공산당 선언』은 공격에서 방어로 넘어간다. 사회주의의 적들은 사적 소유가 폐지되면 자유가 파괴되고 종교와 도덕과 문화의 토대가 붕괴될 것이라고 주장한다. 맞다. 하지만 사적 소유의 폐지로 파괴될 가치들은 부르주아적 자유와 부르주아적 문화처럼 낡은 질서와 결합되어 있는 가치들뿐이다. 부르주아적 자유와 부르주아적 문화가 시대와 장소를 뛰어넘어 절대적인 가치를 지닌 듯이 보이는 것은 부르주아가 계급투쟁에서 그것들을 무기로 사용하는 데서 비롯된 환상이다. 진정한 개인적 자유는 독립적으로 행동할 능력에 있는데, 직공, 소상인, 농민들은 자본주의에 의해 오랫동안 이러한 능력을 박탈당해왔다. "부르주아들이 잃고 싶어 하지 않는 문화는 압도적 다수에게는 기계처럼 움직이는 훈련일 뿐이다."* 계급투쟁이 완전히 종식되면 이러한 환상적 이상들은 필연적으로 사라질 것이고, 계급 없는 사회에 기초한 새롭고 더 폭넓은 생활양식이 출현할 것이다. 저 환상적인 이상들의 상실을 슬퍼하는 것은 오랫동안 앓아서 익숙해진 질병이 사라진 것을 슬퍼하는 것이나 다름없다.

혁명은 상황에 따라 달라져야 하지만, 어디에서건 혁명의 첫 번째 조치는 토지와 신용과 운송의 국유화, 상속권 폐지, 고율의 누진세, 생산 증대, 도시와 농촌 간 장벽의 철폐, 의무 노동의 도입, 모든 사람을 위한 무상 교육의 도입 등이어야 한다. 그럴 경우에만 진정한 사회 재건이 시작될 수 있다.

『공산당 선언』의 나머지 부분에서는 다양한 종류의 사이비 사회주의를 폭로하고 논박한다. 사이비 사회주의는 귀족이나 가톨릭교회 같은 부르주아의 적들이 공동 이익이라는 번지르르한 명분을 내세워 프롤레타리아를 자신들 편으로 끌어들이려는 시도이다. 그런데 몰락한 소부르주아가 이러한 사이비 사회주의에 합류한다. 소부르주아 저술가들은 자본주의적 생산의 혼란, 기계의 도입에 의한 궁핍화와 인간 존엄성의 하락, 엄청난 빈부격차 등을 폭로하는 데는 뛰어나지만, 그들이 제시하는 해법들은 이미 낡아빠진 것들이라는 점에서 공상에 불과하다.

독일의 '진정한 사회주의자들'**에 대해서는 말하는 것조

---

* ibid. 501.

차 아깝다. 그들은 프랑스 사상가들의 진부한 말들을 헤겔주의의 언어로 바꿈으로써 무의미한 말들을 무더기로 생산해내고 있는데, 그런 말들로 세상을 오랫동안 속일 수는 없다. 프루동, 푸리에, 오언 등을 따르는 자들은 부르주아를 구출해 줄 체계들을 제시한다. 그들은 마치 프롤레타리아가 아예 존재하지 않거나 혹은 프롤레타리아가 자본가 위치로 상승해 피착취자는 없고 착취자만 남는 것이 가능하기라도 한 듯이 주장한다. 이런 견해들이 무수히 많다는 것은 부르주아가 절망적인 상태에 있다는 것을 의미한다. 부르주아는 자신의 임박한 죽음을 직면할 능력도 의지도 없으면서 모호하고 기회주의적인 사회주의의 탈을 써서 살아남으려 기를 쓰지만, 그것은 헛수고일 뿐이다.

공산주의자들은 하나의 당이나 분파가 아니라 프롤레타리아의 자기 의식적 전위(前衛)이다. 그들은 이론적 목적들에 강박적으로 사로잡히는 것을 거부하고 자신들의 역사적 사명을 실현하고자 한다. 그들은 자신들의 목적을 숨기지 않는다. 그들은 무력으로 사회 질서 전체를 무너뜨리고 자신들이 모든 정치적, 경제적 권력을 장악할 때만 자신들의 목적이 달성될 수

** 헤스, 그륀 및 그 일파를 가리킨다. 이들이 사회주의를 옹호한 것은 사회주의가 역사적으로 필연적인 것이라고 보았기 때문이 아니라 사회주의가 정의로운 것이고 역사나 계급투쟁에 의해 근본적으로 변화되지 않는 영원한 본질로서의 인간 본성이 요구하는 것이라고 보았기 때문이다. 이것이 그들의 과오다.

있다는 사실을 숨기지 않는다. 『공산당 선언』은 다음과 같은 유명한 말로 끝난다. '프롤레타리아가 잃을 것은 사슬뿐이요, 얻을 것은 세계다. 만국의 프롤레타리아여, 단결하라!'*

후대의 학자들은 『공산당 선언』이 이전의 강령들, 특히 바뵈프주의자들의 강령들에서 매우 많은 것을 가져왔다는 것을 보여주었다. 다른 데서 가져오기는 했지만, 그것들은 서로 잘 녹아들어 단단한 통일체를 이루고 있다. 『공산당 선언』의 시작과 끝부분은 요약이 불가능하다. 아무리 잘한 요약도 원문이 담고 있는 본질적 특징과 힘을 온전히 전달할 수 없기 때문이다. 파괴적인 선전의 도구로서 『공산당 선언』에 필적할 만한 것은 아무것도 없다. 『공산당 선언』이 후속 세대들에게 미친 지대한 영향은 종교사의 경우를 제외하고는 견줄 데가 없다. 마르크스는 이 문건 하나만으로도 불후의 명성을 얻게 되었다. 이 문건은 우선 마르크스의 운명에 가장 직접적인 영향을 미쳤다. 정치적 망명자들에게 상당히 관대했던 벨기에 정부도 이 강력한 출판물을 못 본 체할 수는 없었다. 벨기에 정부는 곧바로 마르크스와 그 가족에게 추방 명령을 내렸다. 바로 다음 날, 오랫동안 고대하던 혁명이 파리에서 일어났다. 새로 들어선 프랑스 정부 내의 급진주의자 플로콩은 마르크스에게 찬사로 가득한 서한을 보내 혁명의 도시로 돌아와 달라고 부탁했다. 마르크스

---

* CW 6: 519.

는 편지를 받은 즉시 벨기에를 떠났고 다음 날 파리에 도착했다.

파리는 온통 열광의 도가니였다. 장벽들이 또다시 무너졌고 이번에는 결코 되살아날 수 없을 것 같았다. 왕은 자신이 무도한 세력들에게 쫓겨났다고 선언하고는 달아났다. 새 정부[1848년 2월 혁명으로 들어선 임시정부]는 인류와 시민의 친구들의 대표들을 포함한 인사들로 구성되었다. 위대한 물리학자 아라고와 시인 라마르틴이 입각했고, 노동자들의 대표는 루이 블랑과 알베르였다. 어디서나 라마르틴이 쓴 유려한 문장의 선언서가 읽히고 인용되고 낭독되었다. 거리마다 분파와 국적을 불문하고 민주주의자들의 노랫소리와 환호성이 가득했다. 반대파는 살아 있는 기색조차 보이지 않았다. 교회는 다음과 같은 내용의 선언문을 공표했다. 그리스도교는 개인의 자유에 적대적이지 않다. 그리스도교는 본래 개인의 자유를 보호하는 수호자이자 동지이다. 그리스도교에서 말하는 왕국은 이 세상에 존재하는 왕국이 아니다. 따라서 그리스도교가 반동세력을 지지한다는 비난은 사실이 아니다. 반동세력에 대한 지지는 그리스도교의 원리에서 나온 것도 아니고 유럽 사회에서 그리스도교가 차지하는 역사적 위치에서 나온 것도 아니며 그리스도교의 핵심 교의를 훼손하지 않고도 얼마든지 근본적으로 수정될 수 있다. 사람들은 이런 종류의 선언들을 곧이곧대로 받아들였고 열렬히 환영했다.

독일과 폴란드, 이탈리아에서 온 망명자들은 반동세력이 유럽 전역에서 곧 붕괴될 것이고 그 폐허 위에 곧바로 새로운 도덕적 세계가 출현하게 될 것이라는 예측들을 앞다투어 내놓았다. 얼마 안 있어 나폴리에서 혁명이 일어났다는 소식이 전해졌다. 뒤이어 밀라노, 로마, 베네치아를 비롯한 이탈리아의 도시들에서도 혁명이 일어났다. 베를린, 빈, 부다페스트에서는 무장봉기가 발생했다. 마침내 유럽 전역에서 혁명의 불길이 타올랐다. 파리에 있던 독일인들의 열광은 최고조에 달했다. 반란을 일으킨 조국의 공화주의자들을 지원하기 위해 파리의 독일인들을 중심으로 의용군이 만들어졌고, 지도자로 시인인 게오르크 헤르베크와 프로이센의 공산주의자인 퇴역 군인 빌리히가 임명되었다. 의용군은 곧 출발하기로 되어 있었다. 프랑스 정부는 의용군을 장려했는데, 아마도 수많은 외국인 선동가들이 프랑스 땅을 떠나는 것을 보고 싶었기 때문일 것이다. 엥겔스는 의용군 계획에 상당한 매력을 느꼈다. 의용군 명단에는 분명 그의 이름이 들어 있었을 것이다. 하지만 엥겔스는 의용군 계획의 진행 과정을 불신의 눈으로 보고 있던 마르크스의 만류로 참전을 포기했다.

마르크스가 보기에, 독일 대중이 대규모의 폭동을 일으킬 징조는 전혀 없었다. 도처에서 전제주의 정권들이 전복되자 군주들이 마지못해 새로운 헌법들을 약속하고 온건 자유주의 정부들을 받아들이고 있었지만, 프로이센 군대만은 여전히 왕에게 충성하고 있었다. 반면 민주주의자들은 분산되어 있는 데다 제대로 된 지도부가 없어 중요한 문제들에 대한 합의조차 할 수 없었다. 선출된 인민 대표들이 독일의 미래 정부를 결정하기 위해 프랑크푸르트에 모였지만, 이 회의는 시작부터 실패였다. 그런 상황에서 훈련도 되지 않은 망명 지식인들로 이루어진 군대가 갑자기 독일 땅에 모습을 드러내는 것은 마르크스가 보기에 혁명적 에너지의 낭비였다. 의용군은 우스꽝스럽거나 비참한 최후를 맞게 될 것이고, 그 뒤에는 수치심과 환멸감만이 존재하는 무기력한 분위기가 이어질 것이다.

이렇듯 마르크스는 의용군이 왕의 군대에게 패배할 수밖에 없다고 보았기 때문에 의용군을 조직하는 데 반대했을 뿐만 아니라 의용군이 파리를 떠난 후에도 전혀 관심을 보이지 않았다. 대신에 그는 고향인 라인란트에서 선전 활동으로 달성할 수 있는 일을 알아보러 쾰른으로 갔다. 그는 쾰른에서 자유주의적 제조업자들과 공산주의 지지자들로 이루어진 한 집단을 만나 5년 전 폐간된 것과 같은 제호의 새로운 〈라인 신문〉을 창간하고 자신을 편집자로 임명하도록 설득했다. 당시 쾰른은 지역 민병대를 장악하고 있는 지역 민주주의자들과 베를린의 명령을 받고 있는 주둔군이 불안한 균형을 이루고 있었다. 마르크스는 〈공산주의자 동맹〉의 이름으로 자신의 대리인들을 보내 독일의 노동자들을 선동하게 했고 그들이 보낸 보고서들을 바탕으로 사설을 썼다. 당시 라인란트에는 공식적인 검열이 없었기 때문에, 점점 더 많은 사람들이 그의 선동적인 글을 접할 수 있게 되었다. 좌파 언론 중에서 유일하게 분명한 독자적 정책을 갖고 있던 〈신라인 신문Neue Rheinische Zeitung〉은 일약 유명해졌다. 〈신라인 신문〉의 발행 부수는 급증했고 독일의 다른 지방들에서도 읽히기 시작했다.

마르크스는 지난 몇 년간 면밀하게 쌓아올린 기본적 이론을 바탕으로 이미 완벽한 정치적, 경제적 행동 계획을 세워놓고 있었다. 그는 반동 정부의 타도라는 당면 목표를 위해 노동자와 급진적 부르주아가 잠정적으로 동맹을 맺어야 한다고 주장했다. 그는 프랑스인들은 1789년에 봉건주의의 속박에서 자신들을 해방시켰기 때문에 1848년에 그다음 발걸음을 내디딜 수 있었지만 독일인들은 지금까지 순수 사유의 영역에서만 혁명들을 달성했을 뿐이라고 선언했다. 독일인들은 사유의 급진성이라는 측면에서는 프랑스인들보다 훨씬 앞서 있었지만 정치적으로는 아직 18세기에 머물러 있다. 그렇기 때문에 서유럽 국가들 중에서 가장 뒤처진 독일은 발전된 산업주의 단계에 도달해 이웃의 민주주의 국가들과 보조를 맞출 수 있으려면 그 전에 먼저 두 단계를 거쳐야만 한다. 역사의 변증법적 운동은 어떠한 비약도 허용하지 않는데, 프롤레타리아의 대표들은 부르주아의 요구들을 간과하는 잘못을 저지르고 있다. 부르주아는 자기 계급의 해방을 위해 일하는 가운데 보편적 이상을 촉진할 뿐만 아니라 무지하고 흩어져 있고 조직도 엉성한 노동계급에 비해 경제적으로나 정치적으로 월등히 잘 조직되어 있고 통치 능력도 훨씬 더 뛰어나다. 그러므로 노동자들이 제일 먼저 취해야 할 조치는 중산계급과 중하위계급에서 자신들과 마찬가지로 희생당하고 있는 사람들과 동맹을 맺는 것이다. 그런 다음 부르주아와의 싸움에서 승리하게 되면 저 동맹자들이 타협적 제휴 관계를 끝내고 싶어 할 것이 분명하므로, 다음 조치는 그들의 활동을 순전히 수적 우위와 경제적 힘으로 통제하고 필요하면 방해하는 것이다.

이에 대해 쾰른의 극단적 민주주의자인 안네케와 고트샬크는 프롤레타리아의 순수한 대의를 훼손하고 약화시킬 수 있는 그러한 기회주의를 완전히 버려야 하고 더 나아가 모든 정치적 행동을 그만두어야 한다고 주장했다. 마르크스는 이들의 주장에 반대했다. 마르크스가 보기에 그들의 주장은 현실의 세력 균형에 대한 독일인 특유의 무관심과 무지를 보여주는 것이었다. 마르크스는 실천적으로 유효한 방책은 프랑크푸르트로 노동자 대표들을 보내 직접 개입을 하는 것뿐이라고 주장했다. 그가 보기에 정치와 거리를 두는 것은 지극히 어리석은 전술이었다. 그런 전술은 노동자들을 고립시키고 승리한 계급의 처분에 맡겨 버리는 결과를 가져올 가능성이 있었기 때문이다. 외교 정책에서 마르크스는 범독일주의자에 가까운 편으로 러시아에 대해 강한 반감을 갖고 있었다. 러시아는 민주주의와 진보 세력에 대해 오랫동안 한결같은 태도를 고수해 왔고 20세기의 파시즘 세력들처럼 반동적인 감정을 조장해왔다. 러시아는 국내외를 막론하고 자유를 쟁취하려는 시도는 무엇이든 박살낼 의지와 능력을 가진 강력한 반동의 보루였으며 모든 정파의 민주주의자들에게 공포의 대상이었다.

마르크스는 1842년처럼 이번에도 즉각 러시아와 싸울 것을 요구했다. 러시아가 개입할 것이 명백한 상황에서 독일의 민주주의 혁명이 성공할 수는 없었기 때문이다. 러시아는 모든 영향력을 동원해 유럽의 봉건 왕조 세력을 지원하고 있는 강대국이었다. 그런 러시아에 맞서 독일의 제후국들을 하나의 민주주의 국가로 통일시키려는 혁명이 성공할 수는 없었다. 더구나 독일의 민주주의 혁명의 목적 중에는 바쿠닌이 입버릇처럼 말하는 러시아 곳곳에 있는 혁명 세력들을 지원하는 것도 포함되어 있을 것인데, 그런 혁명을 러시아가 방관할 리는 없을 것이다. 마르크스는 독일의 통일을 위해서는 다른 많은 것을 희생할 각오가 되어 있었다. 헤겔과 비스마르크처럼 마르크스도 독일이 약하고 비능률적이고 정치적으로 뒤처진 이유를 국가의 분열에서 찾았기 때문이다. 마르크스는 낭만주의자도 민족주의자도 아니었다. 그는 독일을 이루고 있는 수많은 소국들을 사회적, 경제적 진보를 방해하는 낡은 유물들이라고 보았다. 따라서 마르크스가 훗날 독일이 슐레스비히-홀스타인의 덴마크 쪽 영토를 무참히 짓밟은 일을 공개적으로 찬성한 것은 그로서는 일관성 있는 행동이었다. 독일의 대표적인 민주주의자들도 대부분 독일의 슐레스비히-홀스타인 침공을 공개적으로 지지했는데, 이는 이들과 동맹 관계에 있던 다른 나라의 자유주의자와 입헌주의자들을 상당히 곤혹스럽게 만들었다.

당시 프로이센에서는 자유주의적인 정권이 들어섰다가 오래지 않아 다른 자유주의적 정권으로 바뀌는 일이 반복되고 있었다. 마르크스는 이 자유주의적 정권들이 왕과 그 일당의 손아귀로 권력이 흘러 들어가도록 방치하고 있다고 비난했다. 사실 그의 눈에는 방치가 아니라 거의 도와주고 있는 것으로 보였다. 프랑크푸르트 국민의회가 보여준 공리공론과 '의회의 정신박약'*에 실망한 나머지 격렬한 반정부 폭동들이 일어났지만 그 결과는 참담했다. 마르크스는 『자본』에서 이 일에 대해 평생 유례를 찾을 수 없을 정도로 격렬한 분노를 표했다. 그는 당시에도 그 이후에도 이 싸움의 결과에 절망한 적은 없었지만, 혁명 전술이라든가 대중과 그 지도자들의 지적 수준 그리고 그들에 대한 신뢰와 관련해서는 근본적으로 생각을 달리하게 되었다. 그는 대중과 그 지도자들의 구제 불능한 우둔함이야말로 그들의 진보에 자본주의 자체보다도 더 큰 장애물이라고 주장했다. 하지만 역사는 마르크스의 정책도 그가 비난했던 비타협적 급진주의자들의 정책만큼이나 실현 불가능한 것이었음을 보여주었다. 그는 혁명이 처참한 실패로 끝난 이유를 부르주아의 취약함과 의회적 자유주의자들의 무능함에서도 찾기는 했지만, 주된 이유는 속임수에 잘 넘어가는 대중의 정치적 맹목성 때문이라고 보았다. 그가 보기에 대중은 그들을 속이고 그럴듯한 말로 사탕발림을 하지만 결국에 가서는 손바닥 뒤집듯 그들을 파멸로 이끄는 최악의 적의 앞잡이들의 말을 고집스러울 정도로 충실히 믿고 따랐다. 그가 현실 분석 못

---

* 「프로이센의 승리」(1852), CW 11: 79. [마르크스의 이름으로 출간되었지만, (1913년 이후로) 오늘날에는 엥겔스가 쓴 것으로 여겨지고 있다.]

지않게 순전히 전술적인 문제들이라든가 혁명 지도자들이 무지한 군중을 위해 어떤 방법을 택하는 것이 가장 좋은가 하는 문제들을 고찰하는 데 남은 생을 바친 것은 무엇보다도 이 독일 혁명에서 얻은 교훈 때문이었다.

빈과 드레스덴에서 일어난 봉기가 모두 실패로 돌아가고 난 뒤인 1849년에 마르크스는 〈신라인 신문〉에, 모든 정파의 자유주의자들을 향해 왕과 그의 수족들의 처면에 걸려 있고 너무 분명해 보이는 승리에 오히려 겁을 먹고 있고 혁명이 성공하면 속박에서 풀려나게 될 위험한 세력들에 대한 두려움 때문에 언제든 혁명을 배신할 태세가 되어 있는 겁쟁이이자 방해분자라고 신랄한 공격을 퍼부으면서 그들은 사실상 시작도 하기 전에 이미 패배할 준비가 되어 있다고 썼다. 그는 부르주아가 소부르주아와 노동자들 내의 동맹 세력들을 희생시켜 적과의 더러운 거래에 성공한다 해도 얻을 수 있는 것이라고는 프랑스 7월 왕정 치하에서 프랑스 자유주의자들이 얻은 것 정도에 불과할 것이고, 최악의 경우에는 왕이 거래를 거절함으로써 거래 시도 자체가 새로운 군주제적 테러의 서곡이 될 것이라고 주장했다. 독일 내에서 이 정도로 과감하게 정부를 비판한 신문은 〈신라인 신문〉 하나뿐이었다. 마르크스의 단도직입적이고 비타협적인 분석과 그런 분석에서 이끌어낸 대담한 결론들은 그동안 미온적이던 독자들의 마음을 사로잡을 만큼 강력했다. 그러나 〈신라인 신문〉의 주주들은 명백히 공포의 징후를 보이기 시작했다.

1848년 6월에 파리 혁명의 영웅적 국면이 끝나자, 이를 기점으로 보수주의자들이 결집하기 시작했다. 루이 블랑, 알베르, 플로콩 등 정부 내에 있던 사회주의자들과 급진주의자들은 사임할 수밖에 없었다. 같은 해 7월, 노동자들은 권력을 쥐고 있는 우파 공화주의자들에 맞서 봉기를 일으켰다. 그들은 거리에 바리케이드를 쌓아올리고 사흘간 육박전을 벌였지만 여전히 정부에 충성하는 국민군National Guard과 군대에 완패해 뿔뿔이 흩어져야 했다. 6월 봉기는 정통 왕당파[프랑스에서 1589년부터 1793년까지, 그리고 1814년에서 1830년까지 왕정복고기 동안 통치했던 부르봉 왕조의 추종자들]만이 아니라 자유주의자들에 대해서도 의식적으로 반대했다는 점에서 유럽 최초의 순수한 사회주의적 봉기로 볼 수 있다. 블랑키의 추종자들은(당시 블랑키는 감옥에 갇혀 있었다) 인민들을 향해 권력을 장악하고 무장 독재체제를 수립할 것을 촉구했다.『공산당 선언』에서 말한 유령이 마침내 실체를 갖게 되었다. 폭력적이고 위협적인 형태의 혁명적 사회주의가 최초로 등장한 것이다. 이때부터 시작해 오늘날까지 혁명적 사회주의는 모든 나라에서 혁명적 사회주의에 반대하는 사람들에게 폭력적이고 위협적인 것으로 여겨지고 있다.

마르크스는 6월 봉기에 즉각 반응했다. 모든 형태의 유혈과 폭력을 극도로 두려워한 〈신라인 신문〉 주주들이 극렬히 반대했지만, 마르크스는 프랑스 정부가 파리 봉기에서 죽은 군인들을 위해 거행한 장례식을 주제로 장문의 격렬한 사설을 썼다.

지난 2월 파리의 모든 건물 벽과 모든 감옥과 모든 병영은 두 적대 계급(이 계급 중 하나는 나머지 하나를 착취한다) 간의 형제애를 보여주는 커다란 글귀들로 뒤덮였다. 이 형제애는 (……) 부르주아의 이해관계와 프롤레타리아의 이해관계가 우호적으로 결합되어 있는 한에서만 지속되었다. 1793년의 낡은 혁명적 전통에 매달리고 있는 공론가들, 부르주아에게 인민에 대한 호의를 보여달라고 간청한 끝에 프롤레타리아라는 사자를 잠들게 하는 데 필요한 (……) 지루한 설교를 늘어놓을 수 있게 된 사회주의적 조직가들, 왕관을 쓴 우두머리만 빠진 부르주아적 질서를 그대로 유지하기를 원하는 공화주의자들, (……) 자신들의 옷은 벗지 않고 옷의 재단만 바꾸고 싶어 하는 정통 왕당파, 바로 이들이 2월 혁명에서 인민의 동맹자들이었다! 그러나 인민들이 증오하는 것은 루이 필리프가 아니라 왕관을 쓴 한 계급 즉 왕좌에 오른 자본의 지배였다. 그런데도 언제나 적들에게 관대한 인민들은 자신들의 적들의 적, 즉 자신들과 동맹세력들 모두의 **공동의** 적만을 타도하고는 자신의 적들을 모두 섬멸했다고 생각했다.

(……) 부르주아 사회의 조건에서 자생적으로 일어난 싸움들은 끝날 때까지 계속될 수밖에 없다. 그러한 싸움들이 마법처럼 사라지는 일은 있을 수 없다. 최선의 국가 형태는 서로 대립하는 사회적 경향들이 모호해지는 것이 아니라 (……) 자유로운 표출을 통해 해소되는 국가 형태이다.

그러면 사람들은 물을 것이다. '당신은 극도로 흥분한 대중의 폭력에 희생된 사람들을 위해 흘릴 한 방울의 눈물도, 그들을 위해 내쉴 한 줄기의 한숨도, 그들에게 건넬 한마디 위로의 말도 갖고 있지 않단 말인가?' (……)

그 희생자들의 미망인과 고아가 된 자식들은 국가가 돌볼 것이다. 희생자들에게는 법령으로 영예가 주어질 것이다. 그들을 기리기 위해 공식적으로 화려한 장례식이 치러질 것이다. 관영 언론은 그들이 영원히 기억될 것이라고 찬양할 것이다. (……)

그러나 평민들은 굶주림으로 고통받고, 신문으로부터 비난과 모욕을 당하고, 의사들에게도 버림받고, 소위 '품위 있는' 모든 사람들로부터 도둑, 방화범, 죄수라는 오명을 쓰고 있다. 그들의 아내와 자식들은 전보다 더 비참한 상황에 놓이게 되었고, 생존자들 가운데 가장 뛰어난 사람들은 추방되었다. 상황이 이러한데, 민주주의의 기관지인 우리 신문이 이들의 암울한 이마 위에 월계관을 씌우는 것이 가당키나 하겠는가?*

이 사설(마르크스가 20년 이상 뒤에 파리 코뮌에 바친 조사와 유사하다)을 읽은 독자들은 경악을 금치 못했고, 〈신라인 신문〉의 재정은 악화되기 시작했다. 이 무렵 민심을 두려워할 이유가 없다고 확신한 프로이센 정부는 곧바로 프랑크푸르트 국

---

* 「6월 혁명」 (1848년 6월 29일), CW 7: 144, 147, 149.

민의회의 해산을 명령했다.

이에 맞서 프랑크푸르트 국민의회는 정부가 부과한 세금을 모두 불법이라고 선언했다. 마르크스는 국민의회의 결정을 열렬히 지지하면서 인민들에게 정부의 세금 징수에 저항할 것을 촉구했다. 프로이센 정부는 이번에는 재빨리 행동에 나서 〈신라인 신문〉에 즉각적인 폐간 명령을 내렸다. 많은 사람들이 붉은 잉크로 인쇄되고 마르크스의 격정적인 논설과 프라일리그라트의 열정적이고 유려한 시가 실린 〈신라인 신문〉의 폐간호를 희귀품 수집하듯 사들였다. 마르크스는 반란 선동죄로 체포되어 쾰른 법정에 서게 되었다. 그는 해박한 지식을 동원하여 재판을 독일 내외의 사회적, 정치적 상황을 자세히 분석하는 일장 연설의 기회로 삼았다. 그 결과는 전혀 예상 밖이었다. 재판의 배심장陪審長은 피고의 무죄를 선고하면서 대단히 교훈적이고 흥미로운 강의로 자신들 모두에게 커다란 도움을 준 데 대해 자신과 배심원단의 이름으로 피고에게 감사한다고 말했다. 이미 4년 전에 마르크스의 시민권을 박탈한 바 있던 프로이센 정부는 판결을 뒤집을 수 없었고 대신에 1849년 7월 마르크스를 라인란트에서 추방했다.

마르크스는 파리로 갔다. 그러나 파리의 정치적 상황은 나폴레옹 1세의 조카인 나폴레옹 3세(샤를 루이 나폴레옹 보나파르트)를 지지하는 보나파르트주의자들의 선동으로 전보다 훨씬 더 혼란스러웠고 당장이라도 엄청난 일이 벌어질 듯했다. 결국 마르크스의 협력자들은 뿔뿔이 흩어졌다. 아무 활동도 하지 않는 것을 싫어한 엥겔스는 자신은 잃을 것이 없다며 빌리히가 이끄는 파리 의용군에 합류했다. 빌리히는 철저한 공산주의자이면서 유능한 지휘관이었는데, 마르크스는 그를 낭만적인 모험가로 보고 몹시 싫어한 반면 엥겔스는 그의 성실함과 냉철함, 용기에 감탄했다. 파리 의용군은 바덴에서 왕의 군대에게 힘도 못 써보고 패배해 스위스 연방의 접경지대로 퇴각한 끝에 해산했다. 생존자 대부분은 스위스로 넘어갔는데 그중에는 엥겔스도 있었다. 이 전투에서 경험했던 일들에 대해 좋은 기억을 갖고 있던 엥겔스는 만년에 이 전투에 대해 특별히 중요하지는 않았지만 유쾌하고 기분 좋은 사건이었다고 말하곤 했다.

엥겔스처럼 상황을 받아들이고 즐기는 편이 아니었던 마르크스에게 파리는 우울한 곳이었다. 혁명은 확실히 실패했다. 정통 왕당파, 오를레앙파, 보나파르트파의 계략은 그나마 남아 있던 민주적 구조마저 모조리 파괴해가고 있었다. 도피하지 않고 남아 있던 사회주의자들과 급진주의자들은 감옥에 갇혔고, 아직 잡히지 않은 사람들도 언제든 체포되어 수감될 위험이 있었다. 그런데 이 무렵 유럽 전역에 명성이 자자한 마르크스가 갑자기 파리에 나타난 것은 프랑스 정부로서는 그리 달가운 일이 아니었다. 마르크스는 파리에 도착하자마자 곧 프랑스를 떠나든가 프랑스 북서부의 브르타뉴 반도에 있는 모르비앙으로 가든가 둘 중 하나를 택하라는 제안을 받았다. 자유 국가들 가운데 벨기에는 그의 입국을 불허했다. 스위스는 바이틀링을 추방한 적이 있고 바쿠닌에게도 거의 호의적이지 않았기에 마르크스에게 체류를 허용할 가능성이 없었다. 유럽에서 그가 갈 수 있는 나라는 하나밖에 없었다. 라인란트를 떠나 파리에 도착한 것이 7월이었는데, 그로부터 한 달 후 그는 친구들― 여기서 마르크스의 친구들 중의 하나로 라살의 이름이 처음 거론된다 ―이 보내준 돈으로 영국으로 가는 교통편을 마련했다.

마르크스는 1849년 8월 24일 런던에 도착했고, 그의 가족은 한 달 후에 왔다. 스위스에 있던 엥겔스는 제네바에서 배를 타고 오랫동안의 즐거운 항해 끝에 마침내 11월 초 런던에 도착했다. 런던에 도착한 엥겔스는 마르크스를 만났다. 이 당시 마르크스는 혁명이 언제든 또다시 일어날 것이라는 확신을 갖고 보수적인 프랑스 공화정에 반대하는 소책자를 집필하는 데 전념하고 있었다.

8
런던에서의 망명 생활: 첫 단계

정신적인 고통에는 육체적 고통이라는 단 하나의 해독제가 있을 뿐이다.

−카를 마르크스*

1849년에 런던에 도착했을 때만 해도 마르크스는 몇 주 혹은 길어야 몇 달만 런던에 있게 될 것이라고 생각했다. 하지만 그는 1883년 죽음을 맞이할 때까지 계속 런던에 살게 되었다. 역사적으로 볼 때 영국은 지적으로나 사회적으로나 항상 유럽 대륙의 주요한 흐름에서 상당히 떨어져 있었고, 19세기 중반에도 마찬가지였다. 대륙을 뒤흔든 문제들은 영국 해협을 건너기까지 오랜 세월이 걸렸을 뿐만 아니라 건너는 과정에서 어느 정도 새롭고 독특한 형태로 변형되고 영국화되는 경향을 보였다. 타국에서 온 혁명가들은 법을 지키며 조용히 처신하기

---

* 1881년 12월 7일 예니 롱게에게 쓴 편지, CW 46: 156.

만 하면 대체로 누구의 간섭도 받지 않았다. 대신에 그들은 영국인들과 종류를 불문하고 확고한 관계를 맺을 수도 없었다. 영국인들은 외국인 혁명가들을 예의 바르고 정중하게 대했지만 자신들에게 불안과 위안을 동시에 안겨주는 그들의 일에는 무관심한 태도를 보였다.

오랜 세월을 지적, 정치적 활동의 열기 속에서 살아온 혁명가들과 문필가들은 런던의 분위기가 인간미를 찾아보기 힘들 만큼 냉랭하다는 것을 알게 되었다.

그들이 만난 소수의 영국인들은 친절하기는 했지만 늘 그들에게 거리를 두었고 종종 생색을 내는 듯한 태도도 보였는데, 이 때문에 그들은 자신들이 고립무원의 망명객 처지에 있다는 것을 훨씬 더 뼈저리게 느꼈다. 하지만 이러한 영국인들의 관용적이고 예의 바른 태도는 외국인 혁명가와 문필가들에게 1849년의 악몽을 털어 버리고 육체적, 정신적으로 회복할 수 있는 기회를 제공하기도 했다. 그렇다 해도 그들이 누리고 있던 평안은 유럽 대륙의 사건들에서 떨어져 있는 데서 온 것일 뿐인 데다, 그들이 체류하고 있는 영국의 자본주의 체제는 지극히 안정적으로 보였고 유럽 어디에서도 혁명의 징후는 조금도 찾아볼 수 없었다. 이러한 상황은 때때로 절망적인 무력감을 불러일으킴으로써 혁명에 헌신하던 극소수를 제외한 거의 모든 외국인 혁명가와 문필가들을 혼란과 의기소침과 고통 속으로 몰아넣곤 했다. 그다지 낭만적이지도 않았고 융통성도 별로 없던 마르크스는 절망적인 가난과 누추함으로 인해 그나마 있던 낭만과 융통성마저 잃어버렸다. 런던에서 보낸 망명의 세월은 사상가이자 혁명가라는 측면에서는 마르크스에게 득이 되었지만, 대신에 그는 거의 자기 가족과 엥겔스 그리고 리프크네히트, 볼프, 프라일리그라트 같은 몇몇 가까운 친구들로만 이루어진 좁은 울타리에 틀어박혀 살아야 했다.

하지만 해가 갈수록 공인으로서의 마르크스는 타고난 냉혹함, 공격성, 질투 그리고 모든 경쟁자를 박살내고자 하는 욕망이 점점 커져갔다. 그는 자신이 살고 있는 좁은 울타리에 점점 싫증을 느꼈고 그 구성원들과 개인적으로 만나는 것을 점점 더 힘들어했다. 그는 자신의 활동 범위를 벗어난 곳에서는 사회주의자들보다 처음 만나는 '부르주아'들에게 더 호의적이었다. 그는 툭하면 사람들과 언쟁을 벌였고 화해하기를 싫어했다. 그는 엥겔스만 있으면 다른 도움은 전혀 필요하지 않았다. 특히 마르크스에 대한 사람들의 존경과 찬사가 최고조에 이른 말년에는, 낯 뜨거울 정도로 심한 거절을 당할까봐 엥겔스 외에는 그 누구도 그에게 가까이 갈 엄두조차 내지 못했다. 위대한 인물들이 대개 그렇듯이, 마르크스도 사람들이 건네는 아부의 말을 좋아했으며 자신의 말에 전적으로 따르는 것은 훨씬 더 좋아했다. 말년의 마르크스는 아부와 추종을 충분히 맛보았으며 자기 인생의 그 어느 때보다도 더 큰 명예와 물질적 안락 속에 죽었다.

마르크스가 영국에 살던 때는 코슈트나 가리발디 같은 낭만적 애국자들이 런던 거리에서 사람들의 환대와 박수갈채를 받던 시절이었다. 그들은 인간관계를 맺을 수 있는 흥미롭거나 뛰어난 인간들이라기보다는 영웅적인 행위나 고결한 말만 할 것 같은 다른 세상 사람들로 여겨졌다. 그들의 추종자들 대부분은 무해한 기인들로 여겨졌고, 실제로 많은 수가 그러했다. 이 정도로 주목을 받을 만한 명성이나 매력이 없던 마르크스는 3년 전인 1846년에 한 차례 방문했을 뿐인 낯선 이국땅에서 친구도 거의 없고 돈 한 푼도 없는 신세였다. 그는 엄청난 변화 속에 번성하고 있는 사회의 한복판에, 그것도 그 사회의 경제력과 정치력이 놀라울 정도로 성장하던 절정기에 살면서도 고립된 삶을 유지하면서 그 사회를 단지 과학적 관찰의 대상으로만 취급했다.

영국 밖에서 전투적 급진주의가 붕괴되면서 마르크스로서는 적어도 당분간은 관찰과 연구의 삶 외에 다른 선택지가 없었다. 이는 중요한 결과를 낳았다. 마르크스가 의존한 자료들이 대체로 영어로 된 것이라서 자신의 가설과 일반화를 입증할 때 거의 전적으로 영국인 저자들과 영국인들의 경험에 의존하게 된 것이다. 『자본』에서 가장 훌륭하고 가장 독창적인 장들을 채우고 있는 구체적인 사회적, 역사적 연구들은 주로 〈이코노미스트〉지의 경제 칼럼, 경제사 저술들, 정부 보고서에 실린 통계자료(마르크스는 정부 보고서를 중요한 연구 자료로 활용한 최초의 학자였다) 등 런던 대영박물관의 열람실에서 구할 수 있는 자료들에서 대부분의 증거를 찾을 수 있는 시기들을 대상으로 하고 있다. 마르크스는 이따끔 선동과 조직 활동을 하는 와중에 이 일을 해냈다. 그런데도 앞서 말한 장들을 읽어보면, 마르크스가 자신이 지금 연구하고 있는 상황에서 멀리 떨어져 있는 듯한 느낌을 받는다. 이 때문에 마르크스는 영국에서 망명 생활을 시작하면서 겨우 32세의 나이에 행동은 제쳐놓고 순전히 이론적 연구에만 골몰하는 현실과 동떨어진 학자가 되어 버렸다는 터무니없는 오해를 받고는 한다.

마르크스가 영국에 도착한 때는 혁명의 전망이 전례 없이 어둡던 때였다. 유럽 대륙의 사회주의자들이 최고도로 산업화되고 사회적으로 가장 앞선 유럽 국가에서 벌어진 조직적인 프롤레타리아 행동의 모델로 본 대중 운동인 차티스트 운동은 얼마 전에 참패를 당한 상태였다. 엥겔스를 포함해 외국인 관찰자들은 차티스트 운동의 힘을 과대평가했었다. 차티스트 운동은 이질적인 사람들이 그리고 이질적인 이해관계들이 느슨하게 결합된 운동이었다. 거기에는 낭만적인 토리당원, 대륙 모델들의 영향을 받은 진보적 급진주의자, 복음주의적 개혁가, 철학적 급진주의자, 재산을 빼앗긴 농민과 직공, 종말론적 몽상가 등이 뒤섞여 있었다. 그들을 하나로 묶어 준 것은 산업혁명이 진행되면서 하층 중산계급을 점차 빈곤과 사회적 나락으로 몰아넣는 현실에 대한 공포였다. 그들 중 많은 수는 폭력을 떠올리는 것조차 싫어했으며 마르크스가 『공산당 선언』에서 '경제학자, 박애주의자, 노동계급의 조건 개선을 주장하는 인도주의자, 동물 학대 방지 협회 회원, 열성적인 금주 지지자 등등의 좀스럽기 그지없는 온갖 종류의 개혁가들'[*]이라고 몹시 경멸한 계급에 속했다.

차티스트 운동은 제대로 된 조직이 없었다. 이 운동의 지도자들은 내부적으로 의견이 통일되어 있지 않았다. 또한 집단으로는 말할 것도 없고 개인으로서도 추종자들에게 제시할 목적이라든가 목적 실현을 위해 택해야 할 수단에 대해 분명한 생각이 없었다. 변함없이 차티스트 운동에 매진한 사람들은 노동 조건의 개선과 임금 향상에 주력할 뿐 더 광범위한 문제들에 대해서는 자신들의 특정한 목적과 관계가 있는 경우에만 관심을 보인 사람들로, 이들은 나중에 노동조합주의자들이 되었다. 어떠한 상황에서건 이런 이질적인 혼합체에서 진지한 혁명 운동이 일어날 가능성은 거의 없다고 할 수 있다. 실제로 아무 일도 일어나지 않았다. 차티스트 운동을 저지한 일등공신은 허울에 불과했지만 대중에게는 효과를 발휘한 대개혁법Great Reform Act[1832년에 있었던 제1차 선거법을 가리킨다. 지주만이 아니라 10파운드에 상당하는 집세나 토지세를 내는 사람에게도 선거권을 부여해 중산계급의 정치적 대의권을 확대하는 효과를 가져왔다.]이라든가 차티스트 운동 내의 심한 의견 차이였다. 그렇다고 해도 1847년에 시작된 영국의 경제 공황이 1850년에 끝났다는 사실을 잊어서는 안 된다.

공황이 끝난 뒤 유럽 역사상 최초로 분명히 인정할 수 있는

---

* CW 6: 513.

수준의 경기 활황이 찾아왔다. 공업과 상업이 엄청난 속도로 발전하면서, 그나마 남아 있던 차티스트 운동의 마지막 불길마저 꺼져버렸다. 물론 조직가와 선동가들은 여전히 노동자들에 대한 부당한 대우에 맞서 싸웠다. 하지만 피털루Peterloo와 톨퍼들Tolpuddle 순교자들의 분노에 찬 세월— 호지스킨, 브레이, 윌리엄 코베트는 이 시기에 자행된 몰상식한 탄압과 광범위한 사회적 파괴에 대한 신랄한 기록을 남겼다 —은 사회주의에 호의적인 존 스튜어트 밀과 영국 실증주의자들, 1860년대의 그리스도교 사회주의, 자신들에게 할 일이 무엇인지를 가르치려 드는 외국인 이론가 등을 모두 불신하는 크레머와 루크래프트 같은 약삭빠르고 조심스러운 기회주의자들의 비정치적 노동조합주의가 지배하는 온건한 시대에 길을 내주었다.

마르크스가 독일인 망명자들과의 접촉부터 시작한 것은 당연한 일이었다. 당시 런던은 독일인 망명자들의 집합소였다. 그들은 대개 해체된 혁명위원회들의 구성원들, 추방된 시인과 지식인들, 혁명이 일어나기 오래전부터 영국에 정착해 있던 모호한 급진주의적 성향의 직공들이었다. 또한 최근에 프랑스나 스위스에서 추방되어 영국으로 건너와 공산주의자 동맹을 재건하고 뜻을 같이하는 영국 급진주의자들과의 관계를 복원하려 시도하고 있는 공산주의 활동가들도 있었다. 마르크스는 언제나 그랬듯이 독일인 사회에 틀어박혀 지냈다. 그는 혁명이 끝나지 않았다고 확신했다. 이러한 확신은 루이 보나파르트가 쿠데타로 프랑스의 왕위에 오르기 전까지 변함이 없었다. 그는 싸움이 잠시 소강상태에 접어들었다고 보고 망명자 모임에 참석하고 미심쩍은 사상을 가진 것으로 보이는 사람들과 논쟁을 하는 등 정치적 망명객이 흔히 하는 활동들로 시간을 보냈다. 당시 런던에는 게르첸도 와 있었다. 세련된 교양인이자 까다로운 성격의 소유자인 게르첸은 마르크스를 몹시 싫어했다. 그는 회고록에서 마르크스와 그의 추종자들이 당시에 그리고 이후에 정치적 망명자들 사이에서 차지하고 있는 위치를 부정적인 시각에서이긴 하지만 훌륭하게 서술했다.

독일인 망명자들은 이탈리아, 러시아, 폴란드, 헝가리 등 다른 나라들에서 온 망명자들과 협력하지 않는 것으로 유명했다. 다른 나라들에서 온 망명자들은 진지하고 강력한 인간관계를 맺는 방법도 잘 모르고 열정도 부족했는데, 독일인 망명자들은 이에 충격과 혐오감을 금치 못했다. 다른 나라에서 온 망명자들은 그들대로 독일인 망명자들에게 호감을 갖고 있지 않았다. 그들은 독일인 망명자들의 뻣뻣하고 무례한 태도, 엄청난 자만심, 그리고 무엇보다도 그들 내부에서 끊임없이 이어지는 추악한 반목과 불화— 언론은 이 과정에서 흘러나온 내밀한 사생활에 관한 이야기를 적나라하게 희화화하곤 했다 —를 싫어했다.

1848년 혁명의 실패는 마르크스의 이론적 신념을 흔들지는 못했지만 그의 정치적 계획을 수정하게 만들었다. 1847~8년에 바이틀링과 블랑키의 주장에 깊은 인상을 받은 마르크스는 타고난 헤겔적 성향에서 벗어나 새로운 견해를 갖게 되었다.

그는 성공적 혁명은 불굴의 의지를 지닌 소규모의 훈련된 혁명가 집단이 이끄는 쿠데타를 통해 가능하며 이 혁명가 집단은 권력 장악 후 인민을 대표하는 집행 위원회를 구성해 인민의 이름으로 행동하게 될 것이라고 생각하기 시작했다. 이 혁명가 집단이 프롤레타리아를 대표하여 공격의 선봉 역할을 맡게 될 것이다. 오랫동안 속박과 암흑의 세월을 살아온 노동 대중에게 자치를 한다든가 자신들이 축출한 세력들을 통제하고 청산할 정도의 성숙된 역량을 기대할 수는 없다. 그러므로 인민을 대표하는 정치적, 지적, 입법적 중추로서의 역할을 담당할 당을 만들어야 한다. 이 당은 인민의 신뢰를 얻기 위해 공평무사함과 고도의 훈련 그리고 당면한 상황의 요구에 대한 실천적 통찰 등을 갖춰야 하고 인민이 획득한 새로운 자유의 첫 번째 시기 동안 인민의 불확실한 발걸음을 이끌 수 있어야 한다.

마르크스는 이 불가피한 과도기를 혁명적 프롤레타리아의 계급 독재가 주도하는 '영구' 혁명*의 상태라고 말했다. 혁명적 프롤레타리아의 계급 독재는 '모든 계급 차별이 철폐되고 이 차별의 기반이었던 현존하는 모든 생산 관계가 철폐되고 이 생산 관계에 상응하는 모든 사회적 관계가 철폐되고 이 사회 관계에서 생기는 모든 관념이 완전히 뒤집힐 그날까지 존속할

---

* *Address of the Central Authority to the League* (March 1850), CW 10: 281.

수밖에 없는 과도기적 단계'*다. 이렇듯 분명한 목적에 **비해 수단은 불분명했다.** 마르크스는 프롤레타리아 독재가 영구혁명을 주도할 것이라고 주장했지만, 구체적으로 어떻게 프롤레타리아 독재에 이를 것이며 그 형태는 어떻게 될 것인가? **분명 1848년까지 마르크스는 프롤레타리아 독재가 블랑키가 주장하는 비밀 활동이나 바쿠닌이 때때로 주장한 바 있는 단 한 명의 독재자에 의해서가 아니라 바뵈프가 1796년에 품었던 생각처럼 소수의 핵심 혁명가들에 의해 실현될 것이라고 생각했다.** 다시 말해 확신을 가진 무자비한 소수의 개인들이 프롤레타리아 독재를 실현해야 하고 프롤레타리아가 자신들의 사명을 이해하는 수준에 도달할 때까지 독재적 권력을 행사하면서 그들을 교육해야 한다고 생각했다.

그 수단으로 마르크스는 1848~9년에 쾰른에서 급진적 부르주아 지도자들과의 잠정적 동맹을 주장했다. 소부르주아는 자신들의 바로 위에 있는 계급들의 압력에 맞서 싸우고 있다는 점에서 이 단계에서는 노동자들의 동맹군이었다. 그러나 소부르주아는 혼자 힘으로 통치할 능력이 없기 때문에 갈수록 노동자들의 지지에 의존하게 될 것이고, 마침내 이미 이 상황에서 경제적 지배자인 노동자들이 폭력적인 쿠데타나 점진적인 압력에 의해 공식적인 정치권력을 장악할 날이 올 것

---

* 『프랑스에서의 계급투쟁』(1850), CW 10: 127.

이다. 오늘날 익히 알려져 있는 이 견해는 마르크스와 엥겔스가 1853년에 작성한 〈공산주의자 동맹 중앙위원회 연설〉에 매우 분명한 형태로 표현되어 있다. 러시아의 선동가 파르부스가 다시 끄집어낸 이 견해는 1905년에 트로츠키가 강력히 주장하고 레닌이 채택하면서 1917년 러시아에서 마르크스가 말한 문구에 가장 충실하게 실행되었기 때문이다.

그러나 마르크스는 1848년의 사건들을 계기로 적어도 실천의 측면에서는 점차 소수 정예에 의한 권력 장악이라는 생각 자체를 완전히 포기하게 되었다. 적들의 정규군과 약하고 훈련도 되지 않은 프롤레타리아를 비교해볼 때, 그런 생각은 실현 가능성이 없어 보였기 때문이다. 노동자 계급의 지도자들이 용기나 현실 감각이 없었던 것은 결코 아니지만, 그들이 1848년에 왕당파와 군대 그리고 상위 중산계급의 연합에 맞서 권력을 유지하기란 불가능한 일이었다. 프롤레타리아 전체가 자신들의 역사적 역할을 의식하는 데 이르지 못하는 한, 노동자 계급의 지도자들은 속수무책일 수밖에 없다. 그들은 무장봉기를 촉발할 수는 있지만 노동자 계급 대다수의 의식적, 지적 도움이 없이는 그 결실을 계속 유지할 수 없다.

마르크스에 따르면, 결국 1848년 혁명이 가르쳐 준 중요한 교훈은 대중들에게 그들의 운명과 사명을 알려주는 것이 혁명적 지도자가 해야 할 첫 번째 일이라는 것이다. 이는 길고도 힘든 과정이겠지만 이 과정이 없이는 모험가들과 성급한 자들의 산발적 폭동들로 혁명적 에너지만 낭비할 뿐 아무것도 이룰 수 없을 것이다. 산발적 폭동들은 잠시 동안은 승리를 맛보겠지만 대중의 뜻에 기초하지 않은 탓에 결국은 전열을 재정비한 반동 세력에게 패배할 수밖에 없고, 그 뒤에는 야만적인 탄압이 이어지면서 프롤레타리아는 오랫동안 부자유와 무기력의 상태에 놓일 수밖에 없다. 마르크스가 1871년의 파리 코뮌을 탄생시킨 혁명이 일어나기 직전에 그 혁명에 대한 지지를 거부한 것도 이런 이유에서였다. 그러나 주로 전술적인 이유 때문이기는 했지만, 나중에 그는 파리 코뮌을 기리는 감동적인 글을 썼다.

마르크스는 부르주아와의 협력 가능성에 관해서도 달리 생각하게 되었다. 그는 이론적으로는 역사의 변증법에 따라 완전한 공산주의를 위한 서막으로 부르주아 체제가 필요하다는 믿음을 여전히 갖고 있었다. 그러나 독일과 프랑스의 부르주아 계급이 자신들이 가진 힘을 이용해 동맹세력인 프롤레타리아로부터 노골적으로 자신들을 보호하는 결정을 서슴지 않는 것을 보면서, 부르주아와의 동맹이 힘이 약한 노동자계급에게 불리하게 작용할 것이라고 확신하게 되었다. 막후에서 지배하려는 계획은 아직은 실현될 수 없다. 마르크스와 쾰른의 공산주의자들은 전에 이 문제를 두고 의견이 갈린 적이 있었다. 그때 쾰른의 공산주의자들은 자유주의자들과의 동맹은 파멸로 가는 기회주의라며 동맹에 반대했지만 마르크스는 동맹에 찬성했다. 그랬던 마르크스가 이제 쾰른 공산주의자들의 견해를 수용했다. 물론 그들이 내세운 것처럼 기회주의 자체가 도덕적으로 저급하다거나 파멸로 이끌 수밖에 없을 것이라고 생각했기 때문은 아니다. 마르크스가 부르주아와의 동맹에 반대한 것은 이런 특수한 경우에는 기회주의가 성공할 수 없고 아직 확고한 조직력을 갖추지 못한 당 내에 혼란만 불러일으킴으로써 당의 내부를 허약하게 만들고 결국 패배를 초래할 수밖에 없다고 생각했기 때문이다. 이때 이후로 마르크스는 당이 순수성을 유지해야 하고 모든 타협에서 탈피해야 한다는 입장을 계속 고수했다. 노동자들의 개선된 경제적 조건을 확보하기 위해 노동조합 같은 단체들을 통해 고용주들에게 국제적인 차원의 조직적 압력을 가하면서 공인된 의회 기구들을 통해 정치권력을 서서히 획득하고 점차 확대해 가는 정책은 그가 1848년 혁명이 처참하게 실패하게 된 원인을 분석한 끝에 도달한 합당한 결론이었다. 이 정책은 19세기 말과 20세기 초에 사회주의 정당들이 사용하는 전술의 특징이 된다.

이렇듯 달라진 점들이 있기는 했지만 '영구' 혁명을 실현할 수 있는 조건인 프롤레타리아 독재의 수립이라는 마르크스의 주된 목표는 변함이 없었다. 왜냐하면 마르크스가 보기에, 부르주아와 모든 부르주아 기구들은 소멸하도록 되어 있기 때문이다. 하지만 그것들의 소멸은 자신이 처음에 생각했던 것보다 더 오래 걸릴 수도 있다. 그렇다면 프롤레타리아는 인내를 배워야 한다. 지도부는 상황이 무르익기 전까지는 프롤레타리아에게 행동을 요구해서는 안 된다. 그때까지 프롤레타리아는 결정적인 국면에 대비해 자기 세력들을 관리하고 조직하고 훈련시키는 데 온 힘을 쏟아야 한다.

하지만 역사의 판결은 역설적이었다. 러시아 공산주의 혁명의 주역들은 마르크스가 폐기한 1850년의 견해에 따라 행동했을 뿐만 아니라 인민 대중이 자신들의 임무를 수행할 만큼 충분히 성숙되어 있지 않은 상태에서 혁명을 일으켰는데도 1848년과 1871년의 처참한 실패를 피하는 데 성공했다(덧붙이자면, 마르크스는 자신의 이론이 러시아에 적용될 수 있을 것이라고 생각하지 않았다). 반면에 독일과 오스트리아의 정통 사회민주주의자들은 마르크스가 1850년 이후에 주장한 견해에 따라 신중하고 조심스럽게 움직였고 대중에게 사명감을 고취시키는 데 온 힘을 기울였는데도 결국 전열을 재정비한 반동 세력에게 완패했다. 역사의 전진과 프롤레타리아의 끊임없는 노력으로 반동세력의 힘은 이미 오래전에 치명적인 수준으로 약화되었어야 했지만, 현실은 그렇지 않았다.

어디에서도 혁명의 조짐이 보이지 않으면서 비이성적인 낙관주의의 분위기는 극도로 우울한 분위기로 바뀌었다. 게르첸은 당시를 다음과 같이 회고하고 있다.

> 살을 에는 듯한 고통 없이 그 시절을 회상할 수 있는 사람은 아무도 없다. (……) 프랑스는 피할 수 없는 쿠데타를 향해 유성의 속도로 움직이고 있었다. 독일은 배신당한 헝가리에 의해 힘을 잃고 러시아 황제 니콜라이의 발밑에 엎드려 있었다. (……) 혁명가들은 공허한 선동을 펼쳤다. (……)

(……) 가장 사려 깊은 사람들조차 때로는 그저 형식에 불과한 일들의 유혹을 이기지 못한다. 그들은 수많은 문서와 기록들을 갖고 회의를 하거나 사실들을 기록하고 결정을 내리고 성명서를 찍어 내는 대회들을 개최하면서 **뭔가 중요한 일**을 하고 있다고 확신한다. 혁명의 관료주의도 실제 관료들 못지않게 이런 종류의 일에 빠져들 수 있다. 영국에는 이런 형식적인 일을 하는 단체가 수백 개에 달한다. 이런 단체들이 모임을 개최하면 귀족들과 성직자, 대신들이 의례적으로 참석한다. 그러면 회계 담당자들은 자금을 모으고, 기자들은 기사를 쓴다. 모두가 아무 의미도 없는 일에 힘을 쏟는다. 이러한 자선 모임이나 종교적 모임은 이 모임에 참석한 적당히 속물적인 그리스도교인들에게 즐거움도 제공하고 양심의 가책도 달래주는 이중의 기능을 수행한다. (……) 모든 것이 일종의 형용 모순이었다. 활짝 열린 문 뒤쪽에서 이루어지는 음모, 즉 공공연한 음모만이 난무했다.[*]

대규모의 정치적 이주가 있고 나서 초창기에는 뚜렷한 공동의 대의가 있어서라기보다 상황 때문에 어쩔 수 없이 서로 결합되어 있는 이주자들 사이에 끊임없는 음모와 의심과 상호

---

[*] *My Past and Thoughts* (1852-68), part 5, chapter 40 (1850-1: published 1858): op. cit. (70/1), Russian edition x 151-2, English edition ii 775-6.

비난의 분위기가 지배하기 마련인데, 마르크스가 런던에서 보낸 처음 두 해가 바로 그러했다. 그는 게르첸이나 마치니 그리고 이들의 동료들과 결코 어떤 관계도 맺지 않았다. 하지만 그가 아무 활동도 안 하고 있었던 것은 아니다. 그는 1850년 1월 〈신라인 신문〉을 잇는 『신라인 신문: 정치경제 리뷰』라는 월간지를 창간했고, 망명자들을 돕는 위원회들을 조직했으며, 경찰이 퀼른 공산주의자 재판에서 끄나풀들을 내세워 모든 것을 날조하고 위증하게 만들었다는 사실을 하나하나 파헤쳐 폭로하는 글을 발표했다. 이 폭로로 동지들이 석방되지는 못했지만, 그 후에 열린 같은 종류의 재판들에서 재판부는 큰 부담을 느끼지 않을 수 없었다. 또한 그는 〈공산주의자 동맹〉 내에서 빌리히와의 싸움을 계속했다. 나아가 그는 반쪽짜리 진리를 조장하는 단체는 아무 일도 하지 않는 것보다도 위험하기 때문에 차라리 사라지는 편이 낫다고 보고 1852년에 〈공산주의자 동맹〉을 해산시켰다. 자신의 이전 동료들을 무력화시키는 데는 성공했지만, 나머지 망명자들은 운동에 유해하지는 않아도 쓸모없는 말만 일삼는 자들이라서 그는 이들에게 경멸감만을 갖고 있었다. 그리하여 그는 자신과 엥겔스를 독자적인 선전의 중심으로 세움으로써 실의에 젖어 뿔뿔이 흩어져 있는 독일 공산주의자들을 서서히 하나의 세력으로 결집시킬 계획을 세웠다. 이 계획은 완벽히 성공적이었다.

 마르크스가 이 시기에 쓴 가장 중요한 저작들은 프랑스에서 최근에 벌어진 사건들에 대한 것이었다. 그의 문체는 추상적인 문제들을 다룰 때는 모호한 편이었지만 사실들을 다룰 때는 명쾌했다. 『프랑스에서의 계급투쟁*The Class Struggles in France*』과 나중에 『루이 보나파르트의 브뤼메르 18일*The Eighteenth Brumaire of Louis Bonaparte*』이라는 제목으로 재발간된 책은 핵심을 찌르면서 가차 없는 비판을 가하는 정치적 소책자를 쓰고 싶어 하는 사람들에게 본보기라고 할 수 있다. 두 저작은 다루는 내용이 많이 겹친다. 둘 모두 계급들의 요구를 구현하는 정치적, 경제적, 인적 요소들의 관계들과 상호작용을 계급 연합이라는 측면에서 상세히 분석하면서 1848년 혁명과 제2공화정에 관해 탁월한 설명을 제시한다.

두 저작은 프랑스에서의 국가의 역할에 대한 탁월한 분석을 제공한다. 그 분석에 따르면, 프랑스에서 국가는 『공산당 선언』에서 주장한 것과 달리 지배계급의 위원회라기보다는 사회적, 정치적 현상 유지를 위해 기본적으로 부르주아의 도움을 받지만 때로는 부르주아가 원하는 것들을 무시하기도 하는 독립적인 권력 원천이다. 또한 두 저술은 전체 정세를 예리한 시각으로 간략히 개괄하면서 여러 당파의 주요 대표자들을 어떤 계급의 지지를 받고 있는지에 따라 분류한다. 또한 이 두 저술은 정체가 불분명한 자유주의에서 시작해 보수적 공화국과 공개적인 계급투쟁을 거쳐 노골적인 독재 정치로 끝나는 일련의 정치적 진행 과정을 1789년 사건들의 기괴하고도 전도된 재현으로 본다. 그에 따르면, 1789년에는 일련의 정치적 진행 과정에서 앞 단계보다 바로 다음 단계가 항상 더 폭력적이고 더 혁명적이었다. 하지만 1848년에는 정반대였다. 1848년 6월에 프롤레타리아는 동맹세력인 소부르주아에게 배신당해 버려졌고, 그 후에는 소부르주아가 중산계급에게 버림받았으며, 마지막으로 이 중산계급도 대지주들과 금융업자들의 술책에 걸려들어 군대와 루이 보나파르트의 수중으로 들어갔다. 이러한 진행 과정은 당시 프랑스 사회가 도달해 있던 역사적 발전 단계에 의해 결정된 것이었기 때문에 개별 정치가들이 다른 정책을 택했더라도 막을 수 없었을 것이다.

이 시기에 마르크스는 〈독일 노동자 교육 협회〉에서 정치경제학에 대한 대중 강의를 하기도 하고 유럽 곳곳에 흩어져 있는 독일인 혁명가들과 많은 서신을 교환하기도 했다. 특히 엥겔스와 많은 서신을 교환했는데, 당시 엥겔스는 생계를 유지할 방법이 없어 어쩔 수 없이 부모와 원치 않는 화해를 하고 맨체스터에 있는 자기 가족의 방적 회사 사무실에서 일하고 있었다. 덕분에 비교적 생활이 안정되어 있던 엥겔스는 이후 평생 동안 마르크스를 물심양면으로 지원했다.

마르크스의 재정 상태는 오랫동안 절망적인 수준을 면치 못했다. 고정적인 수입원은 없는데 가족은 늘어갔고, 그의 명성을 우려한 고용주들 때문에 일자리를 구할 수도 없었다. 그와 그의 가족이 이때부터 20년 동안 겪은 비참한 가난과 그것으로 인해 겪은 이루 말할 수 없이 치욕적인 일들에 대해 많은 이야기가 전해진다. 처음에 마르크스의 가족은 첼시에서 레스터 광장 근처로, 급기야는 병균이 득실거리는 소호의 빈민굴로

값싼 집들을 전전했다. 돈을 빌리거나 엥겔스가 보내준 1파운드 지폐로 잠시 사정이 나아지기 전까지, 돈이 없어서 굶은 적이 한두 번이 아니었다. 때로는 가족의 옷 전체를 전당포에 잡히기도 했고, 불빛도 먹을 것도 없이 몇 시간 동안 멍하니 앉아 있기도 했다. 당시에 방문객은 빚을 독촉하는 채권자들뿐이었다. 예니 마르크스가 남긴 기록에 따르면, 한 번은 빵집 주인이 찾아오자 여섯 살인 남동생 에드가가 다음과 같이 말했다고 한다. "아버지는 집에 안 계세요."*

온갖 궁리 끝에 딘 스트리트에 사는 마르크스 가족의 집을 드나드는 데 성공한 프로이센의 첩자가 쓴 보고서에는 마르크스가 런던에서 보낸 망명 생활의 처음 7년 동안 어떤 조건에서 살았는지가 생생하게 묘사되어 있다.

> 그는 런던에서도 가장 환경이 나쁘고, 따라서 가장 싼 동네들 중 하나에 살고 있다. 그가 사는 집은 방이 두 개이다. (······) 두 방 모두 새 가구나 제대로 된 가구가 하나도 없다. 전부 어딘가가 부서지거나 깨지거나 찢어져 있고 먼지가 잔뜩 쌓여 있다. (······) 원고, 책, 신문, 아이들 장난감, 부인의 반짇고리에서 나온 헝겊 조각, 이 빠진 컵, 지저분한 숟가락, 나이프, 포크, 램프, 잉크병, 컵, 네덜란드산 사기 담뱃대, 담뱃재 등

---

* 1853년 4월 27일에 예니 마르크스가 엥겔스에게 보낸 편지, CW 39: 581.

이 한 탁자 위에 제멋대로 수북이 쌓여 있다.

　마르크스의 방에 처음 들어서면 가득 찬 담배 연기와 담배 냄새 때문에 눈물이 나올 정도이고 마치 동굴 속에서 손을 더듬으며 길을 찾고 있는 것 같은 생각이 들 지경이다. 어느 정도 익숙해지고 나면, 자욱한 연기 속에 놓여 있는 물체들이 겨우 보인다. (……) 이 방에서는 앉는 것도 위험하다. 이 방에는 의자가 두 개 있는데, 하나는 멀쩡하지만 다른 하나는 다리가 세 개뿐이다. 아이들이 멀쩡한 의자 위에 이런저런 것을 올려놓고 소꿉놀이를 하고 있다. 손님이 오자 이 의자를 내놓는데, 의자에는 아이들이 소꿉놀이하던 것이 남아 있어서 앉으려면 바지를 버릴 각오를 해야 한다. 마르크스와 그의 아내는 이 모든 것에 당황해하는 기색이 전혀 없다. 그들은 더없이 친절하게 손님을 맞이한다. 담뱃대나 담배 등 내놓을 만한 것이 있으면 무엇이든 정성껏 내놓는다. 그런 다음 어려운 살림살이로 인한 초라한 대접을 보상할 수 있을 만큼 흥미로운 지적 대화가 시작된다. 이 대화로 인해 이런저런 불편함은 견딜 만한 것이 된다.*

　다락방에 살면서 빚쟁이들의 독촉에 숨고 옷을 전당포에 맡긴 바람에 침대에서 꼼짝 못하기도 하는 천재의 모습은 명랑하고 감상적인 희극이 흔히 다루는 소재다. 그러나 마르크스는 사회의 관습이나 사람들의 시선에 아랑곳않는 자유분방한 성격의 소유자가 아니었고, 그렇기에 그가 겪은 불행은 그에게 지극히 안 좋은 영향을 미쳤다. 원래 그는 자존심이 강하고 비평이나 비난에 지나치게 예민했으며 세상에 요구하는 것이 컸다. 하지만 그는 자신의 처지 때문에 하찮은 일들로 모욕을 당했고, 자신이 운동을 이끄는 위치에 오를 자격이 있다고 생각했지만 그 소망은 좌절되었으며, 그의 타고난 엄청난 에너지는 억압당했다. 이 모든 것 때문에 그는 갑자기 증오와 분노에 사로잡혀 모든 접촉을 끊고 자기 안에 틀어박히곤 했다.

그의 쓰라린 심정은 대개 집필이나 장시간의 격렬한 논쟁으로 분출되었다. 그는 도처에서 계략과 탄압, 음모가 난무하는 것을 보았다. 논쟁에서 그의 제물이 된 자들이 결백을 주장할수록, 마르크스는 그들의 표리부동함과 유죄를 더 확신하게 되었다.

마르크스는 매일같이 대영박물관의 열람실에 갔다. 대개 오전 9시에 가서 열람실이 문을 닫는 오후 7시까지 있었다. 귀가 후에는 밤늦게까지 줄담배를 피우며 연구에 몰두했다. 애초에

---

* Gustav Mayer, 'Neue Beiträge zur Biographie von Karl Marx', *Archiv für die Geschichte des Sozialismus und der Arbeiterbewegung* 10 (1922), 54–66 at 57–8. 본문의 인용문은 B. Nicolaievsky and O. Maenchen-Helfen이 자신들의 저서 『*Karl Marx: Man and Fighter*』 (London, 1936)의 241–2쪽에서 앞의 책의 해당 부분을 번역한 것을 재인용한 것이다. [Mayer가 밝힌 바에 따르면, 아카이브 전거는 'Akten des kgl. Polizeipräsidiums zu Berlin, betreffend die neuerdings bemerkbar werdenden Bestrebungend der Kommunisten 1853' (Pr. Br. Rep. 30. Berlin C. Pol. Präs. Tit. 94, Geheime Präsidial-Registratur Lit. C. Nr 286)이다.]

는 특별한 즐거움을 위해 가끔씩 피우던 담배가 나중에는 기분을 달래는 데 없어서는 안 될 필수품이 되면서 그의 건강을 해쳤다. 그는 때때로 종기와 안구염에 시달렸고 걸핏하면 간장질환을 앓았다. 이는 그의 연구를 방해했고 그의 기력을 고갈시키고 짜증을 유발했으며 그나마 불확실한 생계수단마저도 중단할 수밖에 없게 만들었다. 1858년에 그는 다음과 같이 적고 있다. '나는 신을 섬기는 사람은 아니지만 욥처럼 시련을 겪고 있습니다…… 이 신사양반들(의사들)이 하는 말은 한마디로 성공한 불로소득자가 되어야지 나같이 교회에 사는 쥐새끼처럼 가난한 악마가 되어서는 안 된다는 것입니다.'* 그는 기분이 괜찮을 때는 언젠가 자신의 종기 하나하나에 대해 부르주아가 톡톡히 대가를 치를 날이 반드시 올 것이라고 말하기도 했다.**

이 시절에 엥겔스의 연간 소득은 100파운드를 넘지 못했던 것으로 보이는데, 엥겔스는 그 돈을 가지고 아버지의 사업 대리인으로 맨체스터의 사무실을 운영해야 했다. 그래서 인심 좋은 엥겔스도 처음에는 마르크스에게 체계적인 도움을 제공할 수 없었다. 이따금 쾰른에 있는 마르크스의 친구들이라든가 리프크네히트, 프라일리그라트 같은 인심 좋은 독일 사회주의자들이 약간의 돈을 모아 보내주기도 했는데, 여기에다 가끔 신

---

* 1868년 1월 8일에 마르크스가 엥겔스에게 보낸 편지, CW 42: 517.
** 1867년 6월 22일에 마르크스가 엥겔스에게 보낸 편지, CW 42: 383.

문이나 잡지에 글을 써서 받는 원고료나 이따금 네덜란드에 사는 부자 삼촌 필리프에게 '빌린 돈' 그리고 친척들에게서 받은 약간의 유산 등으로 마르크스는 근근이 생계를 유지할 수 있었다. 이런 점들을 생각할 때, 마르크스가 왜 그토록 빈곤을 싫어했고 빈곤에 노예근성만큼이나 끈질기게 붙어다니는 굴종과 타락을 그토록 싫어했는지 어렵지 않게 이해할 수 있다.

마르크스는 이런저런 저작들에서 공업 도시의 빈민가나 탄광촌, 대규모 농장 등에 사는 사람들의 삶과 그런 곳들에 대해 배운 사람들이 가진 생각이나 태도를 서술하고 있는데, 거기에는 격렬한 분노와 냉철하기 이를 데 없는 신랄함이 동시에 담겨 있다. 이런 모순된 결합은 특히 그의 설명이 상세해지고 논조가 이상할 정도로 차분해질 때는 섬뜩함마저 안겨주면서 칼라일의 열정적인 문장, 존 스튜어트 밀의 품위 있고 인간미 넘치는 호소, 윌리엄 모리스와 그리스도교 사회주의자들의 대중을 압도하는 웅변에도 꿈쩍하지 않던 독자들의 마음속에 분노와 부끄러움을 불러일으킨다.

이 시절에 마르크스는 주로 극심한 생활고 때문에 세 명의 자식, 즉 두 아들 귀도, 에드가와 딸 프란치스카를 잃었다. 프란치스카가 죽었을 때는 관을 살 돈조차 없어서 어떤 프랑스인 망명자의 도움으로 겨우 관을 마련할 수 있었다. 이 일에 관해서는 마르크스 부인이 동료 망명자에게 쓴 편지에 아주 상세히 기록되어 있다. 그런데 그녀도 자주 아팠기 때문에 아이들을 돌보는 일은 하녀 데무스가 맡았다. 데무스는 죽을 때까지 마르크스 가족과 함께했다. 마르크스는 엥겔스에게 보낸 편지에서 이런 집안 문제에 대해 다음과 같이 적고 있다.

> 예전에도 그랬지만 지금도 약값이 없어 의사를 부를 수가 없습니다. 가족들이 빵과 감자로만 연명해온 게 여드레인가 열흘인가 되었습니다. 오늘은 그나마도 구할 수 있을지 모르겠습니다.*

마르크스는 본래 자기 사정을 잘 털어놓는 성격이 아니었고 자기 연민과도 거리가 먼 사람이었다. 그는 엥겔스에게 보낸 편지들에서 자신의 거듭된 불행을 별일 아니라는 듯이 표현하곤 했는데, 그 표현이 하도 담담해서 일반 독자들은 그가 자주 직면했던 상황이 얼마나 절망적이었는지 알 수 없을 정도이다. 이런 그도 매우 사랑하는 아들 에드가가 1856년에 6세의 나이로 죽었을 때는 속마음을 털어놓았다. 그는 엥겔스에게 보낸 편지에 다음과 같이 썼다.

> 나는 지금까지 온갖 불행을 겪어왔지만, 이번 일로 진짜 불행이 무엇인지 비로소 알게 되었습니다. (……)
> 최근에 겪은 고통의 와중에서 나를 온전히 버틸 수 있게 해

---

* 1852년 9월 8일에 마르크스가 엥겔스에게 보낸 편지, CW 39: 181.

준 것은 당신과 당신이 보여준 우정에 대한 생각, 그리고 우리에게는 여전히 이 세상에서 해야 할 일이 있다는 희망이었습니다. (……)*

마르크스는 라살에게 보낸 편지에서도 다음과 같이 썼다.

> 베이컨에 따르면, 정말로 훌륭한 사람들은 자연이나 세상과 대단히 많은 접촉을 하고 거기서 많은 것을 배우기 때문에 어떠한 상실이든 쉽게 극복한다더군요. 나는 그런 사람은 못 되는 모양입니다. 아들의 죽음은 내게 엄청난 영향을 주었습니다. 나는 지금도 내 아들이 죽은 날과 똑같이 이루 말할 수 없는 상실감을 느낍니다. 내 아내도 완전히 실의에 빠져 있습니다.**

마르크스 가족이 누릴 수 있는 유일한 즐거움은 여름에 가끔씩 햄프스테드 히스로 소풍을 가는 것이었다. 그들은 일요일 아침이면 하녀 렌첸(마르크스는 그녀를 사랑하게 되었다)***과 친구 한두 명과 함께 딘 스트리트에 있는 집을 출발해 가다가

---

* 1855년 4월 12일에 마르크스가 엥겔스에게 보낸 편지, CW 39: 533.
** 1855년 7월 28일에 마르크스가 라살에게 보낸 편지, CW 39: 544.
*** 그녀는 1851년에 프레드릭('프레디') 데무스Demuth라는 이름의 아들[일부 주장에 따르면, 마르크스의 아들]을 낳았다. 프레드릭 데무스는 런던에서 육체 노동자로 일했으며 1929년에 런던에서 죽었다.

도중에 음식과 신문을 사서 바구니에 담아 들고는 햄프스테드까지 걸어가곤 했다. 도착해서는 나무 아래에 자리를 잡았다. 아이들이 꽃을 따거나 뛰어노는 동안, 어른들은 이야기를 나누거나 책을 읽거나 낮잠을 잤다. 오후가 되면 분위기는 즐거움을 더해갔다. 쾌활한 성격의 엥겔스가 찾아온 날에는 특히 더했다. 그들은 농담을 하고 노래를 부르고 달리기 시합을 했다. 시 낭송을 좋아한 마르크스는 시를 낭송하고 아이들에게 목말을 태워주면서 모두를 즐겁게 해주었다. 특히 마지막에 마르크스가 당나귀에 올라타 근엄한 표정을 지으며 일행 앞을 이리저리 오가는 모습은 언제나 모두를 즐겁게 했다. 해질녘에 소호에 있는 집으로 돌아가는 길에는 독일이나 영국의 애국적인 노래들을 부르곤 했다. 그러나 이렇듯 즐겁게 보낼 수 있는 경우는 극히 드물었다. 그리고 그런 시간도 마르크스가 엥겔스에게 보낸 편지에서 표현한 잠 못 이루는 망명자의 밤을 밝혀줄 수는 없었다.[*]

이런 상황에서 실낱같은 구원의 손길이 다가왔다. 갑자기 〈뉴욕 데일리 트리뷴〉에서 유럽 사정에 관한 고정 기사를 써달라는 요청이 들어온 것이다. 제안을 한 사람은 〈뉴욕 데일리 트리뷴〉의 해외 담당 편집자인 찰스 오거스터스 다나였다. 다나는 1849년 쾰른에서 프라일리그라트를 통해 마르크스를 소

---

[*] 1848년 9월 1일에 엥겔스가 프리드리히 쾨펜에게 보낸 편지, CW 38: 177.

개받고 그의 정치적 통찰력에 깊은 인상을 받았다. 〈뉴욕 데일리 트리뷴〉은 미국의 푸리에주의자들이 창간한 급진적 신문이었다. 당시 발행 부수가 20만 부를 넘었는데, 이는 당시 전 세계에서 발행되는 신문 중에서 최대라고 할 수 있었다. 〈뉴욕 데일리 트리뷴〉의 입장은 대체로 진보적이었다. 국내적으로는 노예제를 반대하고 자유무역을 지지했고, 국외적으로는 전제정치의 원리를 공격했기 때문에 사실상 유럽의 모든 정부에 반대하는 입장이었다. 마르크스는 유럽 대륙에서 발간되는 신문이나 잡지는 반동적인 성향을 갖고 있다는 이유로 그런 데서 들어온 제의들을 완강히 거절했지만 이 제안은 즉각 받아들였다. 마르크스는 런던 통신원을 하는 대가로 기사당 1파운드를 받았고, 거의 10년 동안 매주 기사를 써 보냈다. 그가 광범위한 분야에 걸쳐 쓴 이 기사들은 지금 보더라도 상당히 흥미롭다.

다나가 마르크스에게 처음 요청한 것은 현대전에서 쓰이는 기술을 전반적으로 언급하면서 독일과 오스트리아에서 벌어진 내전 동안에 양측 군대가 사용한 전략과 전술에 대해 다루는 연재 기사였다. 마르크스는 현대전에서 쓰이는 기술에 관해서는 전혀 모르는 데다 당시에는 영어를 거의 할 줄 몰랐기 때문에 요청대로 글을 쓰기가 결코 쉽지 않았다. 그러나 얼마 되지는 않아도 꾸준한 수입원이 될 일을 거절하는 것은 생각할 수도 없는 일이었다. 당황한 마르크스는 엥겔스에게 도움을 청했다. 만년에 자주 그랬듯이, 엥겔스는 기꺼이 기사를 작성해 마르크스의 이름으로 서명을 했다. 그 후로 마르크스는 잘 모르거나 마음에 들지 않는 주제에 관해 글을 써야 할 때나 시간이 없거나 몸이 아파 글을 쓸 수 없을 때면 엥겔스에게 대신 써달라고 부탁했다. 엥겔스가 대신 작성한 기사가 반응이 매우 좋아서, 〈뉴욕 데일리 트리뷴〉의 런던 통신원 마르크스는 얼마 안 가 미국에서 대단히 다재다능하고 박학다식한 저널리스트로 알려졌고 고정 독자층이 생길 만큼 상당한 인기를 얻게 되었다.

마르크스는 엥겔스가 독일 혁명에 관해 쓴 글들을 묶어 『독일에서의 혁명과 반혁명』이라는 소책자로 펴냈다. 이 소책자는 가까운 장래에 훨씬 더 폭력적인 혁명이 일어날 것이라는 확언으로 끝난다. 훗날 마르크스와 엥겔스는 당시에 자신들이 너무 낙관적이었다고 인정하게 되지만, 어쨌건 이 당시에 마르크스는 경기 침체만이 성공적인 혁명을 가져올 수 있다는 유명한 이론을 세웠다. 그는 1848년의 혁명은 1847년의 급격한 경기 침체에서 비롯되었고 1851년의 호황은 정치적인 대사건이 곧 일어나리라는 온갖 희망을 꺾어버렸다고 주장했다.

이때부터 마르크스와 엥겔스는 경제 대공황이 올 것을 알리는 징후들을 찾아내는 데 집중하기 시작했다. 엥겔스는 맨체스터에 있는 자기 사무실에서 마르크스에게 세계 시장의 상황에 관한 정보들을 가득 담은 편지들을 써보냈다. 이 서한들에서 엥겔스는 영국 중앙은행의 금 보유량 감소, 함부르크 은행의 파산, 프랑스나 미국에서의 흉작 등의 소식을 대공황이 멀지 않았다는 증거라며 들뜬 어조로 전하고 있다. 드디어 1857년이 되자 마르크스와 엥겔스가 혁명이 일어나기 위해 필요하다고 생각한 수준의 극심한 불황이 찾아왔다. 그러나 농업 국가인 이탈리아를 제외하고 어디에서도 혁명은 일어나지 않았다. 크게 실망한 마르크스는 이때부터 공황의 필연성에 대한 언급을 줄이고 혁명 정당의 조직에 관해 더 많이 다루게 된다.

엥겔스가 미국 대중이 원하는 군사 소식을 다룬 반면, 마르크스는 영국의 국내외 정치, 외교 정책, 차티스트 운동, 영국의 정부 부처들의 특성 등에 관한 기사들을 신속하게 써서 〈뉴욕 트리뷴〉에 보냈다. 마르크스는 이런 내용들을 — 대개는 〈더 타임즈The Times〉의 기사들 — 몇 개의 신랄한 문장으로 요약하는 데 전문가가 되었다. 그는 영국의 인도와 아일랜드 지배에 관해 상당히 많은 기사를 썼다. 1853년에 그는 인도는 영국이 아니었더라도 더 강한 다른 나라에 정복당할 수밖에 없었다고 주장했다.

따라서 문제는 영국에게 인도를 정복할 권리가 있느냐가 아니라 인도가 영국이 아니라 터키나 페르시아 혹은 러시아에 정복되었더라면 더 좋았을 것이냐 하는 것이다. (……) 인도 인민의 해방이나 사회적 조건의 물질적 개선은 생산력 발전만이 아니라 인민 대중이 생산력을 제대로 사용할 수 있느냐에도 달려 있다. 영국의 부르주아에게 인도 인민을 해방시키라거나 그들의 물질적 조건을 개선하라고 강요할 수는 없지만, 영국의 부르주아가 이 두 가지를 실현하기 위한 물질적 토대를 놓을 수 있는 것만큼은 분명하다.*

마르크스는 같은 해에 다음과 같은 기사도 써보냈다.

> 저 많은 근면한 가부장적 사회집단들과 남을 해칠 줄 모르는 순박한 사회집단들이 (……) 자신들의 고대 문명과 전통적인 생활 수단을 동시에 잃는 것을 지켜보는 것은 분명 가슴 아픈 일이다. 그러나 우리는 이 목가적인 촌락 공동체들이 (……) 언제나 동양의 전제 정치의 굳건한 토대였고, 인간 정신을 대단히 협소한 범위에 가둬둠으로써 말 잘 듣는 미신의 도구로, 전통적인 규칙들의 노예로 만들었고, 모든 (……) 역사적 활력을 앗아갔다는 사실을 잊어서는 안 된다. 또한 제국들이 무너지고 이루 말할 수 없는 잔학 행위들이 자행되고 커다란 도시들의 주민들이 학살당하는데도 그저 지켜보기만 할 뿐 보잘것없는 땅조각에만 온 정신이 팔려 있는 저들의 야만적 이기주의도 잊어서는 안 된다. 저들은 그런 일들이 마치 자연 속에서 벌어지는 일인 양 지켜만 보다가 결국 그들 쪽으로 눈을 돌린 정복자들에게 무기력하게 잡아먹히고 말았다. (……)

---

* *The Future Results of British Rule in India* (1853), CW 12: 217, 221.

영국이 인도 사회에 변혁을 가져온 것은 오로지 이익에 대한 저열한 관심 때문이었고 그러한 이익을 관철시키는 방식이 어리석었던 것은 사실이다. 하지만 이는 중요하지 않다. 중요한 것은 아시아에서의 근본적인 사회 변혁 없이 과연 인류가 원하는 것을 달성할 수 있느냐는 것이다. 인류가 원하는 것을 달성하기 위해 아시아에서의 근본적인 사회 변혁이 필요하다면, 영국은 어떤 악행들을 저질렀건 간에 아시아 사회의 변혁을 가져오기 위한 역사의 무의식적 도구였던 것이다.*

마르크스는 아일랜드에 관한 기사에서는 아일랜드의 값싼 노동력이 영국의 노동조합에 지속적인 위협 요인이므로 영국의 노동운동은 아일랜드의 해방과 밀접한 관련이 있다고 말했다. 러시아의 농노제나 미국의 노예제에서 볼 수 있듯이, 먼저 아일랜드가 영국에 대한 경제적 예속에서 벗어나야 아일랜드를 지배하고 있는 영국인 주인들(여기에는 미국 남부 주들의 '가난한 백인들'이 흑인들을 취급하는 것과 비슷한 방식으로 아일랜드인들을 취급하는 영국 노동계급도 포함시켜야 한다)도 자신들을 해방시키고 자유로운 사회를 건설하기를 바랄 수 있다는 것이다. 마르크스는 인도와 아일랜드 문제를 다룰 때 당시 부상하고 있던 민족주의의 힘을 계속 과소평가했다. 그는 순전히

---

* *The British Rule in India* (1853), CW 12: 132.

전통적이거나 감정적인 토대 위에 세워진 모든 제도를 혐오했고 그러한 맥락에서 모든 분리주의를 혐오한 탓에 그런 것들이 지닌 현실적 영향력을 볼 수 없었다. 엥겔스도 체코에 관해 쓴 기사에서 서(西)슬라브족의 민족주의는 인위적으로 유지되고 있는 비현실적 현상일 뿐 그들보다 우위에 있는 독일 문화의 전진에 오래 버틸 수는 없을 것이라고 주장했다.

합병은 작은 것이 큰 것에 흡수되게 하는 역사적 중력 때문에 소규모의 지역 문명에게는 필연적으로 예정되어 있는 운명이다. 진보 정당이라면 이런 역사적 중력을 적극적으로 촉진하고 장려해야 한다. 마르크스와 엥겔스는 민족주의를 종교나 군국주의처럼 시대착오적인 것이고 자본주의 체제의 부산물이자 보루라고, 물질적 토대가 바뀌면 자동적으로 사라질 비합리적이고 반혁명적인 세력들이라고 생각했다. 마르크스의 전술적 지침은 그 세력들이 먼저 특정한 경우에 프롤레타리아 운동에 긍정적으로 작용하는지 아니면 부정적으로 작용하는지를 따져본 뒤 오직 이 기준에 따라 그 세력들을 지지할 것인지 공격할 것인지를 결정해야 한다는 것이었다. 그는 제국주의와의 싸움에 필요한 무기라며 인도와 아일랜드의 민족주의를 지지했으면서, 마치니나 코슈트의 민주적 민족주의에 대해서는 공격을 가했다. 이탈리아나 헝가리, 폴란드 같은 나라들에서는 민족주의가 외국이 지배하는 자본주의적 착취 체제를 단지 내국인이 지배하는 자본주의적 착취 체제로 바꾸는 역할을 함으로써 사회 변혁을 방해하고 있는 것으로 보였기 때문이다.

마르크스는 영국의 정치가 존 러셀[1846-1852년과 1865-1866년 두 차례 수상을 지낸 영국 휘그당 소속의 자유주의 정치인]을 매번 스스로가 내건 대의를 저버린 사이비 급진주의자라고 공격했다. 그러나 마르크스가 특히 싫어한 인물은 파머스톤이었다. 그는 파머스톤을 러시아 첩자라고 비난했으며 파머스톤이 유럽의 소국들을 지지하는 것은 감상주의에서 나온 것일 뿐이라고 비웃었다. 하지만 온갖 정치적 기술의 전문가였던 마르크스는 냉소적이면서도 유쾌한 파머스톤이 양심에 구애됨이 없이 일을 해치우는 노련하고 기민한 수완에 탄복하기도 했다.

  파머스톤에 대한 공격을 계기로 마르크스는 데이비드 어커트라는 매우 특이한 인물과 만나게 되었다. 데이비드 어커트는 젊었을 때 아테네에서 외교관으로 근무하면서 열성적인 그리스 애호자가 되었다가 콘스탄티노플로 전근한 다음에는 이슬람과 터키인들을 열렬히 사랑하게 되었고 평생 이러한 열정을 잃지 않은 이력의 소유자였다. 그는 터키 헌법의 '순수성'을 찬양했으며 터키식 증기 목욕의 정신적, 신체적 효과에 심취해 조국인 영국에 소개하기도 했다. 그는 태어날 때부터 죽을 때까지 칼뱅주의자였으면서도 로마 교회를 찬양했고 로마 교회와 매우 좋은 관계를 유지했다. 또한 휘그당, 자유무역, 영국국교회, 산업주의를 매우 싫어했고, 특히 러시아 제국의 사악하고 막강한 영향력이 유럽의 모든 악의 근원이라고 보았다.

  한가하고 여유롭던 시대의 살아 있는 유물과도 같은 이 괴팍한 인물은 영국 의회에서 오랫동안 무소속 의원으로 활동했다. 또한 신문도 창간하고 수많은 소책자를 펴내기도 했는데, 그 내용은 거의 모두 파머스톤의 정체를 폭로하는 것에 집중되어 있었다. 어커트는 파머스톤이 차르에게 고용된 첩자로 자기 주인인 차르를 위해 서유럽의 도덕적 질서를 무너뜨리는 일에 평생을 바친 자라고 비난했다. 크림 전쟁 동안에 파머스톤이 보인 태도에도 불구하고, 어커트의 생각은 흔들림이 없었다. 그는 그러한 파머스톤의 태도는 자신의 첩자 활동을 은폐하기 위한 교활한 술책이라고 설명했다. 다시 말해 파머스톤의 태도는 크림 전쟁에서 러시아가 가능한 한 타격을 입지 않도록 하기 위해 꾸민 방해 공작이 분명하다고 주장했다. 경위는 알 수 없지만, 마르크스가 내린 결론도 어커트가 내린 이해하기 힘든 결론과 같았다. 마르크스도 파머스톤이 러시아에 매수되었다고 확신했던 것으로 보인다.

두 사람은 만남을 갖고 협력 관계를 맺었다. 어커트는 마르크스가 쓴 반反파머스톤적 팸플릿들을 출간했고, 마르크스는 공식적인 어커트주의자가 되어 어커트가 발행하던 신문에 기고도 하고 어커트가 주최한 집회들에서 단상에 오르기도 했다. 마르크스가 이때 기고한 글들은 나중에 소책자로 출간되었는데, 그중 특기할 만한 것은 『파머스톤 경의 삶』과 『18세기 비밀외교사』이다. 두 권 모두 유럽에서 벌어진 중요한 참사에는 하나같이 러시아의 보이지 않는 손이 작용하고 있다는 것을 폭로하는 데 초점이 맞춰져 있다. 마르크스와 어커트는 각기 자신이 상대방을 이용하고 있다고 생각했다. 마르크스는 어커트를 잘 활용할 수 있는 무해한 편집광이라고 본 반면, 어커트는 터키인 같은 지성의 소유자라고 마르크스에게 찬사를 보냈을 만큼 선전가로서의 마르크스의 능력을 높이 평가했다. 이 기묘한 협력 관계는 가끔 필요할 때마다 작동하면서 오랜 세월 동안 이어졌다. 하지만 파머스톤과 니콜라이 차르가 죽고 난 이후, 둘의 협력 관계는 차츰 약해져갔다. 마르크스는 처음 만났을 때부터 마음에 들었던 이 이상한 후원자와의 관계에서 많은 즐거움과 금전적 도움을 받았다. 둘은 어커트가 죽을 때까지 아주 친밀한 관계였다. 이 점에서 어커트는 마르크스의 정치적 동지 가운데 유례없는 경우에 속한다.

마르크스는 노동조합 지도자들 중에서는 동지라고 할 만한 사람들을 거의 찾지 못했다. 그들 중 가장 유능한 인물들은 오언과 상당히 비슷한 생각을 가졌거나 그게 아니면 지역의 노동 지도자들이었는데, 전자는 자신들이 거둔 성과가 훌륭한 증거라며 계급투쟁 이론이 전혀 근거가 없다는 것을 입증하려 했고 후자는 더 광범위한 문제들에는 아랑곳없이 이런저런 상업이나 공업의 당면한 요구를 관철하느라 여념이 없었다. 특히 후자는 〈민주주의 형제들Fraternal Democrats〉— 마르크스는 이 이름 자체를 싫어했다 —이라는 연합체를 만들어 급진주의자이기만 하면 누구나 받아들였다. 마르크스는 달변가이자 정력적인 활동가인 조지 하니 — 마르크스와 엥겔스는 조지 하니를 '시티즌 힙 힙 후레이Citizen Hip Hip Hurrah[유럽의 온갖 정치적 당파들에 무차별적으로 손을 내미는 행태를 풍자한 별명]'*라고 불렀다 — 같은 급진주의자들이 마음에 들지는 않았지만 그들을 내치지는 않았다. 이 시절에 마르크스와 가까웠던 영국인은 소멸해가는 차티스트 운동을 부활시키려 헛되이 애쓰고 있던 혁명적 차티스트 어니스트 존스뿐이었다. 하노버에서 태어나 성장한 존스는 마르크스가 보기에 유럽 대륙의 사회주의자에 가장 가까운 인물이었다. 특히 만년의 존스는 '진정한 사회주의자'인 헤스나 그륀과 매우 비슷한 견해를 갖고 있었기 때문에 마르크스의 마음에 꼭 들지는 않았지만, 협력자는 필요한데 선택의 폭은 제한되어 있던 마르크스는 존스를 영국인 가운데 가장 훌륭하고 진보적인 인물로 인정했다. 마르크스와 그의 가족에게 커다란 존경과 애정을 품고 있던 존스는 마르크스에게 영국의 상황에 대해 많은 정보를 제공했다. 마르크스가 당시에 사슴 사냥터와 목초지 조성을 위해 수많은 소규모 차지인借地人과 소작농들을 내쫓고 있던 스코틀랜드의 인클로저 운동에 주목하게 된 것은 존스 덕분이었다.

이 일을 계기로 마르크스는 〈뉴욕 데일리 트리뷴〉에 서덜랜드 공작 부인이 미국의 흑인 노예들의 운동은 지지하면서 정작 스코틀랜드에서는 농지를 목초지로 바꾸도록 지시한 것을 신랄하게 비판하는 글을 쓰게 된다. 이 글 — 나중에 마르크스

---

* 1852년 3월 18일에 엥겔스가 마르크스에게 보낸 편지, CW 39: 67.

는 이 글의 분량을 늘려 『자본』에 집어넣었다 —은 볼테르와 마라의 공격적 연설의 계보를 잇는 통렬하고 열정적인 웅변의 걸작이자 후대의 많은 사회주의적 독설들의 전형이다. 마르크스의 공격은 사실 서덜랜드 공작 부인 개인을 향한 것이라기보다는 체제 자체를 겨냥한 것이었다. 자신이 속한 사회의 대다수 사람들과 마찬가지로 미치지도 냉혹하지도 복수심에 사로잡히지도 않고 그저 변덕스러울 뿐인 노파 하나가 자신이 속한 계급과 여론의 전폭적 지지하에 절대적 권력을 손에 쥐고 정직하고 근면한 남녀 주민 전부를 그들과 그들의 선조들의 노동으로 만든 땅에서 하룻밤 사이에 쫓아내고 파멸시킬 수 있는 체제를 겨냥한 것이었다.

미국 독자들은 마르크스가 외교 문제에 관해 쓴 건조하고 풍자적인 글 못지않게 이렇듯 사회를 분석하고 공격하는 글도 좋아했다. 이런 글들은 특별한 예지력을 보여주거나 당대에 벌어지고 있는 일들을 포괄적으로 개괄하는 식이 아니라 현안에 대한 광범위한 지식을 담고 있으면서 예리하고 객관적이었다. 따라서 그 글들은 사건들에 대한 논평이라는 측면에서 보면 그 글들은 당시에 마르크스가 엥겔스에게 보낸 편지들만큼 솔직하거나 흥미롭지는 않지만, 저널리즘이라는 측면에서 보면 시대를 앞선 것이었다. 마르크스는 이 글들을 쓸 때 먼저 사건이나 인물들에 관해 간략한 개요부터 제시한 다음 행위자들이 직접 말하는 동기라든가 이런저런 조치나 정책의 사회적 가치보다는 그 뒤에 숨어 있는 이해관계와 그러한 이해관계의 산물로 짐작되는 부정한 활동들을 강조했다.

당시 대다수의 사회사가나 비판가들이 대체로 인도주의적이고 이상주의적인 태도를 보인 데 비해, 마르크스의 태도는 자연주의적이고 신랄하고 의심이 많았으며 윤리적 회의주의에 가까웠다. 마르크스의 이론적 저작들보다 마르크스가 언론에 기고한 글들에서 이러한 차이를 더 생생하게 볼 수 있다.

이러는 동안에도 마르크스는 느슨하게 연결되어 있는 급진주의자 집단들의 모호한 관념론에 맞설 무기로 쓸 경제 관련 저술을 집필하기 위한 자료를 모으는 일에 힘을 쏟았다. 마르크스가 볼 때, 이 급진주의자 집단들의 모호한 관념론은 사상과 행동의 혼란을 초래했고 노동자들이 보유하고 있는 몇 안 되는 명석한 지도자들의 노력을 쓸모없게 만들었다. 그는 이 모호한 관념론을 대신할 명확한 이론을 수립하는 일에 매달렸다. 그리고 그가 의도했건 안 했건 간에 이 이론에 대한 확고한 지지 여부가 통일성을 갖춘 실천적인 사회 혁명가 집단 여부를 판단하는 시금석이자 근거인 동시에 보증이 되었다. 그는 사회 혁명가 집단의 힘은 통일성에서 나오고 그러한 통일성은 그들이 공유하고 있는 실천적인 믿음들의 논리적 정합성에서 나온다고 보았다.

이 이론의 토대는 그가 이미 예전에 쓴 글들, 특히 『공산당 선언』에 들어 있었다. 1852년에 쓴 편지에서 마르크스는 『공산당 선언』에서 독창적이라고 생각하는 것들에 관해 다음과 같이 말하고 있다.

내가 새로 한 일은 (1) **계급들의 존재**가 오로지 **생산 발전의 특정한 역사 단계들**과만 밀접한 관련이 있다는 것 (2) 계급투쟁은 필연적으로 **프롤레타리아 독재**로 이어진다는 것 (3) **프롤레타리아 독재**는 **모든 계급의 철폐**와 **계급 없는 사회**에 이르기 위한 과도기적 정치 체제일 뿐이라는 것을 입증한 것이었습니다.*

이러한 이론적 토대 위에 새로운 운동이 세워지게 된다.

어떤 의미에서 마르크스는 그가 예상했을 시간보다 더 빨리 새로운 운동을 세우는 데 성공했다. 독일의 사회주의 노동자들이 1848년의 폐허를 딛고 일어나 만든 새로운 전투적 정당이 급속도로 성장하면서, 마르크스가 생의 후반 동안 헌신한 새로운 실천적 활동의 장이 열렸기 때문이다. 이 당은 마르크스가 만든 것이 아니었지만, 이 당의 지도자들은 마르크스 사상에서 큰 영향을 받았고 특히 마르크스가 공들여 만든 정치 강령을 믿었고 그러한 믿음에서 힘을 얻었다. 그들은 일이 있을 때마다 마르크스를 찾아가 자문을 구했다. 마르크스가 혼자서 독일 사회주의 운동에 숨결을 불어넣고 그 토대를 만들어냈다는 것을 모르는 사람은 아무도 없었다. 그리하여 이론이나 실천에서 문제가 발생하기만 하면 사람들은 본능적으로 마르크스에게 문의했다. 사람들은 그를 찬양하면서도 두려워했고 의심하

---

* 1852년 3월 5일에 마르크스가 요제프 바이데마이어에게 보낸 편지, CW 39: 62, 65.

면서도 복종했다. 그러나 독일 노동자들은 마르크스를 자신들의 최고의 대표자나 최고의 투사로 여기지는 않았다. 독일 노동자들을 조직해 당[전독일노동자동맹]을 만들어 절대 권력을 휘두른 사람은 마르크스보다 몇 살 아래인 라살이었다. 라살은 태어나고 성장한 환경은 마르크스와 비슷했지만, 당시 사람들에게 알려져 있던 것 이상으로 기질이나 생각이 마르크스와 달랐고 심지어 정반대였다고 할 수 있다.

독일 사회민주주의의 창시자이자 초창기의 지도자였던 페르디난트 라살은 19세기의 저명인사들 가운데 가장 열정적인 인물에 속했다. 슐레지엔 지방의 유대인 출신으로 변호사이면서 낭만적 혁명가의 기질을 지니고 있었던 그는 예리한 지성과 조직가로서의 천부적인 재능, 엄청난 자부심, 무한한 활력과 자신감이 돋보이는 인물이었다. 혈통과 종교로 인해 정상적인 출세길이 대부분 막혀 있던 그는 혁명 운동에 열정적으로 헌신했다. 비범한 능력과 열정도 한몫했지만, 특히 선동가이자 대중적 웅변가로서의 천부적인 재능 덕분에 그는 얼마 안 가 지도적 인물로 부상했다.

라살은 독일 혁명[1848년 혁명] 기간 동안 반정부 활동을 선동하는 연설들을 한 일로 재판을 받고 투옥되었다. 활동가들이 자신이 그동안 잘못된 신념을 갖고 있었다고 공개적으로 선언해야만 했던 불명예와 치욕의 시기 이후에, 독일 사회주의의 초창기 지도자들 가운데 독일에서 사회주의를 고수하고 있는 것은 리프크네히트뿐이었다. 당시 마르크스와 엥겔스는 망명

중이었다. 이런 상황에서 라살은 1848년의 폐허 위에 더 탄탄한 조직을 갖춘 새로운 프롤레타리아 당을 건설하는 일을 맡았다. 그는 자신을 새로 생길 당의 유일한 지도자이자 지적, 도덕적, 정치적 권위자로 생각했다.

라살은 자신의 임무를 대단히 성공적으로 해냈다. 그의 신념은 헤겔과 마르크스의 영향을 골고루 받았다. 그는 마르크스에게서 경제적 결정론, 계급투쟁, 자본주의 사회에서의 착취의 불가피성 등의 이론은 받아들였지만 사회의 이름으로 국가를 비난하는 것은 거부했다. 그는 국가를 지배계급의 강제적 도구에 불과한 것으로 보는 프루동과 마르크스의 견해를 거부하면서 지금 국가가 아무리 억압적이라도 국가는 공동생활을 위해 모인 인간 집단 중에서 가장 진보적이고 역동적인 것이라는 헤겔의 주장을 받아들였다. 라살은 중앙 집권화에 대한 확신을 갖고 있었고 국민 통합이 필요하다고 믿었다. 만년에는 왕, 귀족, 군대와 노동자 간의 반反부르주아 연합이 가능하다고 믿기 시작했다. 그는 이 연합이 최종적으로는 군주가 이끄는 가운데 진정으로 유일한 생산계급인 노동자 계급을 위해 일하는 권위주의적 집단주의 국가로 발전하게 될 것이라고 보았다.

라살은 마르크스, 엥겔스와 결코 완전히 편안한 관계가 아니었다. 라살은 마르크스가 이론적인 면에서 자신의 선생이라고 공언했으나, 존경심의 이면에는 긴장감이 있었다. 그는 가는 곳마다 사람들에게 마르크스가 천재라고 알렸고, 마르크스의 책들이 독일에서 출판될 수 있도록 조치를 취했으며, 마르크스에게 도움을 주려고 여러모로 애썼다.

　마르크스는 라살의 열정과 조직 능력은 인정할 수밖에 없었지만 개인적으로는 라살을 싫어했고 정치적으로 거의 믿을 수 없는 인물이라고 생각했다. 그는 라살의 과시욕, 사치, 자만심, 연극적인 태도를 싫어했으며 라살이 사람들 앞에서 자신의 취미나 의견, 야망 등을 거침없이 이야기하는 것도 싫어했다. 라살은 사회적, 정치적 사실들을 인상주의적으로 개괄하는 재치가 뛰어났는데 마르크스는 그 점을 특히 싫어했다. 마르크스의 생각에 그런 식의 재치는 힘든 고투 끝에 나온 자신의 철저한 주장에 비해 천박하고 피상적이며 논리적으로 틀린 것이었다. 또한 마르크스는 라살이 그때그때 기분 내키는 대로 노동자들을 쥐락펴락하는 것을 싫어하고 불신했지만, 그보다도 라살이 정신없이 적들과 시시덕대는 것을 훨씬 더 싫어하고 불신했다. 결국 질투심을 느낀 마르크스는 실제 정책과 지적 토대 모두에서 자신의 영향을 받았으면서도 이제는 라살에게 홀려 자신을 버린 듯한 사회주의 운동을 독점하고 싶다는 생각을 하게 되었다. 그가 보기에 라살은 확고한 계획도 아무런 원칙도 뚜렷한 목적도 없이 움직이는 정치적인 팜 파탈femme fatale, 겉만 번지르르한 모험가, 사생활과 공적 정책 모두에서 공공연한 기회주의자였다.

　그럼에도 불구하고 마르크스와 라살 사이에는 서로에 대한 깊은 이해가 있었다. 친밀감까지는 아니더라도 최소한 상대방에 대한 존중이라고 할 만한 것이 있었다. 두 사람은 태어나고 자란 지적 환경이 비슷했고 같은 적과 맞서 싸웠다. 또한 라살은 근본적인 문제를 대하는 사고방식이나 태도가 마르크스와 일치했다. 이는 프루동, 바쿠닌, 영국의 노동조합주의자들에게서는 결코 찾아볼 수 없는 것이었고 청년 헤겔주의자들은 이미 오래전에 포기한 것이었다. 게다가 라살은 행동가이자 진정한 혁명가였으며 전혀 두려움을 모르는 인물이었다. 마르크스와 라살은 각기 상대방을 당의 그 누구— 마르크스는 엥겔스만은 예외라고 생각했을 것이다 —보다도 고도의 정치적 지성과 통찰력, 실천적인 용기를 지닌 인물로 인정했다. 그들은 서로를 본능적으로 이해했고, 같이 대화를 하면 이야기가 잘 통했다. 마르크스는 베를린에 갔을 때 아주 자연스럽게 라살과 시간을 보냈다.

라살도 런던에 갔을 때, 마르크스의 집을 방문했다. 그런데 이 당시 안 그래도 극빈 상태에 있던 자부심 강하고 예민한 마르크스는 라살 때문에 격분하게 된다. 라살에게 자신의 궁핍한 처지를 내보이게 되었기 때문이기도 했지만 그보다 더 결정적인 이유는 라살이 마르크스 가족의 일주일 생계비도 넘는 돈을 아무렇지도 않게 담배와 웃옷 깃의 단추구멍에 꽂는 꽃 따위를 사는 데 쓴다거나 정신없이 신나게 떠들어댄 데 있었다. 거기에다 마르크스가 그동안 라살에게 빌린 돈도 어느 정도 영향을 미쳤다. 정력적이고 과시적인 천성을 지닌 사람들이 흔히 그렇듯이, 자기 주변에 대해서 유난히 무감각했던 라살은 이 모든 것을 전혀 알아차리지 못했던 것으로 보인다. 그러나 마르크스는 자신이 느낀 굴욕감을 결코 잊지 못했고, 라살이 런던을 방문한 이후 두 사람의 관계는 급속히 나빠졌다.

라살은 당시로서는 새로운 방법으로 당을 만들었다. 이 방법은 나중에는 일반적인 것이 되었지만 당시에는 영국의 차티스트들만이 가끔 사용하던 것이었다. 라살은 독일의 산업 지역들을 돌면서 대대적인 정치적 선전을 펼쳤다. 그는 격렬하고 선동적인 연설로 프롤레타리아 청중들을 사로잡았고 엄청난 열광을 불러일으켰다. 그는 연설을 할 때마다 즉석에서 프롤레타리아 청중들을 공식적인 합법 정당을 위한 새로운 노동자 운동의 조직원들로 만들었다. 이는 소규모의 혁명적 세포들이 비밀리에 만나 지하 선전 활동을 펼치던 과거 방법과의 공식적인 결별을 의미했다. 추종자들로 둘러싸인 순회의 마지막 여정은 이미 정복한 영토를 둘러보기 위한 여행 같았다. 유형과 나이와 직업을 불문하고 모든 독일 노동자들에게 독보적인 영향을 미치고 있던 라살의 영향력은 이 마지막 여정으로 더욱 커졌다.

당 강령의 이론적 토대는 주로 마르크스에게서 가져왔지만, 프로이센의 급진주의적 경제학자 로드베르투스-야게초브에게서도 일부 가져온 것으로 보인다. 그런데도 이 당은 많은 점에서 마르크스 사상과 상당히 거리가 있었다. 이 당은 혁명보다는 부르주아에 반대하는 정당들과의 동맹을 목적으로 만들어진 데다 일종의 국가자본주의를 추구하고 있는 것으로 보였다. 즉 주로 독일의 상황과 필요에만 관심을 보이는 국가주의적 성격을 갖고 있었다. 이 당의 최우선 목적 중의 하나는 노동자들의 협력 체계를 발전시키는 것이었고, 이는 국가에 의해 조직되거나 국가의 재정 지원을 받는 정치 활동을 완전히 대체하는 새로운 체계가 아니라 정치 활동의 본질적인 구성 요소였다. 그것은 프루동의 반反정치적 상호부조론이라든가 정치적인 문제에는 별 관심이 없는 영국의 노동조합주의와 매우 비슷한 것이었기에 마르크스의 노골적인 적의를 불러일으키기에 충분했다. 더욱이 이 당은 한 개인의 강력한 영향력에 의해 만들어진 것이었다. 라살이 말년에 당내에서 절대 권력을 휘두를 수 있었던 밑바탕에는 영웅 숭배라는 강력한 정서적 요인이 자리하고 있었는데, 모든 형태의 불합리를 몹시 싫어하고 웅변으로 청중을 사로잡는 정치를 불신한 마르크스는 이러한 영웅 숭배를 본능적으로 혐오했다.

라살은 산업 부르주아와 싸우기 위해서는 절대주의적인 프로이센 정부와 동맹을 맺는 일이 일어날 수도 있다는 주장을 독일 사회주의 진영으로 끌고 들어왔다. 이는 분명 마르크스가 있을 수 있는 모든 잘못 중 가장 파멸적인 것이라고 보았을 일종의 기회주의였다. 1848년의 경험은 창당된 지 얼마 안 돼 상대적으로 무방비 상태인 당이 기본적으로 자신들에게 적대적이면서 창당된 지 오래돼 기초가 튼튼한 당과 동맹을 맺을 경우 치명타를 입게 된다는 것, 다시 말해 양측이 서로를 이용하려 시도하지만 결국은 무장이 더 잘된 세력이 승리할 수밖에 없다는 것을 단적으로 보여주었다.

1850년 〈공산주의자 동맹 본부 연설〉에서 분명히 볼 수 있듯이, 마르크스는 프롤레타리아의 최종적 승리를 위해 급진적인 부르주아와 동맹을 맺을 수 있고 더 나아가 동맹이 반드시 필요하다고 여겼던 자신의 생각이 심각한 오류였음을 알고 있었다. 부르주아와의 동맹까지 생각했던 마르크스도 국가에 의한 통제를 위해 봉건 귀족과 동맹을 맺고 개인주의를 공격하는 것은 꿈도 꿔본 적이 없었다. 그는 그런 동맹은 자신의 정책과 열망에 대한 바쿠닌주의적 희화화라고 보았다.

마르크스와 엥겔스는 대중에 대한 태도에서 기본적으로 확고한 민주주의자였기에 라살의 생각 속에 들어 있는 낭만적 엘리트주의의 맹아들에 본능적으로 거부 반응을 보였다. 오늘날 우리는 라살의 신념과 활동과 연설에서 그러한 맹아들을 분명히 확인할 수 있다. 그것들은 열정적인 애국심, 자신을 열성적인 지도자로 극화시키는 경향, 당분간 군사 귀족이 통제하는 계획 경제가 필요하다는 믿음, 독일이 이탈리아 전쟁에서 프랑스 황제 편에 서서 무력 개입하는 것에 대한 옹호(라살은 마르크스, 엥겔스와 반대로 전쟁만이 독일 혁명을 촉진할 것이라는 이유로 이 무력 개입을 옹호했다), 마치니와 폴란드 민족주의자들에 대한 공공연한 공감, 상인과 산업가 및 은행가들의 커져가는 침입에 맞서 현존하는 프로이센의 국가 기구를 독일 프롤레타리아뿐만 아니라 소부르주아에게도 도움이 되는 쪽으로 사용할 수 있다는 믿음(20세기의 파시즘 정권들의 경제 정책들은 이러한 믿음이 실현된 진기한 사례다) 등이다.

라살은 실제로 이러한 노선들에 입각해 비스마르크와 협상을 벌이기도 했다. 이 협상에서 둘은 서로에게서 기회만 있으면 상대방을 자기 목적을 달성하기 위한 끄나풀로 쓸 수 있을 것 같다는 인상을 받았다. 그들은 서로 상대방의 대담함, 지성, 양심에 구애받지 않는 태도를 알아봤고 찬양했다. 두 사람은 마치 경쟁이라도 하듯 자신들의 정치적 현실주의를 솔직히 드러냈고 자신들을 추종하는 평범한 인물들을 노골적으로 경멸했으며 권력과 성공을 찬미했다. 개성이 강하고 활력이 넘치는 사람들을 좋아한 비스마르크는 훗날 그런 사람들과 나눈 대화들을 즐겨 회상하곤 했는데, 라살만큼 재미있는 인물은 결코 다시 만날 수 없을 것이라고 말했다. 라살이 실제로 어디까지 협상했는지는 협상 내용을 개인적으로 적어 놓은 비스마르크의 기록이 1928년에 발견되면서 알려지게 되었다.

라살이 연애 문제로 인한 결투로 일찍 죽는 바람에 두 사람의 관계는 갑작스럽게 막을 내렸다. 만일 라살이 더 살아서 과대망상에 가까운 그의 자부심을 비스마르크가 계속 이용했다면, 라살은 결국 패배했을 것이고 그가 만든 당은 실제보다 훨씬 더 일찍 무너졌을 것이다. 라살은 유럽 사회주의의 창시자 중 한 명으로 꼽힌다. 하지만 국가 지상주의자이자 선동가였다는 점을 고려할 때, 라살은 리더십 이론과 낭만적 권위주의 이론의 창시자 중의 하나라고도 할 수 있다. 비스마르크는 이러한 라살의 파시스트적 성향에 매력을 느꼈던 것일지도 모른다.

이후 마르크스주의자와 라살주의자 간의 싸움에서 마르크

스가 승리를 거두기는 했지만, 그 승리는 형식적인 것이었다. 왜냐하면 마르크스의 이론과 정치적 방법의 순수성을 지켜낸 그 승리는 마르크스의 의도와 달리 독일에서 이루어지지 않았기 때문이다. 마르크스의 이론과 정치적 방법은 마르크스가 생각해 본 적도 없는 러시아와 중국 같은 훨씬 미발전된 나라들에서 승리를 가져왔다. 스페인, 멕시코, 쿠바도 어느 정도 이런 경우에 해당한다. 1864년 봄에 라살이 죽었다는 소식이 들려왔지만, 마르크스와 엥겔스는 그리 애통해하지 않았다. 두 사람에게 라살의 죽음은 끝모를 자만심과 과시욕으로 가득 찬 삶을 살았던 사람다운 어리석은 최후로 보였다. 만일 살아 있었다면 라살은 두 사람에게 가장 강력한 장애물이었을 것이다. 그러나 적어도 마르크스는 장애물이 없어졌다는 안도감의 한 구석에 자신이 잘 알고 있던 인물이 죽은 데 대한 감상적인 애도의 마음이 없지는 않았다. 라살은 결점이 있기는 했지만 마르크스가 어느 정도 애정 비슷한 감정을 갖고 있던 몇 안 되는 인물 중의 하나였기 때문이다. 그는 독일인이자 헤겔주의자였으며 1848년의 사건들과 마르크스 자신의 혁명적 과거와 떼려야 뗄 수 없이 연결되어 있었다. 그는 대단히 결점이 많은 인물이었지만 그가 불어넣은 활력에 잠시 기운을 차렸다가 얼마 안 가 전처럼 무관심하고 무기력해진 끝에 전보다도 훨씬 더 작고 보잘것없고 초라한 모습을 보이곤 하는 그 주변의 소인배들보다 훨씬 뛰어난 인물이었다. 마르크스는 라살에 대해 다음과 같이 썼다.

어쨌든 그는 오래된 그루터기 같은 인물이었고 우리의 적들의 적이었습니다. (……) 그토록 떠들썩하고 활동적이고 정력적이던 사람이 이제는 쥐 죽은 듯 누워 완전히 침묵을 지키고 있다니 믿을 수가 없습니다. (……)

하지만 그는 알고 있을 것입니다. 군중들은 점점 더 왜소해져가고 있고, 새로운 피가 나타나고 있지 않다는 것을 말입니다.*

라살의 사망 소식은 대체로 분노와 원한이 드리워진 삶을 살고 있는 마르크스를 전혀 그답지 않게 절망적인 우울 속으로 몰아넣었다. 갑자기 그는 자신이 완전히 고립되어 있고 승리를 거둔 유럽의 반동세력을 상대로 혼자 아무리 애써봐야 아무 소용 없다는 절망감에 사로잡혔다. 사실 영국에서의 조용하고 단조로운 생활은 먼저냐 나중이냐의 차이만 있었을 뿐 망명해 있는 모든 혁명가들을 이러한 절망감 속으로 몰아넣었다. 그들 중 많은 수가 영국인들의 삶과 영국의 제도들에 존경심을 표하고 찬미하기도 했는데, 이는 자신들이 개인적으로 실패했고 스스로를 해방시킬 수 있는 인류의 능력에 대한 믿음을 상실했다는 것을 암묵적으로 인정한 것이었다. 그들은 자신

---

* 1864년 9월 7일에 마르크스가 엥겔스에게 보낸 편지, CW 41: 560.

들이 점차 거의 이기적인 수준의 위험 회피적 정적주의[그리스 도교 신비주의의 일종. 자기 의지를 버리고 명상에 매진하는 영혼의 정적 상태를 추구한다.]로 빠져들고 있다는 것을 알았다. 그들은 이러한 정적주의가 패배를 인정하는 것이고 투쟁으로 보낸 삶을 완전히 헛수고로 만드는 것이면서 더 나아가 자신들이 가진 모든 것과 다른 사람들이 가진 많은 것들을 송두리째 바치면서 추구했던 이상 세계의 최종적 붕괴를 의미한다는 것을 잘 알고 있었다.

이러한 절망감은 게르첸이나 마치니, 코슈트 등에게는 아주 익숙한 것이었지만 마르크스의 경우에는 지극히 보기 드문 것이었다. 그는 역사의 진행이 필연적이며 때로 후퇴하기도 하지만 결국에는 진보한다고 굳게 믿었기 때문에 근본적인 문제들에 관해서는 조금도 의심하거나 실망하지 않았으며 개인이나 대중의 현명함이나 이상주의를 사회 발전에서 결정적인 요인이라고 보지도 않았다. 이러했기에 1860년대와 70년대에 많은 이론가나 활동가들이 지적, 도덕적 파탄에 이르는 와중에도, 마르크스는 아무것도 잃지 않았다. 그는 개인에게 민족이나 국가의 운명을 뒤바꿀 힘이 있다고 믿는 대중 지도자와 대중 선동가들의 영향력을 없애거나 약화시키기 위해 평생 싸웠다. 마르크스가 프루동과 라살을 신랄하게 비판하고 만년에 바쿠닌과 대결한 것은 경쟁자가 될 만한 인물들을 모조리 박살 내고 자신이 최고의 자리에 서고자 하는 개인적 야심 때문이 아니었다. 마르크스가 원래 비정상이라고 할 만큼 질투심이 강했던 것은 사실이다. 따라서 이런 감정이 전혀 없었다고 할 수는 없지만, 그가 프루동이나 라살, 바쿠닌 등이 종종 범한 중대한 판단 착오에 대해 보인 분노는 기본적으로 사심 없는 순수한 것이었다. 이런 분노보다 마르크스에게서 더 강력했던 것은 (당시 그의 위치를 고려할 때 다소 역설적으로 들리겠지만) 지배적인 개인들의 영향, 즉 지도자들과 지지자들 사이에 잘못된 관계를 만들어냄으로써 그들이 객관적 상황의 요구를 인식할 수 없게 만드는 개인적 힘이라는 요소에 대한 격렬한 반감이었다.

하지만 마르크스의 사상 체계가 강력하고 지속적으로 수용된 데는 그가 삶의 마지막 10년 동안 국제 사회주의의 독보적 권위자라는 지위에 있었다는 사실이 큰 역할을 했다는 것을 부정할 수 없다. 물론 그가 그러한 지위에 있지 않았다 해도 사람들은 그의 저작들을 읽거나 그의 저작들에 비추어 역사를 고찰하고 그의 사상 체계를 받아들였겠지만, 그렇다 해도 저만큼 강력하고 지속적으로 수용되지는 못했을 것이다. 그의 말년에 출간된 글들은 대부분 별 흥미를 끌지 못한다. 가난 때문에 어쩔 수 없이 써야 했던 잡문들이라든가 독일과 미국의 신문, 잡지에 실린 글들을 제외하면, 그가 이 시기에 쓴 글들은 거의 전부 논쟁적인 소책자였다. 이 중 분량이 가장 긴 것은 1860년에 쓴 「포크트 씨Herr Vogt」이다. 그가 이 소책자를 쓴 의도는 두 가지였다. 하나는 쾰른 재판 당시에 자신이 동료들을 불필요한 위험으로 몰고 갔다는 비난이 모함임을 밝히는 것이었다.

다른 하나는 바로 그런 모함을 한 장본인인 스위스의 유명한 박물학자이자 급진주의 정치가인 카를 포크트가 사실은 프랑스 황제에게 매수된 인물이라고 반격을 가하는 것이었다.* 이 소책자는 영웅적인 시기가 끝나고 찾아온 언쟁과 음모로 가득 찬 좌절의 10년이 얼마나 우울한 것이었나를 분명히 보여준다는 점에서 흥미롭다. 마르크스는 마침내 1859년에 『정치경제학 비판』을 발표했다. 이 책의 서문에 그의 역사 이론이 가장 분명한 형태로 제시되어 있지만, 당시에 이 책은 거의 읽히지 않았다. 이 책의 중심 주제들은 8년 후 『자본』의 제1권에서 훨씬 더 인상적으로 서술된다.

결국에는 자신의 대의가 승리할 것이라는 마르크스의 믿음은 가장 엄혹한 반동의 세월 동안에도 흔들림이 없었다. 그는 1856년 〈인민 신문The People's Paper〉의 식자공들과 직원들을 위한 만찬석상에서 '유럽의 프롤레타리아를 위하여'라는 건배사에 화답해 다음과 같이 선언했다.

> 오늘날에는 모든 것이 모순을 잉태하고 있는 것 같습니다. 우리는 인간 노동을 단축시키고 인간 노동이 성공적인 결과를 낳게 하는 놀라운 힘을 가진 기계를 굶주림과 과로 속에 지켜보고 있습니다. 기술의 승리는 인격을 상실한 대가로 얻어진

---

* [1870년에 제2제국이 몰락하고 나서, 1859년에 비밀 자금을 받은 영수증들에서 포크트의 이름이 발견되었다. CW 17: xv.]

것처럼 보입니다. 과학의 순수한 빛도 오직 무지라는 어둠을 배경으로 해서만 빛날 수 있는 것 같습니다. (······) 현대적 산업과 과학 대 현대적 불행과 해체라는 이러한 적대관계, 다시 말해 우리 시대의 생산력과 사회관계 사이의 적대관계는 부정할 수 없는 명백한 사실입니다. 이러한 사실을 한탄하는 사람도 있을 것이고, 현대의 갈등들을 제거하기 위해 현대적 기술을 없애고 싶어 하는 사람도 있을 것입니다. (······) 하지만 우리는 이러한 모순들을 계속 지켜보는 예리한 정신의 형상을 놓치지 않고 있습니다. (······) 우리는 우리의 오랜 친구인 꼬마 요정 로빈 굿펠로우를 분명히 알아보고 있습니다. 땅속에서 그토록 빨리 일할 수 있는 오래된 두더지, (······) 다름 아닌 혁명을 말입니다.*

이는 그 자리에 있던 대부분의 사람들에게는 정말로 말도 안 되는 소리처럼 들렸을 것이다. 실제로 이후에 일어난 일들은 거의 대부분 그의 예언과 들어맞지 않았다.

1860년에 마르크스의 명성과 영향력은 좁은 범위에 국한되어 있었다. 1851년의 쾰른 재판 이후 공산주의에 대한 관심이 계속 줄어든 데다, 공업과 상업이 눈부시게 발전하면서 자유주의, 과학, 평화로운 진보에 대한 믿음이 또다시 고조되기 시작

---

* *Speech at the Anniversary of 'The People's Paper'* (1856), CW 14: 656.

했기 때문이다. 이제 마르크스는 흥미로운 역사 속 인물로 여겨지기 시작했다. 예전에는 강력한 이론가이자 선동가였지만 지금은 런던의 어두침침한 한구석에서 간간이 신문이나 잡지에 글을 써서 먹고 살아가는 망명객으로 여겨지기 시작했다.

15년 후, 이 모든 것이 뒤바뀌었다. 마르크스는 영국에서는 여전히 잘 알려진 인물이 아니었지만, 해외에서는 엄청난 명성과 악명을 떨치는 인물이 되어 있었다. 어떤 사람들은 마르크스를 유럽에서 일어난 모든 혁명 운동을 선동 교사한 자, 인류의 도덕 규범과 평화와 행복과 번영을 전복시키려는 세계적 운동을 이끈 광적인 독재자로 보았다. 다시 말해 이들은 마르크스를 문명사회의 평화와 도덕을 약화시키고 파괴하려는 음모를 꾸미고, 폭도들의 가장 안 좋은 열정을 악용하고, 아무 문제도 없는 곳에 불평불만의 씨앗을 뿌리고, 불평분자의 상처에 식초를 퍼붓고, 모두가 가진 것을 다 잃고 결국 부자와 빈자, 악인과 선인, 부지런한 자와 게으른 자, 정의로운 자와 부정의한 자가 모두 평등해지는 보편적인 혼돈 상태를 만들어내기 위해 고용주들과의 관계를 악화시키려고 하는 노동계급의 사악한 천재로 그렸다.

반면에 어떤 사람들은 마르크스를 모든 곳의 노동계급을 위해 끊임없이 헌신하는 전략전술가, 모든 이론적인 문제에 관한 무오류의 권위자, 부정의와 불평등의 지배를 설득이나 폭력을 통해 전복시키고자 하는 불가항력적 운동의 창시자로 보았다. 이들에게 마르크스는 모욕과 억압을 받는 모든 자들의 지도자이자 구세주, 불굴의 성난 현대판 모세였고 그의 곁에는 비교적 온건하고 관습을 존중하는 인물로 언제든 그의 말을 이해력이 부족한 무지한 프롤레타리아 대중에게 상세히 설명해줄 태세가 되어 있는 아론[모세의 형]인 엥겔스가 있었다. 이 모든 변화를 가져온 것은 1864년에 일어난 제1인터내셔널의 창설이었다. 이는 유럽 사회주의의 성격과 역사를 근본적으로 바꾸어놓았다.

9
인터내셔널

> 프랑스 혁명은 최후의 혁명이 될 훨씬 위대하고 훨씬 숭고한 또 다른 혁명의 전조일 뿐이다.
>
> — 실뱅 마레샬*

제1인터내셔널의 창설은 우연의 산물이었다. 여러 단체와 위원회가 여러 나라의 노동자들의 활동을 통합하려 계속 노력했지만 진짜 통합이라고 할 만한 연대에는 이르지 못했다. 여기에는 여러 이유가 있었다. 우선 그런 조직들은 대개 비밀결사 같은 특성이 있었기 때문에 두려움을 모르는 극소수의 급진적인 '선진' 노동자들만을 회원으로 받아들였다. 또한 당시에는 비밀 위원회들이 구체적으로 무슨 일을 하기도 전에 외

---

* 'La révolution française n'est que l'avant-courière d'une autre révolution bien plus grande, bien plus solennelle, et qui sera la dernière.' 'Manifeste des égaux' (1796), in Ph[ilippe] Buonarroti, *Histoire de la conspiration pour l'égalité dite de Babeuf, suivie du procès auquel elle donna lieu* (Paris, 1850), 70-4 at 71.

국과의 전쟁이나 억압적인 정부 조치로 없어져 버리는 일이 비일비재했다. 게다가 각국 노동자들은 전혀 다른 조건에서 일하고 있었기 때문에 서로 잘 알지도 못했고 상대방에 대한 공감도 부족했다. 마지막으로 기아와 반란의 세월 이후 계속된 경제 성장으로, 전반적인 생활수준이 높아졌고 자연스럽게 개인주의가 더욱 확산되었으며 다른 노동자들에 비해 더 대담하고 더 정치 지향적인 노동자들까지도 부르주아에 대항하는 국제 동맹이라는 막연한 이상보다 자국 내에서 자신들의 처지를 개선하고 당장의 목적들을 추구하는 데 관심을 갖게 되었다.

라살이 이끈 독일 노동자들의 운동은 이렇듯 순전히 국내 문제에만 치중하는 운동의 전형적인 사례에 속했다. 이 운동은 철저히 중앙집권적이었지만 그 범위가 한 나라에 국한되어 있었고 혁명적인 전복이나 폭력에 의한 권력 장악 없이 순전히 인원수의 힘으로 자본주의적 적敵을 점차 굴복시킬 수 있다는 낙관적 희망에서 추진력을 얻었다. 이러한 희망을 불어넣은 것은 노동자들에게 유리한 정세를 가져다줄 것처럼 보인 비스마르크의 반反부르주아적 정책이었다. 한편 1848~9년의 끔찍한 패배로 큰 타격을 입은 탓에 오랫동안 대규모 투쟁 능력을 상실한 채 얼마간 프루동주의의 영향을 받은 소규모의 지역 연합체들을 결성해 상처를 치유해 가고 있던 프랑스의 도시 프롤레타리아는 나폴레옹 3세 정권에 적게나마 기대를 품고 있었다. 나폴레옹 3세는 젊은 시절에 농민, 직공, 공장 노동자들의 친구로 자처하면서 자본주의적 관료 체제에 반대한 적이 있는 데다 자신의 왕국을 그때까지 듣도 보도 못한 극히 기묘한 정부 형태로 만들고자 했기 때문이다. 그가 추구했던 정부 형태는 군주제, 공화제, 토리 민주주의[기존 제도와 전통적 가치관을 유지하면서도 그것을 정치적 민주주의와 서민을 위한 사회, 경제 계획과 결합시키고자 하는 정치사상]가 혼합된 독특한 형태였다. 달리 말해 정치적 절대주의가 경제적 자유주의에 의해 적절히 완화, 조절되는 새로운 종류의 체제였다. 이 정부는 황제의 지시만 받는 중앙 집권적인 정부였지만 이론상으로는 인민의 신뢰에 바탕을 두고 있었기 때문에 새로운 필요에 민감하고 사회 변화의 온갖 징후에 반응하는 완전히 새롭고 철저하게 현대적인 제도여야 했다.

나폴레옹 3세가 공들인 사회적 화해 정책에는 계급들 간에 긴장을 조성해 미묘한 세력 균형을 유지하는 것이 포함되어 있었다. 그렇기 때문에 경찰의 엄격한 감시하에서이긴 하지만 노동자들에게 조합 결성을 허용했는데, 이는 여전히 과거의 오를레앙 왕조에 충성하고 있다는 의심을 받고 있는 금융 귀족의 위험스러운 세력 팽창을 견제하기 위한 조치였다. 노동자들은 선택의 여지가 없었기 때문에 정부가 조심스럽게 내민 손을 잡고 동업 조합들을 결성하기 시작했다. 이러한 과정에 정부 당국이 보인 반응은 장려 반, 방해 반이었다.

1863년 런던에서 대규모 산업 박람회가 열렸을 때, 프랑스 노동자들은 박람회에 참가할 수 있도록 편의를 제공받았다. 선발된 사절단이 박람회 개최 시기에 맞춰 영국으로 떠났는데,

그중 절반은 여행 목적의 노동자들이었고, 나머지 절반은 프랑스 프롤레타리아의 대표들이었다. 최근의 산업 발전을 알아본다는 명목하에 프랑스 프롤레타리아의 대표들과 영국 노동조합 대표들 간에는 회합이 예정되어 있었다. 이런 종류의 모임이 대개 그렇듯이 이 회합도 목적이 모호했다. 이 회합은 원래는 그해에 폴란드에서 봉기가 실패로 끝나는 바람에 추방된 폴란드 민주주의자들에 대한 지원이 주된 현안이었던 것으로 보이는데 실제 회합 과정에서 프랑스와 영국의 노동시간과 임금을 비교한다든가 한 나라의 노조가 결행한 파업을 분쇄하기 위해 고용주들이 외국에서 싼값의 노동자들을 수입하는 일을 막을 필요가 있다든가 하는 문제들이 제기되었다.

또 다른 회합도 열렸는데, 이 회합의 목적은 대화하고 의견을 교환하는 데 그치지 않고 경제적, 정치적 협력을 적극적으로 펼치는 조직을 만드는 것이었다. 국제적인 민주주의 혁명을 촉진시키려는 목적도 있었던 것으로 보인다. 이 회합을 제안한 것은 마르크스가 아니라 영국과 프랑스의 노동운동 지도자들이었다. 이들 중 비주류 그룹에는 폴란드의 민주주의자, 이탈리아의 마치니주의자, 프루동주의자, 블랑키주의자, 프랑스와 벨기에에서 온 신자코뱅주의자 등 다양한 종류의 급진주의자들도 있었다. 이 회합이 처음에는 정파와 상관없이 기존 질서의 붕괴를 바라는 사람이라면 누구든 받아들였기 때문이다.

이 회합은 1864년 9월 28일 런던의 성 마르틴 강당에서 열렸다. 회합을 주재한 것은 런던 대학의 고대사 교수로 재직 중이던 에드워드 비즐리라는 친절하고 매력적인 인물이었다. 급진주의자이자 실증주의자였던 비즐리는 프레데릭 해리슨과 헨리 크롬프톤이 가입해 있는 중요한 소집단에 속해 있었는데, 그 집단의 구성원들은 콩트와 프랑스의 초기 사회주의자들에게 많은 영향을 받았다. 계몽적 조치라면 무엇이든 지지한 이 소집단의 구성원들은 하원에서 노동조합주의가 계급들 사이를 이간질하기 위해 만들어진 도구라는 비난을 받고 있던 때에 밀과 함께 노동조합주의를 옹호했다. 당대의 교양 있는 사람들 중에 노동조합주의를 옹호한 것은 오랜 기간 동안 거의 이들밖에 없었다.

이 회합의 참석자들은 노동자들의 국제 동맹을 결성하기로 결의했다. 또한 현재의 지배적인 경제 체제를 개량하는 것이 아니라 전부 파괴한 다음에 노동자들이 생산 수단에 대한 소유권을 갖는 경제 체제, 경제적 착취가 종식되고 노동의 결실이 공유되고 온갖 형태의 사적 소유가 완전히 폐지된 새로운 경제 체제를 세우기로 맹세했다. 마르크스는 그동안 민주주의자 모임들에 냉담한 태도를 견지해왔지만 이번의 연합 시도는 진짜 노동자 대표들이 주축을 이루고 있는 데다 자신의 영향을 받았다는 것을 분명히 알 수 있는 명확하고 구체적인 목표들을 내세우고 있다는 점에서 믿을 만하다고 생각했다. 그는 그때까지 자신이 직접 시작하지 않은 운동에는 거의 참여한 적이 없었다. 하지만 이번만큼은 예외로 할 수밖에 없었다. 런던에 살고 있는 독일인 직공들이 집행위원회에서 자신들의 대표로 마르크스를 임명하는 바람에, 규약을 표결에 붙이기 위한 2차 회합이 열렸을 때 그는 의사록 작성을 전적으로 관장하게 되었다.

규약 초안을 작성하는 임무는 프랑스와 이탈리아 대표들이 맡았는데, 그들이 작성한 초안은 빛바랜 진부한 민주주의적 문구들의 반복에 지나지 않았다. 그리하여 마르크스가 직접 초안을 다시 쓰고 발기문도 직접 써서 덧붙였다. 처음에 국제 위원회가 만든 규약은 모호하고 박애주의적이며 약간 자유주의적 색채를 띠고 있었지만 마르크스의 손길을 거쳐 대담하고 전투적인 것으로 바뀌었다. 이 규약의 목적은 회원들이 자신들의 공동의 조건을 개선하기 위한 활동만이 아니라 현존하는 자본주의 체제를 조직적으로 파괴하고 가능하다면 전복까지 하는 공개적인 정치적 활동에서도 서로 협조할 것을 서약하는 엄격한 규율을 갖춘 단체를 만드는 것이었다.

규약은 라살의 추종자들이 독일 제후국들에서 시도하고 있었듯이, 이 단체의 회원들도 민주적인 의회들에 들어가기 위한 노력을 하도록 명시했다. 또한 규약에 '"의무", "권리", "진리, 도덕, 정의"'에 대한 존중을 표현하자는 요청에 따라 그러한 표현들이 포함되었는데, 마르크스는 엥겔스에게 보낸 편지에서 문맥상 '아무 지장도 없는' 경우에만 그렇게 했다고 쓰고 있다.* 자신이 완성한 새 규약이 통과되자, 마르크스는 늘 그렇듯 온 힘을 다해 신속하게 일을 추진해나가기 시작했다. 명암이 교차했던 15년의 세월을 뒤로하고, 마침내 마르크스는 많은 주목을 받으며 국제적 활동 무대에 등장했다.

인터내셔널 발기문Inaugural Address of the International Working Men's Association은 사회주의 운동에서 『공산당 선언』 이후 가장 주목할 만한 문서이다. 8절판으로 12쪽가량 되고 '인터내셔널 임시 규약'이 부가적으로 들어 있는 이 발기문은 다음과 같은 선언으로 시작한다.

> 노동계급의 해방은 노동계급 스스로 쟁취해야 한다. (……)
> 모든 사회적 불행과 정신적 타락과 정치적 종속 같은 모든 종류의 노예 상태는 (……) 노동하는 자가 노동 수단을 독점하고 있는 자에게 경제적으로 종속되어 있는 데서 비롯된 것이다.
> 그러므로 노동계급의 경제적 해방이야말로 위대한 목적이고 모든 정치 운동은 그 목적을 달성하기 위한 수단이 되어야 한다.
> 이 위대한 목적을 달성하기 위한 모든 노력이 지금까지 실패해 온 것은 각 국가 내의 여러 노동 부문 간에 연대가 부족한 데다 각국의 노동계급 간에 형제적 결속이 미흡했기 때문이다. (……)
> 이런 이유들로 서명자 일동은 (……) 〈국제 노동자 협회〉를

---

* 1864년 11월 4일에 마르크스가 엥겔스에게 보낸 편지, CW 42: 18; cf. 20: 15.

창설하는 데 필요한 조치들을 취해 왔다.*

이 발기문은 급속히 증가하는 유산 계급의 부와 노동자들의 궁핍한 상황을 비교하면서 1848년 이래 노동계급의 경제적, 사회적 조건들을 개괄하고 있다. 노동자들은 1848년 혁명을 참담한 패배로 생각하지만 노동자들이 얻은 것도 있다. 1848년 혁명은 노동자들 사이에 국제적 연대 의식을 불러일으켰고, 이러한 연대 의식이 발전하면서 법적으로 1일 노동시간을 제한하기 위한 운동이 어느 정도 성공을 거두었다. 이것은 극단적 자유방임주의 정책과의 싸움에서 처음으로 거둔 분명한 승리였다. 이 운동은 자본주의적 노예 감독자를 제거해도 산업 생산성이 고도로 유지될 수 있고 나아가 증가할 수도 있다는 것을 입증해 주었다. 다시 말해 임금노동은 필요악이 아니라 근절 가능한 일시적 악이라는 것이 입증되었다. 마침내 노동자들은 무력을 쓸 수 없을 경우에는 항상 민족적 편견, 종교적 편견, 개인적 이익, 지역적 이익, 대중의 정치적 무지 등을 이용하려 드는 자본주의적 성향의 조언자들의 말에 귀 기울여 봤자 얻는 것은 하나도 없고 잃기만 할 뿐이라는 사실을 깨닫기 시작했다. 국가나 왕조 간의 전쟁으로 누가 이익을 얻든, 피해는 언제나 양측의 노동자들의 몫이었다. 하지만 하나

---

* CW 20: 14.

로 뭉치면 전시처럼 평화시에도 자신들이 이용되는 일을 막을 수 있을 만큼 노동자들의 힘은 강하다. 일례로 미국에서 남북전쟁이 일어났을 때 노동자들은 남부연합을 도우려는 영국의 시도를 방해하는 데 성공했다. 압도적으로 보이는 적의 힘에 맞서 노동자들이 가진 유일한 무기는 머릿수였다. '그러나 머릿수는 노동자들이 하나로 조직되고 단일한 목적을 향해 의식적으로 지도될 때만 힘을 발휘한다.'*

노동자들의 예속이 가장 현저한 영역은 정치였다. 프루동과 바쿠닌처럼 경제적 조직이라는 이유로 정치와 거리를 두는 것은 터무니없는 단견이었다. 노동자들은 정의가 짓밟힐 경우에는 필요하다면 무력을 써서라도 정의를 지지해야만 정의를 실현할 수 있다. 무력을 동원할 수 없을 경우에는 최소한 항의나 시위로 자기네 정부들을 곤란하게 만들 수는 있다. 그러다 보면 결국 개인 간의 관계를 판단하는 도덕과 정의의 최고 기준들이 국가 간의 관계를 지배하는 규칙들이 될 것이다. 하지만 이런 일이 가능하기 위해서는 먼저 현재의 경제 구조부터 바꾸어야 한다. 현재의 경제 구조는 노동계급의 삶을 약간 개선시키는 것을 제외하면 노동계급을 필연적으로 격하시키고 노예화하기만 할 뿐이다. 노동계급의 하락 추세를 저지하고 그러한 추세의 가능성을 제거해서 현실적으로 이익을 보게 될 계

---

* CW 20: 12.

급은 오직 하나뿐이다. 그것은 아무것도 소유하고 있지 않기 때문에 부정의와 고통으로 가득한 낡은 세계와는 어떠한 이해관계나 감정으로도 묶여 있지 않은 계급, 기계와 마찬가지로 새 시대의 발명품인 노동자 계급이다. 개회사는 『공산당 선언』과 동일한 말로 끝난다. "만국의 노동자여, 단결하라!"*

발기문에 따르면 인터내셔널의 임무는 여러 나라와 여러 직업의 노동자들 사이에 긴밀한 관계 수립, 관련 통계 자료 수집, 각국 노동자들에게 다른 나라 노동자들의 상황, 필요, 계획의 고지, 공통의 관심사에 대한 논의, 국제적 위기가 발생했을 때 동시에 모든 나라의 지부들 간의 행동 통일, 인터내셔널 지부들의 활동에 관한 정기 보고서의 발간 등이었다. 또한 1년에 몇 차례 회합을 갖도록 되어 있었는데, 소집 주체는 인터내셔널 지부가 있는 모든 나라를 대표하는 총평의회였고 그 위원들은 민주적으로 선출하게 되어 있었다. 마르크스는 규약에 가능한 한 많은 융통성을 두었는데, 이는 방법과 성격의 차이에도 불구하고 적극적인 노동자 단체들을 가능한 한 많이 받아들이기 위해서였다.

마르크스는 처음에는 결속과 통합을 위해 조심스럽고 온건하게 일을 추진할 생각이었지만 갈수록 합의할 일이 많아지면서 점차 반대파들을 제거할 생각을 갖게 되었다. 그는 계획을

---

* CW 20: 13. Cf. 154, 157/2.

세우고는 그대로 밀고 나갔다. 마르크스가 그의 원칙에 맞게 채택할 수 있는 다른 전술이 무엇이었을지 우리로서는 알기 힘들지만, 어쨌건 그가 채택한 전술은 나중에 인터내셔널을 파괴하는 결과를 가져왔다.

인터내셔널은 빠르게 성장했다. 유럽의 주요 국가들의 노동조합들이 임금 향상, 노동시간 단축, 정치적 대표성을 위해 일치단결해 투쟁할 수 있으리라는 기대를 갖고 잇달아 인터내셔널에 가담했다. 인터내셔널은 차티스트 운동이나 초창기의 공산주의자 동맹들에 비해 훨씬 잘 조직되어 있었는데, 그동안의 실패에서 전술적인 교훈들을 얻은 것도 그 이유 중의 하나였다. 개인들의 독자 행동이라든가 대중 연설은 금지되고 모든 부서에는 엄격한 규율이 도입되었는데, 이것이 가능했던 주된 이유는 인터내셔널이라는 조직을 단 한 사람이 지도하고 지배했기 때문이다. 인터내셔널의 초창기에 마르크스에 맞설 만한 인물은 라살이었지만, 그는 이미 죽고 없었다. 그런데도 그의 전설의 마법은 매우 강력해서 독일 노동자들은 런던 본부에 전폭적인 지지를 보내지 않았다. 마르크스에게 한없이 헌신적이었던 평범한 능력의 소유자 리프크네히트가 열정과 능력을 다 바쳐 마르크스의 이론을 전했지만, 비스마르크의 지속적인 반反사회주의 정책에 더해 라살에서 시작된 민족주의 전통으로 인해 독일 노동자들은 국내 활동에만 관심을 갖고 국내 조직의 문제들에 매달리고 있었다.

인간 정신의 위대한 교란자라 할 수 있는 바쿠닌은 유배되어 있던 시베리아를 탈출하는 모험 끝에 얼마 전 서유럽으로 돌아왔다. 그는 인터내셔널 안팎 모두에서 대단히 명성이 높았지만 조직적인 추종 세력이 없었다. 그는 망명한 러시아인들 중 게르첸이나 자유주의적인 농민파와 함께 활동했었으나 지금은 그들과 결별한 상태였다.

아무도 그가 추구하는 방향을 알지 못했다. 사실 바쿠닌 자신도 몰랐다. 대부분의 프루동주의자들과 마찬가지로, 바쿠닌과 그의 추종자들도 인터내셔널에 가입했다. 그들에게는 형태는 다소 모호하나 나름대로 무정부주의적 원칙들이 있었다. 하지만 인터내셔널이 공개적으로 정치 활동을 선언했기 때문에, 그들은 자신들의 원칙을 잠시 접고 인터내셔널의 방침을 따랐다.

당시 인터내셔널에서 가장 열심히 활동한 회원들은 영국과 프랑스의 노동조합주의자들이었다. 이들은 경제적 번영과 권력을 약속하는 이 새로운 실험의 마법에 얼마 동안 빠져들었다. 이들은 이론가가 아니었고 이론가가 되고 싶은 생각도 없었기에 모든 이론적 문제는 인터내셔널의 총평의회가 알아서 하게 내버려두었다. 이런 분위기에서 인터내셔널 내에는 마르크스에 맞설 만한 인물이 없었다. 제1인터내셔널은 전문직 종사자, 공장 노동자, 일부 이데올로그, 그리고 한두 명의 수상쩍은 모험가들로 구성된 기묘한 혼합체였는데, 이들 가운데 지성, 혁명의 경험, 의지력 면에서 마르크스에 견줄 만한 인물은 하나도 없었다.

이때 마르크스는 46세였지만, 외모나 성향은 나이에 비해 노숙한 편이었다. 여섯 명의 자식 중 셋이 죽었는데, 소호에 있는 집의 열악한 생활환경이 주원인이었다. 마르크스의 가족은 어찌어찌 켄티쉬 타운에 있는 더 넓은 집으로 이사했지만, 생활은 여전히 극빈 상태를 면치 못했다. 1857년에 유럽이 그때까지 경험한 적 없는 최악의 경제 대공황이 시작되었다. 마르크스와 엥겔스는 이 대공황으로 불만과 폭동이 일어날 것이라고 흥분했다. 하지만 대공황으로 엥겔스의 수입이 줄어들면서 그나마 근근이 생계를 이어가던 마르크스는 더욱 어려운 처지로 내몰렸다. 〈뉴욕 데일리 트리뷴〉의 통신원 활동과 독일의 급진적 신문들에 이따금 기고한 글로 겨우 기아 상태를 면하는 수준이었다. 하지만 마르크스 가족의 생활이 이때만 유독 어려웠던 것은 아니다. 마르크스 가족의 삶은 20년 동안 늘 위태위태한 생존의 한계선상에 있었다. 그런데 1860년에는 미국 쪽 수입원마저 끊길 기미를 보이기 시작했다. 〈뉴욕 데일리 트리뷴〉의 편집자로 민주적 민족주의의 열혈 지지자인 호레이스 그릴리가 유럽 통신원인 마르크스의 신랄한 견해에 점차 불만을 품게 된 데다 경제 공황에 남북전쟁의 영향까지 더해지면서, 〈뉴욕 데일리 트리뷴〉은 유럽 쪽 통신원들 가운데 상당수를 해고하기에 이르렀다. 다나가 마르크스를 계속 통신원으로 있게 해달라고 간청했지만 아무 소용이 없었다. 결국 마르크스는 1861년 초부터 통신원 자리에서 서서히 밀려나다가 1년 후 해고되었다.

그런 가운데서도 인터내셔널에서 마르크스가 할 일은 늘어 갔다. 인터내셔널은 그의 삶에 활기를 불어넣어 주었지만 수입에는 보탬이 되지 못했다. 절망적인 상황에서 그는 철도회사의 접수원 자리에 지원했지만 다 해진 옷과 위협적인 외모가 고용주에게 좋은 인상을 주었을 리 없다. 더욱이 그의 지원서는 글씨를 알아볼 수 없다는 이유로 접수조차 되지 못했다. 엥겔스의 도움이 없었다면 마르크스와 그의 가족이 이 끔찍한 세월 동안 어떻게 살아남을 수 있었을지 짐작하기조차 어렵다.

그러는 동안에도 이탈리아와 스페인에 인터내셔널 지부들이 세워졌고, 1860년대 중반부터는 각국 정부도 인터내셔널의 존재에 두려움을 느끼기 시작했다. 인터내셔널 회원들을 검거하고 추방할 것이라는 소문이 나돌았다. 프랑스 황제는 인터내셔널에 대한 탄압을 시도했지만, 강력한 의지가 있었던 것은 아니었다. 이러한 시도는 오히려 노동자들 사이에 인터내셔널이라는 단체의 명성과 위신을 높이는 결과를 가져오면서, 1850년대의 어두운 터널을 걸어온 마르크스에게 다시 한 번 생기와 활력을 가져다주었다. 그는 밤낮없이 인터내셔널의 일에 전념했다. 그는 늘 헌신적인 엥겔스의 도움으로 인터내셔널 본부 사무실을 차지하고 거의 전권을 행사하는 고문으로 활동했을 뿐만 아니라 모든 서한의 작성 본부이자 집배 센터의 역할을 했다. 모든 것은 그의 손을 거쳤고 그가 제시한 방향으로 움직였다. 그러자 프루동과 바쿠닌의 반권위주의적 토양에서 성장한 프랑스 지부들과 스위스의 일부 지부, 벨기에의 상당수

지부들, 그리고 나중에는 이탈리아 지부들까지 이의를 제기했다. 그러나 이들의 항의는 내용이 분명하지 않았고 효과도 없었다. 총평의회를 완전히 장악하고 있던 마르크스는 인터내셔널에 대한 장악력을 훨씬 더 굳건히 했다. 그는 모든 면에서 강령에 철저히 따를 것을 강조했다. 그는 예전의 정력적인 모습을 되찾은 듯했다. 이 당시 마르크스가 엥겔스에게 보낸 편지들은 거의 쾌활하다고 할 수 있을 만큼 활기가 넘쳤다. 그의 이론적 작업에서도 그러한 활력의 흔적을 볼 수 있다. 대개 한 분야를 열심히 하다 보면 다른 분야에서 잠들어 있던 활동이 자극을 받게 마련이다. 이미 1859년에 자신의 경제이론을 개략적으로 제시한 바 있던 마르크스는 가난과 건강 문제로 중단했던 작업을 재개했다. 마침내 마르크스의 주저가 완성을 향해 다가가기 시작했다.

마르크스는 인터내셔널 대회에는 거의 모습을 드러내지 않았다. 그는 런던에서 인터내셔널의 활동을 감독하는 것을 더 좋아했다. 하지만 그는 런던에서 열리는 총평의회 회의에는 정기적으로 참석해 자신을 따르는 사람들에게 상세한 지시를 내렸다. 늘 그렇듯 마르크스는 거의 독일인들만을 믿고 의지했다. 그는 에카리우스라는 충실한 대변인을 발견했다. 에카리우스는 나이가 지긋한 재단사로 영국에 오랫동안 거주한 독일인이었다. 그는 대단히 똑똑하거나 상상력이 풍부한 인물은 아니었지만 마르크스의 눈에는 맡은 일을 꼼꼼하고 성실하게 해낼 믿을 만한 인물로 보였다. 마르크스의 밑에 있던 대부분의 사람들처럼 그도 나중에는 마르크스에게 반기를 들고 분리주의 파에 합류하게 되지만, 그 전까지 8년 동안 인터내셔널 총평의회 간사로 있으면서 마르크스의 지시를 충실히 수행했다.

인터내셔널의 연례 대회는 런던, 주네브, 로잔, 브뤼셀, 바젤 등에서 열렸다. 이 대회에서는 전반적인 문제들이 논의되었고 구체적인 조치들에 대한 표결이 이루어졌다. 또한 노동 시간과 임금에 관한 결정들이 이루어졌고, 여성과 어린이의 지위라든가 유럽 여러 나라의 상이한 조건에 가장 적합한 유형의 정치적, 경제적 압력 수단이라든가 다른 단체들과의 협력 가능성 등과 같은 문제들이 검토되었다. 하지만 마르크스의 주된 관심은 서로 간의 특정한 요구 사항들이 조율된 국제적 정책을 구체화하고 이 정책을 충실히 견지할 것을 보장해줄 엄격한 규율을 수립하는 데 있었다. 따라서 그는 마치니, 바쿠닌, 존 스튜어트 밀의 후원 아래 신설된 〈평화와 자유 동맹〉과 같은 순전히 인도주의적인 성향의 단체들과 동맹을 맺자는 제안들을 모두 거부했다.

이러한 독단적 일 처리는 조만간 불만과 반발을 불러올 수밖에 없었다. 실제로 이러한 불만과 반발은 바쿠닌을 중심으로 구체화되기 시작했다. 바쿠닌은 각국의 단체들이 어느 정도 독립성을 유지하면서 느슨하게 결합하는 일종의 연합체를 구상하고 있었는데, 이러한 구상을 지지하는 사람들이 인터내셔널의 스위스와 이탈리아 지부들에서 그리고 서서히 프랑스에서도 생겨나기 시작했다. 그들은 바쿠닌의 주도하에 인터내셔널과 제휴는 하되 중앙집권화 반대와 연방적 자치 지지를 내걸고 독자적인 내부 조직을 갖춘 〈민주 동맹Democratic Alliance〉이라는 단체를 결성하기로 결정했다. 이는 마르크스보다 관대한 인물이라고 해도 눈감아줄 수 없는 이단적 주장이었다. 왜냐하면 원래 인터내셔널은 느슨하게 결합된 급진적 위원회들끼리 단지 소식이나 정보를 주고받기 위한 모임이 아니라 여기저기 흩어져 있는 센터들 모두가 하나의 목적을 향해 나아가도록 압력을 가할 수 있는 통합 정당으로 추진되었던 것이기 때문이다.

마르크스는 바쿠닌— 더 정확히 말하면, 러시아인 —과의 어떤 관련도 결국 노동계급에 대한 배신이라는 결과를 초래할 수밖에 없다고 확신했는데, 이러한 확신은 그가 1840년대에 러시아의 급진주의적 귀족들에게 호감을 갖고 잠시 교류했다가 환멸을 맛본 후 갖게 된 것이었다. 바쿠닌은 마르크스의 천재성에 진실로 감탄할 수밖에 없다는 것을 인정하면서도 마르크스에 대한 개인적 반감을 결코 숨기지 않았다. 아울러 마르크스의 이론들에서 그리고 혁명적 정당의 실제 조직화에서 드러난 권위주의적 방법에 대한 마르크스의 믿음을 근본적으로 혐오하고 있다는 것을 결코 숨기지 않았다. 바쿠닌은 다음과 같이 밝히고 있다.

> 우리, 혁명적 무정부주의자들은 (……) 모든 형태의 국가와 국가 기구의 적이다. (……) 모든 통치권, 모든 정부는 본래 인

민 대중의 바깥에 있기 때문에 인민 대중을 그들에게 전혀 맞지 않는 관습이나 목적에 반드시 종속시키려 든다. 그러므로 우리는 우리 자신이 모든 국가 기구의 (……) 적임을 선포하며, 인민이 어떠한 보호자의 감독 없이 아래에서부터 자율적이고 완전히 자유로운 결사체들을 조직해 자신들의 삶을 만들어갈 때만 행복하고 자유로울 수 있다고 믿는다.

(……) 권력이란 복종을 강요당하는 사람만이 아니라 권력을 휘두르는 사람도 타락시킨다. 사람들을 좀먹는 권력의 영향으로 어떤 자들은 자신이나 자기 계급의 이익을 위해 사회를 착취하는 탐욕스러운 야심이 가득한 폭군이 되고 어떤 자들은 비굴한 노예가 된다.

지식인, 실증주의자, 공론가 등 삶보다 과학을 앞세우는 모든 자들은 (……) 사회를 구원할 수 있는 유일한 길이라며 (……) 국가와 국가의 권위를 옹호한다. 이들의 주장은 매우 논리적으로 보인다. 그들은 삶보다 사유가 우선하고 추상적 이론만이 사회적 실천의 출발점을 만들어낼 수 있다는 전제로부터 (……) 지금은 그러한 이론적 지식을 가진 사람이 극소수이므로 모든 대중 운동을 고무하고 지도하기 위해서는 이들이 사회를 통제해야 하고 혁명이 끝나자마자 새로운 사회 조직이 만들어져야 한다는 필연적 결론을 이끌어내기 때문이다. 하지만 이러한 논증은 그 전제 자체가 틀렸다. 게다가 그들이 말하는 새로 만들어지는 사회 조직은 인민의 필요와 자연적 적성에 따라 작동하는 (……) 대중 조직들의 자유로운 연합이 아니라 소수의 이론가들이 마치 자신들이 진짜로 인민 의지의 대변자인 양 수중에 움켜쥐고 있는 독재적 권력 기구이다. (……)

그러한 혁명적 독재는 현대 국가와 겉 장식만 다를 뿐, 실제로는 둘 다 인민의 이름으로 — 정확히 말하면, 우매한 다수와 뛰어난 지혜를 가진 소수라는 미명하에 — 자행되는 다수에 대한 소수의 독재이다. 따라서 소수의 지배층에게 정치적, 경제적 특권을 보장하고 대중을 노예화할 궁리를 한다는 점에서 (……) 둘 다 반동적이다.

그렇다면 왜 **교조적 혁명가들**이 국가의 적인 경우가 없었고 앞으로도 결코 없을 것인지, 왜 언제나 국가에 대한 가장 열렬한 수호자가 되는지 그 이유는 분명하다. 저들의 목적은 현존 질서를 파괴하고 결국 그 폐허 위에 자신들의 엄격한 독재권을 세우는 데 있을 뿐이다.*

마르크스와 라살에 대한 바쿠닌의 공격은 사람들의 주목을 끌 수밖에 없었다. 바쿠닌의 공격에 그의 친구인 게르첸이 두세 차례 정도 질책했던 반유대주의적 측면이 있었기 때문에 더욱 그러했다. 그런데도 1869년에 게르첸이 바쿠닌에게 인터내셔널을 떠나달라고 했을 때, 바쿠닌은 통 큰 모습을 보였다.

---

* op. cit. (57/1), 113-14 (=311-13); English edition, 135-7.

그는 게르첸에게 쓴 편지에서 '우리 모두보다 의심할 여지 없이 뛰어난 통찰력과 열정과 공평무사함을 가지고 25년간 [사회주의의 대의를 위해] 일해 온 사람[마르크스]의 적들과 손을 잡을 수는 없다'고 말했다.*

마르크스는 바쿠닌을 싫어했지만, 그렇다고 활동의 편의를 위해 어느 정도 지역의 독립성이 필요하다는 사실을 모르지는 않았다. 어쨌건 마르크스는 국제적인 노동조합들을 창설하려는 계획을 저지하는 데 성공했다. 그가 이 계획을 저지한 이유는 그것이 시기상조이고 국가별로 조직되어 있는 기존의 노동조합들과의 충돌을 피할 수 없을 것이라고 보았기 때문이고 적어도 영국에서는 전국적 노동조합이 인터내셔널의 주요 지지세력이었기 때문이다. 그러면서도 그가 어느 정도 지역의 독립성을 허용한 것은 연방주의를 좋아해서가 아니라 단지 이미 세워져 있는 조직, 즉 인터내셔널을 위태롭게 하지 않기 위해서였다. 그는 노동자들이 자신들의 요구 배후에 1848년 혁명 때처럼 이곳저곳에서 도덕적 지지를 보내거나 기껏해야 일시적인 도움만 줄 뿐인 동조자들 정도가 아니라 모든 곳의 노동자들에게 정의가 행해지지 않을 경우 정부에 저항하고 필요하다면 정부를 위협하고 강제할 잘 훈련된 전투적 세력이 있다는 것을 알게 해줄 조직이 있어야 하고, 인터내셔널이 바로 그

---

* 1869년 10월 28일에 쓴 편지. Pis'ma M. A. Bakinina k A. I. Gertsenu I N. P. Ogarevu (Geneva, 1896), 233-8 at 234.

런 조직이라고 보았다.

마르크스가 보기에 이론과 실천 모두에서 그러한 적극적 연대의 항구적 가능성을 만들어내기 위해서는 확실한 권한을 가진 중심 조직, 다시 말해 전략과 전술을 담당하는 일종의 참모부가 반드시 필요했다. 그런데 바쿠닌은 인터내셔널의 조직을 느슨하게 만들고 각국 지부들에 통일되지 않은 의견들을 조장함으로써 적극적 연대의 항구적 가능성을 파괴하고 있는 것으로 보였다. 만일 바쿠닌의 시도가 성공한다면 그것은 지금까지 쟁취한 것을 잃는다는 것, 유토피아주의로 돌아간다는 것, 새롭게 등장한 현실적 견해가 사라진다는 것, 노동자들의 힘은 오직 단결에 있다는 깨달음이 사라진다는 것, 1848년에 노동자들이 스스로를 적의 수중에 넘겨주게 된 것은 그들이 전체 상황과 그들과 적들의 힘을 정확히 연구한 사람들이 역사적 적기라고 본 시기에 일어나도록 계획되고 공동의 목적에 따라 지도되는 단일대오의 혁명이 아니라 감정적으로 폭력을 분출하는 산발적 봉기에 매달렸기 때문이라는 깨달음이 사라진다는 것을 의미한다. 바쿠닌주의는 혁명적 충동을 낭비하게 만들고 예전의 낭만적이고 귀족적이고 쓸모없는 영웅주의를 부활시켰다. 성인이나 순교자들에서 많이 볼 수 있는 이러한 영웅주의는 역사를 보면 더 현실주의적인 적에 의해 너무도 쉽게 분쇄되었고 그 필연적 결과로 운동을 족히 수십 년은 후퇴시킬 만한 무기력과 환멸의 시기를 가져왔다.

마르크스는 바쿠닌이 가진 혁명적 에너지와 사람들의 상상력을 불러일으키는 힘을 경시하지 않았다. 오히려 그렇기 때문에 마르크스는 바쿠닌을 어딜 가든 혼란과 분열을 가져올 위험인물로 보았다. 바쿠닌과 그의 추종자들이 노동운동을 지지하는 대열에 갑자기 합류하게 내버려두면 노동운동은 화산재 위에 있게 되리라고 보았다. 그리하여 몇 년 동안 이런저런 충돌과 싸움을 겪은 후, 마르크스는 마침내 공식적으로 공격을 가하기로 결정했다. 그 결과 바쿠닌과 그의 추종자들은 인터내셔널에서 제명되었다.

10
붉은 테러 박사

> 우리가 지금 우리일 수 있는 것은 마르크스 덕분이다. (……) 그가 없다면, 우리는 여전히 혼란의 구렁텅이에 빠져 있을 것이다.
>
> —프리드리히 엥겔스*

 마침내 1867년에 『자본』 1권이 출판되었다. 이 책의 출판은 국제 사회주의의 역사와 마르크스 본인의 삶에서 하나의 획을 긋는 사건이었다. 『자본』은 현대 사회의 경제 조직의 법칙들과 형태론에 관한 포괄적인 저술로 구상된 것이었다. 그것은 생산, 교환, 분배의 과정들을 있는 그대로 기술하고, 이 과정들의 현 상태를 계급투쟁에 의해 이루어진 발전의 한 단계로 설명하고자 했다. 마르크스 자신의 표현을 빌리면, 계급들의 역사를 지배하는 자연법칙들을 수립함으로써 '현대 사회의 경제적

---

* 1883년 3월 14일에 엥겔스가 빌헬름 리프크네히트에게 보낸 편지, CW 46: 458.

운동 법칙을 발견'*하고자 했다. 그리하여 경제이론, 역사학, 사회학, 프로파간다가 혼합된, 일반적으로 인정되는 어떤 범주에도 포함되지 않는 독창적인 저술이 만들어졌다.**

마르크스는 『자본』을 기본적으로 경제학 책으로 생각했다. 마르크스에 따르면, 초창기 경제학자들은 경제 법칙을 물리학이나 화학의 법칙과 비슷한 것으로 보고 사회적 조건이 변해도 사회적 조건을 지배하는 법칙은 변하지 않는다고 전제함으로써 경제적 법칙들의 본질을 오해했다. 그들은 자신들과 동시대인들을 모델로 삼았다. 그리하여 그들의 이론들은 18, 19세기에만 볼 수 있는 특징들을 지닌 이상화된 경제적 인간들로 구성된 허구적 세계에나 들어맞는 이론이 되거나 혹은 이미 오래전에 사라진 사회들을 기술하는 이론이 되고 말았다. 그런 까닭에 마르크스는 당시 세계에 정확하게 적용되면서도 모든 시대의 경제생활의 변화하는 구조를 반영하는 새로운 개념들과 정의들의 체계를 만드는 것이 자신의 일이라고 생각했다.

마르크스는 『자본』 1권에서 경제학의 기본 원리들을 체계적으로 설명하는 동시에 새로운 산업체제의 출현이 기술 진보가 생산 방법에 미친 영향으로 인해 만들어진 사용자와 노동자

---

* 독일어 초판 (1867) 서문, CW 35: 10.
** 『자본』 1권을 2, 3권과 함께 볼 때 특히 이렇다고 볼 수 있다. 『자본』 2권과 3권은 마르크스가 대부분 노트 형식으로 적어 놓은 경제 관련 원고들을 그의 사후에 처음에는 엥겔스가, 그 후에는 카우츠키가 편집한 것이다.

간의 새로운 관계의 산물임을 보이고자 했다. 그리하여 『자본』 1권은 생산 과정을 다룬다. 구체적으로 말하면, 한편으로는 기계와 노동의 관계를 다루고 다른 한편으로는 실제 생산자인 노동자와 그들을 고용하고 감독하는 사람들 사이의 관계를 다룬다. 마르크스 사후에 유언 집행자들에 의해 출간된 『자본』 2, 3권은 주로 완성된 상품의 유통 과정이 가치론에 미치는 영향, 교환체계로서의 '유통', 이 교환체계를 포함한 금융 기구, 가격과 이자율과 이윤을 결정하는 요소들인 생산자와 소비자 간의 관계 등을 다룬다.

『자본』 전체를 관통하는 일반 테제는 이미 『공산당 선언』과 청년 마르크스의 경제적 저술들에서 개략적으로 제시되었던 것이다. 그것은 다음과 같은 세 개의 기본 가정을 바탕으로 한다. 첫째, 정치경제학은 누가 어떤 재화, 서비스, 지위를 왜 획득하게 되는지를 설명하고자 한다. 둘째, 그렇기 때문에 정치경제학은 죽어 있는 대상으로서의 상품에 관한 과학이 아니라 살아 있는 사람들과 그들의 활동에 관한 과학이고, 이 과학은 인간의 통제에서 벗어나 자연적 물체들의 세계를 지배하는 수요·공급의 법칙 같은 사이비 객관 법칙들이 아니라 정말로 자본주의 시장경제를 지배하는 참된 법칙들에 기초해 해석되어야 한다. 사람들은 자연적 물체들의 활동을 자신들이 변화시킬 수 없는 영원불변한 외적인 자연 질서의 일부로 생각하는데, 이러한 환상 혹은 '거짓 의식'*을 마르크스는 '상품 물신주의'**라고 부른다. 셋째, 현시대의 사회적 행위에서 결정적인 요소는 산업화이다. 그런 점에서 가장 먼저 가장 완전한 형태로 출현한 영국의 산업혁명은 연구자들에게 결국에는 모든 곳에서 이루어질 산업화를 보여주는 가장 좋은 사례이다.

마르크스는 프롤레타리아의 출현이 기술적 생산 수단의 전반적 발전과 관련이 있다고 보고 그 과정을 추적한다. 기술적 생산 수단이 발전하면서 각 개인은 자신이 사용하기 위해 이러한 생산 수단을 직접 만들 수 없게 되고 결국 분업이 출현한다. 그러면서 (생시몽이 말했듯이) 남들보다 뛰어난 기술, 능력, 모험적 시도 덕분에 그러한 수단과 도구에 대한 독점적 통제권을 획득하게 된 사람들은 자신들이 생필품을 가질 수 없게 될 것이라는 위협과 독립 생산자이기를 포기하면 낡아빠진 옛 도구로는 획득할 수 없는 많은 정기적 급료를 주겠다는 제안을 통해 생산 수단과 도구에 대한 통제권을 갖지 못한 사람들의 노동을 고용할 수 있는 위치에 있다는 것을 알게 된다. 그리하여 자신들의 노동을 남들에게 판 사람들은 시장에서 상품이 되고, 그들의 노동력은 다른 상품들과 마찬가지로 시장 상황에 따라 변동하는 가격을 갖게 된다.

상품은 시장경제에서 사회적 수요가 있는 노동생산물이다. 따라서 마르크스가 주의를 기울여 언급하고 있듯이, 상품이라는 개념은 사회 발전의 비교적 후기 단계에만 적용될 수 있는

---

* 1893년 7월 14일에 엥겔스가 프란츠 메링에게 보낸 편지, CW 50: 164.
** 『자본』 1권 (1867), CW 35: 81.

것으로 다른 경제적 범주들과 마찬가지로 영원한 것이 아니다. 마르크스에 따르면, 상품의 교환 가치는 사회적 필요 노동 시간 즉 평균적인 생산자가 동일한 상품의 평균적 표본을 생산하는 데 걸리는 시간에 의해 결정된다(이는 리카도와 고전 경제학자들이 주장한 다소 비슷한 견해에서 이끌어낸 것이다). 한 노동자의 일일 노동은 자신의 생계를 유지하는 데 필요한 최소량의 상품들의 총 가치보다 더 큰 가치를 갖는 상품을 만들어낸다. 다시 말해 그는 자신이 소비하는 상품 가치보다 더 큰 가치를 갖는 상품을 생산한다. 그렇지 않다면, 고용주는 그를 고용할 경제적 이유가 없다. 어떤 사람의 노동력이라는 상품이 시장에서 x 파운드에 팔린다고 하자. 이때 x 파운드는 그 노동자가 작업을 효율적으로 수행하고 자식을 낳아 기를 수 있을 만큼 건강한 상태를 유지하는 데 필요한 최소 금액이다. 그런데 그가 생산한 재화가 y 파운드에 팔린다고 하자. 그렇다면 그 차액인 $y-x$ 파운드는 사회의 전체 부 가운데 그가 증가시킨 양이고, 바로 이것이 고용주가 착복하는 잉여가치이다. 고용주가 생산과 분배 과정의 조직자이자 경영자로서 능력을 발휘한 대가로 받는 합리적인 몫이 공제된 후에도, 사회적 소득의 잉여분이 남게 된다. 마르크스에 따르면, 이러한 잉여분은 지대나 이자 혹은 상업적 이윤의 형태로 분배되는데 그러한 혜택을 볼 수 있는 것은 사회 전체가 아니라 자본가 계급이나 부르주아 계급의 구성원들뿐이다. 이 계급은 나머지 계급들과 달리 생산수단의 독점적 소유자들로서 불로소득을 획득하고 축적한다.

마르크스가 말하는 가치에 대해서는 다양한 해석이 가능하다. 가치는 상품의 변동하는 시장 가격의 평균, 상품의 시장 가격이 지향하는 이상적 한계, 불특정한 의미의 '당위' 가격, 사회에서 인간들의 물질적 이익을 구성하고 충족시키는 것에 대한 사회학적 설명의 한 요소, 창의적인 인간 노동이 물질 속에 집어넣은 지각할 수 없는 형이상학적 본질 등으로 다양하게 해석될 수 있다. 혹은 비판자들의 주장처럼, 이 모든 것이 뒤섞여 있는 것으로 볼 수도 있다. 양적으로만 비교할 수 있는 것들로 구현되는 인간 노동(마르크스의 이론에 따르면, 노동이 경제적 가치를 구성한다)이라는 개념이 타당하건 타당하지 않건 간에 — 마르크스가 가치 개념을 앞서 제시한 개념들 중 어떤 의미로 사용했다고 주장하기는 어렵다 — 인간 노동의 구현에 기초한 착취 이론에는 별 영향이 없다. 대부분의 노동자들은 교환 가치와 시장 가격들의 관계에 대한 마르크스의 복잡한 논증을 이해하지 못했다. 하지만 그런 노동자들에게 대단히 강력한 호소력을 발휘했던 핵심 테제가 있다. 그것은 자신이 소비하는 것 이상의 부를 생산해내는 유일한 사회 계급이 노동자 계급이라는 것 그리고 생산에 없어서는 안 될 천연자원, 기계, 운송 수단, 신용 대부 같은 생산 수단의 독점적 소유자라는 위치만으로 잉여가치를 차지하는 자들이 생산 수단을 통제해 나머지 사람들을 굶주리게 함으로써 자신들이 내건 조건을 수용할 수밖에 없게 만들 힘을 갖고 있다는 것이다.

마르크스에 따르면, 자본주의 시대의 정치적, 사회적, 종교적, 법적 제도들은 세계를 고용주들의 이익에 맞게 조직하기 위해 만들어진 도덕적, 지적 무기들이다. 고용주들은 상품 생산자인 프롤레타리아 외에 많은 이데올로그도 고용한다. 이데올로그들은 자본주의 체제를 옹호하고 미화하고 문학적, 예술적 기념물들을 만들어냄으로써 자본주의 체제에서 이익을 얻고 있는 자들에게는 더욱 강한 자신감과 낙관주의를 심어주고 피해를 당하고 있는 자들에게는 자본주의 체제가 좋아 보이게 만드는 선전가, 해석가, 변호론자들이다. 그들은 루소의 표현처럼 '자본주의 체제의 희생자들을 묶고 있는 쇠사슬을 화환으로 덮어 버리는'* 자들이다. 그러나 생시몽의 지적처럼 기술 발전은 얼마 동안은 지주, 제조업자, 금융업자들에게 유례없는 힘을 제공해 주었지만 통제가 불가능하기 때문에 필연적으로 그들을 파멸로 이끌 것이다.

일찍이 푸리에와 프루동은 거대 은행가들과 거대 제조업자들이 우세한 자산을 이용해 소상인과 장인들을 시장에서 몰아냄으로써 프롤레타리아 대열에 편입될 수밖에 없는 불만에 찬 많은 몰락한 개인들을 만들어내는 과정들을 맹렬히 비난한 바 있다. 그러나 자본가는 그들의 시대에는 역사적으로 필요한 존재이다. 자본가는 잉여가치를 뽑아내 축적하는데, 이는 산업화에 꼭 필요하며 역사의 진보를 추진한다. '자본가는 가치 증식

---

* *Discours sur les sciences et les arts* (1750): *Oeuvres complètes*, ed. Bernard Gagnebin and others (Paris, 1959-95), iii 6-7.

에 미친 듯이 매달리기 때문에 생산을 위한 생산 쪽으로 무자비하게 사람들을 몰아붙인다.'* 자본가는 순전히 이기적인 동기에서 그렇게 하겠지만, 그는 이 과정에서 '모든 사람의 완전하고 자유로운 발전을 가장 중요한 원리로 삼는 더 높은 사회 형태의 현실적 토대가 될 물질적 조건을 만들어낸다.'** 마르크스는 이미 『공산당 선언』에서 산업화의 진보적 역할을 찬양한 바 있다.

> 부르주아는 생산 도구와 그에 따른 생산 관계와 사회관계 전체를 끊임없이 변혁하지 않고서는 존립할 수 없다. (……) 부르주아는 백 년도 채 못 되는 지배 기간에 과거의 모든 세대가 이룩한 것을 합친 것보다도 더 많고, 더 거대한 생산력을 만들어냈다. 자연력의 정복, 농업에서 화학과 공업의 이용, 증기선에 의한 항해, 철도, 전신, 전 세계 모든 대륙에서 펼쳐지고 있는 개간, 강의 운하화, 마치 땅 밑에서 솟아난 듯한 엄청난 인구, 이와 같은 거대한 사회적 힘들이 사회적 노동의 태내에서 잠자고 있다는 것을 과거의 어떤 시대가 예감이라도 했겠는가?***

---

* 『자본』 1권 (1867), CW 35: 588.

** ibid.

*** CW 6: 487, 489.

그러나 자본가는 자신의 역할을 다한 뒤에는 필요가 없어질 것이다. 자본가는 축적자라는 자신의 본질적 특징에 의해 '청산될' 것이다.

잉여가치의 양을 늘리기 위한 개별 자본가들 간의 무자비한 경쟁과 거기서 비롯된 생산 비용의 감소와 새로운 시장 개척이라는 필연적 결과는 경쟁 기업들의 끊임없는 합병으로 이어질 수밖에 없다. 그리하여 마침내 가장 거대하고 가장 힘 있는 집단들만 살아남고, 나머지 집단들은 점점 더 **빠르게 성장하고 있고 앞으로도 계속 성장하게 될 생산 및 분배 기구의 집중**을 이끄는 중앙집권적인 새로운 산업적 위계 구조에서 종속적 내지 반+종속적 위치에 놓이게 될 것이다. 중앙집권화는 합리화의 직접적 산물이다. 다시 말해 자원의 공동 관리를 통해 생산과 수송의 효율성이 증가한 결과이자 계획적인 **협력**을 할 수 있는 독점적 거대 트러스트들과 거대 합병 기업들이 형성된 결과이다.

노동자들은 전에는 많은 소기업들에 산재해 있었으나 몰락한 소상인과 소규모 제조업자들의 아들과 딸들이 계속 유입되면서 점차 그 수가 늘어나게 되고, 고용주들 간에 이루어지는 합병으로 인해 자동적으로 결집되어 하나의 프롤레타리아 군대가 된다. 정치적, 경제적 집단으로서의 노동자들의 힘은 그들이 자신들의 역사적 역할과 자원에 대해 더 알게 됨에 따라 점점 더 커진다. 공장제의 그늘에서 발전하고 있는 **노동조합들**은 이미 과거의 그 어떤 것보다도 훨씬 더 강력한 프롤레타리아의 무기이다. 산업이 확대되면서 사회는 거대한 피라미드 조직의 형태를 갖추게 된다. 이 피라미드의 맨 꼭대기에는 갈수록 더 많은 힘을 갖는 극소수의 자본가가 있고, 맨 아래에는 불만에 찬 수많은 피착취 노동자들과 식민지 노예들이 있다. 기계가 인간 노동을 대체할수록 이윤율은 떨어질 수밖에 없다. 이윤율은 기계가 아니라 살아 있는 인간 노동에 의해 결정되기 때문이다. 자본가들 간의 경쟁 그리고 사실상 자본가들의 통제하에 있는 국가 간의 경쟁이 갈수록 치열해지면서 고삐 풀린 경쟁 체제가 확립되는데, 이 체제하에서 각 자본가와 각 국가가 살아남을 수 있는 길은 오로지 다른 자본가와 다른 국가를 앞지르고 파멸시키는 것밖에 없다.*

자본주의와 통제되지 않는 사기업의 틀 안에서는 이러한 과정들이 합리적으로 진행될 수 없다. 자본주의 사회를 좌지우지하는 기득권층의 생존은 개별 생산자 간의 경쟁의 자유가 아

---

* 이것이 사실이라면, 자본가들은 어째서 기계를 치워버리고 노예적 노동으로 되돌아감으로써 잉여가치를 증진시키지 않는 것일까? 마르크스 사후에 엥겔스가 그의 원고를 편집해 출판한 『자본』 2, 3권에서는, 기계가 상대적으로건 절대적으로건 이윤을 증가시키지는 못하지만 잠시 동안은 개별 자본가의 이윤을 높여 주며 따라서 개별 자본가는 경쟁 때문에 어쩔 수 없이 기계를 도입하게 마련이라는 주장을 볼 수 있다. 더욱이 기계는 무능한 경쟁자들을 제거하는 데도 도움이 된다. 이윤율이 계속해서 떨어지는 것은 사실이지만, 동시에 이윤은 이 밀림의 전쟁에서의 '적자適者'들, 즉 점점 소수 정예화되어 가는 자본가들 사이에 분배된다. 굳이 말하지 않더라도, 독자는 이런 일이 일어났는지 여부라든가 어느 정도까지 일어났는지 여부를 알 수 있을 것이다.

니라 기업 합동이라든가 독점 간의 경쟁의 자유에 달려 있기 때문이다. 생산을 점점 더 집단적 형태로 나아가게 하는 기술 진보의 불변적 경향은 사적 소유라는 개별적 분배 형태와 점점 더 격렬하게 충돌하게 될 것이다. 대기업— 마르크스는 대기업의 출현을 예견한 몇 안 되는 인물 중의 하나이다 —은 동맹세력인 군대와 손을 잡고 자유방임주의와 개인주의를 파괴하게 될 것이다. 그러나 마르크스는 국가 관리나 민주적 저항이 가져올 결과를 예상하지 못했다. 또한 정치적 민족주의가 통제되지 않는 착취의 걸림돌이 될 수 있다거나 부르주아 중에서 점차 빈곤해지는 계층이 마르크스 자신이 말한 프롤레타리아로의 전락이라는 운명을 필사적으로 피하기 위해 반동세력과의 동맹의 보호막이 되어 자본주의의 발전을 가로막고 변형시키는 힘이 될 수 있다는 것도 예상하지 못했다. 즉 마르크스는 복지국가도 파시즘도 예견하지 못했다.

마르크스는 사회 계층을 군사적-봉건적 구 귀족, 산업 부르주아, 소부르주아, 프롤레타리아 그리고 그가 룸펜프롤레타리아Lumpenproletariat라고 부른 사회 변두리의 하층민으로 분류한다(룸펜프롤레타리아는 당시에는 유효하고 독창적인 범주였다). 이런 분류를 너무 기계적으로 현시대에 적용할 경우, 문제가 지나치게 단순화되는 결과가 초래된다. 오늘날에는 반쯤 몰락한 소부르주아 계급, 점점 늘어나고 있는 봉급생활자들로 이루어진 하층 중산계급, 그리고 특히 방대한 수의 농민 계급 등 한 계급의 행동을 다루는 데만도 더 정교한 도구가 필요하다.

그런데 마르크스는 이런 계급들은 원래 반동적이며 점차 궁핍화되면서 프롤레타리아로 전락하거나 아니면 오로지 돈을 벌기 위해 자신들의 적인 산업 부르주아에게 서비스를 제공하게 된다고 보았다. 그러나 전후 유럽의 역사, 최소한 서유럽의 역사를 이러한 가정에 맞추려고 하면 상당한 왜곡을 피할 수 없다.

마르크스는 계획 경제의 부재와 만연한 산업적 분쟁으로 인해 주기적 공황이 점점 더 빈번해지고 더 격렬해질 수밖에 없을 것이라고 예견했다. 전례 없는 규모의 전쟁들로 문명 세계가 파괴될 것이고, 그 구성 요소들 간의 갈수록 파괴적인 충돌에 의존해 지속되는 체계의 헤겔적 모순들은 폭력적인 해결을 맞이하게 될 것이다. 권력을 쥐고 있는 자본가 집단은 계속 성장하지만 역설적이게도 자신들이 만든 효율적 훈련 때문에 규율과 응집력을 갖춘 집단이 된 노동자들에 의해 타도될 것이다. 최후의 유산 계급이 사라지면서 계급투쟁의 궁극 목적이 실현될 것이고, 그와 더불어 경제적 결핍과 그에 따른 사회적 갈등, 인간의 불행과 타락의 극복을 가로막는 최후의 장애물도 사라질 것이다.

마르크스는 『자본』 1권 22장의 유명한 대목에서 다음과 같이 선언하고 있다.

> 대자본가의 수가 점차 줄어가는 것에 상응해 빈곤, 예속, 타락, 착취가 증가한다. 하지만 그와 동시에 갈수록 노동자들의 수도 증가하고 (……) 자본의 독점이 강화됨에 따라 그 독점

밑에서 번성해온 자본주의적 생산 방식의 메커니즘에 의해 훈련되고 단결되고 조직되는 노동계급의 역할도 꾸준히 강화된다. (……) 생산 수단의 집중과 노동의 사회화는 마침내 그 자본주의적 외피와 양립할 수 없는 지점에 도달한다. 자본주의적 외피는 파열한다. 사적 소유의 조종이 울린다. 수탈하던 자가 수탈당하게 된다.*

국가는 지배계급의 권위를 강요하기 위한 도구로서의 기능을 상실했기 때문에 사라지게 될 것이다. 하지만 마르크스는 1847~1848년에 『공산당 선언』에서, 이어서 1850년과 1852년에도 국가가 곧바로 사라지지는 않을 것이라는 점을 반복해서 지적했다. 자본주의와 공산주의 사이에는 혁명적 변혁의 시기가 있을 수밖에 없다. 이 과도기 동안에 국가의 권한은 유지되어야 하고, 오히려 강화되지 않으면 안 된다. 하지만 일단 노동자들이 지배계급이 되는 순간, 국가는 전적으로 노동자들에 의해 통제될 것이다. (마르크스가 뒤에 쓴 저술들 중 하나에서 사용한 표현에 따르면,) 혁명의 이러한 1단계에서 국가는 '프롤레타리아의 혁명적 독재'**가 될 것이다. 이 단계에서는 경제적 결핍의 극복보다 노동자들이 자신들이 공급하는 노동에 비례해 보수를 받는 것이 우선되어야 한다. 그런 다음에 '개인의 전면

---

* CW 35: 750.
** 『고타 강령 비판』(1875; 출간은 1891), CW 24: 95.

적 발전'을 통해 '협동적 부의 샘들이 더욱 풍부하게 흘러넘치는'* 사회가 만들어지면, 그때 비로소 공산주의의 목적에 도달하게 될 것이다.

그제야 비로소 과거에 유토피아를 꿈꾸던 사람들이 너무 단순하고 너무 공상적으로 그렸던 완전한 공동체가 실현될 것이다. 이 공동체에서는 주인과 노예도, 부자와 빈자도 없을 것이고, 세계의 재화는 개인들의 자의에 방해받지 않고 사회적 요구에 따라 생산될 것이고 완전히 똑같이 분배— 노동자들이 정의를 산술적 평등으로 본 자유주의적 이데올로그들의 공리주의적 견해에서 잘못 가져온 개념 —되는 것이 아니라 합리적으로 즉 불평등하게 분배될 것이다. 왜냐하면 능력과 필요는 사람마다 다르므로 정의로운 보상은 1875년의 『고타 강령 비판』의 정식대로 '능력에 따라 일하고 필요에 따라 분배되어야'** 하기 때문이다. 마침내 자연의 횡포와 부적절하고 잘못 운영되는 억압적 제도들의 횡포에서 해방된 인간은 자신들의 잠재력을 최대한 실현할 수 있게 될 것이다. 역사는 더 이상 하나의 착취 계급이 다른 착취 계급으로 바뀌는 연속적 과정이 아니게 될 것이다. 분업에의 종속도 사라질 것이다. 헤겔이 아주 모호한 수준으로 제시했던 진정한 자유가 실현될 것이다. 이때 비로소 진정한 의미의 인류사가 시작될 것이다.

---

* 위의 책 87.
** CW 24: 87.

『자본』의 출간은 의미도 분명하지 않고 서로 모순되기까지 하는 수많은 사상들이 난립하고 있던 국제 사회주의에 분명한 지적 토대를 제공했다. 이 기념비적 저작에는 마르크스와 엥겔스가 주장한 역사적, 경제적, 정치적 테제들의 상호의존적 관계가 잘 드러나 있었다. 『자본』은 공격과 방어의 중심이 되었다. 이후에 출현한 모든 형태의 사회주의는 『자본』의 견해에 대한 태도를 통해 스스로의 입장을 밝혔고 『자본』의 견해와의 유사성을 기준으로 이해되고 분류되었다. 『자본』은 처음에는 별 주목을 받지 못했지만 얼마 안 있어 점차 유명해지기 시작했으며 나중에는 엄청난 명성을 얻게 되었다. 『자본』은 중세 이후에 쓰인 어떤 저술도 갖지 못한 상징적 의미를 갖게 되었다. 지금까지 『자본』은 이 책을 한 줄도 읽지 않았거나 읽었더라도 곳곳에 있는 모호하고 복잡하기 이를 데 없는 문장들을 이해하지 못한 수많은 사람들에게 맹목적 숭배나 맹목적 증오의 대상이 되어 왔다. 『자본』의 이름으로 혁명들이 일어났고 지금도 일어나고 있다. 반혁명 세력들은 적의 무기 가운데 가장 강력하고 효과적인 무기인 『자본』을 집중적으로 탄압했으며 그러한 탄압은 지금도 진행 중이다. 반면에 『자본』의 주장들을 내세우면서 『자본』에 자신들의 신념이 최종적이고 영구불변한 형태로 표현되어 있다고 보는 새로운 사회 질서가 실제로 수립되었다. 『자본』은 수많은 해석자와 궤변가들을 출현시켰다. 이들은 그 영향력에서 신성한 원본을 능가하는 해설서들을 백 년 이상 동안 끊임없이 만들어냈고, 그 결과 『자본』은 산더미 같은 해설서들에 파묻히고 말았다.

『자본』은 마르크스의 인생에서도 결정적인 중요성을 갖는다. 그는 『자본』을 자신이 인류해방을 위해 기여한 최고의 공헌으로 만들고자 했으며 이를 위해 15년이라는 세월과 자신의 사회적 욕구의 많은 부분을 희생했다. 그가 이 책에 쏟은 노력은 실로 엄청난 것이었다. 그는 오로지 이 책을 완성하겠다는 일념하에 가난과 병마와 공적, 사적 탄압을 견뎌냈다. 『자본』을 접하는 이들은 모든 것을 내던지고 집필에 몰두한 마르크스의 정신력과 불굴의 의지에 감동과 경이를 느꼈다.

마르크스는 『자본』을 슐레지엔 출신 공산주의자로 1848년 이래 마르크스의 헌신적인 추종자였으나 『자본』이 출간되기 얼마 전에 맨체스터에서 죽은 빌헬름 볼프에게 헌정했다. 출간된 『자본』은 원래 계획했던 저술의 전반부였다. 후반부는 아직 한 무더기의 노트와 참고 자료, 초고의 형태로 남아 있었다. 마르크스는 오랜 동료들에게 『자본』을 보내주었다. 그들 중 프라일리그라트는 많은 정보를 담고 있는 유용한 책을 썼다고 축하해 주었고, 포이어바흐는 '가장 흥미로우면서도 가장 무시무시한 성질의 결코 부정할 수 없는 사실들을 풍부하게 담고 있는 책'*이라고 말했다. 루게는 이 책에 대해 더 높은 안목과 식견을 보여주는 찬사를 보냈다. 영국에서는 최소한 한 곳의 언론에서 『자본』을 다루었다. 〈새터데이 리뷰〉에 '마르크스가 무미건조하기 이를 데 없는 정치경제학의 문제들에 불어넣은 매력'**에 대해 이야기한 고풍스러운 서평이 실린 것이었다. 『자본』은 독일에서 더 많은 주목을 받았다. 마르크스의 친구인 리프크네히트와 하노버의 외과 의사로 마르크스에게 무한한 존경심을 품고 있던 쿠겔만은 『자본』을 널리 알리는 일에 적극적으로 나섰다. 특히 독일인으로 상트페테르부르크에서 구두 수선공으로 일하면서 독학을 한 요제프 디츠겐은 마르크스의 가장 열렬한 사도 중 한 명이 되었고 독일 대중에게 『자본』을 알리는 데 많은 기여를 했다.

파리 시절 이래로 마르크스의 학문적 욕구는 감퇴한 적이 없었다.*** 그는 대중과학 강의들, 그중에서도 특히 친구인 레

---

* 'Zur Moralphilosophie' (1868), in Karl Grün (ed.), *Ludwig Feuerbach in seinem Briefwechsel und Nachlass, sowie in siner Philosophischen Charakterentwicklung* (Leipzig and Heidelberg, 1874), ii 285.

** [Anon., 'German Literature', *Saturday Review of Politics, Literature, Science and Art,* 18 January 1868, 97 col. 2. CW 35: 16. 마르크스는 『자본』의 독일어판 2판(1873) 후기에서 이 구절을 인용하고 있다. 하지만 마르크스는 이 구절이 다음 문장의 일부라는 사실을 적지 않고 있다. '저자의 견해들은 우리가 생각하는 것만큼 해롭겠지만, 그의 논리의 타당성, 그의 수사의 강렬함, 그가 무미건조하기 이를 데 없는 정치경제학의 문제들에 불어넣은 매력에는 의문이 있을 수 없다.'

*** 마르크스는 다윈의 업적에 깊은 인상을 받았다. 그래서 다윈에게 『자본』 1권을 한 부 보냈다. 현존하는 전기 작가를 포함해 20세기의 거의 모든 전기 작가들은 마르크스가 『자본』 2권을 다윈에게 헌정할 것을 제안했다는 이야기를 전하는데, 사실 이 이야기는 근거가 미심쩍을 뿐만 아니라 아마도 다윈이 마르크스의 사위인 에드워드 아벨링에게 쓴 것으로 보이는 편지를 사람들이 너무 오랫동안 아무 검토도 없이 마르크스에게 쓴 것으로 오인한 데서 비롯된 것으로 보인다. [더 자세히 알고 싶다면, 벌린의 'Marx's *Kapital* and Darwin', *Journal of the History of Ideas* 39 (1978), 519를 보라.]

이 랑케스터의 강의들을 들으러 다녔다. 그는 엄밀한 학문 연구가 옳다고 믿었고, 그다지 가고 싶어 하지 않는 자신의 지지자들을 단호하게 대영박물관 열람실로 끌고 갔다. 리프크네히트는 자신의 회고록에서 어떻게 '인간 쓰레기들'*이 마르크스가 지켜보는 가운데 날마다 대영박물관 열람실 책상에 순순히 앉아 있을 수 있었는지에 대해 적고 있다.[리프크네히트에 따르면, 마르크스는 자신들에게 공부하라고 계속 다그쳤고 직접 모범을 보였다. 그래서 다른 망명자들이 세상을 뒤집을 계획을 세우고 날마다 술과 대마초에 취해 있는 동안, 자신들은 대영박물관 열람실에 앉아 미래의 전투를 위한 무기와 탄약을 준비했다. 리프크네히트는 이런 자신들을 가리켜 스스로 '강도떼', '지상의 쓰레기들'이라고 부르고 있다. 자신들의 처지에 대한 자조와 자부심이 뒤섞인 표현으로 해석할 수 있다.] 지금까지의 사회 운동이나 정치 운동 가운데 이 정도로 연구와 학식을 강조한 것은 없었다. 마르크스가 얼마나 많은 책을 읽었는지는 『자본』의 참고문헌 목록만 봐도 알 수 있다. 거기에는 고대, 중세, 현대를 가리지 않고 사람들에게 거의 알려지지 않은 저술과 자료들까지 들어 있다. 『자본』의 곳곳에는 그가 본문에서 소개한 사람들의 주장을 완전히 초토화시키는 신랄한 각주들이 길게 붙어 있는데,

---

* *Karl Marx zum Gedächtniß: Ein Lebensabriß und Erinnerungen* (Nuremberg, 1896), 47; *Karl Marx: Biographical Memoirs* (Chicago, 1901), 85.

이는 각주라는 무기의 고전적 사용법을 보여준 기번Gibbon을 연상시킨다. 마르크스의 각주가 겨냥하고 있는 적들은 오늘날에는 대부분 잊힌 인물들이지만 개중에는 꽤 유명한 인물들도 있다. 이를테면 매컬리와 글래드스톤 그리고 당시에 유명했던 한두 명의 강단 경제학자들이 집중적으로 무자비한 공격을 받았다. 이러한 공격 방식은 공개적인 독설의 새 시대를 열어주었으며, 정치적 논쟁의 전반적 성격을 바꾸어놓은 사회주의적인 논쟁적 글쓰기 방식을 만들어냈다. 『자본』에는 칭찬하는 내용이 거의 없는데, 영국의 공장 감독관들에 대해서는 더할 나위 없이 따뜻한 찬사를 보낸다. 마르크스는 영국의 공장 감독관들이 자신들이 목격한 소름 끼치는 작업 조건들과 공장주가 법망을 피하기 위해 사용하는 수단들에 관해 용감하고 공평무사한 보고서들을 쓴 것이야말로 부르주아 사회의 역사에서 유일하게 존경할 만한 것이라고 말한다. 마르크스는 영국 의회 보고서와 정부의 공식 보고서들을 연구에 활용했는데, 이는 사회 연구 기법을 혁신시키는 계기가 되었다. 그는 자신이 현대 산업주의에 대해 쓴 상세한 고발 내용의 대부분이 주로 그러한 보고서들을 토대로 한 것이라고 말했다.

마르크스의 사후에 『자본』 2, 3권을 편집하던 엥겔스는 마르크스의 원고가 당초 생각했던 것보다 훨씬 정리가 되어 있지 않다는 사실을 알게 되었다. 1권이 출간된 해는 마르크스의 생애에서 전환점이 아니라 한계점이다. 이후 죽음을 맞이할 때까지 16년 동안 마르크스의 견해는 거의 변하지 않았다. 그는 내용을 추가하고 변경하고 정정하고 소책자나 편지들을 썼을 뿐 새로운 저술을 내놓지는 않았다. 그는 오랜 입장을 줄기차게 되풀이했지만 논조는 전에 비해 다소 부드러워졌다. 그리고 약하게나마 지금까지는 없었던 자기연민의 기색을 보이기도 했다. 세계 혁명이 가까워졌다는 믿음, 심지어 세계 혁명의 궁극적 불가피성에 대한 믿음조차 점차 약해졌다. 그의 예언들이 빗나간 것은 한두 번이 아니었다. 그는 1842년 슐레지엔 방직공들이 봉기했을 때 대격변이 일어날 것이라고 장담하면서 하이네에게 봉기에 관한 시를 쓰게 해 자신이 파리에서 주관하고 있던 잡지에 실었지만 대격변은 일어나지 않았다. 1851년, 1857년, 1872년에도 혁명적 봉기가 일어날 것이라고 말했지만, 그런 일은 일어나지 않았다. 이윤율 저하, 산업과 토지에 대한 사적 소유의 집중화, 프롤레타리아의 생활 수준 저하, 자본주의와 민족주의의 긴밀한 결합 같은 예언들은 20세기에는 대부분 들어맞지 않았다. 들어맞은 경우에도, 최소한 그가 예측한 방식대로는 아니었다.*

하지만 그는 다른 사람들이 보지 못한 많은 것을 보았다. 그는 경제적 자원에 대한 통제의 중앙 집중화, 대량 생산 방식과 낡은 분배 방식 사이의 모순의 증가와 그로 인한 사회적, 정치적 영향, 산업화와 과학이 전쟁 방식에 미치는 영향 그리고 이

---

* [1938년에 쓰고 나서 그 이후에는 다시 생각해보지 않았을 수 있다. 독자 여러분은 이 주장의 타당성에 대해 스스로 평가하면 된다.]

런 모든 현상이 가져올 생활 방식의 급격하고 급진적인 변화를 알아보았다. 또한 그는 평생 가장 날카로운 정치평론가 중의 한 명이었다. 그는 1871년에 프로이센이 알자스-로렌 지방을 합병하자 이로 인해 프랑스가 러시아와 손을 잡게 되면서 최초의 세계 대전이 일어날 것이라고 말하기도 했다. 만년에는 혁명의 도래는 자신과 엥겔스가 예상했던 것보다 더 오래 걸릴 것이고 일부 국가들, 특히 당시 진정한 군대도 진정한 관료제도 없던 영국에서는 혁명이 불가피한 것이 아니라 '가능할' 뿐이라고 말했다. (공산주의는 진화론적인 수단을 통해 실현될 수도 있을 것이기 때문에) 혁명은 실제로는 일어나지 않을 수도 있다는 것이다. 하지만 그는 역사가 가리키는 방향은 다르다* 는 것을 은근히 암시했다. 그는 50세도 되지 않은 나이에 자신이 늙었다고 생각하기 시작했다. 영웅적 시기는 끝났다.

『자본』은 마르크스에게 새로운 명성을 가져다주었다. 그의 이전 저작들은 독일어권 국가들에서조차 별 반응을 얻지 못했지만, 『자본』은 러시아와 스페인처럼 먼 나라들에서까지 검토되고 논의되었다. 『자본』은 출간되고 나서 10년 동안에 프랑스어, 영어, 러시아어, 이탈리아어로 번역되었다. 바쿠닌은 자신

---

* '만일 당신이 영국에 대해 우리 측과 견해가 다르다고 한다면, 나는 우리 측에서는 영국 혁명을 *필연적*이라고 보지 않고 역사적 선례들에 따라 *가능하다*고 본다는 것만을 말씀드릴 수 있을 뿐입니다.' 1880년 12월 8일에 마르크스가 하인드먼에게 보낸 편지, CW 46: 49.

이 직접 『자본』을 러시아어로 번역하겠다고 정중하게 제의하기까지 했다. 그는 번역에 착수했으나 1867년에 개인적, 금전적 스캔들에 휘말리면서 이 계획은 무산되었다. 이 스캔들은 5년 후 인터내셔널 해체[인터내셔널이 공식적으로 해체된 것은 1876년이지만 실질적으로는 1872년에 와해되었다]의 원인 중 하나였다. 인터내셔널의 이름이 갑자기 부각된 것은 인터내셔널이 와해되기 2년 전에 일어난 사건[1870년에 시작된 프랑스-프로이센 전쟁] 때문이었다. 이는 유럽의 역사를 바꾸어 놓았고 그때까지 노동계급 운동이 발전해 온 방향을 완전히 바꾸어놓는 중요한 사건이었다.

마르크스와 엥겔스는 실제로 일어나지 않은 사건을 일어날 것이라고 예측하기도 했지만 반대로 실제로 일어난 사건을 예측하지 못한 적도 여러 차례 있었다. 마르크스는 크림 전쟁이 일어나지 않을 것이라고 보았지만 크림 전쟁은 일어났다. 그는 오스트리아-프로이센 전쟁에서 오스트리아가 이길 것이라고 예측했지만 승리한 것은 프로이센이었다. 특히 1870~71년에 있었던 프랑스와 프로이센 간의 전쟁은 마르크스와 엥겔스가 전혀 예상하지 못한 것이었다. 몇 년간 그들은 프로이센의 힘을 과소평가했었다. 그들이 볼 때 프랑스 황제는 인간을 이기적 존재로만 보는 냉소적 태도와 엄청난 무력을 모두 갖춘 인물이었고 비스마르크는 자신의 왕과 자기 계급을 위해 일하는 유능한 융커Junker일 뿐이었다. 마르크스와 엥겔스는 비스마르크가 오스트리아를 상대로 승리를 거둔 것을 보고도 비스마르크의 진짜 능력과 목표를 알아차리지 못했다. 마르크스는 프랑스와의 전쟁은 프로이센을 지키기 위한 순전히 방어적인 것이라는 비스마르크의 설명을 어느 정도 진짜라고 받아들였던 것 같다. 왜냐하면 인터내셔널 총평의회는 이 전쟁에 반대하는 성명서를 발표했는데 마르크스는 이 전쟁에 참여하는 프로이센의 입장이 방어적인 것이라는 점이 분명히 드러나도록 수정을 한 후에야 성명서에 서명을 했기 때문이다. 라틴 유럽 국가들의 많은 사회주의자들은 이 일을 결코 잊지 않았다. 몇 년 후 그들은 마르크스의 그러한 행위는 마르크스와 엥겔스 두 사람에게서 항상 볼 수 있던 독일 애국주의 경향에서 비롯된 것이라고 주장했다.

 단기간에 끝난 프랑스와 프로이센 간의 전쟁 동안에 인터내셔널과 특히 인터내셔널의 독일 회원들이 보여준 활동은 흠잡을 데가 없었다. 인터내셔널 총평의회는 이 전쟁이 벌어지는 도중에 발표한 성명서에서 독일 노동자들에게 비스마르크가 추구하는 합병 정책을 지지하지 말 것을 촉구했다. 또한 이 성명서는 프랑스의 프롤레타리아와 독일의 프롤레타리아의 이익이 일치한다는 것, 그런데 이 이익이 공동의 적인 양국의 자본주의적 부르주아에게 위협받고 있다는 것, 그리고 양국의 부르주아는 단지 자신들의 목적을 이루기 위해 전쟁을 일으켰을 뿐이고 자신들을 위해 독일과 프랑스의 노동자 계급의 생명과 재산을 낭비해 버리고 있을 뿐이라고 주장했다. 성명서는 이런 주장의 연장선상에서 프랑스 노동자들에게 광범위한 민주적 토대에 기초한 공화국의 건설을 지지할 것을 강력히 촉구했다. 전쟁이 벌어지는 동안 독일 전역을 휩쓴 맹목적 애국주의의 광풍에 라살주의자들 중 좌파까지도 휩쓸렸지만, 마르크스주의자인 리프크네히트와 베벨만큼은 거기에 휩쓸리지 않았다. 그들은 제국의회에서 전쟁 채권 발행안 표결에 기권을 선언했을 뿐만 아니라 전쟁과 알자스-로렌 지방의 합병에 강력히 반대하는 연설까지 펼쳐 전 국민의 분노를 샀고, 이 일로 반란죄로 고발되어 감옥에 갇혔다.

마르크스는 엥겔스에게 보낸 유명한 편지*에서 독일의 승리는 재앙이지만 만일 독일이 패배했다면 앞으로 오랫동안 보나파르트주의가 강화되고 독일 노동자들의 삶이 불구화되는 훨씬 더 큰 재앙이 초래되었을 것이라고 말했다. 비스마르크는 유럽의 무게 중심을 파리에서 베를린으로 옮겨놓음으로써 자기도 모르는 사이에 독일 노동자들이 해야 할 일을 대신했던 셈이다. 프랑스 노동자들도 사회민주주의의 강력한 요새가 될 수 있었겠지만, 독일 노동자들이 프랑스 노동자들보다 더 잘 조직되고 훈련되어 있었다는 점에서 프랑스 노동자들보다 사회민주주의의 더 강력한 요새였기 때문이다. 보나파르트주의의 패배로 유럽은 악몽에서 벗어나게 된다.

1870년 가을에 프랑스군은 스당 전투에서 패배했고, 프랑

---

* 1870년 6월 20일에 보낸 편지, CW 44: 3-4.

스 황제는 감옥에 갇혔으며, 파리는 포위되었다. 이 전쟁은 프로이센을 지키기 위한 방어적인 전쟁이고 프랑스가 아니라 나폴레옹 3세가 공격 목표라고 엄숙히 맹세했던 프로이센의 왕은 입장을 바꾸었다. 그는 자국의 국민 투표에서 확인한 압도적 지지를 무기로 프랑스를 향해 프로이센에 알사스-로렌 지방을 양도하고 50억 프랑의 배상금을 지불할 것을 요구했다. 그때까지 보나파르트주의에 반대하면서 독일을 지지하던 영국의 여론은 프랑스에서 자행된 프로이센군의 만행들이 속속 보고되면서 급격히 반대쪽으로 돌아섰다. 인터내셔널은 두 번째 성명서를 발표해 합병에 격렬히 반대하고 자기 왕가의 부와 명성을 높이려는 프로이센 왕의 야심을 비난하는 한편 프랑스 노동자들을 향해서는 프로이센이라는 공공의 적에 맞서 민주주의를 지지하는 모든 사람들과 연대할 것을 촉구했다. 같은 해에 마르크스는 다음과 같이 썼다.

> 만일 군사적 이해관계에 따라 국경이 그어진다면, 분쟁이 끊임없이 이어질 것이다. 왜냐하면 전선은 언제나 문제를 안고 있고 외부의 영토를 합병하면서 더 확대될 수 있기 때문이다. 다시 말해 국경은 최종적으로든 공정하게든 결코 고정될 수 없다. 정복자나 피정복자는 항상 국경을 변경시키려 들고 그 결과 국경에는 새로운 전쟁의 불씨가 도사리고 있기 때문이다.
>
> (……) 역사는 프랑스로부터 빼앗은 영토의 크기가 아니라

19세기 후반에 **정복 정책**을 부활시킨 죄의 크기에 따라 보복할 것이다.*

전과 달리 이번 전시 채권 발행안 표결에서는 리프크네히트와 베벨만이 아니라 자신들이 최근에 보였던 애국주의에 부끄러움을 느낀 라살주의자들도 반대표를 던졌다. 마르크스는 처음으로 인터내셔널의 원리와 정책이 유럽의 의회에서 공개적으로 거론되었고** 인터내셔널이 무시할 수 없는 세력이 되었으며 모든 국가에서 동일한 목적을 가진 단결된 프롤레타리아 정당을 건설하는 꿈이 실현되기 시작하고 있다고 기뻐하는 편지를 엥겔스에게 써보냈다. 하지만 프로이센 군대에 포위되어 있던 파리는 굶주림 끝에 1871년 1월 28일 항복을 선언했다. 선거를 통해 국민의회가 구성되었고, 티에르가 새 공화국의 대통령이 되었다. 그는 보수적인 인물들로 임시정부를 구성했다. 1871년 3월에 임시정부는 급진주의에 공감하는 기미

---

* *Second Address of the General Council of the International Working Men's Association on the Franco-Prussian War* (1870), CW 22: 266.

** [엥겔스의 *Mazzini's Statement against the International Working Men's Association*(1871년 7월)을 참고한 것일 가능성이 있다. CW 22: 386에 다음과 같은 문장이 있다. '지금 인터내셔널은 해체 상태에 있는 것이 아니라 최초로 유럽의 거대 권력인 모든 영국 언론에 의해 공식적으로 인정을 받고 있는 것이다.' 만일 이를 참고한 것이라면, 벌린은 엥겔스를 마르크스로, 언론을 의회로, 1871년을 1870년으로 착각한 것이다.]

를 보인 시민 의용군인 파리 국민방위대의 무장 해제를 시도했다. 그러나 파리 국민방위대는 무장 해제를 거부하고 자치를 선포했으며, 임시정부의 관리들을 내쫓고 3월 26일 선거를 실시해 3월 28일 프랑스를 대표하는 진정한 정부로 인민혁명위원회를 출범시켰다. 그러자 티에르 정부는 베르사유로 정규군을 보냈고, 정규군은 반란의 도시 파리를 포위했다. 이는 양측 모두가 곧바로 인정한 공개적인 계급전쟁의 첫 번째 전투였다.

새 정부는 스스로를 코뮌이라고 불렀는데, 코뮌은 인터내셔널에 의해 만들어진 것도 아니고 인터내셔널의 영향을 받은 것도 아니었다. 인민이 직접 선출한 위원회의 독재는 무조건 사회주의라고 부를 수 있다면 모를까, 그게 아니라면 엄밀히 말해 코뮌은 원리상 결코 사회주의가 아니었다. 코뮌은 대단히 이질적인 개인들의 집합체였다. 대부분은 블랑키, 프루동, 바쿠닌의 추종자들이었고, 자신들이 프랑스와 인민과 혁명을 위해 싸우고 있다는 것 외에는 아무것도 모른 채 그저 모든 폭군과 사제와 프로이센 사람들에게 죽음을 안겨주겠다고 외치는 펠릭스 피아Félix Pyat 같은 신자코뱅파 웅변가들도 섞여 있었다. 노동자, 군인, 작가, 쿠르베 같은 화가들, 지리학자 엘리제 레클루스와 비평가 발레 같은 학자들, 로슈포르처럼 양다리를 걸친 정치가들, 온건 자유주의적 견해를 가진 외국인 망명자들, 가지각색의 보헤미안과 모험가들이 혁명의 파도에 휩쓸려 들어갔다.

코뮌은 프로이센군에 포위되고 항복함으로써 정신적, 물질적 고통을 겪은 프랑스 국민들이 주체할 수 없는 두려움과 분노에 휩싸인 순간에 출현했다. 다시 말해 제정에서 공화정으로의 이행을 가져오면서 반동적인 보나파르트파와 오를레앙파의 마지막 잔재를 완전히 청산할 것을 약속한 혁명적 민중 운동을 중산계급이 포기해 버리고 혁명 운동에 대한 티에르와 각료들의 비난에 더해 농민들의 지지까지 불확실해지면서, 갑자기 혁명적 민중 운동이 가장 두려워하고 혐오하는 장군, 금융가, 사제들의 복귀가 이루어질 것 같은 순간에 출현했다. 민중들은 온 힘을 다해 겨우 제정의 악몽에서 벗어났고 다시 프로이센군에 의한 포위의 악몽을 겨우 떨쳐 냈는데, 잠에서 채 깨어나기도 전에 또다시 그들 앞에 저 망령들이 부활하고 있는 듯이 보이자 위협을 느끼고 들고 일어났던 것이다. 과거의 부활 앞에서 공통적으로 느낀 이 공포감이 코뮌 참가자들을 묶고 있는 거의 유일한 끈이었다. 마르크스가 중시했던 중앙집중식 정부를 모두 몹시 싫어한다는 점만 분명했을 뿐, 정치 조직에 대한 그들의 견해는 매우 막연했다. 그들은 낡은 형태의 국가를 폐지하고 무장한 인민들이 자치를 할 것이라고 선언했다.

  하지만 곧 생활 물자가 바닥나기 시작하고 상황이 점점 더 절망적으로 치닫자, 포위되어 있는 사람들 사이에 공포심이 퍼져 나가기 시작했다. 재산과 권리의 몰수가 시작되었다. 또한 남녀를 막론하고 사형 판결을 받고 처형되는 일이 발생했다.

그들 중 많은 수가 아무 죄도 없는 사람들이었고 설령 죄가 있다 해도 사형을 당할 만한 중죄인은 거의 없었다. 처형당한 사람들 중에는 베르사유에 주둔하고 있는 정규군의 공격을 막기 위해 인질로 잡고 있던 파리의 대주교도 있었다. 전 유럽은 갈수록 더해가는 분노와 혐오의 시선으로 이 일련의 끔찍한 사건들을 지켜보았다. 코뮌에 대해 잘 알고 있는 사람들이라든가 루이 블랑과 마치니처럼 오랫동안 민중의 믿을 만한 친구들이었던 사람들의 눈에도, 코뮌 참가자들은 인간성을 상실한 미치광이 범죄자, 모든 종교와 도덕을 파괴하기로 맹세한 사회적 방화범, 자신들의 잔악한 행위들에 거의 책임을 질 수 없을 만큼 현실의 악들과 가상의 악들로 인해 정신이 나간 사람들로 보였다. 반동적 언론과 자유주의적 언론을 가릴 것 없이, 실제로 유럽의 모든 언론은 일제히 코뮌 참가자들에 대해 그러한 인상을 만들어냈다. 급진적 신문도 이러한 비난에 종종 가세했다. 하지만 다른 언론들만큼 노골적이지는 않았고, 코뮌을 비판하면서도 상황을 참작해야 한다는 식의 소극적 변호를 덧붙였다. 코뮌의 잔학 행위는 얼마 지나지 않아 보복을 당하게 된다. 승리한 정규군이 코뮌의 잔학 행위에 대한 앙갚음으로 대량 학살을 자행했기 때문이다. 이런 경우에 대개 그렇듯이, 정규군의 백색 테러는 그 야만적 잔인성이라는 측면에서 볼 때 코뮌이 자행한 최악의 월권행위들을 훨씬 능가하는 것이었다.

　인터내셔널은 분명한 입장을 정하지 못하고 있었다. 코뮌의 대다수를 차지하고 있던 사람들은 프루동주의자, 블랑키주의자, 신자코뱅파였는데, 인터내셔널은 대체로 이들에 반대하고 코뮌이 주장하는 느슨한 연방에 반대하고 특히 테러 행위에 반대하는 사람들로 구성되어 있었다. 게다가 마르크스는 전에 이미 파리 노동자들의 봉기 시도에 반대하도록 인터내셔널에 권고한 바 있었다. 그리하여 인터내셔널은 '지금의 위기 국면에서 새 정부를 전복시키려는 시도는 어떤 것이든 간에 (……) 극도로 어리석은 짓이다'*라고 공식적으로 선언했다. 특히 인터내셔널의 영국 회원들은 영국 국민 대다수에게 살인자 집단보다 거의 나을 게 없는 것으로 여겨지고 있는 무리와의 공개적인 제휴로 자신들의 평판이 나빠질 것을 몹시 우려했다. 마르크스가 이들의 우려에 대한 해법으로 내놓은 것은 예상을 뛰어넘는 것이었다. 그는 분석하고 비판할 때는 이미 지났다고 선언하는 내용의 연설문을 인터내셔널의 이름으로 발표했다. 그는 코뮌의 출현으로 이어진 일련의 사건들과 코뮌의 부상과 몰락을 생생한 필치로 빠르게 설명하고 나서 파리 코뮌을 역사상 최초로 노동 계급의 힘과 이상을 보여준 대담한 도전, 노동 계급이 전 세계가 지켜보는 가운데 억압자들에 맞서 싸운 최초의 대전투이자 급진적 부르주아, 민주주의자, 인도주의자 등 노동 계급의 친구를 자처했던 모든 자들이 사실은 노동계급이 기꺼이 목숨까지 바칠 준비가 되어 있는 궁극적 목적들

---

* op. cit. (237/1), 269.

의 실현을 방해하는 적이었다는 것을 백일하에 드러내게 만든 행위였다고 격찬했다.

더 나아가 그는 부르주아 국가를 대체한 코뮌을 노동자들이 남의 힘을 빌리지 않고 자신들의 궁극적 해방을 달성할 수 있기 위해 거쳐야 하는 과도기적 형태의 사회 구조라고 주장했다. 그의 주장에 따르면, 국가는 일단 그 희생자들의 도전에 직면하면 '노골적인 만행과 무법적 보복을 서슴지 않는 부르주아 질서의 문명과 정의'의 구현체, 합법적 의회주의의 구현체일 뿐이다.* 그러므로 국가는 완전히 파괴되어야만 한다. 그는 『공산당 선언』에서는 프랑스 유토피아주의자들과 초창기 무정부주의자들의 주장에 반대하면서 혁명의 직접적 목표는 국가를 파괴하는 것이 아니라 국가를 장악하는 것이고('프롤레타리아는 (……) 모든 생산 수단을 국가의 수중에 집중시킬 것이다')** 모든 적을 일소하는 데 국가를 이용하는 것이라고 주장했었다. 그런데 이번에는 『공산당 선언』과 1850년과 1852년에 펼쳤던 주장과는 다른 주장을 펼친 것이다.

마르크스는 코뮌이 취한 많은 조치들을 긍정적으로 평가하면서도 코뮌이 더 가차 없이 더 급진적으로 나아갔어야 했는데 그러지 못했다고 비판했다. 또한 그는 당장 사회적, 경제적 평등을 실현하겠다는 코뮌의 목표에 동의하지 않았다. 몇 년

---

* 『프랑스 내전』(1871; 영어로 집필), CW 22: 348.

** CW 6: 504.

후 그는 사회의 경제 구조와 문화 발전은 하루아침에 바뀔 수 있는 것이 아니며 "권리는 사회의 경제 구조와 그에 의해 규정되는 문화 발전보다 결코 위에 있을 수 없다"*고 썼다.

나중에 『프랑스 내전』이라는 제목으로 출간된 이 소책자는 애초에 역사 연구서로 집필된 것이 아니었다. 이 소책자는 전술적인 필요에서 집필된 것으로 대담함과 비타협성의 전형을 보여주었다. 이 소책자 때문에 마르크스는 때때로 추종자들로부터 대중이 인터내셔널을 범법자나 암살자 무리와 관련이 있는 것으로 생각하게 만듦으로써 인터내셔널에게 불필요한 악명을 안겨 주었다는 비난을 받았다. 하지만 이러한 비난은 그의 고려 대상이 아니었기에 그에게 조금의 영향도 끼칠 수 없었을 것이다. 그는 평생 동안 노동자 계급에 의한 폭력 혁명을 철저히 확신한 인물이었다. 그가 볼 때, 1848년 6월 봉기는 노동자들에 의한 공격이라기보다는 노동자들에 대한 공격이었다. 그런 점에서 1871년의 코뮌은 노동자들이 자신들의 능력으로 일으킨 최초의 자발적 봉기였다. 코뮌은 마르크스의 직접적인 영향을 받은 것이 아니었다. 실제로 마르크스는 코뮌을 정치적 실책이라고 보았다. 코뮌에서 끝까지 지배적인 영향력을 발휘한 것은 마르크스의 적수인 블랑키주의자들과 프루동주의자들이었다. 그러나 마르크스가 볼 때 코뮌은 엄청난 의미

---

* 『고타 강령 비판』 (1875; 1891년 출간), CW 24: 87.

를 지닌 사건이었다. 물론 코뮌 이전에도 다양한 사회주의 사상과 활동이 산발적으로 있었다. 하지만 코뮌은 모든 나라의 노동자들에게 커다란 영향을 끼쳤고 전 세계적인 반향을 불러일으켰다. 코뮌은 새 시대를 알리는 최초의 사건이었다. 코뮌에서 활동하다 죽은 사람들은 국제 사회주의의 최초의 순교자들이었다. 그들이 흘린 피는 프롤레타리아의 새로운 믿음의 씨앗이 될 것이다. 코뮌 가담자들의 비극적 실수와 결함이 무엇이었건 간에, 그것들은 이들이 수행한 위대한 역사적 역할과 이들이 앞으로 프롤레타리아 혁명의 전통에서 차지하게 될 위치에 비하면 아무것도 아니었다.

마르크스는 코뮌 참가자들에게 공개적으로 경의를 표함으로써 자신이 의도한 대로 사회주의의 영웅 전설을 만드는 데 일조했다. 엥겔스는 '프롤레타리아 독재'가 뭔지 말해달라는 요청을 받았을 때 이 개념에 가장 근접한 것으로 코뮌을 들었다. 그로부터 30년쯤 뒤에 레닌은 실패로 끝난 1905년 러시아 혁명 동안에 일어난 모스크바 봉기를 비판한 플레하노프에 반대하면서 코뮌에 대한 마르크스의 견해를 인용해 모스크바 봉기를 옹호했다. 레닌은 정확한 역사를 쓰거나 역사의 교훈을 배우는 것보다 역사를 만드는 것이 가장 중요한 때에는 설령 위대한 영웅적 봉기가 잘못된 생각에 기초해 있고 당장은 해로운 결과를 가져온다고 해도 그 기억의 정서적, 상징적 가치는 쓰잘머리 없는 혁명 운동의 성공보다 혁명 운동에 이루 말할 수 없이 더 위대하고 더 영구적인 자산이라고 말했다.

인터내셔널 총평의회의 연설문이 공개되자, 인터내셔널의 많은 회원들은 당혹과 충격을 금치 못했다. 이 연설문은 인터내셔널의 해체를 앞당기는 결과를 가져왔다. 마르크스는 이 연설문이 자기 혼자 작성한 것이라고 밝힘으로써 인터내셔널이 받을 비난을 미연에 방지하고자 했다. 마르크스는 당시에 '붉은 테러 박사'*라는 별명으로 널리 알려져 있었는데 이 연설문 때문에 '붉은 테러 박사'는 하룻밤 사이에 대중의 증오와 비난의 대상이 되었다. 익명의 편지들이 쏟아지기 시작했고 몇 차례 생명의 위협을 받기도 했다. 마르크스는 기쁨에 넘쳐 쿠겔만에게 편지를 썼다.

> 이것은 20년이라는 오랜 세월 동안 늪지 속의 개구리처럼 단순하고 평화로운 고립 속에 있던 나에게는 기쁜 일이오. 정부 기관지인 〈옵서버〉는 심지어 나를 기소하겠다고 위협하고 있소. 할 테면 해보라지. 그깟 오합지졸쯤이야!**

연설문으로 인한 소동은 차츰 가라앉았지만 그 소동으로 인터내셔널이 입은 피해는 오래갔다. 인터내셔널이라는 이름은

---

* 1877년 9월 27일에 마르크스가 프리드리히 아돌페 조르게에게 보낸 편지, CW 45: 278.
** 1871년 6월 18일에 마르크스가 루트비히 쿠겔만에게 보낸 편지, CW 44: 158.

경찰과 일반 대중의 뇌리에 코뮌의 폭력 행위와 뗄 수 없는 것으로 각인되었다.

영국의 노조 지도자들과 인터내셔널 간의 동맹도 타격을 입었다. 영국 노조 지도자들의 철저히 기회주의적인 관점에서 볼 때, 인터내셔널과의 동맹은 노동조합의 구체적 이익을 향상시키는 데 쓸모가 있었다. 그런데 이 무렵에 영국의 노조들은 이 문제들에 대한 지원을 약속한 자유당의 강력한 구애를 받고 있었다. 평화로운 방식으로 권력을 획득할 가능성이 보이자, 그들은 악명 높은 혁명적 음모와 연결될지도 모른다는 불안감에서 벗어날 수 있었다. 그들의 목적은 생활수준을 높이고 자신들이 대변하고 있는 숙련 노동자들의 사회적, 정치적 지위를 높이는 것뿐이었다. 그들은 스스로를 정당이라고 생각하지 않았다. 그들이 인터내셔널에 가입한 것은 인터내셔널의 정관이 혁명적인 목표들에 대해서는 회원들이 헌신하지 않아도 되게끔 교묘하게 탄력적으로 만들어져 있었기 때문이기도 하지만, 무엇보다도 그들 스스로가 정치적 문제들에 대해 분명한 입장을 갖고 있지 않았기 때문이다.

이러한 사실을 잘 알고 있었기에, 영국 정부는 인터내셔널을 탄압할 것을 요구하는 스페인 정부에게 영국의 인터내셔널 회원들은 노사 협상에만 관심이 있는 평화적인 인물들로 구성되어 있어서 정부에 전혀 걱정거리가 되지 않는다고 외무장관 그랜빌 경의 이름으로 회신을 보냈다. 마르크스는 영국 정부의 주장이 사실이라는 것을 뼈저리게 잘 알고 있었다. 이 당시 마르크스가 상대해야 했던 인물들은 오드거, 크레머, 애플가스 같은 강성 노조 간부들이었는데, 이들은 외국인들을 불신했고 나라 밖에서 일어나는 사건들에 거의 신경을 쓰지 않았으며 사상에 대해서도 거의 관심이 없었다. 마르크스의 눈에는 이들보다는 오히려 하니George Julian Harney와 존스Ernest Charles Jones 같은 인물들이 더 나아 보일 정도였다.

인터내셔널 대회는 1870년부터 1871년까지 열리지 않다가* 1872년에 헤이그에서 열렸다. 이 대회에서 나온 가장 중요한 제안은 이제부터는 노동계급이 정치 투쟁에서 부르주아 정당들에 의존하는 것을 그만두고 노동자 정당을 만들어야 한다는 것이었다. 이 제안은 격렬한 토론 끝에 영국 대표들의 찬성표로 통과되었다. 이 새로운 정당은 마르크스의 생전에는 만들어지지 못했다. 하지만 이념적으로는 이 대회에서 영국노동당이 탄생했다고 할 수 있다. 이는 마르크스가 자신을 받아준 나라의 역사에 기여한 최대의 공헌이라고 할 수 있다. 헤이그 대회에서 영국 대표들은 지금까지처럼 총평의회가 자신들을 대표하는 방식이 아니라 자신들에게 독립적인 지역 조직을 만들 권리가 주어져야 한다고 역설해 뜻을 관철시켰다. 마르크스는 불쾌감과 두려움을 느꼈다. 그것은 총평의회에 대한 불신의 표

---

* [1870년에 마인츠에서 열리기로 되어 있던 인터내셔널 대회는 프랑스-프로이센 전쟁으로 연기되었다. 1871년에 런던에서 협의회가 열렸지만, 연례 대회와 마찬가지로 언론이나 일반 대중에게는 공개되지 않았다.]

현이자 거의 반란이나 다름없었기 때문이다. 그는 이러한 사태가 최근에 프랑스에서 벌어진 일들을 거의 자신의 영향을 받은 것이라 생각해 자신감과 격정에 가득 차 있던 바쿠닌이 은밀히 꾸민 일이 아닐까 하고 의심했다. 당시 바쿠닌은 파리 코뮌 동안에 파리 시가지의 대부분을 파괴한 화재를 '파괴의 열정도 창조적 열정이다'*라는 자기 삶의 상징이자 자신이 좋아하는 역설의 장엄한 실현이라고 생각할 정도로 고양되어 있었다.

마르크스는 바쿠닌의 행위와 선언들의 밑바탕에 있는 감정을 이해하지 못했고 이해하고 싶어 하지도 않았다. 그가 보기에 이 '코란 없는 무함마드'**의 영향은 사회주의 운동을 위태롭게 할 가능성이 있었기에 제거되어야 했다. 그는 1871년에 다음과 같이 썼다.

> 인터내셔널은 사회주의자, 준사회주의자 당파들을 노동자계급의 실질적 투쟁 조직으로 대체하기 위해 세워졌다. (……)

---

* 'Die Reaction in Deutschland: Ein Fragment von einem Franzosen' ['쥘 엘뤼자르 Jules Elysard'라는 필명으로 출간], *Deutsche Jahrbücher für Wissenschaft und Kunst*, Nos 247-51 (17-21 October 1842), 985-1002 at 1002; Michael Bakunin, 'The Reaction in Germany : A Fragment from a Frenchman', In *Russian Philosophy*, ed. James M. Edie and others (Chicago, 1965), i 385-406 at 406.

** 1870년 4월 19일에 마르크스가 라파르그 부부에게 보낸 편지, CW 43: 491.

사회주의적 당파주의와 노동계급 운동은 반비례 관계에 있다. 당파들은 노동계급이 독자적으로 운동을 수행할 수 있을 만큼 충분히 성숙되어 있지 않은 한에서만 (……) 존립할 권리를 갖는다. 성숙의 시기가 도래하면, 그 즉시 당파주의는 반동적인 것이 된다. (……)

인터내셔널의 역사는 아마추어적 실험들과 당파들에 맞서 **총평의회가 수행해 온 끊임없는 전투**의 역사다. (……)

러시아의 바쿠닌은 1868년 말에 **인터내셔널**에 가입했는데, 그의 목적은 **인터내셔널 내의 인터내셔널**을 만들어 (……) **자신이 우두머리가 되는 것**이었다. (……)

바쿠닌의 이론은 프루동과 생시몽 등의 견해들을 조금씩 가져다 뭉뚱그려 만든 비합리적인 것으로 별로 중요한 것이 아니었으며 지금도 마찬가지다. 그의 이론은 자신의 영향력과 권력을 거머쥐기 위한 수단일 뿐이다. 그런데 바쿠닌은 이론가로서는 별 볼 일 없지만 음모가로서는 최고의 수준에 도달했다.*

마르크스는 바쿠닌의 정치적 비참여 입장에 대해 다음과 같이 쓰고 있다.

---

* 1871년 11월 23일에 마르크스가 프리드리히 볼테에게 보낸 편지, CW 44: 252, 255.

노동**계급**이 지배계급들에 반대하는 운동과 외부에서 노동계급에 압력을 행사하는 운동은 모두 그 자체로 정치적 운동이다. (……)

노동자 조직은 지배적인 정치 세력과 결정적인 싸움을 감행할 수 있을 만큼 발전해 있지 않을 때는 지배계급의 만행과 어리석음에 대해 끊임없이 선동을 펼치면서 향후에 있을 결정적인 싸움을 준비해야 한다. 그렇게 하지 않는다면, 프랑스의 9월 혁명이 보여주었고 글래드스톤 일당이 이끄는 영국이 최근에 거둔 성공들에서 어느 정도 볼 수 있듯이, 노동자 조직은 지배계급의 노리개가 되고 만다.[*]

이 당시에 바쿠닌은 그의 대단히 특이한 삶에서 최후의 단계이자 가장 이상한 단계에 들어서 있었다. 그는 러시아의 젊은 테러리스트 네차예프에 빠져 있었다. 그는 네차예프의 대담함과 양심에 구애받지 않는 자유로움에 엄청난 매력을 느꼈다. 네차예프는 공갈과 협박은 혁명의 본질적 수단으로 목적에 의해 정당화된다고 믿었다. 그는 바쿠닌의 『자본』 러시아어 번역판을 펴낼 예정이던 출판사의 대리인에게 익명의 편지를 보냈다. 이 편지에서 그는 천재적인 인물들에게 계속 하찮은 잡일을 하게 하거나 미리 지불한 선금을 되돌려 받기 위해 바쿠

---

[*] ibid. 258-9.

닌을 괴롭힌다면 가만두지 않겠다고 협박했다. 두려움과 분노를 느낀 대리인은 그 편지를 마르크스에게 보냈다. 이 편지는 바쿠닌의 조직인 〈민주 동맹〉이 음모를 꾀했다는 증거로 제시되었다. 그러나 이 편지만으로 과연 바쿠닌을 인터내셔널에서 축출할 수 있었을지는 의문이다. 1872년 인터내셔널의 헤이그 대회에는 개인적으로 바쿠닌을 지지하는 인물들이 많았기 때문이다. 그러나 위원회 보고서가 이 사건에 대한 조사를 지시한 데다 때마침 네차예프의 편지가 등장하면서 상황이 바뀌었다. 오랫동안의 격렬한 토론 끝에 마침내 프루동주의자들조차 바쿠닌이 있는 한 그 어떤 당도 단합을 유지할 수 없다고 확신하게 되었다. 바쿠닌과 그의 측근들은 근소한 표차로 제명되었다.

이어서 마르크스가 내놓은 제안 또한 내막을 모르는 회원들에게는 청천벽력 같은 이야기였다. 마르크스가 인터내셔널의 총평의회를 미국으로 옮길 것을 제안한 것이다. 모두가 이 제안이 곧 인터내셔널의 해체를 의미한다는 것을 알았다. 미국은 유럽의 사정과는 완전히 동떨어져 있었을 뿐만 아니라 인터내셔널에서도 중요한 국가가 아니었다. 프랑스 대표들은 차라리 총평의회를 달나라로 옮기는 편이 나을 것이라는 입장을 표명했을 정도였다. 공식적으로 이 제안을 한 것은 엥겔스였다. 마르크스는 이 제안에 대한 분명한 이유를 전혀 내놓지 않았지만, 대회에 참석한 사람 가운데 이 제안의 목적을 모르는 사람은 아무도 없었을 것이다. 마르크스가 영향력을 발휘하기 위해서는 인터내셔널에서 자신이 장악하고 있는 최소한 몇몇 분파의 충성과 무조건적 복종이 필요했기 때문이다. 영국 대표들이 인터내셔널에서 빠지자[영국에서는 1867년 개혁법으로 선거권이 확대되었고, 1871년에는 노동조합법이 시행되면서 노동조합의 법적 지위가 개선되었다. 게다가 코뮌 참가자들과 연대 입장을 취했던 사람들에 대한 비방과 중상이 쏟아지면서 인터내셔널 영국 지부의 주축을 이루는 노조 지도자들이 인터내셔널에서 발을 빼고 피신해야 하는 사태까지 발생했다.] 마르크스는 총평의회를 벨기에로 옮길 생각을 했지만 그곳에서도 마르크스주의에 반대하는 분위기가 갈수록 고조되고 있었다. 독일 정부는 총평의회를 탄압하려 들 것이고, 프랑스와 스위스 및 네덜란드는 믿을 수 없었다. 이탈리아와 스페인은 바쿠닌주의의 본거지였다. 마르크스는 승리해봤자 수세대에 걸친 프롤레타리아의 단결에 대한 모든 희망의 파괴를 초래할 뿐인 격렬한 투쟁을 하느니 인터내셔널이 바쿠닌주의자들의 수중에 떨어지지 않도록 확실한 조치를 취한 후에 평화적 해체의 길을 걷게 하기로 결정했다.

마르크스를 비판하는 사람들은 그가 모든 사회주의적 집단의 가치를 오로지 자신이 그 집단을 얼마나 통제할 수 있느냐에 따라서만 판단했다고 주장한다. 하지만 마르크스와 엥겔스의 그런 판단은 의식적인 것이었다고 할 수 없다. 마르크스와 엥겔스에게서는 자신들의 태도가 자신들을 따르는 광범한 분파들에게 안겨준 당혹스러움과 분노를 알아차린 흔적을 조금도 찾아볼 수 없기 때문이다. 마르크스는 헤이그 대회에 참석했다. 격렬한 반대가 있었지만 결국 근소한 표차로 인터내셔널의 사실상 해체가 결정될 정도로 마르크스의 권위는 대단했다. 그 후 몇 차례 회의가 열렸지만, 그것은 명목적인 것에 불과했다. 인터내셔널은 마침내 1876년 필라델피아 대회에서 해산을 결의했다. 이로부터 13년 후에 인터내셔널은 재조직되었다. 하지만 그 성격은 제1인터내셔널과 매우 달랐다. 당시 모든 나라에서는 사회주의 활동이 급속히 성장하고 있었고, 제2인터내셔널 역시 혁명적 목적들을 천명했다. 하지만 제2인터내셔널은 제1인터내셔널에 비해 더 의회주의적이었고, 사회에서 수용될 가능성이 더 높았고, 본질적으로 더 화해 지향적이었으며, 자본주의 사회가 아래로부터의 지속적이고 평화로운 압력을 통해 점진적으로 온건 사회주의로 발전할 수밖에 없다는 믿음을 강하게 갖고 있었다.

11
황혼

> 언젠가 내가 말했다. 나는 나이가 들수록 더 관대해지는 것 같다고. 그러자 마르크스가 말했다. "그래요? **정말로요?**"
>
> — H. M. 하인드먼[*]

바쿠닌과의 대결은 마르크스의 생애에서 최후의 공적 사건이었다. 러시아와 스페인에 잔불이 남아 있을 뿐, 혁명의 불길은 모든 곳에서 꺼져 버린 것 같았다. 반동세력은 다시 한 번 승리했다. 이번 승리는 반동세력의 전성기에 비하면 다소 온건한 방식으로 진행되었다. 그들은 자신들의 적에게 확실한 양보를 할 태세가 되어 있었다. 하지만 그렇기 때문에 그만큼 더 안정적으로 보였다. 노동자들로서는 평화적인 방법으로 정치적, 경제적 통제권을 차지하는 것이 자신들의 해방을 위해 바랄 수 있는 최선으로 보였다. 독일에서 라살 추종자들의 위신은

---

[*] op cit. (108/1), 271.

꾸준히 높아졌다. 그들의 반대파인 마르크스주의 진영을 대표하는 리프크네히트는 인터내셔널이 해체되었기 때문에 라살의 추종자들과 손을 잡고 단일한 통일 정당을 만들고자 했다. 리프크네히트는 영국에 살면서 어떠한 타협안도 받아들이려 하지 않는 마르크스와 엥겔스보다는 국내에 있는 자신이 전술상 시급한 것이 무엇인지를 더 잘 알고 있다고 확신했다. 마침내 1875년 두 당파는 고타에서 회의를 열어 동맹을 맺고 양측의 지도자들이 작성한 공동 강령을 발표했다. 이 공동 강령은 승인을 받기 위해 마르크스에게 보내졌다. 그 강령이 마르크스에게 어떻게 비춰졌는지는 의심할 여지가 없었다.

마르크스는 곧바로 베를린에 있는 리프크네히트에게 격렬한 비난의 편지를 보냈고, 엥겔스에게도 리프크네히트에게 비슷한 서한을 보내라고 말했다. 마르크스는 자신의 사도들이 라살과 이른바 '진정한 사회주의자들'의 용어들, 즉 자신이 반평생 동안 폭로하고 제거하고자 했던 모호한 자유주의적 문구들을 끼워넣어 사람들을 오도하는 매우 무의미한 용어들을 사용하고 있다고 비난했다. 마르크스가 보기에, 고타 강령 전체에는 타협의 정신이 스며들어 있었다. 사회주의와 그 최대의 적인 국가가 영원히 양립할 수 있다는 주장이야말로 그러한 사실을 가장 잘 보여주는 대표적인 사례였다. 또한 고타 강령에는 노동에 대한 '정의로운' 보상과 상속법의 폐지 같은 사소한 목표들에 대한 관심을 평화적으로 불러일으킴으로써 사회 정의를 실현할 수 있다는 믿음이 깔려 있는 것으로 보였다. 이런 목표들은 국가와 자본주의 체제의 붕괴를 촉진시키기보다 오히려 떠받칠 의도로 만들어진 것으로 이런저런 권력 남용에 대한 프루동주의적, 생시몽주의적 해법들이었다. 마르크스는 편지의 여백에 전투적인 사회주의 정당의 강령은 어떠해야 하는가에 관한 생각을 격정적으로 써놓았다.

충직한 리프크네히트는 지금까지 런던에서 온 모든 편지들처럼 이번 편지도 깊은 존경심을 가지고 순순히 받아들였다. 하지만 그는 이 편지의 내용대로 행동하지 않았다. 라살 측과 리프크네히트 측 사이의 동맹은 계속되었고 그 힘도 점차 커져갔다. 2년 후 리프크네히트는 이번에는 엥겔스에게 신랄한 비판을 받았다. 엥겔스는 리프크네히트의 정치적 능력을 마르크스가 평가한 것보다 훨씬 낮게 평가했는데, 독일 사회민주당의 공식 기관지에 오이겐 뒤링이라는 인물의 글과 이를 지지하는 글들이 실린 일로 리프크네히트를 비판하게 되었다. 베를린 대학의 경제학 강사이면서 급진주의자인 뒤링은 자본주의에 극도로 반대하면서도 사회주의와는 매우 거리가 먼 견해를 갖고 있는 인물이었다. 당시 그는 독일 사회민주당 내에서 점차 영향력을 키워가고 있었다. 엥겔스는 뒤링을 반박하는 저술을 발표했다. 이것은 엥겔스가 쓴 것 가운데 가장 길고 가장 포괄적인 저술이었으며 마르크스와 함께 쓴 마지막 저술이었다. 이 저술에서 엥겔스는 꾸밈없고 힘이 넘치면서도 명쾌한 산문을 능수능란하게 구사하면서 유물론적 역사관에 대한 권위 있는 해석을 제시했다.

훗날 『반뒤링론Anti-Dühring』으로 불리게 된 이 저술은 당시 과학에 관심 있는 저술가와 저널리스트들 사이에서 점차 확산되어 가던 이론, 즉 모든 자연 현상은 공간 속의 물질 운동으로 해석할 수 있다는 비변증법적이고 실증주의적인 유물론을 공격하면서 변증법적 원리가 인류 역사만이 아니라 생물학, 물리학, 수학의 분야에서도 보편적으로 작동하고 있다는 주장을 펼치고 있다. 다재다능하고 박식했던 엥겔스는 순전히 자신의 노력으로 이 분야들에 대한 기본적인 지식을 쌓았지만, 그의 논의 자체는 그리 새롭거나 통찰력 있는 것이 아니었다. 특히 두 음수의 곱은 양수라는 수학 법칙에서 헤겔 변증법의 정반합 원리를 찾아내려는 것 같은 지나치게 야심찬 시도들은 후대의 마르크스주의자들을 당혹스럽게 했다. 그들은 최소한 마르크스의 출간된 저술들에는 들어 있지 않은 특이한 견해를 옹호해야 하는 불가능한 임무를 맡았다는 것을 깨달았다. 오늘날 마르크스주의적 생물학과 수학은 데카르트의 물리학과 마찬가지로 거대한 지적 운동의 발전 과정에서 동떨어져 있는 특이한 분야로 과학적 관심보다는 고고학적 관심의 대상이다.

더 중요한 사실은 엥겔스의 유물론적 역사관이 자유주의적 혹은 관념론적 역사 기술에 대한 마르크스의 공격을 충실히 계승하고는 있지만 마르크스의 대부분의 저술들, 특히 초창기 저술들에서 제시된 유물론적 역사관에 비해 더 기계론적이고 더 조악한 결정론적 성격을 갖고 있다는 점이다. 이후 반세기가 넘는 세월 동안 카우츠키와 플레하노프를 필두로 압도적

다수의 마르크스주의자들이 엥겔스의 유물론적 역사관을 따랐다. 엥겔스의 유물론적 역사관이 대단히 알기 쉽고 분명했기 때문일 것이다. 마르크스가 말년에 자신은 다른 무엇일 수는 있어도 결코 마르크스주의자는 아니라고 밝혔을 때, 그가 염두에 두었던 것은 자신을 따르던 프랑스인 사도들이 펼쳤던 저러한 속류적 해석들이었을 것이다. 『반뒤링론』 중에서 가장 읽기 쉬운 것은 세 개의 장인데, 이것들은 나중에 일부 수정, 가필을 거쳐 『공상적 사회주의와 과학적 사회주의』라는 제목의 소책자로 출간되었다. 엥겔스가 가장 심혈을 기울여 쓴 이 소책자는 마르크스주의가 독일 관념론, 프랑스 정치 이론, 영국의 경제학이라는 세 가지 원천을 바탕으로 발전한 것이라는 다소 진화론적인 설명을 제시한다. 이는 마르크스주의의 창시자 중 한 명이 마르크스주의에 대해 내린 최고로 간명한 자전적 평가로서 지금까지 러시아와 독일의 사회주의에 결정적인 영향을 미쳐왔다.

고타 강령에 대한 비판은 마르크스가 당 문제에 열정적으로 개입한 마지막 경우였다. 그 후 마르크스가 죽을 때까지 고타 강령 같은 심각한 사태는 다시 발생하지 않았다. 그는 마지막 몇 해 동안 자유롭게 이론 연구를 할 수 있었고, 나빠지는 건강을 회복하려 애썼지만 성공하지 못했다. 그는 1864년에 켄티쉬 타운에서 해버스톡 힐로 이사했고 1875년에 해버스톡 힐 내에서 한 번 더 집을 옮겼다. 이사한 두 집 모두 엥겔스의 집에서 그리 멀지 않은 곳에 있었다. 엥겔스는 1869년에 가족 회사에서 갖고 있던 자기 주식을 동업자에게 팔았고, 1870년 런던의 프림로즈 힐에 있는 크고 널찍한 집으로 이사해 죽을 때까지 살았다. 이런 결정을 내리기 1, 2년쯤 전에 이미 엥겔스는 마르크스가 평생 연금을 받을 수 있도록 조치를 취했고, 비록 많은 돈은 아니었지만 그 덕분에 마르크스는 마음 편히 연구를 할 수 있었다. 그들은 거의 매일 만났고, 갈수록 자신들을 점점 더 존경과 흠모의 시선으로 바라보는 모든 나라의 사회주의자들과 엄청난 양의 서신을 교환했다.

마르크스는 이제 의심할 여지 없이 도덕적으로나 지적으로나 국제 사회주의의 최고 권위자였다. 라살과 프루동은 이미 1860년대에 죽었고, 바쿠닌은 1876년에 죽었다. 마르크스는 최후의 숙적인 바쿠닌의 죽음에 대해 어떠한 공식적 언급도 하지 않았다. 프루동이 죽었을 때 마르크스가 독일 신문에 쓴 비정한 부고 기사가 프랑스 사회주의자들 사이에 엄청난 분노를 불러일으킨 일이 있었기 때문에 이번에는 잠자코 있는 것이 전술적으로 더 현명한 일이라고 생각했기 때문일 것이다. 자신의 경쟁자들에 대한 그의 생각은 그들이 죽었다고 해서 바뀌지 않았다. 다만 체력이 따라주지 않아 청장년기처럼 적극적으로 싸움을 벌일 수 없었을 뿐이다. 그는 오랜 세월에 걸친 과로와 빈곤으로 건강이 나빠졌다. 지친 데다 자주 병을 앓게 되자, 그는 더 열심히 건강을 챙기기 시작했다. 그는 해마다 대개 막내 딸 엘리너를 데리고 영국의 바닷가와 독일이나 보헤미아의 온천을 찾곤 했다. 그런 곳들에서 그는 이따금 오랜 친구들과 추종자들을 만나곤 했는데, 그들은 이 유명한 혁명가를 만나고 싶어 하는 젊은 역사학자나 경제학자들을 데려오기도 했다.

그는 자신이나 자신의 삶에 대해 이야기한 적이 거의 없었고 자신의 태생에 대해서는 아예 언급 자체를 하지 않았다. 그의 생전에는 그도 엥겔스도 그가 유대인이라는 사실을 직접 입 밖으로 꺼낸 적이 없었다. 마르크스의 저술들 속에는 그가 유대인이라는 사실을 그나마 간접적으로 알 수 있는 대목이 두 군데 정도 있을 뿐이다. 그가 엥겔스에게 보낸 편지들에서 개별적인 유대인들에 관해 언급한 내용들은 상당히 적대적이다. 그가 유대계라는 사실은 분명 낙인이었고, 그의 저술들에서 이러한 낙인의 흔적을 볼 수 있다. 이를테면 어느 민족에 속하는지 어떤 종교를 갖고 있는지는 중요하지 않다고 하거나 프롤레타리아의 국제적 성격을 강조할 경우에 그의 논조는 유달리 신랄한 양상을 보인다. 마르크스는 늙어갈수록 점점 더 참을성이 줄어들고 성급해져서, 지루함을 안겨주거나 자신의 생각에 동의하지 않는 사람들과의 모임은 되도록 피했다. 그는 갈수록 인간관계에 어려움을 느끼게 되었다. 그는 가장 오랜 친구 중의 하나인 시인 프라일리크라프트가 1870년에 애국적 송시를 발표하자 그와의 관계를 모조리 끊어 버렸다. 또한 마르크스가 동행하고 싶지 않다는 의사를 분명히 밝혔는데도 독일인 외과의 쿠겔만— 마르크스의 충실한 지지자였고 마르크스가 쓴 가장 흥미로운 편지들 중 상당수의 수신자였다 —이 계속 카를스바트[카를로비 바리]에 함께 갈 것을 고집하자 그에게 모욕적인 언사를 내뱉기도 했다.

이와 달리 그를 잘 알고 영리하게 접근하는 사람에게는 우호적이었고 심지어 친절한 태도를 보이기도 했다. 두 노장에게 경의를 표하기 위해 갈수록 더 많은 수의 젊은 혁명가나 급진적 저널리스트들이 런던을 찾았는데, 그런 사람들에게는 특히 그랬다. 마르크스는 그러한 순례자들을 흔쾌히 집에서 맞이했고 그들을 통해 그때까지 관계가 전혀 없던 각국의 추종자들, 특히 활기차고 규율이 잘 잡힌 혁명 운동이 마침내 뿌리를 내린 러시아의 추종자들과 접촉을 가졌다. 그의 경제적 저술들, 특히 『자본』은 그 어떤 나라보다 러시아에서 가장 큰 성공을 거두었다. 대단히 역설적이지만, 러시아 당국은 『자본』을 검열한 후 이 책은 '사회주의적' 경향이 농후하지만 문체가 대중적이 아니라서 '러시아에서 읽을 사람이 많지 않을 것이고 이해할 수 있는 사람은 훨씬 더 적을 것이다'*라며 출간을 허락했다. 이 책에 대한 러시아 언론의 평가는 어떤 나라에서보다도 더 호의적이고 정확했다. 마르크스는 이러한 사실에 놀람과 기쁨을 금치 못했으며 러시아인들을 투박하고 어리석은 시골뜨기들이라고 경멸하던 기존의 태도를 버리고 자신의 저술들에 많은 영향을 받은 진지하고 용감한 새로운 혁명가 세대를 감

---

* D[mitry Petrovich] Skuratov, 'Doklad Skuratova v Peterburgskii tsenzurnyi komitet 23 marta 1872 g.', *Krasnyi arkhiv* 1933 i 6-7.

탄의 눈길로 바라보게 되었다.

러시아에서 마르크스주의의 역사는 다른 나라들에서의 마르크스주의의 역사와 다르다. 독일과 프랑스에서 마르크스주의는 실증주의라든가 다른 형태의 유물론들과 달리, 무엇보다도 프롤레타리아 운동이었다. 또한 19세기 전반에 존재하던 부르주아의 공허한 자유주의적 관념론을 대단히 혐오하면서 너무 차분한 것이 아닐까 싶을 만큼 현실주의적 경향을 보였다. 반면에 러시아에서는 서구에 비해 프롤레타리아가 여전히 취약하고 보잘것없었던 탓에 마르크스주의의 사도들뿐만 아니라 마르크스주의로 전향한 사람들 대부분도 중산계급 출신의 지식인들이었고, 이들에게 마르크스주의는 뒤늦게 찾아온 민주적 열정의 한 형태로 일종의 낭만주의가 되었다. 러시아의 인민주의 운동은 인민을 이해하고 교육하고 인민의 지적, 사회적 수준을 끌어올리기 위해서는 개개인이 인민과 인민의 물질적 필요들과 일체감을 느낄 필요가 있다고 역설하면서 전제정치와 러시아 정교회와 슬라브 정신에 대한 신비적 믿음을 갖고 있던 반동적인 반서구적 당파뿐만 아니라 온건한 농민적 자유주의라든가 투르게네프, 게르첸 같은 친서구주의자들의 사회주의에 대해서도 반대했는데, 러시아의 마르크스주의는 이러한 인민주의 운동이 최고조에 이른 시기에 성장했다.

이 당시에 모스크바와 상트페테르부르크의 부유한 젊은이들, 특히 사회적 죄책감에 괴로워하던 '회개한' 젊은 귀족과 지주들은 농민과 공장 노동자들이 처한 상황을 연구하기 위해 경력과 지위를 내던지고, 자신들의 아버지들과 할아버지들이 바쿠닌이나 데카브리스트들을 따랐듯이 숭고한 열정을 갖고 인민 속에서 살기 위해 인민의 삶 속으로 뛰어들었다. 그들은 자신의 이익을 고려하지 않은 채 순수한 열정을 가지고 역사적, 정치적 유물론을 전파했다. 즉 사회적, 개인적 삶의 토대로서의 구체적인 경제적 현실에 대한 강조, 인민 대중의 물질적 복지에 대한 관계와 영향이라는 측면에서 제도와 개인의 행위들에 대한 비판, 세상의 고통과는 동떨어진 채 상아탑 속에서 예술을 위한 예술이나 삶을 위한 삶을 추구하는 것에 대한 혐오와 경멸 등을 전파했다. 토스토옙스키는 급진적 유물론에 대해 '어느 모로 보나 푸시킨보다는 한 켤레의 장화가 더 낫다'*는 말로 당시의 사회 분위기를 풍자했다.

마르크스주의는 사회 발전의 본질과 법칙에 대한 체계적 설명을 최초로 분명하고 구체적인 용어들로 제시했고, 이는 회의와 혼란에 빠져 있던 젊은 세대의 러시아인들에게 해방감을 안겨주었다. 친親슬라브주의자들의 낭만적 민족주의, 헤겔 관념론의 난해함과 거대함, 그리고 마지막으로 실패로 끝난 혁

---

* ['Gospodin Shchedrin ili raskol v nigilistakh' (1864), *polnoe sobranie sochinenii F. M. Dostoevskogo v XVIII tomakh* (Moscow, 2003-6), v 271. 이 인용문을 드미트리 피사로프의 말로 오해하는 경우가 많다. 이 문제를 더 자세히 알고 싶다면, 벌린의 *Russian Thinkers*, ed. Henry Hardy and Aileen Kelly, 2nd ed., revised by Henry Hardy (London, 2008), 237/1을 보라.]

명적 인민주의를 경험한 러시아 젊은이들의 눈에는 마르크스주의야말로 건전하고 명쾌한 사상으로 보였다. 이는 마르크스가 40년 전에 포이어바흐를 읽고 받은 느낌과 비슷한 것이었다. 다시 말해 그들은 마르크스주의가 제시하는 해결책이 최종적인 것이고 마르크스주의를 토대로 행동할 수 있는 무한한 가능성이 있다고 생각했다. 러시아는 1849년에 서유럽을 휩쓴 공포를 경험하지 못했고 서구에 비해 한참 뒤처져 있었다. 더욱이 1870년대와 1880년대에 러시아가 직면한 문제들은 많은 면에서 반세기 전에 유럽 국가들이 직면했던 문제들과 비슷했다. 러시아의 급진주의자들은 마치 18세기 사람들이 루소의 책을 읽고 느꼈던 것처럼 벅차고 들뜬 마음으로 『공산당 선언』을 읽고 『자본』의 열정적인 글귀들을 읽었다. 그들은 많은 내용이 자신들이 처해 있는 상황에 매우 잘 들어맞는다는 것을 발견했다.

> 제조업만큼이나 농업에서도 생산 과정의 자본주의화는 생산자의 끔찍한 고통을 의미한다. 노동 도구는 일하는 사람을 예속시키고 착취하고 황폐하게 만드는 수단이 된다. 노동 과정의 사회적 결합과 조직은 노동자의 개인적 생명력과 자유와 독립성을 분쇄하기 위한 정교한 방법으로 기능한다.*

---

* 『자본』 1권 (1867), CW 35: 507.

이런 주장이 러시아만큼 잘 들어맞는 나라는 어디에도 없었다. 다른 것이 있다면, 농노 해방으로 노동 시장이 엄청나게 확대된 이후의 러시아에서는 그 방법이 정교하지 않고 단순했다는 것이다.

마르크스는 자신이 30년 동안 말과 글로 공격했던 나라에서 자신의 사상을 가장 잘 이해하는 용감한 제자들이 출현하고 있다는 사실에 놀라움을 금치 못했다. 그는 런던에 있는 자기 집으로 찾아온 그들을 따뜻하게 맞이했으며 『자본』 1권의 러시아어 번역자인 다니엘손과 러시아에서 가장 유능한 강단 경제학자 중 하나인 지버와 정기적으로 편지를 주고받기 시작했다. 마르크스의 분석은 주로 산업 사회에 집중되어 있었다. 그런데 러시아는 농업 국가였다. 더군다나 일련의 조건을 바탕으로 구상된 학설을 다른 일련의 조건에 직접 적용하려는 시도는 그게 무엇이건 이론과 실천에서 오류를 초래할 수밖에 없었다. 러시아에 있던 다니엘손과 타국에 망명해 있던 라브로프와 베라 자수리치 등은 마르크스에게 편지를 보내 토지를 공동소유하는 원시적 공동체라는 러시아 농민들 특유의 조직 형태 때문에 생기는 구체적인 문제들을 집중적으로 연구해 달라고 간청했다. 그들은 무엇보다도 게르첸과 바쿠닌에서 비롯되어 러시아 급진주의자들 사이에 널리 퍼져 있던 주장들, 그중에서도 특히 러시아는 서구처럼 산업화와 도시화라는 중간 단계를 거칠 필요 없이 원시 공동체에서 발전된 공산주의로 곧장 이행할 수 있다는 주장에 관한 그의 생각을 말해 달라고 부탁했다. 마르크스는 이전에는 이러한 가설을 변증법을 벗어난 과감한 비약을 통해 자연스러운 발전 단계들을 건너뛰거나 없애 버릴 수 있다는 유치한 믿음과 농민들을 이상화하는 친슬라브주의적인 감상적 태도가 결합된 데서 비롯된 위장된 급진주의라고 경멸했었다. 하지만 이제 그는 러시아에 등장한 새로운 혁명가 세대의 지성과 진지함 그리고 무엇보다도 열광적이고 헌신적인 사회주의에 깊은 인상을 받고 이 문제를 재검토하기로 결정했다.

이를 위해 마르크스는 러시아어를 배우기 시작했다. 그는 6개월 만에 러시아어를 완벽하게 익혀 친구들이 런던으로 몰래 들여온 러시아의 사회학 저술들*과 정부 보고서들을 읽을 수 있게 되었다. 엥겔스는 이 새로운 협력 관계를 싫어했다. 그는 엘베 강 동쪽의 모든 것에 극도의 반감을 품고 있었다. 그는 마르크스가 순전히 기력이 달려 『자본』의 완성을 미루고 싶은 마음이 있는데 그런 마음을 감추려고 새로운 일거리를 만든 것일지도 모른다고 생각했다. 마르크스는 엄청나게 많은 통계학적, 역사적 자료를 충분히 검토한 후 이론적으로 꽤 많은 것을 양보했다. 그는 만일 러시아에서의 혁명이 유럽의 모든 프롤레타리아가 다 같이 들고 일어날 것을 알리는 신호라면, 러시아에서는 촌락에 의한 토지의 반#봉건적 공동 소유를 직접

---

* 예를 들면, 마르크스가 찬사를 보낸 체르니셰프스키의 저술들도 있고, 플레로프스키가 쓴 것들도 있다.

적인 토대로 삼는 공산주의를 생각해볼 수도 있고 그것이 현실화될 가능성도 있지만,* 러시아에 가장 인접한 나라들에서 자본주의가 지속된다면 러시아도 자국의 경제를 지키기 위해 서유럽의 선진국가들이 이미 밟은 길을 따를 수밖에 없을 것이기 때문에 그런 일은 일어날 수 없다고 보았다.

런던에 망명해 있던 마르크스와 엥겔스에게 존경을 표한 것은 러시아인들만이 아니었다. 베벨, 베른슈타인, 카우츠키 등 새로 통합을 이룬 독일 사회민주당의 젊은 지도자들도 마르크스를 방문해 온갖 중요한 문제들에 관해 의견을 구했다. 또한 첫째 딸과 둘째 딸이 프랑스 사회주의자들과 결혼했기 때문에, 마르크스는 유럽의 라틴 민족 국가들과도 계속 접촉을 가질 수 있었다. 프랑스 사회민주주의의 창시자인 쥘 게드는 마르크스에게 당 강령을 보내 대대적인 수정을 받았다. 이탈리아와 스위스에서는 마르크스주의가 바쿠닌주의적 무정부주의를 몰아내기 시작했다. 미국에서도 고무적인 소식들이 들어왔다. 최고의 소식은 비스마르크의 반사회주의 법에도 불구하고 독일에서 사회주의에 대한 지지가 놀라운 속도로 증가하고 있다는

---

* 플레하노프가 고심 끝에 미공개로 남긴 마르크스의 편지에서. 플레하노프는 마르크스의 편지 내용이 인민주의로의 후퇴를 의미하는 위험한 것이라고 생각했다. 이 서한은 1917년 러시아 10월 혁명이 일어나고 몇 년 뒤에야 비로소 공개되었다. [이는 1881년 3월 8일에 마르크스가 베라 자수리치에게 보낸 편지를 가리키는 것으로 보인다. CW 46: 71-2. 플레하노프는 이 편지의 내용을 알고 있었다. 하지만 이 편지는 1924년까지 공개되지 않았다.]

것이었다. 유럽의 주요 국가 가운데 이러한 흐름에서 동떨어진 채 마르크스의 이론을 거의 받아들이지 않고 있던 나라는 마르크스 자신이 살고 있고 제2의 고향이라고 말한 영국뿐이었다.

마르크스와 엥겔스가 주고받은 서신들에는 이러한 영국 예외주의에 대한 언급이 있다. 영국 노동자들은 '오랫동안의 경제적 번영으로 계속 의기가 매우 떨어져 왔다.'[*] '이 나라에서 토지를 소유하고 있는 대부분의 부르주아의 최종 목적은 부르주아 귀족정을 세우고 부르주아와 같은 편인 부르주아적 프롤레타리아를 만드는 것으로 보인다.'[**] '영국 노동자들의 혁명적 에너지는 모두 사라져 버렸다.'[***] 그들이 '부르주아적 오염'을 떨쳐 버릴 수 있기까지는 오랜 시간이 걸릴 것이다.[****] '그들에게서는 과거의 차티스트들이 갖고 있던 기개를 전혀 찾아볼 수 없다.'[*****]

마르크스는 가까운 영국인 친구가 없었다. 물론 그는 어니스트 존스와 알고 지냈고, 많은 훌륭한 노동 지도자들과 함께 일했으며, 벨포트 백스, 헨리 크롬프턴, 헨리 버틀러 존스턴 같

---

[*] 1857년 12월 17일에 엥겔스가 마르크스에게 보낸 편지, CW 40: 223.
[**] 1858년 10월 7일에 엥겔스가 마르크스에게 보낸 편지, CW 40: 344.
[***] 1863년 4월 8일에 엥겔스가 마르크스에게 보낸 편지, CW 41: 465.
[****] 1863년 4월 9일에 마르크스가 엥겔스에게 보낸 편지, CW 41: 468.
[*****] 1866년 4월 2일에 마르크스가 엥겔스에게 보낸 편지, CW 42: 253.

은 급진주의자들, 고전예술사가인 찰스 발트슈타인, 생물학자 레이 랑케스터 등의 방문을 받기도 했다. 심지어 독자적인 견해를 가진 국회의원인 마운트스튜어트 엘핀스톤 그랜트 더프 경과 그의 친구인 출판업자 레너드 몬테피오리 같은 지배계급 인사들의 사교클럽 방문 요청에 응하기도 했다. 하지만 이러한 만남들은 그의 삶에서 지극히 피상적인 것에 지나지 않았다. 다만 말년에 하인드먼의 적극적 구애를 잠깐 동안 받아들인 일이 있다. 하인드먼은 사회민주주의 연합의 창시자로 영국에 마르크스주의를 널리 알리는 데 많은 기여를 한 인물이었다. 그는 유쾌하고 여유 있고 솔직한 사람이었고, 기질적으로 급진주의자였고, 유쾌하고 유능한 연설가였으며, 정치나 경제에 관해 생생한 글을 쓸 줄 아는 작가였다. 그는 천재적인 사람들을 만나 이야기 나누는 것을 좋아했으며, 특별한 취향을 고수하는 편이 아니라서 마르크스를 만나자마자 곧바로 마치니를 버리고 마르크스를 택했다. 그는 회고록에서 마르크스에 관해 다음과 같이 적고 있다.

　　내가 본 마르크스의 첫인상은 당장 상대방이 공격해 오지 않을까 하는 강한 의구심을 갖고 있지만 그렇다고 싸움에 안달이 난 것은 아니고 언제든 싸울 태세가 되어 있는 강하고 억센 털북숭이 노인이라는 것이었다. 하지만 그가 우리에게 건넨 인사말은 정중하고 친절했다. (……)
　　그는 자유당의 정책, 특히 아일랜드에 대한 정책에 관해 이야기를 하면서 분노를 금치 못했는데, 그때 노전사의 움푹 들어가 있는 작은 눈은 빛났고 미간에는 짙은 주름이 잡혔으며 널찍하고 강한 코와 얼굴은 눈에 띄게 이리저리 움직였다. 그는 쉴 새 없이 격렬한 비난을 퍼부었는데, 그의 비난들은 하나같이 그의 불같은 기질과 놀라운 영어 실력을 보여주었다. 이렇듯 몹시 흥분했을 때의 그의 태도나 말투는 당시의 경제적 사건들에 관해 의견을 피력할 때의 그의 태도와 극히 대조적이었다. 그는 예언자나 격렬한 고발자의 모습을 보이다가도 대번에 차분한 철학자의 모습을 보였다. 나는 후자의 모습을 보고는 내가 선생님 앞의 학생 같은 신세를 면하려면 꽤 오랜 세월이 필요할 것이라고 그를 처음 만났을 때부터 생각했다.*

하인드먼은 솔직하고 순박하고 온화했으며 사람을 무장해제시키는 면이 있었다. 특히 그는 마르크스를 진심으로 존경했다. 그의 존경심은 마르크스를 생뚱맞게도 '19세기의 아리스토텔레스'**라고 부를 만큼 무비판적이었다. 이런 이유들 때문에 마르크스는 몇 달 동안 하인드먼을 엄청난 호의를 갖고 관대하게 대했다. 그런데 하인드먼이 쓴 『모든 이를 위한 영국 *England for All*』이라는 책 때문에 둘 사이에 불화가 발생했다. 이는 정확성이 떨어지기는 해도 마르크스의 사상을 대단히 이

---

* op. cit. (108/1), 269–70.
** ibid. 271.

해하기 쉽게 설명한 영어책이었는데, 마르크스의 사상을 설명하면서도 마르크스의 이름을 밝히지 않았던 것이다. 하인드먼은 '영국인은 외국인에게 배우는 것을 좋아하지 않습니다.' 그리고 '이곳에는 [당신의] 이름을 싫어하는 사람들이 매우 많습니다'*라는 말로 마르크스의 이름을 밝히지 않은 이유를 설명하려 들었다. 하지만 이러한 설명은 설득력이 없었다. 마르크스는 표절은 결코 용납될 수 없다는 지론을 갖고 있었다. 라살은 하인드먼에 비하면 약과라고 할 수 있는 표절로 마르크스에게 곤욕을 치른 적이 있었다. 게다가 마르크스는 자신의 사상에 대한 하인드먼의 부정확한 이해와 연결되고 싶은 마음이 추호도 없었다. 마르크스는 즉시 하인드먼과의 관계를 끊어 버렸는데, 이로써 그에게 마지막으로 남아 있던 영국 사회주의와의 연결 고리도 끊어졌다.

마르크스의 생활은 변함없이 거의 일정했다. 7시에 일어나 블랙커피를 몇 잔 마신 다음 서재로 들어가 오후 2시까지 책을 읽고 글을 썼다. 그런 다음 서둘러 식사를 마치고는 저녁 식사 때까지 다시 일을 했다. 가족들과 함께 저녁 식사를 한 후에는 햄프스테드 히스로 산책을 나가거나 다시 서재로 돌아와 다음 날 새벽 2, 3시까지 일을 했다. 마르크스의 사위인 폴 라파르그는 이 서재에 관해 다음과 같이 묘사하고 있다.

---

* 1881년 12월 15일에 마르크스가 프리드리히 조르게에게 보낸 편지, CW 46: 163; cf. ibid. 102-3.

서재는 2층에 있었는데 정원 쪽으로 커다란 창문이 나 있어서 빛이 잘 들어왔다. 창문 맞은편에는 벽난로가 있었고 **벽난로의 양측에는 책장들이 있었다**. 책장들의 맨 위쪽에는 신문과 원고 더미들이 천장까지 쌓여 있었다. 창문의 한쪽 옆에는 테이블이 두 개 있었는데, 그 위에도 갖가지 서류와 신문, 책들이 수북이 쌓여 있었다. 방 한가운데에는 작은 크기의 수수한 집필용 책상 (……) 그리고 윈저 의자가 놓여 있었다. 윈저 의자와 책장 사이에는 마르크스가 가끔 누워 휴식을 취하는 가죽 소파가 있었다. 벽난로 선반 위에는 시가, 성냥갑, 담배 단지, 서진, 사진 ― 딸들, 아내, 엥겔스, 빌헬름 볼프 등의 ― 이 많은 책과 함께 아무렇게나 널브러져 있었다. (……)

그는 누구도 자기 책이나 서류를 정리하지 못하게 했지만 (……) 원하는 책이나 원고를 쉽게 찾아냈다. 그는 종종 대화를 하다가 잠시 멈추고는 책에서 관련 문장을 찾아 보여주거나 참고문헌을 찾아 보여주곤 했다. (……)

그는 책을 정리할 때 모양새는 신경 쓰지 않았다. 4절판 책들과 8절판 소책자들이 크기나 모양과 상관없이 한 군데에 뒤죽박죽으로 섞여 있었다. (……) 책의 모양이나 제본 방식, 편집이나 활자체의 모양새 같은 것은 그에게는 거의 중요하지 않았다. 그는 책장의 모서리 부분을 접어놓기도 하고 마음 가는 대로 책에 밑줄을 긋기도 하고 책장의 여백에 연필로 무엇인가를 적어 놓기도 했다. 자기가 쓴 책들을 볼 때는 주석을 달지 않았고, 다만 자신의 주장이 너무 지나쳤다고 생각되는 대목에 물음표나 느낌표를 달았다. (……) 그는 기억한 내용을 잊지 않기 위해 해마다 이런저런 구절들에 밑줄을 그어가며 자신의 노트들을 다시 읽었다. 그 때문인지 그의 기억은 생생하고도 정확했다. 헤겔은 잘 모르는 외국어로 된 시를 암기할 계획을 세운 바 있었는데, 마르크스는 이 계획에 맞춰 꾸준히 기억 훈련을 했다.*

마르크스는 일요일에는 늘 자녀들과 시간을 보냈다. 자식들이 성장해서 결혼한 후에는 손자, 손녀들과 시간을 보냈다. 그의 가족들은 모두 애칭이 있었다. 딸들은 각기 퀴퀴, 쿠오쿠오, 투시라고 불렸고, 아내의 애칭은 뫼메였다. 마르크스의 애칭은 거무스름한 얼굴색과 험악한 인상 때문에 무어인이나 올드 닉[Old Nick은 그리스도교에서 사탄을 가리키는 다른 이름]이었다. 엘리너가 애를 먹이기는 했어도, 마르크스 가족은 늘 애정이 넘쳤다. 말년의 마르크스를 찾아갔던 러시아 사회학자 코발레프스키는 그의 예의 바르고 세련된 태도에 기분 좋은 놀라움을 느꼈다. 그는 훗날 다음과 같이 썼다.

마르크스는 일반적으로 부르주아 학문과 문화를 단호히 거부하는 음울하고 거만한 사람으로 묘사된다. 하지만 실제의

---

* op. cit (13/1), 11-12; 'Reminiscences of Marx', in *Reminiscences of Marx and Engels* (Moscow, 1956), 73-4.

> 마르크스는 매우 교양 있고 세련된 앵글로-게르만 신사였고, 하이네와 친하게 지내면서 터득하게 된 유쾌한 풍자를 구사할 줄 아는 사람이었고, 매우 안락한 상태 때문에 삶의 기쁨으로 충만해 있는 사람이었다.*

마르크스를 유쾌하고 친절한 인물로 묘사하는 이런 말은 완전히 수긍할 만한 것은 아니지만 어쨌건 소호에서 살던 망명 초기의 마르크스의 모습과 대조된다. 마르크스에게 즐거움은 주로 독서와 산책이었다. 그는 시를 좋아해서 단테, 아이스킬로스, 셰익스피어의 작품들에서 장문들을 외우고 있을 정도였다. 셰익스피어에 대한 그의 찬사는 끝이 없어서, 셰익스피어는 가족 모두에게 생활의 일부였다. 가족들은 셰익스피어의 작품을 큰 소리로 읽고 연기했으며 그의 작품을 두고 끊임없이 토론을 벌였다. 마르크스는 무슨 일을 하든 매우 조직적이고 체계적으로 했다. 영국에 도착해 자신의 영어가 부족하다는 것을 알게 되자, 실력을 높이기 위해 셰익스피어 작품에 나오는 구절들을 목록으로 만들어 전부 외워버렸다. 러시아어를 배우고 나서는 의미를 모르는 단어가 나올 때마다 조심스럽게 밑줄을 그어가며 고골리와 푸시킨의 작품들을 읽었다. 그의 문학

---

* 'Dve zhizni' ['Two Lives' (Marx and Spencer)], *Vestnik Evoropy* 1909 no. 6, 495-522, no. 7, 5-23, at no. 7, 16; 'Meetings with Marx', in *Reminiscences of Marx and Engels* (previous note), 298.

적 취향은 독일 문학이었다. 이러한 문학적 취향은 젊은 시절에 형성된 것으로 이후 좋아하는 작품들을 반복해서 읽으면서 갈수록 깊이가 더해졌다. 그는 기분 전환이 필요할 때는 대뒤마나 스콧의 작품들 또는 당대의 가벼운 프랑스 소설들을 읽었고, 발자크를 매우 높게 평가했다. 그는 발자크의 소설이 당대의 부르주아 사회에 대한 가장 날카로운 분석을 제공하고 있다고 보았고 발자크가 만들어낸 소설 속 인물들이 발자크가 죽고 나서 1860년대와 1870년대에 비로소 현실에서 등장했다고 주장했다. 그는 사회분석가로서의 발자크에 대한 연구서를 쓸 생각이었지만 그 일을 시작하지는 못했다. 그러나 그가 쓴 문학 비평 가운데 유일하게 남아 있는 외젠 쉬에 대한 비평을 보면, 발자크론을 쓰지 못한 것을 그리 애석해할 필요는 없을 것 같다. 문학 작품을 읽는 것을 대단히 좋아하기는 했지만, 그의 문학적 안목은 대체로 평범하고 진부한 편이었다. 그가 그림이나 음악을 좋아했다고 볼 만한 증거는 없다. 다른 취미를 갖기에는 책에 대한 열정이 너무나 컸다.

마르크스는 항상 엄청난 독서량을 보였지만, 말년에는 저술 작업을 방해할 정도로 독서량이 늘어났다. 그는 죽기 전 10년 동안 완전히 새로운 언어들을 공부하기 시작했다. 예를 들면, 그는 터키어를 익히려 했다. 터키의 농업 상황을 연구하기 위해서라고 말했지만, 사실 그는 오래된 어커트주의자 Urquhartite 로서 터키 농민에게 희망을 걸고 있었던 것 같다. 그는 터키 농민이 근동에서 파장을 일으키는 민주화 세력이 되리라고 생각했다. 마르크스가 미친 듯이 책에 빠져들게 되면서, 엥겔스가 가장 우려했던 사태가 발생했다. 마르크스는 갈수록 글을 쓰지 않았고 산더미같이 쌓인 원고들을 정리할 생각을 아예 그만둬 버렸다. 엥겔스가 편집한 『자본』 2, 3권과 카우츠키가 편집한 『자본』 4권의 보충 논문들은 바로 이 원고들을 토대로 한 것이다. 2, 3, 4권에도 마르크스가 직접 펴낸 1권에 비해 손색없는 내용이 많지만, 오직 1권만이 고전이 되었다.

마르크스는 급격히 쇠약해져 갔다. 오랫동안 병에 시달리던 아내 예니 마르크스는 1881년에 암으로 죽었다. 엥겔스는 마르크스가 가장 사랑한 딸 엘리너에게 '예니가 죽으면서 무어인도 죽었다'*고 말했다. 마르크스는 예니보다 2년 남짓 더 살았는데, 그 기간 동안에도 이탈리아인, 스페인인, 러시아인들과 많은 편지를 주고받았다. 하지만 그의 기력은 이미 거의 소진된 상태였다. 1882년 유난히 추웠던 겨울이 지난 뒤, 마르크스의 주치의는 그에게 알제리로 휴양하러 갈 것을 권유했다. 마르크스는 가는 길에 급성 늑막염에 걸린 채 알제리에 도착했다. 그는 북아프리카에서 한 달을 보냈다. 하필 이 기간 동안 날씨가 보기 드물게 춥고 습도가 높았다. 병은 더 악화되었고, 그는 탈진한 몸을 이끌고 유럽으로 돌아왔다. 유럽에 돌아와서는 일광욕을 위해 몇 주 동안 프랑스 리비에라 해안의 여

---

* 'Der Mohr ist auch gestorben': op. cit. (232/3), 88; 159.

러 마을을 돌아다녔지만, 결국 헛걸음만 하고 파리로 갔다. 마르크스는 파리에서 얼마 동안 장녀 제니 롱게의 집에 머물다가 런던으로 돌아왔다. 그런데 런던으로 돌아온 지 얼마 지나지 않아, 제니가 갑자기 죽었다는 소식이 도착했다. 그는 죽을 때까지 이때 받은 충격에서 완전히 벗어나지 못했다. 이듬해에 그는 병에 걸렸고 폐종양이 악화되었다. 마침내 1883년 3월 14일, 그는 서재에 있는 안락의자에 앉아 잠든 채 숨을 거두었다. 그는 하이게이트 공동묘지에 있는 아내의 무덤 옆에 묻혔다. 장례식에 참석한 사람은 많지 않았다. 가족과 몇 명의 친구, 여러 나라에서 온 노동자 대표들이 전부였다. 엥겔스가 엄숙하고 감동적인 추모 연설을 했다. 그는 마르크스가 이룩한 업적과 마르크스라는 인물에 관해 이야기했다.

한평생 그의 진정한 사명은 어떤 식으로건 자본주의 사회의 전복에 기여하는 것, (……) 이 시대의 프롤레타리아의 해방에 기여하는 것이었습니다. **그는** 이 시대의 프롤레타리아가 자신들의 지위와 임무를 알게 하고 자유를 얻기 위한 조건을 깨닫게 만든 최초의 인물이었습니다. 투쟁은 그의 기본 원리였습니다. 그는 누구도 필적할 수 없는 정열과 불굴의 의지를 가지고 투쟁했고 누구와도 비견할 수 없는 성공을 거두었습니다. (……)

그 결과, 마르크스는 살아 있는 동안 미움과 비방, 중상을 가장 많이 받은 사람이었습니다. (……) 그는 시베리아의 광산에서 캘리포니아 연안에 이르기까지 유럽과 미국의 모든 곳에서 수백만의 혁명적 노동자 동지들의 사랑과 존경과 애도 속에 죽었습니다. (……)

그의 이름과 업적은 시대를 넘어 길이 이어질 것입니다.*

마르크스의 죽음은 일반 대중에게 거의 알려지지 않았다. 〈더 타임즈〉에 짤막한 부고 기사가 실렸지만 그마저도 부정확한 것이었다. 게다가 마르크스가 런던에서 죽었는데도, 〈더 타임즈〉에 실린 기사는 파리 통신원이 쓴 것이었다. 그는 프랑스의 사회주의 신문에서 마르크스가 죽었다는 기사를 읽었다고 썼다. 그의 이론이 혁명에 점점 더 뚜렷한 영향을 미치게 되면서, 그의 명성은 죽은 이후에 점점 더 높아졌다. 개인으로서 그는 동시대를 살았던 더 감수성이 뛰어나거나 더 낭만적인 인물들만큼 일반 대중이나 전기 작가의 상상력을 사로잡지는 못했다. 사실 칼라일이나 밀, 게르첸의 삶이 마르크스의 삶보다 더 비극적이었다. 그들은 마르크스가 경험하지도 이해하지도 못한 지적, 도덕적 갈등들로 극심한 고통을 겪었으며 그들 세대에 퍼져 있던 불안과 우울이라는 실체를 알기 힘든 감정의 공격에 훨씬 더 심하게 시달렸다. 그들은 그러한 공격을 통렬하고 상세히 설명하는 글들을 남겼다. 그것은 마르크스나 엥겔

---

* Karl Marx's Funeral (1883), CW 24: 468-9.

스가 공적으로든 사적으로든 남긴 그런 종류의 어떤 설명보다도 더 **훌륭하고 생생한** 것이었다.

마르크스는 자기 시대의 천박하고 이기적이고 냉소적인 사회에 맞서 싸웠다. 그가 보기에 기존 사회는 극심한 혐오를 바탕으로 모든 인간관계를 저속하게 만들고 타락시키고 있었다. 하지만 이런 상황은 그의 정신을 더 강하고 단단하게 만들었다. 마르크스는 외부의 영향에 민감하지 않았고 자신감이 넘쳤으며 강한 의지를 갖고 있었다. 마르크스를 불행하게 한 원인들은 자기 내면이 아니라 외부에 있었다. 그것은 빈곤과 질병 그리고 적의 승리였다. 그의 내면은 단순하고 안정적이고 단단했던 것 같다. 마르크스는 세상을 흑백의 시선으로 보았다. 자기편이 아닌 사람들은 곧 적이었다. 그는 자신이 누구 편인지를 알고 있었고, 평생 동안 자기편을 위해 싸웠고, 결국에는 자기편이 승리한다고 믿었다.

마르크스는 헤스나 하이네 같은 사람들의 고통스러운 자기 성찰처럼 친구들 중에 더 부드러운 심성의 소유자들이 살면서 겪은 신념의 위기들에 전혀 공감하지 못했다. 그의 눈에는 그러한 신념의 위기가 사적인 감정 상태에 병적으로 관심을 보이거나 심지어 개인적 목적이나 예술적 목적을 위해 사회 불안을 이용하는 부르주아적 타락의 징후로 보였을 것이다. 어느 경우든 인류 역사상 최대의 싸움이 바로 눈앞에서 펼쳐지고 있는 상황에서 경박함과 방종과 무책임한 탐닉을 보여주는 것으로 비쳤을 것이다. 이렇듯 개인의 감정에 대한 지극히 단호한 태도와 거의 종교적 수준이라고 할 만큼 자기희생적 규율을 강조하는 태도는 모든 나라에서 후계자들에게 이어졌고 적들에 의해 모방되었다. 그것은 어떤 영역에서건 그의 추종자들 중에서 진정한 계승자들을 식별하고 그의 적들을 관용적인 자유주의자들과 구별 짓는 특징이다.

마르크스 이전에도 계급투쟁을 말한 사람들은 있었다. 그러나 오롯이 계급으로서의 이해관계만을 위해 투쟁하는 정치 조직을 만들 계획을 세우고 그 계획을 성공적으로 실행했을 뿐만 아니라 그렇게 함으로써 정당과 정치 투쟁의 성격을 완전히 바꾸어 놓은 것은 마르크스였다. 하지만 동시대인들은 그를 무엇보다도 경제이론가로 보았고, 마르크스 자신도 그렇게 생각했다. 그의 경제이론들의 기초인 고전경제학의 전제들과 그가 이 전제들을 발전시켜 제시한 경제적 주장들은 지금까지 계속 논란의 대상이 되어 왔다. 그것들을 이미 폐기된 것으로 치부한 사람들도 있었고, 부활시키고 옹호한 사람들도 있었다. 하지만 고전경제학의 전제들과 그것을 발전시킨 마르크스의 경제적 주장들이 경제이론의 무대에서 중심을 차지했던 시대는 사실상 없었다.

오히려 현대에 제시된 어떤 사상 체계보다도 사람들의 생각과 행위에 더 크고 지속적인 영향을 끼친 것은 자본주의 사회의 발전과 구조에 관한 마르크스의 이론이다. 그런데 그는 이에 관해 어디에서도 상세한 설명을 제시하지 않았다. 이 이론은 어떤 현상과 관련해 던져야 할 가장 중요한 질문은 그 현상이 경제 구조와 맺고 있는 관계, 즉 사회 구조에서 경제적 힘의 관계— 현상은 이 관계의 표현이다 —라고 주장함으로써 새로운 비판, 연구 도구들을 만들어냈다. 이 도구들의 발전과 사용은 우리 시대의 사회과학의 성격과 방향을 바꿔 놓았다. 사회적 관찰에 의존하는 사람치고 이 영향에서 벗어날 수 있는 사람은 아무도 없다. 모든 나라의 서로 대립하는 계급, 집단, 운동과 그 지도자들 그리고 역사학자, 사회학자, 심리학자, 정치학자, 비평가, 창조적 예술가들이 자신들이 살고 있는 사회의 삶의 변화를 분석하고자 할 경우, 그들의 사고 틀은 많은 점에서 마르크스의 작업에 빚지고 있다.

마르크스의 사상이 완성된 지 1세기 이상이 지났다. 이 기간 동안 그의 사상은 과도한 찬사와 과도한 비난을 받았다. 마르크스 사상의 주요 원리들에 대한 과장과 지나치게 단순한 적용은 많은 점에서 마르크스 사상의 의미를 모호하게 했으며, 이론과 실천 모두에서 마르크스주의라는 이름하에 많은 중대한 실책들— 마음에 들지는 않지만, 더 나은 단어를 찾지 못하겠다 —이 저질러져 왔다. 그렇다 해도 마르크스 사상의 영향은 혁명적이었으며 지금도 그러하다. 마르크스 사상은 관념이 역사 과정을 규정하는 결정적인 요소라는 명제를 논박하는 데서 출발한다. 하지만 마르크스 사상이 인간사에 미친 엄청난 영향은 이 사상이 내세우는 테제의 힘을 약화시켰다. 그렇게 된 이유는 마르크스의 사상이 개인이 자신의 환경이나 다른 사람들과 맺는 관계에 대해 그때까지 널리 퍼져 있던 인식을 변화시키는 과정에서 그러한 관계 자체까지도 확연히 바꾸어 놓았기 때문이다. 그 결과 오늘날에도 마르크스의 사상은 인간의 행위 방식과 사고방식에 계속해서 영향을 미치고 있는 유력한 지적 체계 중에서 가장 강력한 것으로 남아 있다.

후기

터렐 카버

　마르크스, 마르크스주의와 이사야 벌린의 관계는 일시적이고 일직선적인 것이 아니라 오랜 기간에 걸친 굴곡진 것이었다. 이사야 벌린은 결코 마르크스나 마르크스주의의 강력한 지지자였다고 할 수 없다. 벌린이 살아 있는 동안 마르크스와 마르크스주의에 대한 사람들의 생각, 마르크스와 마르크스주의 간의 실제 관계 혹은 실제 관계라고 추정된 관계, 그리고 마르크스나 마르크스주의에 대한 지지나 반대가 함축하는 정치적 의미 등은 많은 변화를 겪었다. 따라서 마르크스와 마르크스주의는 배경이 움직이는 가운데 스스로도 움직이는 과녁과 같았다. (지지를 목적으로 한 것이건 반대를 목적으로 한 것이건 간에) 마르크스와 마르크스주의를 통합하려는 지식인들과 정치가들의 많은 노력에도 불구하고, 마르크스의 저작들과 마르크스의 정치학이 마르크스주의라는 이름을 내건 다양한 지적, 정치적 경향·운동들과 결코 같은 것이 아니라는 사실은 이 후기의 첫 문장에서 쉽게 알아차릴 수 있을 것이다.

나는 이 주제를 다룰 때 환원주의나 단정보다 복잡함과 열린 결말을 중시한다. 이사야 벌린은 평생 동안 마르크스와 마르크스주의에 관해 명백히 비판적으로 보이는 진술들을 했지만, 그가 일관되게 이런 입장만 견지했던 것은 아니다.* 그렇다고 그의 진술들에서 일관되지 않는 부분들만 부각시켜 그에게 과도한 비난을 하는 것은 부적절한 일일 것이다. 더군다나 벌린은 자신의 저술들에서 마르크스의 많은 면에 진정으로 감탄과 흥분을 보이는데, 일부 비판자들과 달리 나는 벌린의 삶의 어떤 시기에서건 이를 경시하지 않는 것이 중요하다고 생각한다. 흔히 논평가들은 벌린이 상충하는 진술들을 하고 있고 그렇기 때문에 그가 오락가락하고 있다고 볼 수밖에 없다는 듯이 벌린의 상충하는 주장들을 대비시키고 싶은 유혹을 받는다.

---

* 벌린을 '냉전 자유주의자'로 보는 견해에 대해서는 Anthony Arblaster, *The Rise and Decline of Western Liberalism* (Oxford, 1984), chapter 18을 보라. 마르크스와 마르크스주의에 대한 자유주의자로서의 벌린의 관계에 관해서는 George Crowder, *Isaiah Berlin: Liberty and Pluralism* (Cambridge, 2004), 21-7을 보라. 1950년대에 벌린의 견해들을 둘러싸고 벌어진 논의에 대해서는 E. Toews, 'Berlin's Marx: Enlightenment, Counter-Enlightenment, and the Historical Construction of Cultural Identities' [이하 BM]과 Joseph Mali and Robert Wokler (eds), *Isaiah Berlin's Counter-Enlightenment* (Philadelphia, 2003), 169-70을 보라.

하지만 나는 그런 유혹을 거부한다. 오히려 나는 벌린이 기질적으로 복잡함과 열린 결말과 잘 들어맞으며 이런 면이 특히나 마르크스와 마르크스주의를 다룰 때는 정말로 학문적, 정치적 장점일 수 있다고 본다. 일차적인 이유는 마르크스와 마르크스주의가 언제나 복잡하고 결말이 열린 현상이기 때문이고, 더불어 독자들이 마르크스와 마르크스주의를 그런 현상으로 다루도록 하는 데 도움이 될 수 있기 때문이다.

게다가 어떤 사람들은 유혹을 이기지 못하고 마르크스와 마르크스주의를 자신의 사유와 저술의 불변적 중심으로 만들었는데(지지하기 위해서건 반대하기 위해서건), 나는 벌린이 그런 길을 가지 않은 것이야말로 높이 평가할 만한 일이고 독자들에게도 정말로 좋은 일이라고 본다. 마지막으로 나는 마르크스와 마르크스주의를 맥락의 변화에 따라 다르게 다루는 것이 마르크스와 마르크스주의에 이익이 된다고 본다. 사실 벌린처럼 마르크스와 마르크스주의를 서유럽을 비롯한 많은 나라에서 진행되고 있는 지적, 정치적 발전들(바람직한 것이든 유감스러운 것이든 간에)의 다양하고 유동적인 흐름 속에서 살펴보는 것이 마르크스와 마르크스주의에 진정으로 도움이 된다고 본다. 전체적으로 볼 때, 나는 이 점이야말로 벌린의 첫 저작인 이 책의 선구적이고 영속적인 업적이라고 생각한다.* 이는 내가 1960년대 중반에 이 책을 처음 읽고 직감적으로 가졌던 생각이다. 거의 50년이 지난 지금도 내 생각에는 변함이 없다. 아니, 오히려 훨씬 더 확신을 갖게 되었다. 벌린이 나중에 이런저런 부분들을 수정했지만, 그것은 내 확신에 아무런 영향도 미치지 못했다.

이 글의 목적은 벌린이 어떻게 이 책을 쓰게 되었고 마르크스와 마르크스주의에 대해 어떤 생각을 갖고 있었는지를 다루는 것이 아니다. 나는 이 글에서 벌린의 책을 그가 몹시 피하고 싶어 한 정통적인 정치적, 지적 견해들과 비교 검토한다. 나는 벌린을 같은 편에게는 다소 가볍게 문제를 제기하는 데 그치고 적의 문제도 다소 가볍게 넘어가주지만, 기본적으로는 독자적인 사고 노선을 추구하기를 좋아하고 지지하는 사람이라고 본다. 따라서 그는 분석적 이분법과 성급한 확신을 바탕으로 비난을 하거나 성인전을 쓰기보다는 조심스럽고 섬세한 감별의 방법을 사용했다. 벌린의 관심을 끌게 된 것은 마르크스에게 행운이었다. 왜냐하면 벌린의 책이 나온 이후로 마르크스는 덜 교조적이고 덜 독단적인 인물로 여겨지게 되었고 다양한 해석이 가능한 인물이 되었으며 연구자들이 관심을 가질 만한 흥미진진하고 다차원적인 지식인이 되었다.

---

* 벌린의 『카를 마르크스』는 1939년 런던의 손턴 버터워스 출판사에서 나왔다. 앨런 라이언도 〈영국 아카데미〉의 회보에 쓴 벌린에 관한 글에서 비슷한 말을 한다. 그는 『카를 마르크스』가 '마르크스 이론의 진정한 지적 힘을 과소평가하지도 않고 마르크스를 마치 성인처럼 다루지도 않는다는 점에서 마르크스를 객관적으로 다룬 최초의 영어 저작 중 하나'라고 말한다. 'Isaiah Berlin, 1909-1997' [이후 IB], *Proceedings of the British Academy* 130 (2005), 3-20 at 7.

카를 마르크스: 생애와 시대

벌린의 『카를 마르크스』는 1939년에 '대학 현대지식 총서 Home University Library of Modern Knowledge'의 하나로 출간되었다.* 대부분의 첫 저서가 그렇듯이, 벌린의 첫 저서도 부모에게 헌정되었는데 이는 고전적 저서의 출발로는 소박하지만 적절한 것이었다. 읽기는 쉽지만 내용은 딱딱한 이 작은 책이 출간되었을 때 이 책이 고전이 될 것이라고 생각한 사람은 거의 없었을 것이다. 마이클 이그나티에프의 말처럼, '이사야는 그 주제에 대해 아는 것이 거의 없었다. 그런데도 그가 왜 출판사의 제안을 거절하지 않았는지 흥미롭다.'** 마르크스의 사상이 오래갈 것이라고 생각한 사람은 거의 없었지만, 현실은 정반대였다. 우파 진영(종교인들은 말할 것도 없고)만이 아니라 자유민주주의 진영에서도 엄청나게 많은 수의 사람들이 마르크스의 사상과 사라져 버린 그의 모든 흔적을 알고 싶어 했다. 공산주의자이자 무신론자로서의 그의 명성은 절대로 무시할 수 없는 것이었다.

옥스퍼드의 지식인인 벌린이 『카를 마르크스』의 저자로 선

---

* 이후 KM1으로 표기하고, 이후 판본들은 KM2 (1948), KM3 (1963), KM4 (1978), (현재 판본인) KM5 (2013)으로 표기한다.
** Michael Ignatieff, *Isaiah Berlin: A Life* (London, 1998) [이후 MI], 70.

택된 것은 예상 밖의 일이었다.* 1920년대 후반과 1930년대에는 사회주의에 호의적인 자유주의자와 민주주의자들까지도 마르크스주의와 볼셰비즘에 대한 경계를 늦추지 않고 있었다. 또한 반마르크스주의의 극단적 형태인 파시즘은 마르크스주의자들이 그토록 함께하기를 원했던 수많은 노동자들과 지식인들을 공산주의, 사회주의, 자유주의 ─ 마르크스주의자들이 실현하고 있다고 주장한 정치사상들 ─ 에 극렬히 반대하도록 동원하고 있었다. 게다가 마르크스를 애써 지적인 인물로 그려야 할 대단한 이해관계가 없었던 벌린이 자신이 맡은 일을 훌륭하게 해냄으로써 많은 이들의 공감을 자아내는 마르크스 전기를 쓴 것은 돌이켜 보면 신기한 일이 아닐 수 없다. 특히 신기한 것은 벌린 자신의 말처럼 이것은 '나의 전공에서 완전히 벗어난 주제'였다는 사실이다(KM1 6; KM5 xxxv). 더욱이 그는 옥스퍼드의 올소울즈 컬리지에서 펠로우로 있으면서 이 일을 해냈다. 그는 어떻게 해서 이런 책을 써낼 수 있었을까? 아마 마르크스를 읽고 그의 사상에 깊은 인상을 받은 나머지 그의 삶과 환경에 강한 호기심을 갖게 되었기 때문일 것이다. 초고 분

---

* 옥스퍼드 대학의 보들리 도서관에는 '대학 현대 지식 총서'의 편집진 중 하나였던 뉴컬리지 New College의 학장 H. A. L. 피셔가 작성한 문서가 있는데, 여기에는 벌린에 비해 후보로 더 적절한데 제의를 거절한 사람들의 명단이 다음과 같은 순서로 적혀 있다. 해럴드 라스키, 시드니 웹 (패스필드 경), 프랭크 파케넘 (후일의 롱포드 경). 벌린 자신의 (가끔 왜곡된) 기억에 따르면, 피셔의 문서에는 들어 있지 않지만 G. D. H. 콜에게도 제의가 있었다고 한다. Isaiah Berlin, *Flourishing* (xvi/2), 67을 보라.

량이 출간된 책보다 훨씬 많은 것을 볼 때, 그는 1933년에 일을 의뢰받고 나서 원고 집필에 무려 5년간 매달렸던 것으로 보인다.* 출판할 때 초고에서 빠진 부분에서는 마르크스 사상을 넓은 범위에 걸쳐 자세히 비판적으로 설명하고 있는데(이를 알았을 때, 나는 별로 놀라지 않았다). 이를 보면 벌린이 마르크스의 시대 이후 '사회학, 경제학, 역사 이론'에서 축적된 사상들과 이론들에도 영향을 받았다는 것을 분명히 알 수 있다.**

벌린은 19세기 자유주의와 민족주의의 혁명적인 측면에도, 즉 대의 민주주의, 인권, 관용이 억압적인 독재 정권들과 권위주의적 정권들, 귀족적 특권의 편협한 이기심과 불평등, 종교적 편견과 검열의 지독한 반反계몽주의 등과 오랫동안 맞서 싸워오면서 발전해 온 것에도 영향을 받았다. 벌린의 시대에든 오늘날에든 대부분의 자유민주주의자들은 입헌적 성과에 만족할 뿐 그 이상 나아가고 싶어 하지 않고, 신중함과 질서를 권하기를 좋아하고, 시민-신민들에게 권력을 쥐려 하지 말라고, 기존의 법적 구조들과 계급 체제들을 위태롭게 하지 말라고, 대의 민주주의의 원동력들이었던 잊힌 열정과 대중 정치와 강

---

* MI 69-72, 90; Ryan, IB, 6-7; *Flourishing* (xvi/2), 51, 67, 72, 137, 262-4, 270-1, 274, 280-3, 296, 697-9, 743.

** 초고 원본은 지금도 남아 있다. 출판사는 타자기로 친 첫 번째 원고와 그 후 초고의 일부를 빼고 타자기로 친 원고를 받았는데, 이 둘도 현재 남아 있다. 이 셋은 각기 Oxford, Bodleian Library, MS. Berlin 411, 413-14, 415에서 볼 수 있다.

력한 물리력을 다시 발동시키지 말라고 경고하기를 좋아한다. 하지만 대부분의 자유주의자들과 달리, 벌린은 학문의 길을 시작할 때부터 용감하게도 유럽 대륙의 혁명적 낭만주의자들에게 관심을 보였고 그들과 그들의 사상, 철학, 정서, 시련을 프랑스 혁명과 1848년 혁명들 그리고 그 이후 좌우파 진영 내의 적들에 맞서 유럽 대륙의 헌법적 체제들을 수립하고 유지하는 데 필요했던 폭력 모두에 반대하고 있던 영미권의 일반 대중에게 소개했다.*

이 분야에서 벌린이 이룩한 성과는 영미 자유주의가 어느 정도의 재정의를 통해 그의 유럽적 시각과 그가 호출한 19세기 중반의 대중 정치, 혁명적 사고, 지적 깊이를 수용하게 할 만큼 오랫동안 상당한 설득력을 발휘했다. 내 말은 벌린이 마르크스가 밀을 이겼다고 주장했다**는 것이 아니라 벌린 덕분에 비로소 대등한 조건에서 논쟁이 펼쳐질 수 있게 되었다는 것이다. 1917년의 볼셰비키 혁명에서 1989년의 베를린 장벽 붕괴에 이를 때까지, 마르크스와 그의 사상 및 동기를 악마화하는 것은 서구에서는 매우 쉬운 일이었다. 일반적으로 어떤

---

* Toews, BM, 172-5를 보라. 여기서 토우스는 벌린의 '낭만적' 마르크스에 대해 설명하면서 동시에 '낭만적' 마르크스와 결정론적인 '계몽적' 마르크스 사이의 모순을 해소하려고 시도한다.

** Graeme Duncan, *Marx and Mill: Two Views of Social Conflict and Social Harmony* (Cambridge, 1973)은 일찍이 이런 주장을 펼친 대표적인 사례이다.

사람을 악마화할 때는, 그 사람을 너무 흥미로운 인물로 만들지 않으면서 그가 거의 이해할 수 없을 만큼 외곬으로 악만을 행했다는 점을 분명히 하는 것이 중요하다. 과거에는 마르크스와 마르크스주의를 이런 식으로 서술하는 것들이 많았으며, 오늘날에도 『공산당 선언』을 읽는 것은 위험하고 불온한 일이라는 분위기가 있다. 심지어 민주주의 체제에서 가장 자유주의적인 사람들 사이에서도 이런 분위기가 존재한다. 그런데 정반대로 마르크스를 성인으로 이상화하는 것들도 있다. 이는 마르크스주의자들이 즐겨 사용하는 방식인데, 이러한 서술들에서도 마르크스는 결코 너무 복잡하거나 내적 갈등에 고통받거나 나쁜 인물로 그려지지 않는다.

이런 식의 서술은 엥겔스에서 시작되었다. 엥겔스는 1859년에 출판된 마르크스의 『정치경제학 비판』에 대한 서평에서 이러한 서술을 처음 선보였는데, 이는 엥겔스의 순수한 의도에서 비롯된 것인 동시에 충분히 그럴 만한 것이기도 했다. 이후 1915년에 레닌은 '과학적 사회주의', '사적 유물론', '유물론적 변증법'에 대한 교리문답식 해설을 곁들인 간략한 마르크스 전기를 썼는데, 수차례 재출간된 이 전기에서 그는 엥겔스가 사용한 표현들을 되풀이했다.* 이것들은 과학적 성인에 대한 전기라는 점에서 마르크스를 악마화하는 서술들만큼이나 천편일률적이었다. 마르크스가 성인이든 악마든 간에, 그는 마르크스주의의 기준에서는 특별한 존재여야 했고, 영미권의 자유주의적 민주주의자들에게는 자신들을 위협하는 존재이거나 아니면 자신들과 무관한 존재였다. 벌린은 '카를 마르크스' (그냥 '마르크스'가 아니라)에 관한 그의 담백한 전기로 저 모든 것을 바꾸어 놓았다. 마르크스를 다른 식으로 볼 수 있게 만들었고 존중받을 수 있게 만들었다. 최근 BBC Radio 4가 실시한 전국 여론조사에서 놀랍게도 '모든 시대를 통틀어 가장 위대한 철학자'로 마르크스가 선정되었다.** 하지만 아마 영어권 국가들에서 무작위 인터뷰를 해보면, 마르크스를 러시아인으로 알고 있는 사람들이 대부분이거나 아니면 최소한 유의미한 소수 정도는 되지 않을까 생각한다.*** 마르크스를 미치광이나 악당 혹은 비인간적일 정도로 이성적이고 과학적인 사람이 아니라 쉽게 다가갈 수 있는 흥미로운 인물, 자유민주주의나 사회민주주의의 전통들과 부합하는 인물로 만드는 것은 오늘날에도 매우 힘든 일이다.

---

* V. I. Lenin, 'Karl Marx: A Brief Biographical Sketch with an Exposition of Marxism' (1915), in *Collected Works*, 4th ed., vol. 21, August 1914-December 1915 (London/Moscow, 1964), 43-91. 이 책에 대한 엥겔스의 서평과 마르크스 사상과 이 책의 관계를 텍스트를 중심으로 연구한 내용에 관해서는 Terrell Carver, *Marx and Engels: The Intellectual Relationship* (Brighton, 1983) [이하 ME], 96-117을 보라.

** 〈http://www.bbc.co.uk/pressoffice/pressreleases/stories/2005/07_july/13/radio4.shtml〉 (2006년 1월 21일에 접속).

*** 마르크스는 1818년에 프로이센의 라인 지방에 있는 트리에서 태어난 독일계 유대인이다.

최근 프랜시스 윈이 쓴 마르크스 전기*는 많은 상을 받았고 많은 판매량을 기록했다. 이 전기는 마르크스를 '인간화'하겠다는 약속을 내걸었다. 그러나 내가 볼 때 윈이 약속한 '인간화'는 이런저런 사소한 것들을 이야기하고 값싼 웃음을 만들어내는 것으로 변질되었다. 윈('작가이자 방송인이자 기자')**이 이런 책을 쓸 수 있었던 이유는 무엇보다도 영어로 번역, 출간된 엄청나게 많은 자료들에 접근할 수 있었기 때문이다. 벌린은 그렇지 못했다. 그가 마르크스 전기를 쓸 당시에는 영어로 된 관련 자료는 말할 것도 없고 독일어 자료라든가 그가 런던 도서관과 그 밖의 곳에서 참고한 러시아어 번역본(그의 메모에서 알 수 있듯이) 같은 자료들도 많지 않았다. 또한 그는 암스테르담과 모스크바를 비롯해 여러 곳에 있는 아카이브도 이용할 수 없었다. 1930년대에 이 아카이브들은 벌린 같은 사람들에게는 이용이 허락되지 않았고, 어떻게 하더라도 사실상 이용이 불가능했다. 자료들은 상자에 넣어져 파시스트들이 공격하지 못하도록 안전하게 보관되고 있었고, 그런 상황에서 그런 곳들을 마음대로 방문해 마르크스 전기를 쓰는 것은 거의 불가능

---

* 『Karl Marx』(London, 1999). 이 책의 366-7쪽에서 윈은 벌린이 KM1-3에서 마르크스가 『자본』 1권의 2판을 다윈에게 헌정하려 했다는 널리 퍼진 이야기를 반복하는 오류를 저질렀다고 말한다. 하지만 벌린은 이미 1979년에 출판된 KM4에서 이 오류를 바로잡았고 같은 해에 이에 관한 짧은 글도 발표했다. 윈은 이러한 사실들에 대해서는 언급하지 않고 있다.
** 앞의 책의 안 표지에 나와 있다.

했다. 그런데도 벌린은 변함없이 사려 깊은 인간애로 마르크스를 다룬 책을 써냈다.

오늘날에는 이차적인 해설서(예를 들어, 엥겔스의 정전正傳들)를 통하지 않고 직접 육성을 들을 수 있는 마르크스의 저술들과 서신들이 전집으로 출판되어 있다. 뿐만 아니라 1950년대 후반부터 지금까지 마르크스의 비정전적 저술들이 전 세계의 주요 언어들로 많이 번역, 출간되었다. 마르크스의 비정전적 저술들의 출간을 주도한 것은 영어판(과 독일어판)이었다. 영어판(과 독일어판)은 판을 거듭해온 러시아어판과 중국어판만큼 권수는 많지 않은 대신 더 다양한 종류의 책들을 내놓았다. 그중에는 편지와 일종의 회고록 같은 것이 매우 많지만, 이보다 더 중요한 것은 '경제학, 철학 수고'로 대표되는 '초기 마르크스'의 출판이었다. 1940년에 학자들이 독일의 사회주의 아카이브들(나치가 정권을 쥐게 되면서 암스테르담으로 옮겨졌다)을 이용할 수 있게 되면서, 이때부터 서구에서는 '경제학, 철학 수고'의 발췌문들이 널리 퍼져 나갔다. 어찌 됐건 간에, 오늘날 출간된 마르크스의 엄청난 양의 원고들에는 그가 아주 젊었을 때 쓴 글들과 가족들과 주고받은 편지들이 들어 있다. 이는 원에게는 한 위대한 인간을 '인간화'하기 위한 금광이었다.

벌린이 참고한 것은 프란츠 메링이 독일어로 쓴 마르크스 전기(1918년 출간), 보리스 니콜라예프스키와 오토 맨헨헬펜이 쓴 독일어로 된 마르크스 전기(1933년 출간),* 마르크스를 '인간화하고 있는' 가족과 친구들의 얼마 안 되는 회상 그리고 당시로서는 마르크스 전기의 표준이었던 앞의 두 전기의 여러 판본이었다.** 게다가 가치 다원주의, 인간의 복잡성, 사고를 단순화하고 사람들을 잔인하고 폭력적으로 만드는 지적 체계들에 대한 심한 의구심 등을 갖고 있던 (적어도 초창기에는) 벌린에게 당시에 정전으로 여기지던 마르크스 저작들은 그리 믿고 의지할 만한 것이 아니었다. 충분한 검토를 거쳐 재출간되고 번역된(처음에는 엥겔스의 후원하에) 마르크스의 저작들은 『공산당 선언』(엥겔스와 공동 집필), 『임노동과 자본』, 『루이 보나파르트의 브뤼메르 18일』, 『정치경제학 비판』의 1859년 서문, 『자본』 1권, 그리고 『프랑스 내전』이 거의 전부였다.

2차 대전이 끝나고 한참 뒤까지, 더 영향력을 발휘한 것은 마르크스의 저작들이 아니라 엥겔스의 저작들이었다. 엥겔스가 쓴 『반뒤링론』, 『공상적 사회주의와 과학적 사회주의』, 『가족의 기원』, 『사유재산과 국가』, 『루트비히 포이어바흐와 독일 고전철학의 종말』 등이 지배적인 영향력을 행사했고, 1930년대까지는 『자연변증법』도 그중 하나였다. 마르크스의 저작들보다 엥겔스의 저작들이 플레하노프, 카우츠키, 레닌, 마오쩌

---

* 라이언은 『*Karl Marx*』의 제4판에 붙인 서론에서 이 두 전기에 대해 검토하고 있다. 독일어로 쓰인 이 두 권의 전기는 벌린이 원고를 쓰고 있던 도중인 1936년에 영어로 번역되었다.

** KM1, 241-2에 실려 있는 벌린의 참고문헌 목록을 보라. 여기서 그는 'Messrs Martin Lawrence(지금의 Lawrence and Wishart)가 출간한 믿을 만한 번역서들'이라고 특정하고 있다.

등, 트로츠키의 사적 유물론과 유물론적 변증법의 주된 원천이었다. 그런데 서로 조금씩 견해 차이가 있는 이들의 정치적, 역사적 저술들은 엥겔스가 세운 판에 박힌 투박한 체계와 잘 들어맞지 않았다. 서구 마르크스주의의 수정주의 논쟁은 20세기로 넘어가던 시기에 베른슈타인과 라브리올라에서 시작되어 1930년대에 프랑크푸르트학파와 오스트리아학파(벌린은 적어도 마르크스 전기를 쓸 당시에는 이 두 학파에는 별 관심이 없었다)로 이어졌는데, '마르크스의 견해'에 대한 엥겔스의 해설은 이 수정주의 논쟁이 벌어지게 된 조건을 제공했다.*

대영박물관, 런던 도서관 그리고 옥스퍼드의 보들리 도서관은 원래 쓰인 언어로 완간하기로 계획되어 있던 마르크스, 엥겔스 전집(단독 저서인지 공저인지 여부와 텍스트의 구체적 내용 그리고 텍스트의 내력 등에 충분히 주의를 기울인) 가운데 1920년대 후반과 1930년대 초에 출간된 몇 권을 몇 부씩 소장하고 있었다. 벌린이 참고문헌 목록에서 언급하고 있듯이,(KM1 251) 이 최초의 『마르크스-엥겔스 전집*Marx-Engels-Gesamtausgabe*』(이하, MEGA)은 스탈린 정권의 탄압과 소련에 대한 나치의 위협으로 인해 계획과 달리 중단되고 말았다. 하지만 벌린이 어떤 사람의 이론과 지적 발전을, 주고받은

---

* 마르크스의 정본과 그 수용에 대한 논의는 Paul Thomas, 'Critical Reception: Marx Then and Now', in Terrell Carver (ed.), *The Cambridge Companion to Marx* (Cambridge, 1991), 23-54를 보라.

영향이나 조상, 비슷한 인물들과의 관계 속에서 다루는 전기를 쓰고자 했다는 점을 고려할 때, 마르크스-엥겔스 전집 가운데 처음 출간된 몇 권은 그에게 별 도움이 되지 못했을 것이고 러시아어 판본도 마찬가지였을 것이다.* 1950년대부터 동독과 소련 공산당의 정통 입장이 반영된 서론들이 붙어 있는 전체 41권으로 계획된 『마르크스-엥겔스 전집 *Marx-Engels Werke*』(이하, MEW)이 출간되기 시작했다. 동독과 소련의 합작과 디에츠 출판사는 많은 저술들을 선정, 수집하고 이제껏 출간되지 않은 수고들과 엄청난 양의 개인 서신들을 수집하는 데 필요한 학술 활동과 아카이브 작업을 후원했다. 1970년대에는 공산당 내의 연구를 기본으로 하면서 거기에 새롭게 재개된 MEGA 작업에서 나온 자료들과 성과들을 상당수 통합한 『*Collected Works*』(약칭, CW. 지금은 로렌스 앤드 위샤트 출판사에서 50권으로 완간되었다)이 출간되기 시작했다. CW의 출간 계획은 1960년대 후반에 세워진 것으로, 당시는 약 150권

---

* 벌린은 편의상 러시아어 판본을 참고했을 것이다. 그의 모국어가 러시아어이기도 했고 당시에는 독일어판이나 영어판보다 일정하게 규격화된 형태로 더 많은 저작의 러시아어 판본이 나와 있었기 때문이다. 그러나 "러시아어 번역판이 (……) 독일어 판보다 매우 월등했다"는 KM1 참고문헌 목록에서의 벌린의 언급은 러시아어 판본이 독일어 판본을 번역한 것이라는 오해를 불러일으킬 수 있다. 하지만 두 판본은 독립적으로 구상되고 실행되었다. 독일어판은 여러 편자에 의한 원전의 이문異文을 수록해 출간한다는 원칙을 갖고 있었고, 그렇기 때문에 훨씬 더 느리게 작업이 진행될 수밖에 없었을 것이다. 반면에 러시아어 판본은 좀 더 일반 대중을 염두에 두었고 주제별로 텍스트들을 선택하는 쪽으로 방향을 잡았다.

까지 출간할 예정이었다. 출간 작업은 1970년대부터 진행되었고, 지금은 베를린-브란덴부르크 과학아카데미의 후원하에 계속되고 있다. 다만 전체 규모는 114권까지 내는 것으로 변경되었다.

그런데 1930년대에는 벌린과는 다른 시각을 가진 사람들이 정통 마르크스주의 이론들과 반마르크스주의 쪽에서의 정반대 이론들과 상관없이 마르크스의 '생애와 시대' 자체를 들여다 볼 동기가 전혀 없었다. 또한 대체로 엥겔스가 요약한 마르크스 사상, 엥겔스가 제시한 마르크스의 용어에 대한 해설과 엥겔스가 제시한 전기적, 지적 맥락들을 떠나 마르크스의 저작들을 들여다볼 동기도 전혀 없었다. 돌이켜보면, 벌린이 그런 상황에서 어떻게 자신의 방식을 고수할 수 있었는지 그 이유를 알기는 힘들다. 벌린은 자신의 시각으로 마르크스를 보기 위해 정통 마르크스주의에 의해 자신의 연구가 오염되는 일을 피했어야 할 뿐만 아니라 자신의 기획에서(아마도 독자들의 진짜 관심에서도) 정통 마르크스주의를 중심이 아니라 주변적인 것으로 놓아야 했다. 마르크스 전기에 대한 이러한 집필 전략은 지금 보더라도 매우 놀라운데, 도처에서 이데올로기 투쟁이 벌어지고 있던 1930년대에는 훨씬 더 놀라운 것이었다. 교묘한 위장의 형태로건 아니면 무의식적인 것이건 간에, 당시에 벌어지고 있던 이데올로기 투쟁을 피하는 것은 분명 당시의 대세를 거스르는 일이었다.*

그 후 자유주의적 반마르크스주의자들은 1941년 추축국에 맞서 소련과 동맹을 맺으면서 자신들의 태도를 180도 바꾸었지만, 이는 정당 정치는 고사하고 지적 분야에서조차 광범위한 마르크스주의 재평가로 전혀 이어지지 않았다. 2차 대전 이후 사회민주주의는 일부 국가에서 승리를 거두었지만, 마르크스주의는 전혀 그렇지 못했다. 프랑스에서 그리스에 이르는 전 유럽에서 마르크스주의 정당과 파르티잔들에 대한 탄압이 있었던 데다 소련이 동유럽 국가들을 점령하면서 무자비한 만행을 저질렀기 때문이다. 소련은 마르크스주의를 내걸고 동유럽을 점령했지만, 이미 많은 마르크스주의자들은 2차 대전 직전에 소련에서 벌어진 대숙청을 보면서 스탈린과 거리를 두고 있었고 1950년대 후반으로 갈수록 소련의 위성 정권들과 마르크스의 공산주의 간에, 더 나아가 소련과 마르크스의 공산주의 간에도 거의 유사성이 없다는 사실을 깨닫게 되었다. 반면에 반마르크스주의자들로서는 그동안 양 진영의 정치인들과 지식인들이 확립하려고 애썼던 주장, 즉 마르크스 사상이 소련 공산당이 자행한 탄압이나 마르크스주의와 관계가 있다는 주

---

* 이그나티에프는 벌린이 정치에 대해 '가벼운' 견해를 갖고 있었고 벌린보다 더 정치와 관련을 맺고 있던 동시대인들 중 일부는 벌린을 '너무 초연하고 내성적'이라고 보았다고 말한다(MI 72-3). 그리고 라이언은 벌린의 책이 '마르크스의 경제학에 전혀 관심을 보이지 않았다'는 점에서 명백히 편향되어 있다'고 말한다(IB 7). 하지만 라이언의 주장은 벌린이 정통과는 다른 방법을 사용했다는 나의 주장을 뒷받침한다. 라이언은 벌린이 『자본』 1권을 주로 역사적 분석과 정치적 비판에 치중한 책으로 잘못 이해하고 있다고 비판한다. 이 글 뒷부분도 참고할 것.

장을 계속 유지하는 것이 유리했다. 그러나 벌린은 『카를 마르크스』의 초판과 이후의 수정판 모두를 마르크스주의를 기준으로 — 마르크스주의를 지지하는 시각이든 반대하는 시각이든 간에 — 쓰지 않았다. 그러기가 쉬웠고 그렇게 하지 않으면 안 되었을 것처럼 보이는 상황에서도 말이다.*

무엇보다도 오늘날에는 벌린의 제자로 시각과 방법에서 벌린과 매우 유사한 저자인 데이비드 매클렐런이 쓴 책들을 접할 수 있다는 이점이 있다. 매클렐런이 1960년대 초의 프랑스 마르크스주의와 사회주의적 급진주의의 필터를 거쳐 형성된 '초기 마르크스'에 영향을 받아 저술한 책들은 마르크스의 수고에 들어 있는 사상들을 영어(많은 다른 언어로도 번역되었다)를 사용하는 사람들이 읽고 관심을 가질 수 있게 했다는 점에서 가치가 있다.** 벌린과 마찬가지로, 매클렐런도 엥겔스의 표준적 서술을 계승한 정통 마르크스주의에는 거의 아무런 관심

---

* George Lichtheim, *Marxism: An Historical and Critical Study* (London, 1961)는 마르크스주의와 직접 대결한다는 점에서 벌린의 책과 다를 뿐만 아니라 마르크스가 마르크스주의나 20세기 공산주의와 연결되어 있다고 미리 가정하지 않고 그러한 연결을 탐구한다는 점에서 당시에 나온 마르크스주의에 관한 거의 대부분의 문헌들과도 다르다.

** David McLellan, *The Young Hegelians and Karl Marx* (London, 1969); *Marx before Marxism* (London, 1970); (ed. and trans.) Karl Marx, *Early Texts* (Oxford, 1971); *The Thought of Karl Marx: An Introduction* (London, 1971); *Karl Marx: His Life and Thought* (London, 1973) 등을 보라.

도 보이지 않았다. 그 이유는 맥락을 매우 중시하는 매클렐런으로서는 마르크스와 엥겔스가 중요한 관계를 맺기 전인 '초기 마르크스'를 정통 마르크스주의의 시각에서 다룰 이유가 없었기 때문이다. 게다가 그 시기에 마르크스와 엥겔스는 각기 '청년 헤겔주의'라는 지적 환경 속에 있었는데, 이러한 지적 환경은 1850년대 후반 이후 둘의 지적, 정치적 관심사와는 잘 들어맞지 않았다. 흥미를 끄는 '초기 마르크스'가 있다는 생각은 엥겔스적 정통의 입장에서는 매우 문제가 많은 것이었다. 엥겔스는 만년에 가서 자신의 정치적, 이론적 기획들의 일부로서 1840년대를 되돌아봤을 뿐이다. 이때 그는 마르크스의 수고들을 직접 살펴보기보다는 거의 전적으로 자신의 기억에 의존했다. 매클렐런은 벌린은 꿈도 꾸지 못했던 수고들을 출간된 판으로 입수해 활용할 수 있었으며, 벌린과 마찬가지로 사후적 판단과 정치적 목적을 가지고 마르크스에 대한 책을 쓰지 않기 위해 노력했다.

매클렐런이 한 일은 '초기' 마르크스와 '후기' 마르크스를 화해시키는 것이 결코 아니고 마르크스의 '휴머니즘'의 철학적 복잡성과 잘 드러나는 않는 지적 특징들을 상술하고 탐구하고 평가한 것이었다. 휴머니즘이라는 용어는 정통 마르크스주의자들의 유물론들에는 도발이었다. 매클렐런은 엥겔스의 친절한 해설이나 교조적 마르크스를 기본 틀로 삼지도 않고 심지어 마르크스의 텍스트를 어떤 식으로건 끼워 맞추려 하는 엄격한 정통적 견해들을 불러들이지 않으면서 '초기 마르크스'를 독자적인 연구 대상으로 만들었다. 이와 달리 일부 마르크스주의자들, 특히 루이 알튀세르와 그의 학파는 1960년대와 1970년대 초 동안에 마르크스의 텍스트들에서 마르크스주의에 대한 정통 입장들의 규정과 해석을 정당화해줄 '단절'을 찾는 쪽으로 나아갔다. 그러나 그 기간 동안 시간이 갈수록 그러한 '단절'을 찾아내고 정당화할 가능성이 줄어들었다. 무엇보다도 매클렐런의 저술들 그리고 매클렐런을 비롯한 여러 사람들이 번역한 '초기 마르크스'의 수고들에 접근할 수 있었던 사람들이 마르크스의 텍스트들에서 '단절' 테제를 무너뜨릴 많은 근거들을 찾아냈기 때문이다. 이 논쟁은 학자들 사이에 '단절 없는' 마르크스에 관한 합의를 만들어내지는 못했다. 하지만 그것은 엥겔스가 마르크스에 이르는 유일한 길이고 마르크스의 텍스트들은 정통에 의해 이미 확립되어 있는 진리들을 확인해야 하는 초심자들을 위한 것일 뿐이라는 기존의 확고한 견해(마르크스주의자들과 반마르크스주의들 모두가 갖고 있던)에 심대한 타격을 주었다.

만일 벌린이 1939년에 『카를 마르크스』를 출간하지 않았더라면, 이 모든 것은 그 정도로 순조롭게 진행되지 못했을 것이다. 또한 벌린이 이용할 수 있는 자료도 별로 없고 자신이 본보기로 삼을 만한 선행 작업들도 없는 상황에서 그런 길을 개척한 것은 놀라운 일이다. 이그나티에프에 따르면, '마르크스주의에 대한 온갖 정치적 관심에도 불구하고, 옥스퍼드에는 마르크스주의를 전공하는 사람이 하나도 없었다.' 더욱이 '사회주의 사상은 고사하고, 사상사 연구 자체가 거의 존재하지 않았다'.* 벌린은 1963년에 출간된 『카를 마르크스』의 3판 서문과 1977년에 나온 4판 서문에서 텍스트를 일부 수정, 보완했다고 적고 있는데, 특히 2차 대전 뒤에 벌어진 '소외와 인간의 자유 사이의 관계'에 관한 (명백히 비정통적인) 논쟁과 관련해서 수정, 보완이 이루어졌다.** 벌린은 『카를 마르크스』를 새로 쓰거나 대대적으로 수정할 생각이 전혀 없다고 아주 확실히 밝히면서, 그 이유로 『카를 마르크스』가 나오고 나서 그동안 '마르크스주의 연구가 엄청나게 확장'되었다는 것을 들고 있다.(KM 5 xxix) 그가 특유의 겸손함 때문에 말하지 않은 것은 자신의 책이 마르크스주의 연구의 엄청난 확장을 가져오는 데서 수행한 역할이다. 정확히 어느 정도로 그런 역할을 수행했는가?

벌린의 마르크스, 정통인가 아니라면 무엇인가

---

* MI 71.
** KM 5 xvii. 헨리 하디는 벌린이 1959년의 독일어 번역판을 위해 준비해 놓았던 소외에 관한 내용들은 KM3 서문에서의 그의 말과 달리 KM3가 아니라 KM2의 4쇄에서 추가되었다고 내게 말했다. (〈http://berlin.wolf.ox.ac.uk/published_works/km/marxconcordance.html〉을 보라). 그러나 '소외'에 관한 2차 대전 후의 논쟁에서 중심이 되었던 마르크스의 수고는 벌린이 언급한 2차 대전 이전의 『마르크스-엥겔스 전집 Marx-Engels-Gesamtausgabe』 판에 이미 수록되어 있었다.

1977년에 벌린은 1939년의 『카를 마르크스』에 '엥겔스, 플레하노프, 메링의 고전적 해석들의 영향이 너무 깊이 스며들어 있었을 수 있다'고 말하는데, 이 말은 『카를 마르크스』를 비정통적 소외 개념을 통합하는 쪽으로 계속 수정해 왔다는 1963년 서문의 언급에서 한 발 더 나아간 것이라고 할 수 있다. 1963년은 소외에 관한 저작들이 출간된 역사에서 매우 초창기에 해당한다. 매클렐런의 『The Young Hegelians and Karl Marx』가 나온 것은 1969년이고, 소외를 본격적으로 다룬 존 플라메나츠의 『Karl Marx's Philosophy of Man』이 나온 것은 1975년이다. 앨런 라이언은 훗날의 마르크스도, 정통 마르크스주의와 딱 들어맞는 (혹은 적어도 상당히 부합하는) 경험적 사회과학을 지지하는 1970년대의 주석가들도 '소외'와 관련한 헤겔 철학의 모호한 면들을 논의에서 제외한 것을 고려할 때, 벌린이 자신의 분명한 정통 입장을 '휴머니즘' 쪽으로 약간만 조정한 것은 현명한 일이었다고 말한다(KM5 xxv--xxvi).* 그러나 사실 벌린이 1963년 서문에서 인정한 것은 '[마르크스의] 1세대 사도들'이 수행한 연구들에 결함이 있다는 것이었다.(KM3 vi; KM5 xxxiii) 이는 그 연구들의 정통성

---

* 하지만 벌린은 1963년판 이후에 나온 판들과 쇄들에서 눈에 띄게, 때로는 대대적으로 새로운 내용들을 추가했다. 토우스Toews는 BM 170~72에 새로 삽입된 내용들에 대해 다룬다. 하지만 그는 1960년의 삽입들을 1963년으로 잘못 쓰고 있기는 하다.(이전 노트를 보라)

을 인정하는 것이 아니다. 라이언*과 달리, 나는 벌린의 『카를 마르크스』 초판이 결코 그다지 정통 입장을 취하지 않고 있었다고 본다. 내 생각에 벌린은 라이언이 말하는 '소외'보다 '대안적', 비정통적 마르크스에 더 관심을 보이고 있다는 점에서 새로운 마르크스, 다른 마르크스를 위한 토대를 놓았다.

벌린은 자신의 서술한 마르크스가 얼마나 비정통적이었는지를 1939년에도 그리고 그 뒤에도 잘 알지 못했던 것 같다. 라이언에게는 미안한 말이지만, 나는 마르크스를 헤겔 '철학적인' 마르크스와 정통적인 '경험적' 마르크스로 나누어 대립시키는 것이 잘못된 이분법이라고 본다. 나는 벌린이 마르크스의 사상에서 개념적인 것과 경험적인 것이 경험적, 정치적으로 서로 연결되어 있다고 보았고, 그렇기 때문에 그가 사용하는 어휘의 변화(예를 들어 '소외'라는 단어의 사용 빈도수가 줄어드는 것)가 가장 중요한 것은 아니라고 생각한다. 요컨대 벌린은 마르크스 사상에서 시대를 타지 않는(혹은 번갈아 타는) 측면(예를 들어, 유물론, 휴머니즘, 결정론 등)에 초점을 맞추었고, 그 결과 마르크스 사상의 일부 특징을 과장하는 마르크스주의/반마르크스주의의 정치적 프레이밍과 마르크스에게 또 다른 '주의

---

* 라이언은 '소비에트 정권을 지지하는 사람들의 저술들에는 마르크스의 역사관의 결정론적 성격에 대한 벌린의 강조가 과도하다거나 마르크스의 유물론이 그의 사도들이 주장했던 것만큼 극단적이지는 않았을 것이라고 생각하게 할 만한 것이 전혀 없었다'고 딱 잘라 말한다.

-ism'를 들씌우려는 유혹 모두를 일관되게 거부했다. 바로 이것이 정치와 학문에서의 변화 속에서도 『카를 마르크스』가 여전히 살아남아 출간될 수 있는 이유이다.

하지만 『카를 마르크스』는 결코 지루하고 따분한 책이 아니다. 『카를 마르크스』는 읽기 쉽고 흥미진진하다. 바로 이런 점이 독자들을 사로잡는 매력이다. 학문, 해석, 정치가 아무리 바뀌어도 이런 매력은 계속 빛을 발할 것이다. 원전에 대한 면밀한 독해와 흥미로운 맥락화는 이 책의 학문적 미덕이다. 어떻게 벌린은 이토록 성공적으로 마르크스를 그려낼 수 있었던 것일까?

일반적인 마르크스주의적/반마르크스주의적 서술들과 비교할 때, 심지어 그런 서술들 가운데 가장 뛰어난 것들과 비교하더라도, 벌린의 역사적 시각과 분석틀은 놀랄 만큼 비정통적이다. 『카를 마르크스』의 첫 장은 마르크스라는 인물과 그의 사상 전반에 대한 매우 놀라운 개관을 제시한다. 벌린은 마르크스를 '민주적 민족주의의 황금시대'에 살았던 인물로 규정하면서 마르크스에 대한 후대의 평판(명성과 악명 둘 다)과 달리 마르크스가 실제로 살았던 시대적 조건에서 마르크스와 그의 사상이 어떠했는지를 매우 주의 깊게 기술한다.(KM1 9; KM5 1-2) 이와 대조적으로 엥겔스의 입장을 이어받은 마르크스주의자들은 마르크스를 사회주의의 역사와 동일시했으며, 더 나아가 역사상 가장 위대한 철학적, 과학적 지성들(예를 들어 헤겔과 다윈)과 같은 반열에 놓았다. 이러한 견해의 밑바탕에는 마르크스에 대한 오늘날의 평판(물론 옳은 평판)과 마르크스가 실제로 어떤 인물이었고 어떤 일을 했는지 사이에 아무런 빈틈도 없다는 생각이 놓여 있었다.* 앞서 말했듯이, 반마르크스주의자들은 전반적이거나 세부적인 평가를 할 때가 아니면 마르크스주의적 틀에서 벗어나는 데는 거의 관심이 없었다. 두 진영의 입장과 궤를 같이 하지 않는 많은 저자들은 쉬운 길을 찾았고(지금도 마찬가지다) 단순하기 짝이 없는 '기존의 진실'을 재생산했다. 이와 달리 벌린의 서술은 마르크스와 마르크스에 대해 말하는 마르크스주의자들 모두에 대해 자유롭게 질문을 던지며, 방법론과 내용 모두에서 많은 저자들의 표준적 서술과 다르다. 벌린은 마르크스 사상에 대한 지름길로 틀에 박힌 진부한 견해들을 재생산하는 일 따위는 결코 하지 않는다.

 벌린이 마르크스가 '인류 역사는 이런저런 이상들에 추동된 개인들의 개입으로 바뀔 수 없는 법칙들에 지배된다고 확신했다'고 쓸 때, 그는 정통과 견해를 같이한다.(KM1 13; cf. KM5 5) 하지만 이에 대한 그의 설명에는 이 '법칙들'과 관련된 엥겔스의 투박한 형이상학이나 교의적 요소가 조금도 들어 있지 않다. 벌린은 엥겔스의 용어들로 마르크스의 사상을 정식화하지 않는다. 계급투쟁, 착취, 사회 발전에 대한 마르크스의 견해에 대한 벌린의 서술은 엥겔스가 요약하고 힘들게 지켜낸 마르크

---

* 카버는 이와 관련해서 ME 102-6에서는 헤겔을, 135-6에서는 다윈을 다루고 있다.

스 사상을 바탕으로 한 것이 아니라 『공산당 선언』과 1859년의 『정치경제학 비판』 서문에 대한 치밀한 독해에서 나온 것이다. 마르크스에 대한 읽기 쉽고 종합적이고 설득력 있는 책을 쓰려는 벌린의 시도는 한참 뒤에 G. A. 코헨이 마르크스의 '역사 이론'를 '옹호'할 때 세운 원칙, 즉 논리적으로 엄밀하고 경험적으로 검증할 수 있는 용어들로만 논지를 전개하는 명제적 환원주의와 방법상 완전히 반대된다.* 마르크스의 사상과 정치 활동이 마르크스가 그 증거로 사용한 경험적 사실과 맺고 있는 관계에 대해 벌린이 어떤 생각을 갖고 있었는지는 분명하지 않다. 하지만 그의 생각을 한마디로 가장 잘 표현하는 단어가 있다면, 그것은 그가 매우 자주 사용한 '현실주의'이다.

벌린의 뛰어난 점은 마르크스에게 형이상학 대 과학, 관념론 대 경험론, 사실 대 가치 같은 벌린 시대(그리고 우리 시대)의 이분법에서 벗어난 서술 방법론을 제공한 데 있다. 그는 '마르크스는 가치라는 것은 사실과 분리해서 생각할 수 없으며 사실을 보는 방식에 의존할 수밖에 없다고 생각했다'고 말한다.(KM 1 13-14; KM5 6) 벌린은 '사실을 보는 방식'이 무엇인지에 대해 아무런 설명도 하지 않고 그냥 넘어간다. 이런 점을 볼 때,

---

* G. A. Cohen, *Karl Marx's Theory of History: A Defence* (Oxford, 1978). 벌린은 코헨의 '분석적' 철학적 방법을 열렬히 지지한 것으로 유명했다. 하지만 그는 코헨과는 매우 다른 자신의 접근법을 포기하거나 수정할 필요가 있다고 전혀 생각하지 않았던 것으로 보인다.

그는 마르크스에게 (벌린 시대에 펼쳐진) 사실/가치 논쟁을 피할 수 있는 면책권을 부여하고 있는 것 같다.* 또한 그는 마르크스가 '영원불변한 역사법칙들'에 대한 믿음을 갖고 있었고 '이를 파악하기 위해 준₩형이상학적 직관을 사용했다'고 말한다.(KM 1 26; cf. KM5 19) 엥겔스는 이런 식의 주장을 한 적이 없다. 또한 마르크스가 과학의 규칙들을 어겼다고 비난하기 위해서라면 모를까, 그 시대의 누구도 이런 식의 주장을 펼칠 생각은 전혀 하지 못했을 것이다. 벌린은 이렇듯 일반적으로 문제라고 인식되는 것들에 전혀 괘념치 않는 것으로 보인다.

벌린은 마르크스가 준형이상학적 직관을 사용했다고 말하고 나서 곧바로 마르크스의 역사 '법칙들'은 '경험적 사실들만을 증거로 해서' 확립될 수 있다고 이야기하지만,(KM5 19) 이때도 어떻게 그럴 수 있다는 것인지 설명하지도 않고 마르크스가 그렇게 하지 못했다는 식의 비난을 가하지도 않는다. 벌린은 그저 마르크스의 '지식 체계'가 '닫힌 체계'였지만 '관찰과 경험'에 근거하고 있었다고 말하고 넘어갈 뿐이다.(KM1 26; KM5 20) 훈련된 철학자가 저런 종류의 주장을 하고 재빨리 다음으로 넘어가는 것은 결코 쉽지 않은 일이다. 나는 이러한 태도가 매우 긍정적이라고 본다. 왜냐하면 벌린이 어떤 논쟁에 대한 답을 제시하는 주석가로 그치지 않고 논쟁거리를 제시할

---

* 벌린은 사실/가치 구분의 원인을 헤겔의 저작에서 찾고 있지만, 어떤 식으로건 사실/가치 문제에 대해 결론을 내리지는 않는다.

수 있었던 것은 바로 그러한 태도 덕분이기 때문이다. 하지만 이러한 태도는 본질적으로 일반적인 태도에서 벗어난 것이다. 독자 여러분은 충격을 받을지도 모르겠지만, 벌린은 '(……) 자연권과 양심이라는 신념들'이 '자유주의적 환상'이라는 마르크스의 견해를 아무런 해설이나 논평 없이 그냥 기술함으로써 독자들로 하여금 정말 그럴지도 모르겠다는 생각을 하게 만든다.(KM1 16-17; KM5 8)

벌린은 1977년 서문에서 마르크스의 목적은 '스피노자나 헤겔 혹은 콩트 같은 사상가들처럼 단일한 총체적 사상 체계를 건설하는 것'이 아니었다고 분명히 밝히고 있다.(KM5 xxxi) 많은 사람들이 마르크스의 의도와 연구들에 관해 한 말 가운데 이보다 엥겔스의 견해와 거리가 먼 것은 찾기 힘들다. 그리고 이런 언급은 벌린이 1939년에 갖고 있는 견해와 그리 다르지 않다. 그러면서도 벌린은 마르크스의 사상을 '체계'라고 보았다. 어떤 의미에서 '체계'라고 보았던 것일까?

벌린은 마르크스를 원대한 포부를 가졌고 극도로 완벽을 추구하는 철두철미한 사람이라고 본다. 하지만 마르크스의 평생의 연구에 대해서는 엥겔스의 말처럼 '유물론적 변증법'을 사용해 '자연, 역사, 사유'를 설명함으로써 마르크스주의의 토대(그리고 반마르크스주의의 토대)를 놓은, 보편적 체계까지는 아니지만 매우 잘 세워진 기획이라고 본다.* 벌린의 견해는 마르크스가 '자본주의 체제의 등장과 임박한 몰락에 대한 완벽한 기술과 설명'을 제공하려 했다는 것이다.(KM1 24; KM5 18) 그

후기 451

런 다음에 벌린은 아주 교묘하게 이것이 '역사적으로 다루어진 완전한 경제이론과 이 이론만큼 명확하지는 않지만 경제적 요소에 의해 결정되는 역사와 사회에 관한 이론'으로 이루어져 있다고 말한다.(KM1 27; cf. KM5 20) 그는 이 주장이 참인지 거짓인지를 밝히기 위한 질문, 따라서 독자가 이 주장을 열린 문제로 받아들일 수 있게 해줄 질문은 던지지 않는다. 대신에 그는 '마르크스주의가 인간 행동을 결정하는 데서 경제적 요소의 우위를 강조한 것'이 '경제사 연구를 강화하는' 결과를 낳았다고 추켜세운다.(KM1 23; KM5 17)

벌린은 마치 누군가로부터 마르크스에게 독자와의 최선의 만남의 기회를 마련해 달라고, 언제나 마르크스를 돋보이게 하고 지극히 논쟁적이고 (서구의 일부 주석가들에 따르면) 지극히 터무니없고 위험하기 짝이 없는 마르크스의 견해들에 대해서는 되도록 말하지 말아 달라고 부탁받은 듯이 보인다. 하지만 그가 서술하는 마르크스의 사상은 정통 입장에서 이야기하는 역사적, 변증법적 유물론과는 매우 달라서, 그를 향해 앵무새처럼 마르크스주의 노선을 흉내 내고 있다고 비난할 수는 없었다. 물론 서구의 자유주의적 민주주의자들은 벌린이 마르크스에 대해 충분히 비판적이지 않으며 위험할 정도로 마르크스의 주장들을 그대로 내버려두고 있다고 생각할 것이고, 마르크

---

* Carver, ME 96-117.

스주의자들은 그들의 위대한 인물에 대한 벌린의 서술에서 더 많은 확실성과 권위, 변증법과 과학적 사회주의의 익숙한 동맹을 원할 것이다. 하지만 벌린의 '서론'이 제시하는 마르크스는 당대의 계급투쟁을 갖고 씨름하는 마르크스, 사실과 가치, 방법과 비판에 대한 자신의 관심을 계급투쟁으로부터 실용적이고 절충적으로 도출해내는 마르크스이다. 벌린에 따르면, 결국 마르크스가 한 일은 '간단한 기본 원리들을 포괄성, 현실성, 구체성과 훌륭하게 결합한' 것이었고 '그 도구를 접한 대중의 개인적, 직접적 경험과 일치하는' 환경을 상정한 것이었다.(KM1 22; KM5 15) 벌린이 제시하는 마르크스는 그 누구의 마르크스와도 같지 않다.

이 점에서 벌린은 마르크스가 원래 자신이 쓴 것과 유사한 문장으로(다만 더 잘 편집, 교정되고 더 유려한 산문으로) 자신의 주장들을 표현할 수 있도록 허용하고 있을 뿐만 아니라 비록 이것이 후대 혹은 심지어 동시대에 타당한 것으로 인정된 도식과 정확히 부합하지 않는다 해도 마르크스는 그럴 자격이 있다고 본다. 벌린은 마르크스 사상이 대중을 행동에 나서도록 만든 것에 충분한 존경심을 표하지만(그리고 이런 점에서 마르크스가 사후에 잘못된 방향으로 우상화된 것에 대해서도 매우 관대하지만), 벌린은 마르크스를 무엇보다도 지식인으로 본다. 그는 마르크스를 이전 시대와 동시대의 사상가들의 계열에 집어넣고는 마르크스가 그들 중 누구의 사상에서는 원하는 것을 자유롭게 받아들인 것을 높이 평가한다. 그러면서 마르크스에게 표절까지는 아니지만 독창성이 없다는 평가를 내릴 만한 증거들을 하나하나 제시한 다음, 마르크스가 지적으로 '혁신적인 역사적 서술 방법'을 보여주었다고 찬사를 보낸다.(KM5 20) 마르크스의 작업이 '기존의 사회 체제에 대해 그때까지 행해진 가장 강력하고 지속적이고 정교한 고발'이라고 말하는 것으로 보아, 벌린은 기존 제도와 사상과 가치에 대한 마르크스의 거침없는 공격과 가차 없는 비판을 매우 높이 평가하고 있는 것으로 보인다.(KM1 27; KM5 20)*

벌린의 이러한 평가는 자본주의의 착취에 대한 마르크스의 혁명적 공격과 관련이 있어 보이며, 벌린은 마르크스의 그러한 공격을 지지할 생각이 있는 것처럼 보인다. 그런데도 벌린이 『카를 마르크스』의 나중 판들에서도 그러한 공격과 관련된 내용을 왜 추가하지 않는지, 왜 다원주의적 정치 체제를 유지할 필요성에 대해 제대로 언급하지 않는지 이해할 수 없다. 벌린은 분명히 일부 대목에서 마르크스 사상을 권위주의적 운동들과 폭력적인 정치 체제들과 연결지어 이야기한다.(KM1 25-6; KM5 19) 그렇다면 그는 『카를 마르크스』를 이런 면을 더 분

---

* 이그나티에프는 벌린의 마르크스 연구가 곧 여러 사상들과 19세기의 인물들에 대한 연구로 뻗어나가게 되고 이것들이 그의 이후 연구의 '지적 자본'을 제공했다고 본다 (MI 71). 라이언도 이러한 견해에 동의한다 (IB 7). 아울러 벌린의 『Political Ideas in the Romantic Age: Their Rise and Influence on Modern Thought』, ed. Henry Hardy (London, 2006), ix도 참고하라.

명히 밝히는 쪽으로 수정함으로써 보다 일관성을 보여줄 수도 있었을 있었을 것이다. 하지만 그는 그렇게 하지 않았다. 내가 보기에 벌린의 『카를 마르크스』는 때때로 독자들을 권위 있는 견해에 그저 반응하기보다 과감히 난제와 씨름하도록 만드는데, 이는 저자의 전략으로서(이 전략이 어떤 이유나 어떤 동기 혹은 어떤 우연적 사건에서 나온 것이건 간에) 나름의 장점을 갖고 있다.

벌린은 때때로 마르크스를 마르크스주의 이론들과 연결지어 서술하면서도 자신이 정통 마르크스주의라고 보는 것들을 향해 지나치게 많은 무차별 사격을 가한다(아마 자신도 모르게 그렇게 했을 것이다). 벌린의 뿌리는 유럽의 자유주의적 민주주의와 민족 해방이 내건 가치들이다. 더군다나 때때로 그는 마르크스가 철저하게 한 가지 목표에 매진했고 자신에게 반대하는 자들에게 어떠한 호의를 베풀지 않았다고 말하기도 한다. 그러면서도 그는 마르크스를 유럽의 자유주의적 민주주의와 민족 해방의 전통 속에 포함시킨다. 엥겔스의 「권위에 관하여」와 레닌의 『무엇을 할 것인가?』가 나온 이후 마르크스주의자들이 공공연히 어느 정도의 권위주의가 필요하다는 주장을 펼치고 있었고 그에 맞서 반마르크스주의자들이 마르크스주의자들을 극렬히 비판하고 있었다는 사실을 생각할 때, 이는 실로 엄청난 결정이었다. 방금 말한 모든 점에서 벌린이 옳았을 수도 있고 틀렸을 수도 있으며, 지금도 여전히 그럴지도 모른다. 어느 쪽이건 간에, 꽤 생각해 볼 만한 '제3의 길'(비록 그가 철저하게 옹호하고 있지도 않고 근거로 마르크스의 텍스트를 제시하고 있지도 않지만)을 열었다는 것이야말로 『카를 마르크스』의 중요한 특징이다.

벌린이 당시에 존재하던 정치적 정통 입장들뿐만 아니라 비판적, 철학적, 도덕적 판단들을 확립할 때 사용해야 하는 주요 용어들 중 일부에 대해서도 그다지 신경 쓰지 않으면서 마르크스에 대해 서술한 것도 앞서 말한 것처럼 '제3의 길'을 연 것이라고 볼 수 있다. 그는 분명 마르크스주의와 엥겔스에 관해 이야기한다. 하지만 전체적으로 그의 서술의 힘과 독창성 그리고 자신도 자각하지 못했을 수 있는 비정통적인 서술 등은 마르크스가 누구였고 무슨 말과 활동을 했고 어떤 의도를 갖고 있었는지에 대한 다른 사람들의 주장이 아니라 일차적으로 마르크스의 저작들과 마르크스의 말, 마르크스의 정신, 마르크스의 삶, 마르크스를 둘러싼 환경을 바탕으로 하고 있다. 벌린은 기본적으로 마르크스의 독자였고, 따라서 어떤 사람들에게 혹은 어떤 면에서 아무리 중요하다고 해도 엥겔스와 마르크스주의의 주장들에 대해서는 별 관심을 두지 않았다.

이 말은 벌린이 마르크스주의적(그리고 반마르크스주의적) 정통 견해들을 공격할 목적으로 『카를 마르크스』를 썼다는 뜻이 결코 아니다. 『카를 마르크스』는 벌린이 사회주의 사상사에 특히 관심을 갖고 있었고 이런 역사를 일반 독자들에게 전달하고자 하는 열망을 갖고 있었다는 것을 보여준다. 벌린은 자신이 엥겔스나 정통주의적 입장을 틀렸다거나 옹호할 수 없는 것이라고 본 게 아니라 참고한 저술과 역사, 정치적 자극, 서술의 흡입력 등의 측면에서 마르크스의 수준에 한참 떨어지는 것으로 보았다고 분명히 밝힌다. 그는 인간 역사에 대한 마르크스의 접근법에 매료되었고, 『카를 마르크스』를 쓸 때 엥겔스의 정통 입장을 계승한 저자들이 표준으로 삼은 『공산당 선언』과 1859년 『정치경제학 비판』 서문만이 아니라 1930년대의 마르크스주의자들이 비정전적이고 모호하고 비체계적이라고 본 『독일 이데올로기』에도 의존했다.*

벌린은 『자본』 1권에 대해서도 같은 방식의 접근법을 택한다. 즉 체계 건설에 대해서는 아주 가볍게 다루면서 자본주의의 경제적, 정치적 질서에 초점을 맞춘다. 그러면서 이 '어려운' 저작에 대한 정통적인 서술들에서 초석이라고 할 수 있는 노동가치론에 대해서는 어떤 식으로도 이렇다 할 만한 언급을 거의 하지 않는다.** 대신에 그는 1840년대부터 1850년대

---

* 벌린은 『독일 이데올로기』를 고려할 가치가 없는 책이라는 듯이 말하면서도 '사적 유물론'을 설명할 때 사용하고 있다. 로렌스 앤드 위샤트 출판사가 마르크스-엥겔스 전집에 들어 있는 최초의 『독일 이데올로기』 완성본(1932)에서 발췌한 글들을 영어로 번역한 책을 처음 낸 것은 1938년이었다. 『독일 이데올로기』의 원본 원고들의 유래와 의미를 재해석한 것에 대해서는 Terrell Carver, 'The German Ideology Never Took Place', *History of Political Thought* 31 (2010), 107-27을 보라.
** 실제로 벌린은 노동가치론을 어떻게 해석하건(이는 노동가치론이 그다지 중요하지 않다는 말이나 다름없다) 노동가치론에 기초한 착취 이론은 '별 영향을 받지 않는다'고 매우 논란이 될 만한 독특한 주장을 한다.

초까지의 사회의 역사에 관한 마르크스의 연구와 마르크스가 이 연구에서 얻은 다소 비체계적인 가설들과 통찰들을 『자본』 1권에서 펼친 근대적 경제 체제에 대한 역사적이고 정치적인 분석에서 사용한 방식 사이의 연관에 초점을 맞춘다.

벌린의 유산

벌린이 말하고 있는 모든 것 혹은 대부분이 마르크스주의적 정통 견해들과 어떤 식으로건 충돌한다고 주장하기는 힘들 것이다. 아니, 사실상 둘은 충돌하지 않는다. 오히려 내가 보기에 벌린의 접근법은 그의 시대 그리고 후대의 정통 이론에 대한 암묵적인 문제 제기였으며 미래의 마르크스 연구자들과 사상사가들에게 중요한 지표이자 영감의 원천이었다. 벌린 이후로 마르크스를 중요한 지식인으로(좋은 의미에서든 나쁜 의미에서든 간에 마르크스를 '과학적 사회주의자'로 분류하지 않고) 다룰 수 있게 되었다. 또한 현재의 정치적 양극화와 이데올로기적 (비하하는 의미에서건 동기를 부여한다는 의미에서건) 틀 씌우기에서 떠나 마르크스를 그의 저작들을 통해, 그가 사용한 용어들로 다룬다든가 마르크스의 저작들 자체를 비판하는 것이 정당한 것으로 받아들여지게 되었다. 마르크스가 볼셰비즘, 냉전, 철의 장막, 베를린 장벽과 관련된 과거의 논쟁들에서 줄곧 중요한 일급의 지식인으로 간주될 수 있었던 것은 벌린의 공이다.

『카를 마르크스』에는 벌린의 서술이 지나치게 지엽적인 데로 흐르는 바람에 거의 마르크스가 보이지 않을 만큼 상당히 긴 문장들이 꽤 있다. 그럼에도 불구하고 『카를 마르크스』는 읽기 쉬운 책으로 유명하다.* 이 책은 지금도 결코 그 신선함을 잃지 않고 있다. 잘 알려진 벌린의 관대한 다원주의 때문만도 아니고 그가 혁명적 변화에서 사상의 역할을 열정적으로 서술했기 때문만도 아니다. 이 책은 벌린이 자신의 접근법, 판단, 학문과 마르크스주의적 정통들 간에 아주 많은 거리를 둠으로써(삼가 말하는 우아하고 세련된 방식과 가벼운 칭찬을 통해) 마르크스에 관한 변별적 다원주의를 만들어낸 것으로도 유명하다. 그는 마르크스의 사상에 우리의 도전 욕구를 자극하는 흥미로운 비정합적 측면들이 광범위하게 존재한다고 보았는데, 이러한 비정합적 측면들은 어떤 종류의 정통 입장들에게든 해결해야 할 과제이다. 이렇듯 벌린은 마르크스에 대해 아주 많은 불확실성을 만들어냈는데, 그러한 불확실성은 우리 모두에게 도움이 될 것이다.

---

* 3장, "정신"의 철학에서는 마르크스가 거의 언급되지 않는다. 마르크스의 이름은 오직 한 번 등장할 뿐이다.

옮긴이의 말

 이사야 벌린은 20세기 후반을 대표하는 정치이론가이자 지성사가에 속한다. 정치이론가로서 그의 이름을 널리 알린 것은 1958년에 행한 '자유의 두 개념'이라는 강연이었다. 20세기 후반 영미 정치철학에서 가장 중요한 텍스트의 하나로 꼽히는 이 글에서, 벌린은 자유를 소극적 자유와 적극적 자유로 나눈다. 그에 따르면, 소극적 자유는 '외부의 간섭과 강제로부터의 자유'를 가리킨다. 간섭이나 강제가 없는 상태에서 자신이 추구하는 욕망을 자유롭게 추구할 수 있는 선택권 또는 자기결정권을 가리킨다. 이에 반해 적극적 자유는 '~할 자유'를 가리킨다. 자신의 잠재력이나 역량을 성장시키고 실현해 가치 있는 삶을 추구할 수 있는 자유를 가리킨다. 벌린은 적극적 자유는 가치들 간의 서열을 매김으로써 거꾸로 자유에 대한 지배로 귀결될 위험이 있다는 점을 들어 다양한 가치를 인정하는 소극적 자유의 손을 들어준다. 이러한 벌린의 견해의 밑바탕에는 전체주의에 대한 강한 불신과 거부가 자리하고 있다.

이렇듯 냉전 시대의 대표적인 자유주의자인 벌린이 처음 낸 저서가 『*Karl Marx: His Life and Environment*』(1939)라는 사실은 뜻밖으로 보인다. 더욱이 벌린의 가족은 볼셰비키 혁명 후 러시아 당국의 감시를 이기지 못하고 영국으로 망명한 역사가 있는 데다, 벌린은 2차 대전 때 미국 내 영국 정보부에서 근무했고 이후에는 자유주의자로서 명성을 떨쳤다. 이런 사실들을 고려하면, 벌린이 쓴 마르크스 전기는 마르크스와 마르크스의 사상에 대해 부정적이고 공격적일 것으로 생각하기 쉽다. 하지만 그랬다면, 이 저서가 1939년에 초판이 나온 이후 5판(2012)까지 나오기는 힘들었을 것이다. 더욱이 초판이 나온 이후 많은 나라에서 마르크스에 대한 수많은 다양한 연구들이 이루어졌는데 21세기 들어 5판이 나왔다는 것은 이 책이 평전의 고전으로 인정될 만큼 강인한 생명력을 갖고 있다는 증거이다. 그 강인한 생명력은 어디에서 비롯된 것일까?

터렐 카버가 이 책의 '후기'에서 말하고 있듯이, 벌린이 이 저서를 쓴 1930년대는 『공상적 사회주의와 과학적 사회주의』, 『가족의 기원』, 『사유재산과 국가』, 『루트비히 포이어바흐와 독일 고전철학의 종말』 등 같은 엥겔스의 저작들이 마르크스주의의 정통으로 받아들여지던 시대였다. 플레하노프, 카우츠키, 레닌, 마오쩌둥, 트로츠키 등의 사적 유물론과 유물론적 변

옮긴이의 말 461

증법은 마르크스의 저작들보다 오히려 엥겔스의 저작들을 마르크스주의의 주된 원천으로 삼던 시대였다. 이런 시대에 벌린은 마르크스주의와 반마르크스주의 양측의 어떠한 정치적 프레임도 거부하고 마르크스 사상에 '이즘-ism'이라는 꼬리표를 다는 것을 거부했다. 그가 쓴 마르크스는 정통 마르크스주의에서 정식화된 마르크스와는 다른 마르크스, 새로운 마르크스였다.

벌린은 마르크스를 신성시하지도 않고, 악마화하지도 않는다. 혼자서 완전히 새로운 사상을 창조한 천재로 우상화하지도 않고, 이미 있는 이론들을 가져다 종합만 했을 뿐인 그저 그런 사상가로 폄하하지도 않는다. 인류 역사의 미래를 정확히 예언한 위대한 예언가로 보지도 않고, 현존 질서에 대한 분노와 원한 때문에 파괴적인 이데올로기를 만든 선동가로 보지도 않는다. 벌린은 마르크스와 마르크스 이론에 대한 과도한 찬양도 과도한 비난도 모두 거부하고 최대한 객관적이고 공정한 자세로 마르크스의 삶과 사상에 접근한다. 바로 이 점이야말로 이 책이 오랫동안 생명력을 유지할 수 있었던 가장 핵심적인 이유일 것이다.

벌린이 보기에, 마르크스는 인식론이나 존재론, 도덕 이론 등을 포괄하는 거대한 철학 체계를 세우려 하지 않았다. 그는 애초에 마르크스는 철학적 분석을 한 적이 거의 없기 때문에 마르크스의 인식론, 도덕 이론, 정치 이론 등의 일반 원리는 그의 여러 저술에 흩어져 있는 진술들을 가지고 추론하는 수밖에 없다고 말한다. 그가 볼 때, 마르크스의 최대의 이론적 업적은 과거나 동시대의 사상가들과 달리 인간의 자유의지나 도덕적 이상을 절대적인 기준으로 삼지 않고 경제를 중심으로 하는 물질적 조건의 제약을 받는 것으로 본 데 있다. 경제적 관계들이 공동체나 개인의 삶과 맺는 관계를 중심으로 역사와 사회를 바라보는 완전히 새로운 태도를 만들어내고 새로운 지식의 길을 열어줌으로써 지적 사유의 항구적 배경을 만들어준 데 있다.

그러나 벌린의 서술에서 더 중요한 것은 그가 마르크스를 자기 시대의 허위, 모순, 고통 등을 정면으로 응시하면서 더 없이 예리하고 엄밀하고 철저한 태도로 그 원인과 해결책을 구체적이면서도 포괄적으로 제시하려 한 사상가, 이성과 경험의 균형을 유지하면서도 절충주의로 흐르지 않도록 최선을 다해 노력한 사상가로 본다는 점이다. 더욱이 벌린은 마르크스의 이런 사상 형성 과정을 그 시대의 지적 맥락과 함께 제시한다. 그가 제시하는 풍성한 지적 맥락 때문에, 이 책을 다 읽고 나면 마르크스에 대한 전기를 읽었을 뿐인데 마치 19세기 지성사에 대한 간략한 개괄서를 읽은 듯한 느낌을 받는다. 이것도 이 책의 강인한 생명력의 원천 중 하나일 것이다.

이 번역서는 최신판인 5판을 번역한 것이다. 5판은 벌린이 밝히지 않거나 출처를 잘못 표시한 인용문들과 형식과 내용상의 소소한 잘못들을 모두 바로잡아 새로 펴낸 것이다. 그런 점에서 5판은 최종판 내지 결정판이라고 해도 과언이 아니다.

역자는 1978년에 나온 4판을 25년 전쯤에 번역한 바 있다. 그런데 출간된 책은 다소 충격적이었다. 우선 원서와의 문단 구분이 완전히 달랐다. 원서에서 원래 한 문단인 것이 두세 단락으로 바뀐 경우가 대부분이었다. 문단은 기본적으로 하나의 소주제를 담고 있는 통일성을 갖고 있다. 그런데 이 문단을 두세 개로 해체하게 되면, 그 통일성이 사라지면서 글의 논리적 흐름을 정확히 이해하는 것을 방해한다. 또한 한 문장으로 번역한 것이 두세 개의 문장으로 쪼개져 있었다. 물론 경우에 따라서는 가독성이나 정확성을 위해 얼마든지 그럴 수 있다. 하지만 이럴 경우 쪼개진 문장들은 원래의 의미를 잃지 않도록 유기적으로 연결되어야지 나열식이거나 병렬식이 되어서는 안 된다. 물론 가독성과 판매를 고려한 고육지책이었으리라 생각한다. 하지만 자의적인 문단 구분과 병렬식의 문장 구분 및 윤문은 결과적으로 원저자의 의도와 문체를 퇴색시키고 곳곳에서 원뜻을 훼손하기도 하고 때로는 오역으로도 이어졌다.

그런데 작년에 서커스출판상회에서 최신판인 5판을 번역하지 않겠느냐는 반가운 제안을 해주셨다. 기존 번역판의 이런저런 문제점뿐만 아니라 역자의 한계로 인한 부정확하거나 부적절한 번역이나 오역도 바로잡을 수 있는 좋은 기회였기에 곧바로 제안을 받아들였다. 최신판인 5판을 번역할 때는 4판 때와 달리 많은 부분에서 인터넷의 도움을 받았다. 인터넷이 지금처럼 발전하지 않았던 시대에는 어떻게 번역을 했나 싶은 생각이 들 정도였다. 덕분에 이전 번역에서 부족했던 점들을 많이 보완할 수 있었지만, 그렇다 해도 역자가 가진 언어적, 지적 한계 때문에 여전히 미흡한 부분들이 있다. 하지만 최대한 원전의 의도와 문체를 실린 충실한 번역서, 독자 여러분이 믿고 읽을 만한 번역서라고 분명히 말씀드릴 수 있다. 마지막으로 이 책의 출간을 제안하고 느린 번역의 시간을 묵묵히 기다려주신 서커스출판상회에 진심으로 감사하다는 말씀을 드린다.

옮긴이 | 안규남

한국외국어대학교 영어과를 졸업하고 서울대학교 철학과 박사과정을 수료했다. 『간디 평전』, 『민주주의의 불만』, 『왜 우리는 불평등을 감수하는가?』, 『위기의 국가』, 『어떻게 나이 들 것인가?』, 『어떻게 분노를 다스릴 것인가?』, 『평등은 없다』, 『밀레니얼 사회주의 선언』, 『인간의 조건』, 『인류세에서 죽음을 배우다』, 『왜 우리는 계속 가난한가?』 등을 번역했으며, 『철학대사전』 편찬에도 참여했다.

카를 마르크스

초판 1쇄 발행 2024년 9월 30일

지은이 이사야 벌린
옮긴이 안규남

펴낸곳 서커스출판상회
주소 경기도 파주시 광인사길 68 202-1호(문발동)
전화번호 031-946-1666
전자우편 rigolo@hanmail.net
출판등록 2015년 1월 2일(제2015-000002호)

© 서커스, 2024

ISBN 979-11-87295-86-0 03300